SELBST VERTEIDIGUNG FÜR JEDEN KERL

Christoph Delp

AF644155

pietsch

Wichtiger Hinweis
Die Ratschläge in diesem Buch sind von Autor und Verlag sorgfältig erwogen und geprüft, jedoch ist kein Mittel der Selbstverteidigung ohne Risiko. Alle in diesem Buch beschriebenen Kampftechniken dürfen nur zur Selbstverteidigung angewendet werden. Sie dürfen nicht leichtfertig an Personen ausprobiert werden, vor allem nicht ohne deren Einverständnis. Achte darauf, dass du beim Trainieren der in diesem Buch beschriebenen Selbstverteidigungsmaßnahmen niemanden verletzt. Der Autor und der Verlag haften für keine Auswirkungen, die in einem direkten oder indirekten Zusammenhang mit den Informationen stehen, die in diesem Buch enthalten sind.

Bildnachweis:
Fotos aus dem Archiv Christoph Delp.
Ausnahmen:
Erwin Wenzel: Seiten 7, 34, 39 (o.), 87, 111, 114, 245
Shutterstock: Seiten 6, 11, 16, 17, 19, 20, 27, 37, 52, 114, 194, 197, 198, 250

Projektfotograf: Nopphadol Viwatkamolwat

Eine Haftung des Autors oder des Verlages und seiner Beauftragten für Personen-, Sach- und Vermögensschäden ist ausgeschlossen.

ISBN 978-3-613-50857-0

Copyright © by Verlag pietsch, Postfach 103743, 70032 Stuttgart
Ein Unternehmen der Paul Pietsch Verlage GmbH & Co. KG
1. Auflage 2018

Sie finden uns im Internet unter www.pietsch-verlag.de
Nachdruck, auch einzelner Teile, ist verboten. Das Urheberrecht und sämtliche weiteren Rechte sind dem Verlag vorbehalten. Übersetzung, Speicherung, Vervielfältigung und Verbreitung einschließlich Übernahme auf elektronische Datenträger wie CD-ROM, DVD usw. sowie Einspeicherung in elektronische Medien wie Internet usw. ist ohne vorherige schriftliche Genehmigung des Verlages unzulässig und strafbar.

Lektorat: Ulrike Ruh
Einbandgestaltung: Patricia Braun, www.patriciabraun.com
Innengestaltung: Sabine Ufer
Druck und Bindung: AK Druck & Medien GmbH, 96277 Schneckenlohe
Printed in Germany

INHALT

TEIL 1
ÜBER SELBSTSCHUTZ

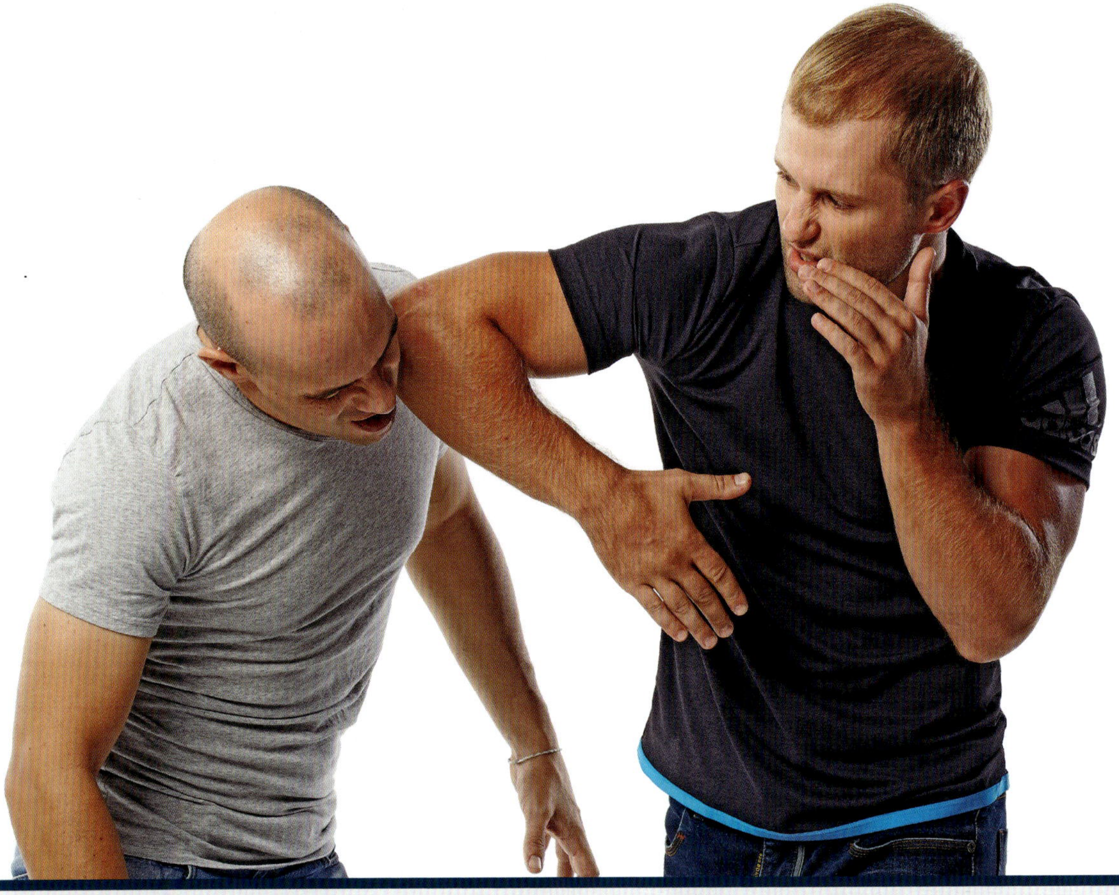

AKTUELLE HINTERGRÜNDE

In den Medien und sozialen Netzwerken lesen wir tagtäglich über Gewaltverbrechen – sie scheinen sich deutlich zu häufen. Mittlerweile können wir überall und zu jeder Tageszeit mit Gewalt konfrontiert werden, nicht nur in den Problembezirken von Großstädten, sondern auch im Stadtpark, an Haltestellen, in Zügen, Straßenbahnen und bei öffentlichen Veranstaltungen. Zudem steigert sich auch die Gewaltintensität. Täter schrecken nicht davor zurück, dem Opfer, das bereits besiegt am Boden liegt, auch noch gegen den Kopf zu treten. Auch Messer werden schnell gezogen und eingesetzt. Die sexuell motivierten Verbrechen wie Übergriffe in Schwimmbädern und bei Großveranstaltungen bereiten uns große Sorge um nahestehende Kinder und Frauen. Außerdem steigen die Einbruchszahlen, wobei die zumeist organisierten Banden immer brutaler vorgehen. Polizisten sind überfordert, da ihre Anforderungen immer höher werden. Folglich suchen immer mehr Männer nach Möglichkeiten, um sich und ihre Familie selbst zu schützen.

Wir wollen Sicherheit und Frieden für uns und unsere Familie. Wer von uns seine Kampffähigkeiten testen will, kann dies im Kampfsport-Sparring mit festgelegten Regeln praktizieren. Doch in der Realität gelten diese Regeln nicht. Wir können die Gefahr von körperlichen Machtdemonstrationen, Raubüberfällen und sexuell oder religiös motivierten Angriffen nicht einfach ausblenden. Dabei gibt es durchaus noch Menschen, die bisher nicht mit Gewalt konfrontiert worden sind. Aussagen wie »mir wird schon nichts passieren« und »vor einigen Jahren war es auch nicht anders«, sind daher immer noch zu hören. Wer jedoch die regionalen Zeitungen durchblättert, wird regelmäßig von Übergriffen in nächster Umgebung lesen. Diese können auch uns und unserer Familie zustoßen. Jeder kann mittlerweile mit Gewalt konfrontiert werden und in eine Ernstfallsituation geraten. Weil Gewalt das zukünftige Leben zerstören kann, ist es unbedingt notwendig, sich mit Schutzstrategien auseinander zu setzen.

Dieses Buch möchte nicht noch mehr Angst erzeugen. Vielmehr sollen Möglichkeiten aufgezeigt werden, wie du dich und deine Mitmenschen schützen und somit Angst verringern kannst. Es wird erklärt, wie du durch Aufmerksamkeit gefährliche Situationen vermeiden kannst. So minimierst du das Risiko, dass du

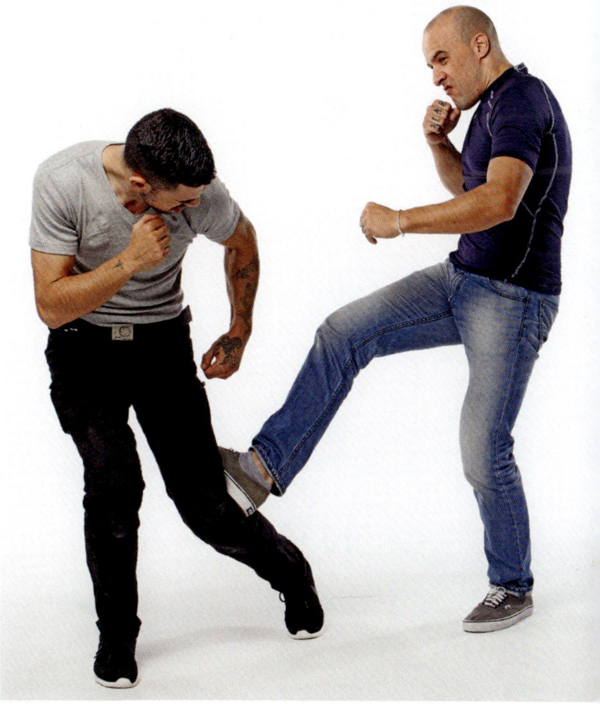

Ziel ist es, gefährliche Situationen frühzeitig zu erkennen und zu umgehen. Musst du aber kämpfen, dann mit aller Entschlossenheit.

überhaupt in eine Ernstfallsituation gerätst. Kommt es zu einer Konfliktsituation mit einem Aggressor, dann zeigt dir das Buch Handlungsmöglichkeiten auf, um dich zu behaupten. Falls es trotz aller Vorsichtsmaßnahmen zu einem Kampf kommen sollte, dann lernst du zudem, wie du dich darin effektiv behauptest. Werde aktiv: Setze dich mit möglichen Gefahren auseinander und entwickle ein Selbstschutzkonzept für dich und deine Familie!

Umgang mit Gewalt

Im Umgang mit Gewalt gibt es große Unterschiede. Gewalt wird verharmlost, insbesondere bei einer Schlägerei und der damit verbundenen Körperverletzung. Fußball-Hooligans und Kneipenschläger sehen Gewalt beispielsweise als akzeptables Mittel an, um Aggressionen abzubauen. Mache dir immer bewusst, bevor du dich in eine Kampfsituation begibst, dass ein Kampf niemals planbar ist. Es können schwere gesundheitliche Folgen daraus resultieren, wie Verstümmelungen und sogar Tod. Auch wenn ein aggressiver Betrunkener dich verbal attackiert, versuche den Kampf zu vermeiden. Ein kräftiger Schlag, Tritt oder Stoß kann ihn zu Fall bringen, möglicherweise schlägt er mit dem Kopf auf und stirbt. Das hat es schon gegeben, auch rechtliche Folgen wie langwierige Gefängnisstrafen sind möglich. Aus diesen Gründen ist ein Kampf nur als Notwehr ein angemessenes Mittel. Ist der Kampf allerdings nicht vermeidbar, dann musst du kompromisslos kämpfen und mögliche Folgen aus deinem Bewusstsein verdrängen. Wenn du dich hingegen im Kämpfen messen willst, dann trainiere Kampfsport in einem Verein. Dort kannst du dich im Sparring und Wettkampf vergleichen und zwar mit Regeln und minimierter Verletzungsgefahr.

Einige Männer verdrängen Gewalttaten, da sie bisher noch nicht direkt mit großer Gewalt konfrontiert worden sind. Sie wollen sich nicht mit Gewaltszenarien befassen und führen dazu Argumente an, wie »Probleme werden in den Medien nur hochgespielt« oder aber »man muss nur ein paar gefährliche Plätze meiden, dann ist man sicher«, sind häufige Aussagen. So kann man sein Leben weiterführen wie bisher. Selbst wenn etwas in nächster Umgebung passiert, wird immer noch so argumentiert,

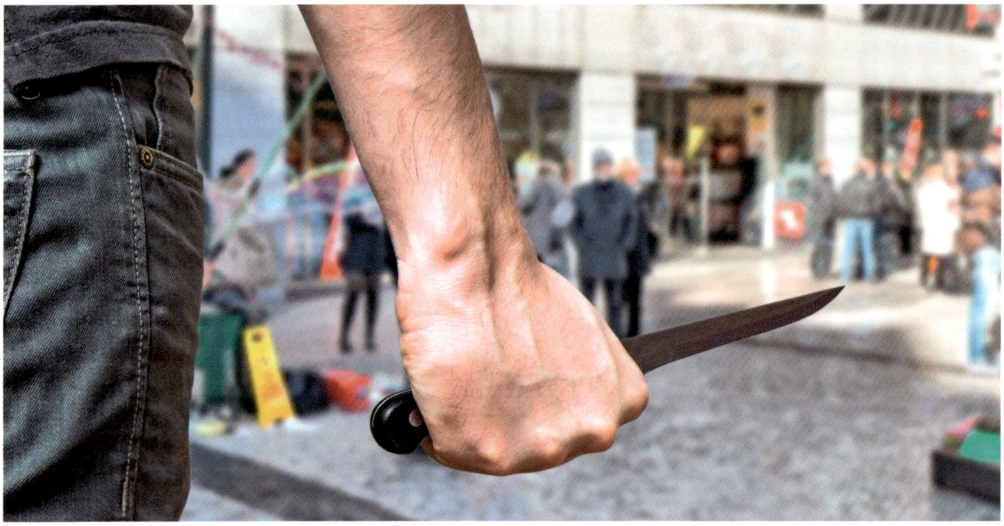

Ist der Aggressor mit einem Messer bewaffnet, dann ist Flucht die beste Wahl – vorausgesetzt, diese Möglichkeit besteht.

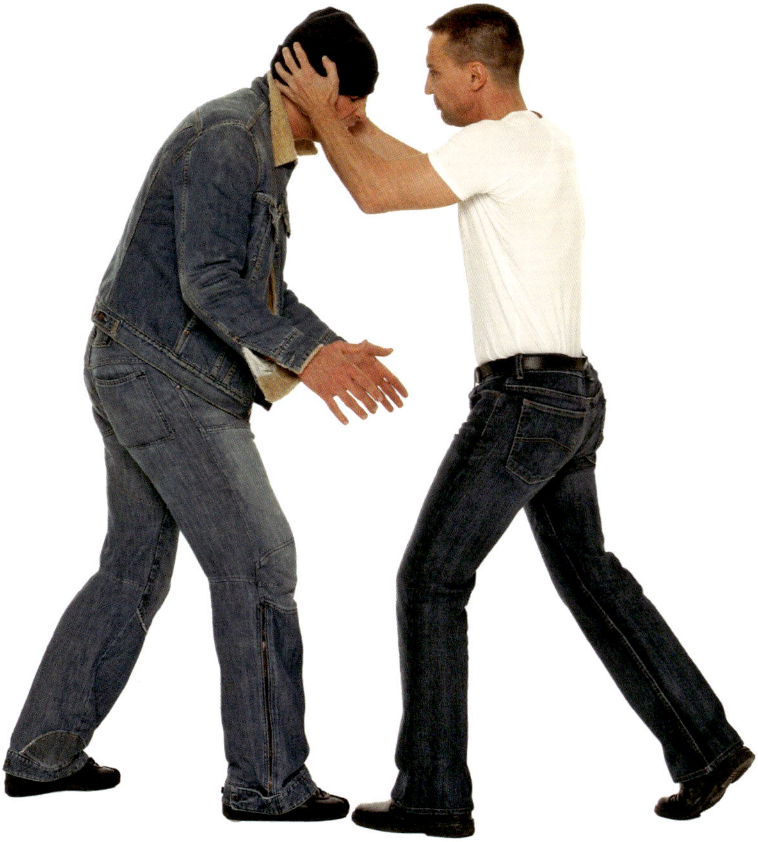

Wenn du kämpfen musst, dann agiere kompromisslos.

dass das Opfer selbst schuld ist und einem selbst so etwas nicht zustoßen kann. Manche Männer leben auch in einem sehr wohlsituierten Umfeld, in dem sie mit der verstärkt auftretenden Gewaltproblematik bisher kaum konfrontiert werden. Es gibt aber keine Garantie, dass sie und ihre Familie weiterhin diese Sicherheiten genießen. Verdrängen ist der heutigen Zeit nicht mehr angemessen, es bestehen mittlerweile zu viele Gefahren. Mache dir Gefahren bewusst und bespreche dich mit dir nahestehenden Menschen. Wenn beispielsweise deine Partnerin gerne im Wald joggen geht, dann begleite sie dabei. Handelt es sich um eine wenig frequentierte Strecke, dann kannst du Pfefferspray mitnehmen.

Manche Männer reagieren verängstigt und meiden soweit wie möglich öffentliches Leben und versuchen auch ihre Familie dahingehend zu beeinflussen. Sich aus Angst zurückzuziehen und so zu einem Gewaltopfer zu werden, ist jedoch auch keine empfehlenswerte Lösung. Verängstigte Menschen zeigen unterwegs ihre Angst durch eine typische Opferhaltung, gerade dann werden sie häufig zum Gewaltopfer. Denn Verbrecher und Aggressoren erwarten von ihnen wenig Gegenwehr – ein ideales Kriterium, um ein Opfer für den Übergriff auszuwählen. Wenn jedoch ein berechtigter Anlass zur Sorge besteht, kann es durchaus sinnvoll sein, auf manche öffentlichen Veranstaltungen zu verzichten. Information ist ein wichtiges Element für den Selbstschutz. Tausche dich regelmäßig mit anderen aus, um so an die relevanten aktuellen Informationen aus der Region zu gelangen.

Das angemessene Verhalten

Überlege dir, wo und wann eine deutliche Gefahr für dich und deine Familie besteht, in eine Ernstfallsituation zu geraten. Setze dich mit Gefahren auseinander und bespreche dich mit Familie und Freunden. Prüfe, wie sich solche Situationen vermeiden lassen. Trainiere die Fähigkeiten, die dir helfen, dich in einer Konfliktsituation verbal und in einer Kampfsituation körperlich zu behaupten. Das Selbstschutztraining steigert dein Selbstvertrauen und wird dich und deine Trainingspartner selbstsicherer wirken lassen. Das kann dazu führen, dass ein potentieller Täter ein anderes Ziel sucht, da er normalerweise weder verbale noch körperliche Gegenwehr wünscht. Zwar gibt es keine Garantie, das muss uns immer klar sein, wir können jedoch die Wahrscheinlichkeit für Sicherheit deutlich erhöhen. Deshalb lohnt es, sich mit Ernstfallszenarien zu befassen, sowie Verhalten und Kampftechniken zu trainieren.

INFO Was bedeutet Selbstschutz/Selbstverteidigung?

Ich verwende in dem Buch zumeist die Bezeichnung »Selbstschutz«, manche verstehen unter dem Konzept »Selbstverteidigung«. Allerdings suggeriert Selbstverteidigung eine Defensivhaltung, die nicht immer angebracht ist.

In diesem Buch wird unter Selbstschutz (Selbstverteidigung) ein Konzept aus vier Schritten verstanden, um Gewaltübergriffe auf sich und Mitmenschen zu verhindern:

Im ersten Schritt ist es das Ziel, Ernstfallsituationen durch Aufmerksamkeit zu vermeiden.

Der zweite Schritt von Selbstschutz (Selbstverteidigung) umfasst Situationen mit einer verbalen Konfrontation und/oder leichtem Körperkontakt zum Aggressor, ohne dass eine Ernstfallsituation bereits gegeben ist. Es gilt dann, durch angemessenes Verhalten und verbaler Grenzziehung den körperlichen Übergriff zu vermeiden.

Der dritte Schritt von Selbstschutz (Selbstverteidigung) tritt ein, wenn sich kein Ausweg bietet, den Kampf zu vermeiden. Am besten agierst du zuerst und setzt der Bedrohung angemessene Kampftechniken ein. Wenn du trotz aller Vorbeugung in einen Hinterhalt gerätst und attackiert wirst, gehört es auch dazu, sich in einer solchen Situation behaupten zu können.

Der vierte Schritt von Selbstschutz (Selbstverteidigung) beschreibt die Nachkampfphase. Auch hier ist das richtige Verhalten entscheidend, damit es dem Gegner nicht gelingt, den Sachverhalt zu seinen Gunsten vor Gericht falsch darzustellen.

RECHTSLAGE

Es ist wichtig, dass du die Gesetzeslage kennst, um dich vor Gewalt und möglichen späteren Folgen schützen zu können. Hier werden wichtige Grundlagen der deutschen Gesetzgebung dargestellt. Wenn du in einem anderen Land lebst, informiere dich über die dort geltenden Gesetze.

In Deutschland regelt das Strafgesetzbuch (StGB) im § 32 StGB, wann eine körperliche Verteidigung erlaubt ist. Im § 33 StGB ist festgelegt, was passiert, wenn du das angemessene Maß überschreitest.

Im Waffengesetz (WaffG) ist der Einsatz von Waffen geregelt. Es ist darin festgelegt, welche Waffen du zur Verteidigung unter welchen Voraussetzungen einsetzen kannst. Auf den Seiten 193–197 werden die Aussagen des Waffengesetzes verdeutlicht.

§ 32 StGB Notwehr

(1) Wer eine Tat begeht, die durch Notwehr geboten ist, handelt nicht rechtswidrig.
(2) Notwehr ist die Verteidigung, die erforderlich ist, um einen gegenwärtigen rechtswidrigen Angriff von sich oder einem anderen abzuwehren.

§ 33 StGB Überschreiten der Notwehr

Überschreitet der Täter die Grenze aus Verwirrung, Furcht oder Schrecken, so wird er nicht bestraft.

Erklärungen zu den Gesetzen

Wenn du angegriffen wirst, hast du das Recht, dich zu verteidigen. Dies ist über das Notwehrrecht abgesichert. Unter Notwehr wird eine Verteidigung verstanden, die erforderlich ist, um einen rechtswidrigen Angriff auf dich selbst oder andere Menschen abzuwenden. Das Recht zur Notwehr setzt voraus, dass der Angriff gegenwärtig ist. Der Angriff muss also gerade stattfinden oder unmittelbar bevorstehen.

Damit du aktiv werden kannst, genügt es, wenn aus dem Verhalten des Aggressors hervorgeht, dass er gleich angreifen wird. Dies ist beispielsweise gegeben, wenn er zu einem Schlag oder Tritt ausholt oder sogar zur Waffe

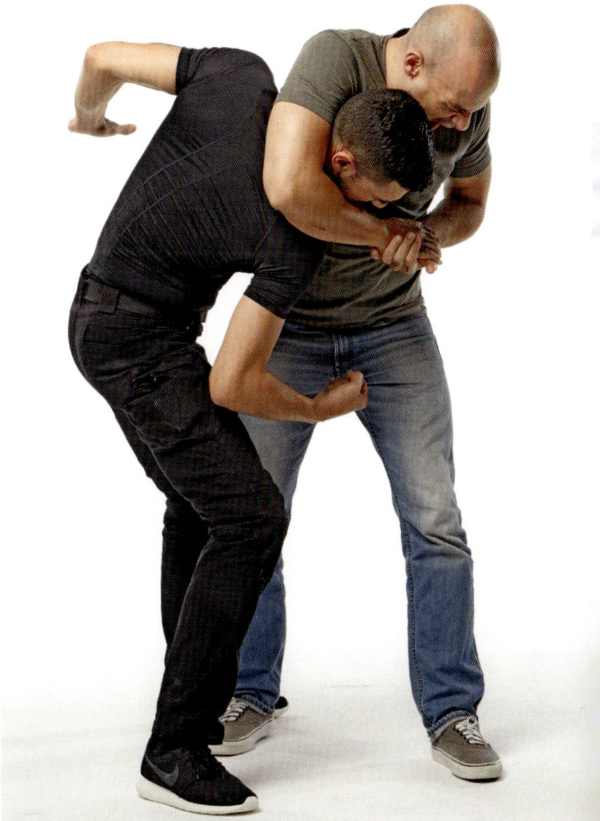

Du hast das Recht, dich in Notwehr mit angemessenen Maßnahmen zu schützen.

greift. Es gibt verschiedene Anzeichen, die seine Angriffsabsicht offenbaren, manchmal ist die Situation jedoch nicht eindeutig.

»Gegenwärtiger Angriff« bedeutet, dass Notwehr nur besteht, solange du dich gerade im Konflikt befindest. Notwehr ist hingegen nicht mehr gegeben, wenn du aus einer Gewaltsituation in Sicherheit geflohen bist, und dann zu einem späteren Zeitpunkt den Gegner aufsuchst, um eine körperliche Aktion auszuführen.

Das Gesetz verlangt, dass deine Handlung notwendig ist. Das bedeutet, du kannst dich schützen und verteidigen durch den Einsatz von angemessenen Mitteln. Du musst die Maßnahme so wählen, dass du den Gegner sicher abwehrst, ihn also unter Kontrolle bringst, er kampfunfähig wird oder aber du fliehen kannst.

Bei deiner Aktion kann der Gegner verletzt werden, jedoch gilt es, bei mehreren Kampfmöglichkeiten, das relativ mildeste und geeignetste Vorgehen zu wählen. Wenn noch eine gefährliche Situation besteht, musst du deine Aktion nicht abbrechen, d.h. solange erkennbar ist, dass für dich noch eine Gefahr besteht. Dies gilt auch, wenn der Gegner ausrutscht und zu Boden stürzt, aber erkennbar wieder angreifen wird. Bricht er jedoch kampfunfähig zusammen, dann musst du stoppen, weitere Techniken sind nicht mehr durch das Gesetz abgesichert.

Überschreitest du bei der Selbstverteidigung das angemessene Maß, dann liegt ein Notwehrexzess vor. In einem solchen Fall ist deine Handlung rechtswidrig. Du bleibst aber auch dann straffrei, wenn du aus Verwirrung, Furcht oder Schrecken agiert hast, was zu beweisen ist.

Nach deiner Schutzaktion begibst du dich zuerst an einen sicheren Ort. Du bist nicht verpflichtet, den Gegner selbst zu versorgen, denn er könnte sich erholen und wieder angreifen beziehungsweise eine Verletzung nur vortäuschen, um dich leichter zu überwältigen. Aus einer sicheren Position informierst du die Polizei über das Geschehen, auch über eine mögliche Verletzung des Gegners. Ist er stark verletzt, kann es notwendig sein, Hilfe zu alarmieren, damit du dich nicht wegen unterlassener Hilfeleistung strafbar machst. Auch hier gilt, kümmere dich zuerst um deine eigene Sicherheit, bevor du Hilfe für ihn rufst.

Ist ein anderer Mensch in Not und du hilfst ihm bei der Verteidigung, dann wird dies als Nothilfe bezeichnet. Auch bei der Nothilfeaktion gelten die zuvor genannten Voraussetzungen und Überlegungen, beispielsweise zum angemessen Maß. Generell sind wir verpflichtet zu helfen, wenn sich ein anderer Mensch in einer Notsituation befindet. Dazu müssen wir uns aber nicht selbst gefährden, sondern es genügt, dass wir Hilfe alarmieren wie die Polizei oder das Sicherheitspersonal.

Ernstfallsituationen

Als Gewaltsituation lassen sich Körperverletzung, Raub und Sexualdelikt unterscheiden.

Körperverletzung

Als Körperverletzung wird das rechtswidrige Verletzen der Gesundheit eines Menschen bezeichnet. Das Opfer wird körperlich attackiert beispielsweise durch schlagen, stoßen, treten oder beißen. Die Körperverletzung kann mit Vorsatz erfolgen, kann sich aber auch aus einer Diskussion entwickeln, die außer Kontrolle gerät. Die diskutierenden Personen fühlen sich provoziert und regen sich immer mehr auf, bis es schließlich zu Handgreiflichkeiten und sogar zum Kampf kommt.

Körperverletzungen werden häufig von Aggressoren vollzogen, die aufgestaute Wut abbauen wollen. Es gibt aber auch Täter, die einfach Spaß daran haben körperliche Gewalt auszuüben sowie Banden, die aus den verschiedensten Motiven angreifen. Sogar religiöse Motive sind immer öfters festzustellen. Die

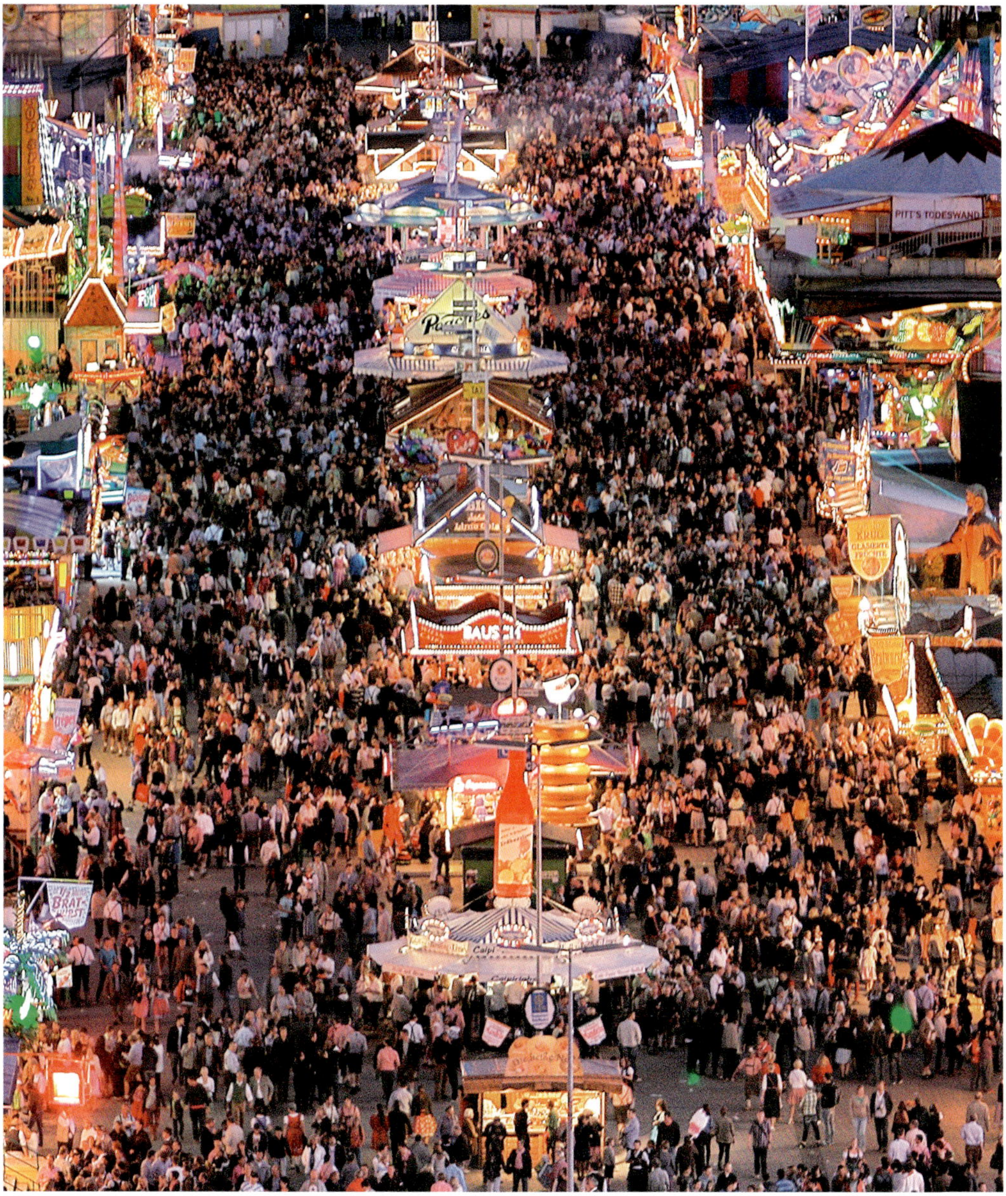

Besprich mit dir nahestehenden Menschen, welche Gefahren bestehen und wie man diese minimieren kann, beispielsweise vor dem Besuch eines Volksfestes.

Vorgehensweise und der Einsatz der Mittel nehmen an Gefährlichkeit zu.

Wir und unsere Familie können überall mit körperlicher Gewalt konfrontiert werden. Früher konnte man solche Gefahren leichter umgehen und Übergriffe waren hauptsächlich abends in Gaststätten, Diskotheken und auf öffentlichen Festen zu befürchten. Diese Gefahren bestehen weiterhin und sind zumeist noch gewachsen.

Inzwischen hat sich die Gefährdungslage generell verschärft und man kann auch am helllichten Tag mit Gewalt konfrontiert werden, z. B. in der Straßen- oder Regionalbahn oder beim

Warten am Bahnhof. Täter sind meistens Männer; aber auch Frauen wie beispielsweise Mädchen-Gangs attackieren manchmal mit körperlichen Mitteln.

Körperverletzungen können zudem im häuslichen Umfeld auftreten, wobei es häufig um die Machtdemonstration geht. Ein Konflikt gerät außer Kontrolle und es kommt zu Handgreiflichkeiten, aus denen auch schwerwiegende Verletzungen resultieren können.

Raub

Als Raub wird der Diebstahl eines Wertgegenstandes unter Androhung oder mit Anwendung von Gewalt bezeichnet. Der Täter hat dazu oft eine Waffe, um die Bedrohung überzeugender zu vermitteln, oder Täter treten in einer Gruppe auf.

Beim Straßenraub wird versucht, Handtaschen, Bargeld, Schmuck, Uhren, Ringe, Ketten und Handys zu erbeuten. Verbrecher wollen möglichst schnell Beute machen und den Tatort wieder verlassen. Deshalb wird vorrangig nach Opfern gesucht, von denen möglichst viel Beute mit wenig Gegenwehr zu erwarten ist: Senioren, Frauen und Betrunkene werden oftmals zum Ziel. Grundsätzlich kann jeder Mensch zu einem Raubopfer werden. Das Abziehen von Markenkleidung, z. B. teuren Jacken, kommt zudem bei Jugendlichen recht häufig vor.

Tatorte für Raubüberfälle sind zumeist Örtlichkeiten, die einen Angriff aus dem Hinterhalt und ein schnelles Verschwinden ermöglichen wie Parkhaus und Stadtpark. Bei Dunkelheit bieten sich Räubern zahlreiche Möglichkeiten. Es finden jedoch immer mehr Übergriffe tagsüber in der Öffentlichkeit statt, beispielsweise werden Handtasche oder Handy auf der Straße oder sogar in der Straßenbahn entrissen oder in einer Seitenstraße werden Jacken abgezogen.

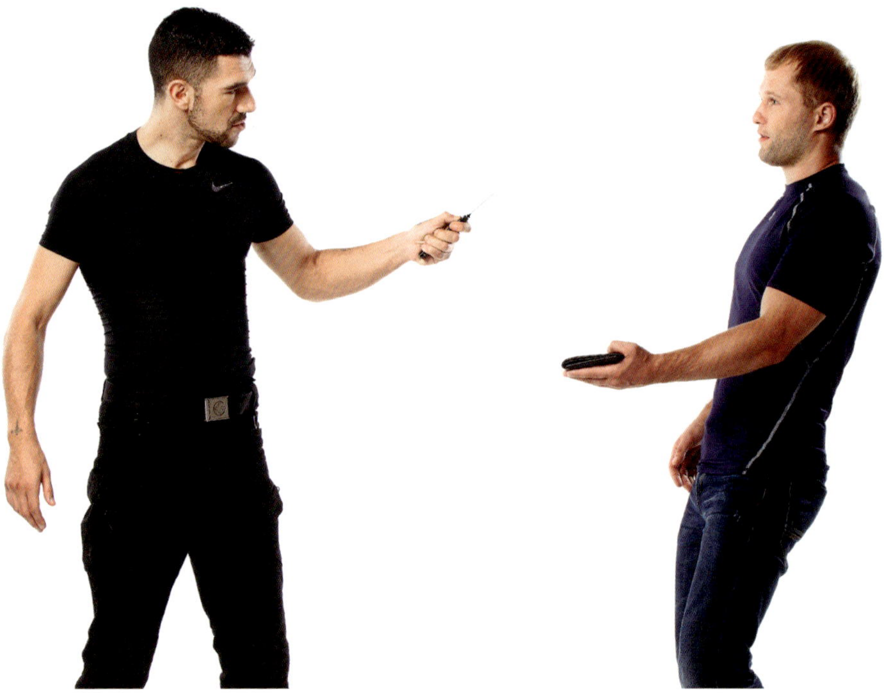

Übergib dem Räuber die Beute. Kämpfe nur, wenn es keinen anderen Ausweg gibt.

Einzeltäter sind häufig, aber nicht ausschließlich, junge Männer. Auch Beschaffungskriminalität von Drogenabhängigen ist verbreitet. Banden gibt es in den unterschiedlichsten Formen; sie agieren organisiert beispielsweise in Bahnhöfen und auf Marktplätzen. Zuerst können Kinder oder Jugendliche erscheinen, um das Opfer zu täuschen, dann erfolgt die überraschende Attacke. Die Tricks dabei werden ausgefallener und du kannst dich nur durch Distanzhalten schützen. Ebenso gibt es Banden, die mit großer Brutalität ihre Opfer attackieren.

Auch Wohnungseinbrüche nehmen deutlich zu. Die Verbrecher verzichten sogar manchmal auf langes Ausspionieren des Objektes. Zudem gibt es professionelle Banden, die von Stadt zu Stadt ziehen und schnell eine Vielzahl von Einbrüchen durchführen. In der Folge kann es sein, dass du in der Wohnung mit Einbrechern konfrontiert wirst.

Wenn du von einem Verbrecher bedroht wirst, gleich ob in der Öffentlichkeit oder zuhause, dann solltest du ihm die geforderten Wertgegenstände überlassen. Die Gegenstände sind zumeist versichert und für keinen Wertgegenstand lohnt es, eine schwere Verletzung oder sogar dein Leben zu riskieren. Präge dir Aussehen, Kleidung und andere Auffälligkeiten genau ein, um der Polizei detaillierte Informationen für die Verbrechensaufklärung zu liefern. Zeigt sich der Verbrecher allerdings nicht mit der Beute zufrieden, dann gilt es, dich mit allen Möglichkeiten zu schützen und mit aller Entschlossenheit zu kämpfen. Du musst ihn kampfunfähig machen oder dir einen Fluchtweg verschaffen.

Sexualdelikt

Sexualdelikte umfassen unsittliche Berührungen, exhibitionistische Handlungen und Vergewaltigungen. Nach einer Vergewaltigung kann ein Verbrecher auch einen Mord vollziehen, um unerkannt zu entkommen.

Meistens sind Sexualdelikte gegen Frauen und Mädchen gerichtet, es gibt sie aber auch gegen Männer und Jungen. Vergewaltigungsopfer leiden sehr lange unter den schrecklichen Ereignissen, manchen gelingt es auch nie, das Verbrechen zu verarbeiten. Es besteht zudem die Gefahr, dass sich das Opfer mit einer Krankheit infiziert.

Sexuelle Übergriffe durch mehr oder weniger bekannte Täter kann es überall geben: Schule, Vereine, Bekanntenkreis, Kirche und sogar in der Familie. Wir können nicht erahnen, welche krankhaften Sexualfantasien ein Menschen haben kann. Um Kinder zu schützen, müssen wir ein Vertrauensverhältnis pflegen, ihnen genau zuhören und sie ernst nehmen, damit wir auf Auffälligkeiten reagieren können. In den letzten Jahren hat auch die Zahl von Sexualverbrechen durch fremde Täter erheblich zu genommen wie die Medienberichte über Übergriffe in Schwimmbädern, Parks, Haltestellen und bei öffentlichen Veranstaltungen zeigen.

Ein minderschweres Sexualverbrechen wie Begrabschen kann überall vollzogen werden. Vergewaltiger suchen Tatorte, an denen sie die Handlung möglichst ungestört durchführen können. Da die Möglichkeit besteht, dass der Täter das Opfer zum Tatort verschleppt, ist auch der Zugriffsraum für schwere Sexualverbrechen groß. Zudem ist festzustellen, dass die Täter immer skrupelloser werden. Am helllichten Tag kann eine Vergewaltigung im Stadtpark oder in Büschen beim Volksfest vollzogen werden. Spreche über solche Gefahren mit Freunden und Familie und schütze sie, indem du sie auf Wegen begleitest und dich um sie kümmerst. Informiere dir nahestehende Kinder über Gefahren und plane mit ihnen »Rettungsinseln«, wohin sie bei Gefahr flüchten können.

HÄUFIGE FRAGEN

Zum Selbstschutz werden mir häufig diese oder ähnliche Fragen gestellt:

Welche Kampftechniken soll ich einsetzen?

Viele Männer möchten gerne eine Sicherheit, dass sie Kampftechniken lernen, mit denen sie jeden Gegner besiegen. Oft wird gefragt: »Wenn der Gegner das macht, wie soll ich dann genau reagieren?« Es wäre unverantwortlich zu sagen, dass es ein sicheres Vorgehen sowie sichere Techniken gibt. Im Ernstfall gibt es keine Garantien. Der Kampf und die Übergänge sind viel zu schnell und jede Situation bringt andere Bedingungen mit sich. Um sich in einem Kampf zu

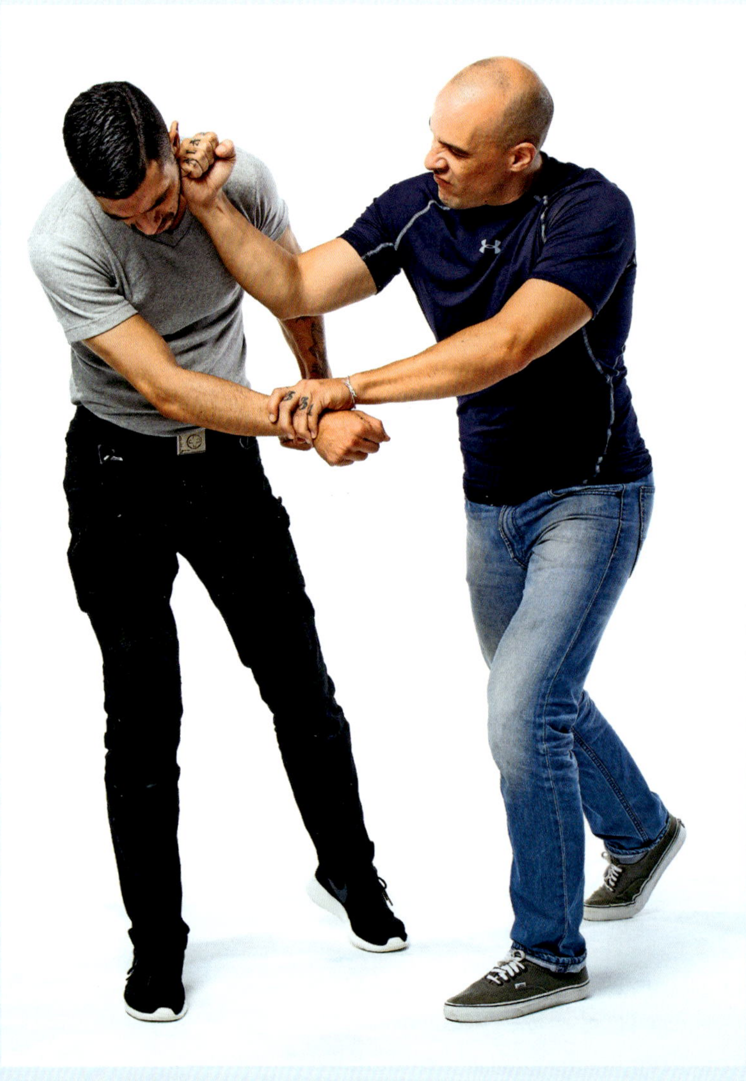

Um sich zu behaupten ist das richtige Mindset entscheidend. Attackiere den Gegner kompromisslos, mit deiner ganzen Körperkraft.

behaupten, ist das richtige Mindset auschlaggebend, damit ist die richtige Kampfeinstellung (Seite 109–114) gemeint. Selbstverständlich musst du im Kampf effektive Techniken einsetzen, die mit hoher Wahrscheinlichkeit eine große Wirkung zu erzielen. Dazu gibt es viele Möglichkeiten. Lerne solche Techniken, die sich für deinen Kampfstil eignen und übe diese vielfach mit vollem Einsatz.

Selbstschutz ist ein umfassendes Konzept, und die größte Sicherheit hast du durch Aufmerksamkeit: wenn du Gefahren frühzeitig erkennst und dadurch Ernstfallsituationen vermeiden kannst.

Habe ich gegen einen körperlich überlegenen Gegner eine Chance?

Lässt sich der Kampf nicht vermeiden, dann kämpfe mit dem Bewusstsein, dass du jeden Gegner besiegen kannst. Der Gegner kann körperlich noch so überlegen sein, du kannst gewinnen. Du musst dazu geschickt vorgehen und die sich anbietenden verletzlichen Körperstellen kompromisslos attackieren und zwar möglichst zuerst (Seite 117–128). Du darfst erst dann aufhören, wenn der Gegner kampfunfähig ist. Es sei denn, dein Kampfplan sieht eine schnelle Attacke vor, um besser fliehen zu können. Selbst wenn dich der Gegner überrascht und dich in eine ungünstige Position wie einen Haltegriff oder auf den Boden bringt, hast du noch viele Möglichkeiten, um dich zu befreien und den Gegner zu besiegen. Wenn du allerdings voller Zweifel und zögerlich agierst, sind deine Erfolgschancen gering.

Lasse dich nicht einschüchtern, auch wenn der Aggressor sehr laut und selbstbewusst auftritt, das sagt noch lange nichts über seine Kampffähigkeiten aus. Wenn dich sein Auftritt jedoch so verängstigen sollte, dass du deinen Gameplan nicht mehr durchziehen kannst, dann hat er dich auf diesem Weg besiegt. Im Szenario-Training sollte der Trainingspartner deshalb auch solche lauten Aggressoren simulieren, damit du die Angst davor verlierst.

Du darfst einen Gegner allerdings niemals unterschätzen, weil er beispielsweise kleiner ist und körperlich schwächer erscheint. Er kann überraschend agieren und auch eine Waffe einsetzen.

Wie soll ich mich verhalten, wenn ich Gefahr annehme?

Hast du instinktiv das Gefühl, dass eine gefährliche Situation entstehen könnte, dass eine oder mehrere Personen zu Angreifern werden können, dann verhalte dich angemessen. Unsere Instinkte geben uns die Möglichkeit, Gefahren frühzeitig wahrzunehmen, ohne dass wir Situationen bereits vollständig begreifen können. Man liest leider immer wieder von Gewaltopfern, dass sie vorher ein ungutes Gefühl hatten, aber ihre Instinkte verdrängt haben. Wenn du eine Situation nicht sicher deuten kannst, dann achte also auf deine Intuition.

Verlasse nach Möglichkeit die gefährliche Situation, z.B. das Lokal oder die Haltestelle, wenn du den Eindruck hast, dass sich eine gefährliche Situation entwickeln könnte. Hast du auf deinem Weg das Gefühl, dass du verfolgt wirst, dann suche schnell nach einer Fluchtmöglichkeit. Schaue dich dann um und mache dir die tatsächliche Situation klar. Falls notwendig, nutze die Fluchtmöglichkeit. Laufe besser in eine andere Richtung, beziehungsweise fliehe in eine sichere Lokalität, als dich einem unnötigen Risiko auszusetzen.

Soll ich zum Schutz eine Waffe mitführen?

Eine bestimmte Waffe in der Öffentlichkeit mitzuführen, stellt nur eine Option dar, wenn die rechtlichen Voraussetzungen dazu gegeben sind. Vom Mitführen einer illegalen Waffe wie verbotenem Messer und Schlagring rate ich dringend ab. Es können ernsthafte rechtliche Konsequenzen eintreten, insbesondere dann,

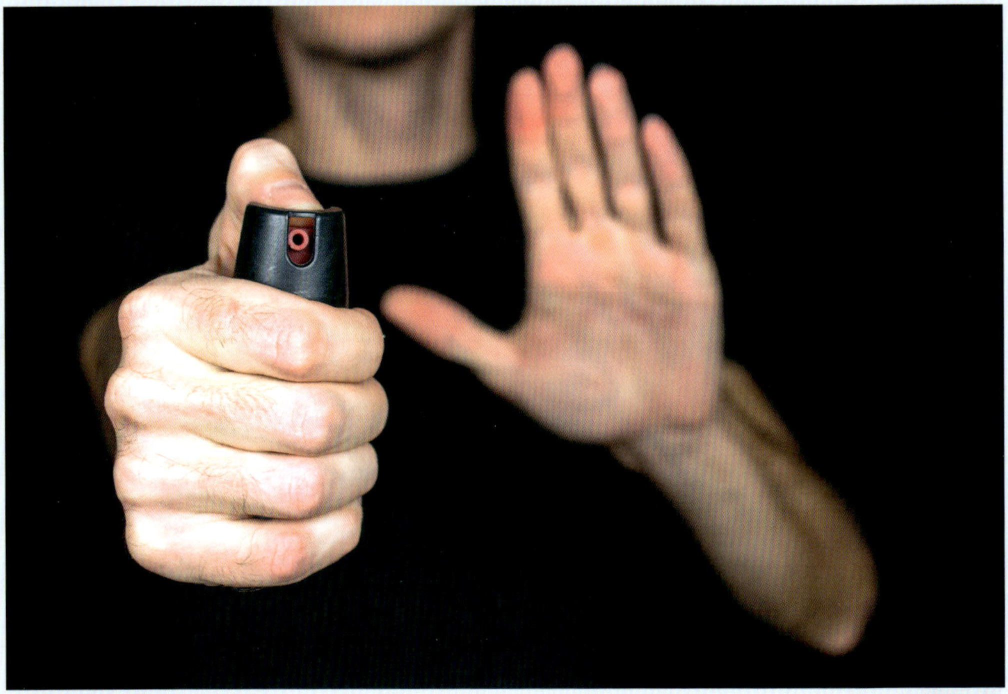

Tränengas kann dem Selbstschutz dienen.

wenn du die illegale Waffe tatsächlich einsetzt. Möglicherweise lohnt sich der Erwerb eines kleinen Waffenscheins (Seite 195–196), um mehr Optionen zu haben.

Ist dir das Mitführen einer bestimmten Waffe per Gesetz erlaubt, dann kann die Waffe eine Option sein, wenn du dich durch das Tragen sicherer fühlst. Wichtig ist, dass du die Waffe so tragen kannst, dass du sie bei Gefahr schnell erreichen kannst und dies auch übst. Zudem musst du mit der Nutzung der Waffe vertraut sein. Selbst der Einsatz eines Tränengas-Sprays muss geübt werden, da es unterschiedliches Strahlverhalten gibt.

Soll ich helfen, wenn sich andere in einer Ernstfallsituation befinden?

Grundsätzlich sollen wir selbstverständlich Menschen helfen, die in Gefahr sind. So verlangt es auch das Gesetz. Allerdings ist die Form der Hilfeleistung zu überlegen. Du sollst dich bei der Hilfeleistung nicht selbst in Gefahr bringen. Du kannst andere Menschen ansprechen, um gemeinsam aktiv zu werden, sowie die Polizei kontaktieren oder auf andere Weise Hilfe holen, z. B. in der Diskothek das Sicherheitspersonal herbeirufen. Sobald du Hilfe gerufen hast, kannst du dem vermeintlichen Opfer zurufen, dass du Hilfe gerufen hast und diese gleich kommen wird. Vielleicht veranlasst das den oder die Täter zur Flucht. Ist eine dir sehr nahestehende Person in den Konflikt involviert, dann wird dich wenig davon abhalten einzugreifen. Versuche auch hier möglichst überlegt zu handeln, sodass du effektiv eingreifst.

Oftmals stellen sich Ernstfallsituationen nicht eindeutig dar, es ist also schwer zu bewerten, was genau passiert und wer involviert ist. Siehst du einen Konflikt mit mehreren involvierten Personen, dann sei vorsichtig, ansonsten kannst du selbst zum Opfer werden. Auch bei einem Streit zwischen einem Mann und einer Frau kann das

Eingreifen zu einer Gefahr für dich werden, denn die beiden Konfliktpersonen könnten plötzlich auf dich losgehen. Bist du dir in einer Situation nicht sicher, ob Hilfe notwendig ist, dann sprich die Frau beziehungsweise das scheinbare Opfer aus etwas Distanz direkt an »Benötigen Sie/Benötigst du meine Hilfe?«, um sicherzustellen, dass deine Hilfe überhaupt erwünscht ist.

Wie kann ich mich gegen Waffen schützen?

Grundsätzlich gilt, vor einem bewaffneten Gegner in Sicherheit zu fliehen. Allerdings ist die Fluchtmöglichkeit nicht immer gegeben. Wird du von einem bewaffneten Räuber in naher Distanz bedroht, dann übergebe ihm die anvisierte Beute. Die Beute ist es nicht wert, das Risiko einzugehen, ernsthaft verletzt oder sogar getötet zu werden. Falls der Verbrecher sich jedoch mit der Beute nicht zufrieden stellt, dann musst du aktiv werden – überraschend und brutal.

Kommt ein bewaffneter Gewalttäter mit der Absicht auf dich zu, dich zu verletzen, dann fliehe in Sicherheit. Ist diese Möglichkeit nicht gegeben, dann kannst du einen Gegenstand wie einen dicken Stock, eine Tasche oder einen Stuhl zwischen ihn und dich bringen, um etwas Zeit zu gewinnen und nach Hilfe zu rufen. Wie

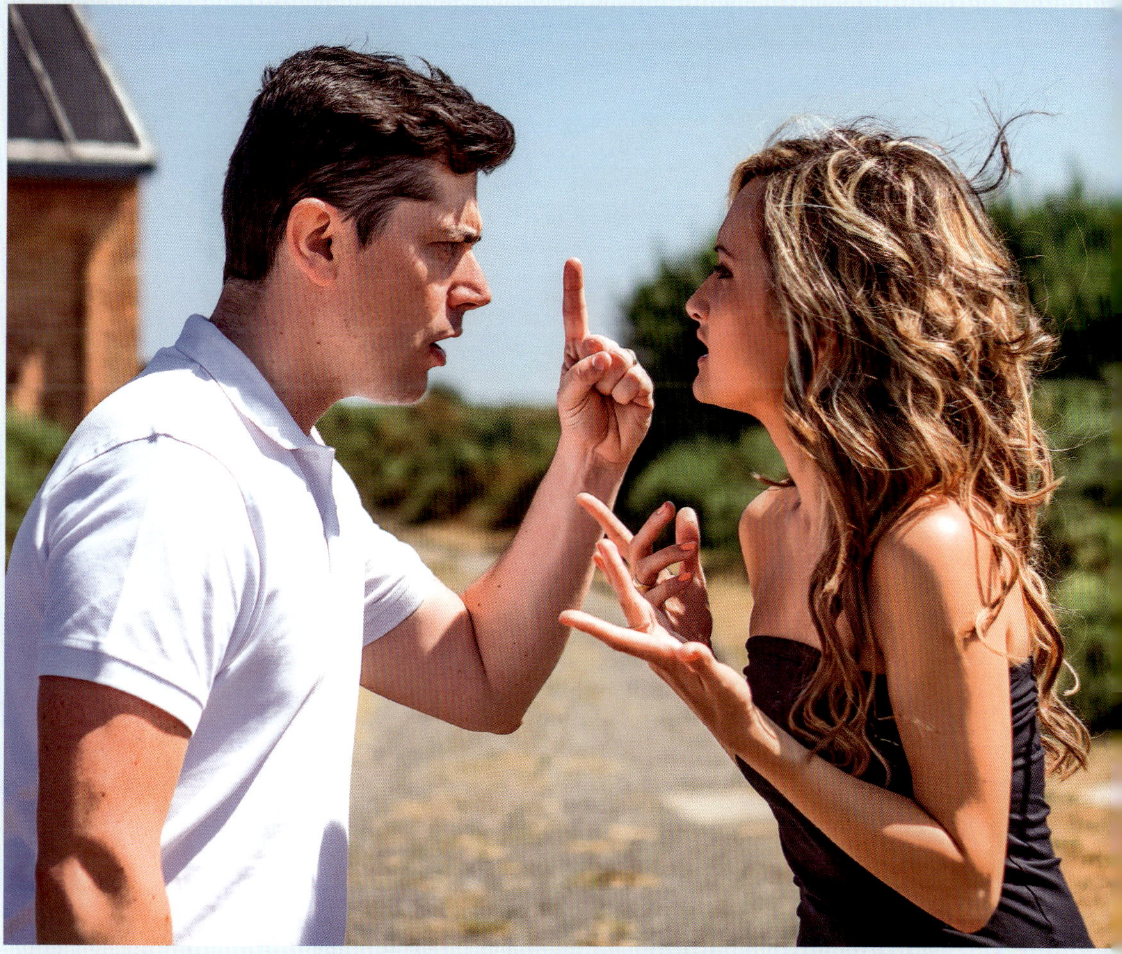

Bist du nicht sicher, ob deine Hilfeleistung gewünscht ist, dann frage das scheinbare Opfer, ob es Hilfe benötigt. Bewahre dabei genügend Distanz.

du im Notfall gegen einen Gegner mit Hieb- oder Stichwaffe agieren kannst, wird auf den Seiten 140–155 beschrieben. Allerdings gilt hier, du musst dein Vorgehen vielfach üben, und selbst dann hast du keine Sicherheit. Du musst dir für den Kampf gegen einen bewaffneten Gegner bewusst sein, dass du wahrscheinlich verletzt wirst; deshalb musst du ihn schnell brutal kampfunfähig machen.

Wie kann ich Kinder und Jugendliche schützen?

In der heutigen Zeit sind Kinder und Jugendliche vielen Gefahren ausgesetzt. Sie können mit körperlicher und sexueller Gewalt an den unterschiedlichsten Orten konfrontiert werden: in der Schule, Schwimmbad, Spielplatz, Sportverein, im öffentlichen Verkehrsmittel, sogar in der Kirche und im familiären Umfeld. Sie sind dem

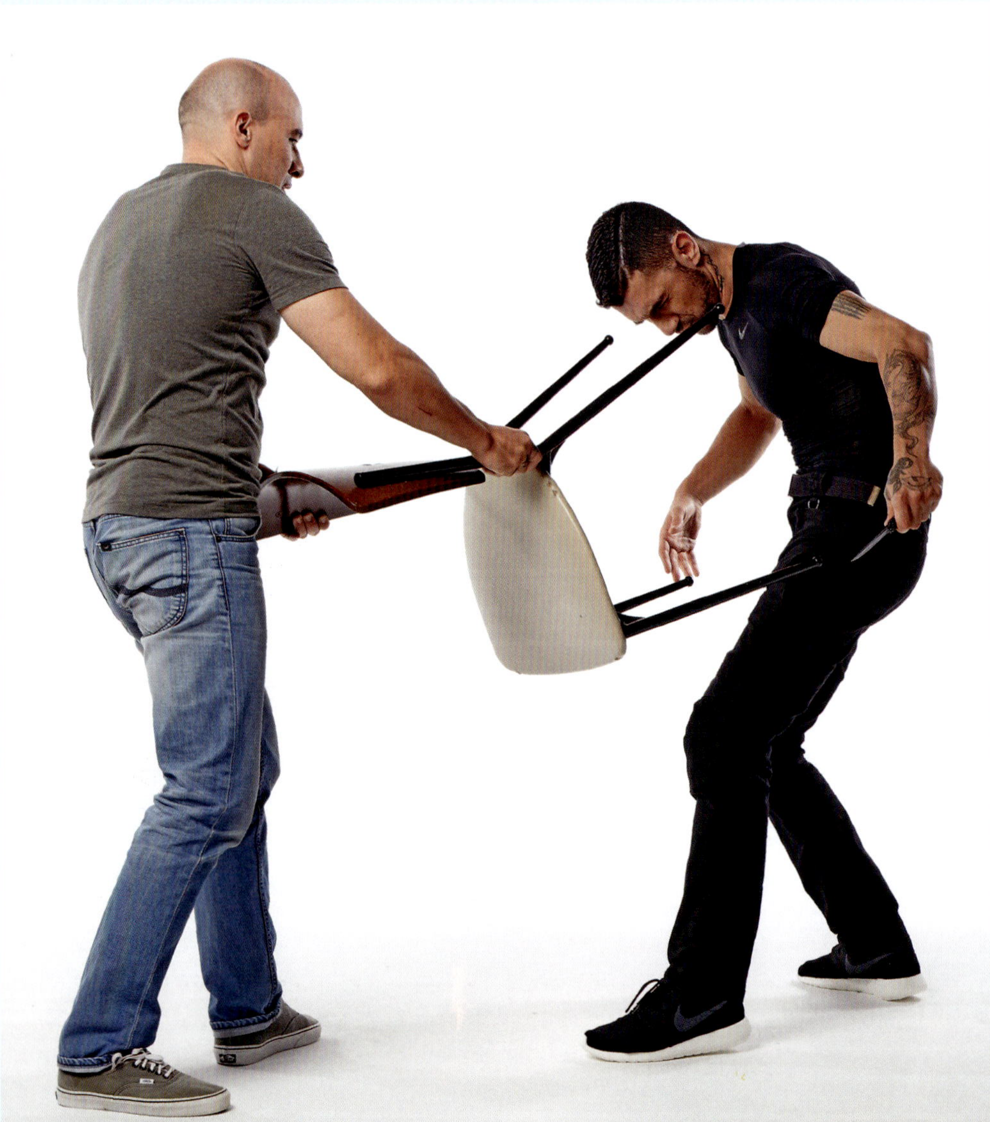

Auch mit einem Stuhl kannst du dich bei einem Messerangriff schützen.

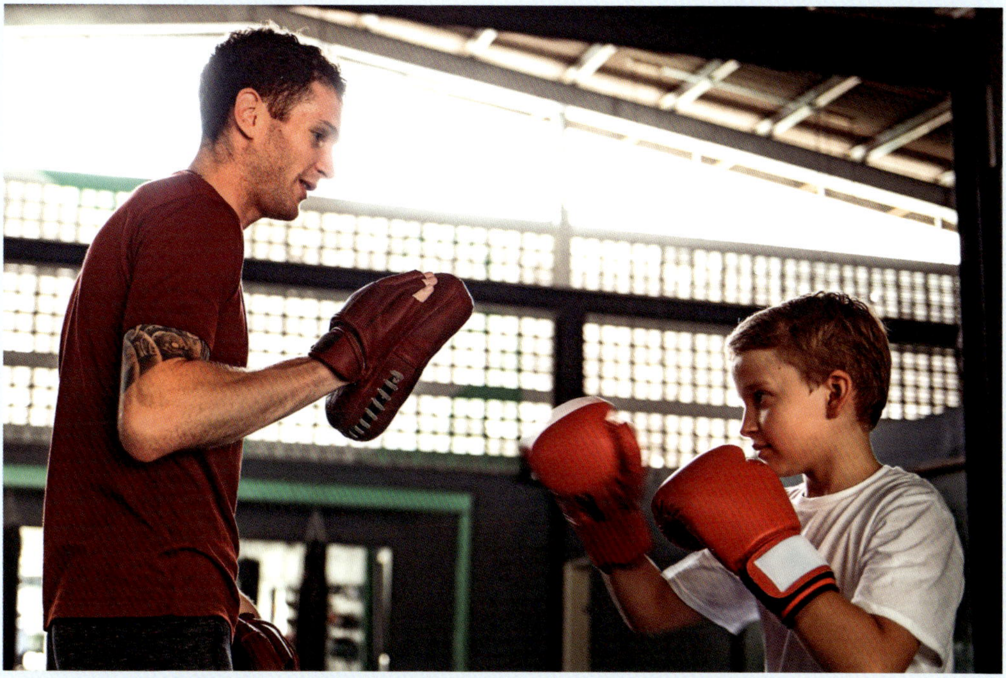

Kampftraining stärkt die Selbstsicherheit von Kindern. Bei der Technikauswahl gilt es, verantwortungsvoll zu wählen.

Verbrecher hilflos ausgeliefert, wenn sie nicht wissen, welches große Unrecht ihnen widerfährt oder sie sich an niemand wenden können. Zudem sind Kinder und Jugendliche immer mehr Gefahren von körperlichen Übergriffen wie bei Schlägereien ausgesetzt.

Kinder und Jugendliche brauchen eine Vertrauensperson, an die sie sich mit allen Problemen wenden können und bei der sie sich trauen, Ängste, Erfahrungen und Vorfälle mitzuteilen. Als Eltern oder sonstige Bezugspersonen müssen wir über Gefahren sprechen und ein vertrauensvolles Verhältnis pflegen und fördern. Diese Form der Information und des Gespräches ist ein wichtiger Aspekt beim Selbstschutz. Ich rate Eltern dringend, sich zu dem Themen Selbstschutz beziehungsweise Selbstverteidigung und Selbstbehauptung von Kindern und Jugendlichen weiterzubilden, unter anderem weiterführende Literatur zu lesen. Zudem empfehle ich Eltern, ihre Kinder zu einem Selbstverteidigungskurs anzumelden, indem viel Situationstraining gemacht wird. So wird trainiert, intuitiv schnell auf Gefahren zu reagieren. Allerdings gibt es auch einige nicht empfehlenswerte Kursangebote auf dem Markt, weshalb ein Vorgespräch mit dem Trainer geführt werden sollte.

Manche Väter üben mit ihren Kindern selbst Kampftechniken, um sie auf Gefahren vorzubereiten. Du musst selbst abschätzen, inwieweit dein Kind dazu bereit ist und verantwortungsvoll mit Kampftechniken umgehen kann. Beim Training von Kampftechniken mit Kindern gilt es, auch das Bewusstsein für Verhältnismäßigkeit zu schulen. Grundsätzlich soll das Attackieren von Augen, Hals, Kehlkopf und Genick bei Kindern unterbleiben. Erst bei Jugendlichen kann über solche Ziele nachgedacht werden.

Wichtig ist es, das Grenzenziehen zu üben, damit sie lernen, sich z.B. bei Gewalt in der Schule oder unsittlichen Berührungen zu behaupten. Bei Kindern sind Codeworte und Rettungsinseln auf dem Nachhauseweg zu besprechen. Ebenso gilt es zu verdeutlichen, was Gefahrensituationen überhaupt sind, beispielsweise ein anhaltender Autofahrer, der versucht anzulocken, oder eine kaum oder gar nicht bekannte Person, die das wartende Kind anspricht, und anbietet, es nach Hause zu bringen. Dies kann sogar auf dem Schulhof passieren. Bei Jugendlichen kommen dann noch die möglichen Probleme mit Alkohol und Drogen hinzu, die auch genutzt werden können, um gefügig zu machen. Es gilt auf Bullying-Handlungen und sexuelle Übergriffe durch ältere, dominante Personen vorzubereiten.

Ist ein Selbstverteidigungskurs sinnvoll?

In diesem Buch lernst du ein effektives Selbstschutz-Konzept kennen. Es werden viele Übungen vorgeführt und wirkungsvolle Techniken beschrieben. Um deinen Selbstschutz zu verbessern, musst du die Übungen allerdings auch tatsächlich machen und die Techniken mit Partner einstudieren, nicht nur lesen. Zusätzlich empfehle ich dir, zumindest für einige Wochen, einen Selbstverteidigungskurs zu besuchen. Szenario-Training, bei dem gefährliche Situationen simuliert werden und dann das geeignete Verhalten sowie der Einsatz von Techniken eingeübt werden, ist für deinen Selbstschutz äußerst förderlich.

Es ist nicht vorhersehbar, wann, wo und welcher Aggressor attackieren wird. Umso besser du deinen Gameplan einstudiert und unter Stress mit verschiedenen Übungsgegnern trainiert hast, desto wahrscheinlicher wirst du im Ernstfall erfolgreich sein. Auch wirst du im Training in Situationen kommen, bei dem ein eigentlich effektives Vorgehen, aus welchen Gründen auch immer, nicht funktioniert. Du wirst dann lernen, dass du flexibel agieren und zu einem Notfallplan übergehen musst. Gelingt dies bereits im Training, dann wird es auch im Ernstfall leichter sein, das Richtige zu tun.

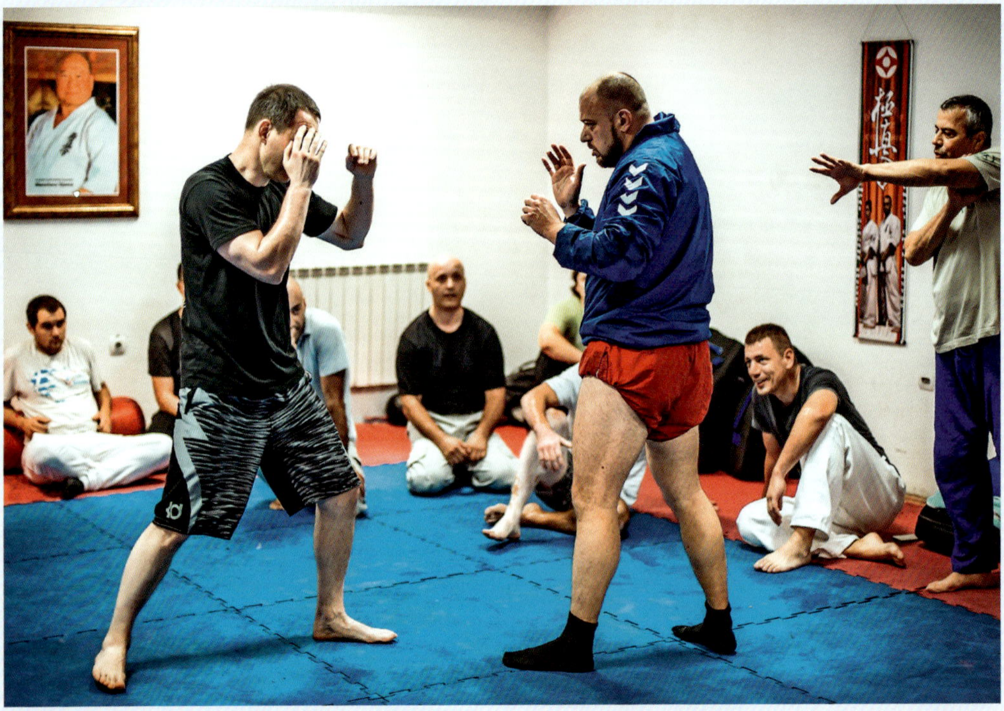

Im Selbstverteidigungsverein übst du unter Aufsicht eines Trainers und mit unterschiedlichen Partnern, was dich flexibler macht und somit besser vorbereitet.

TEIL 2

SELBSTSCHUTZ-KONZEPT

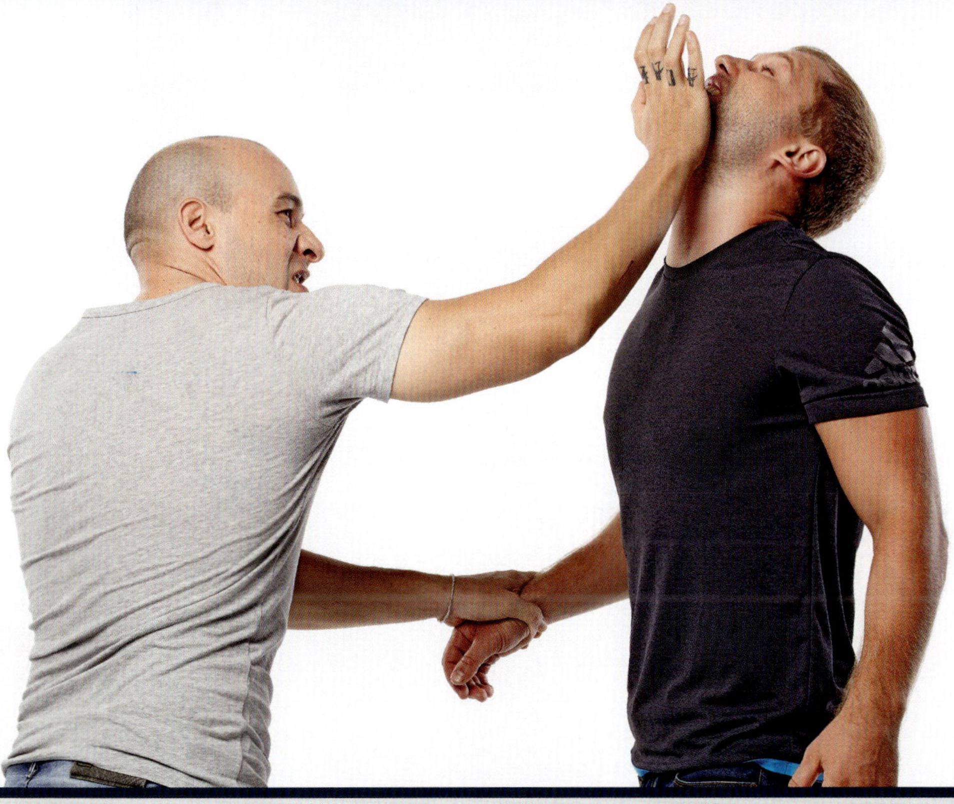

GRUNDLAGEN

Das Konzept für den Selbstschutz (Selbstverteidigung) lässt sich anhand von vier Schritten darstellen. In diesem Abschnitt wird beschrieben, was du dazu jeweils beachten musst und wie du dich verhalten kannst.

- **Schritt 1: Vermeidung durch Aufmerksamkeit und Ausstrahlung**

Zahlreiche gefährliche Situationen kannst du vermeiden, indem du aufmerksam bist, auf deine Wirkung auf andere Menschen achtest, und zudem einige Vorsichtsmaßnahmen triffst.

- **Schritt 2: Vermeiden durch Gespräch und Grenzenziehen**

Kommst du mit einem Aggressor in Kontakt, kann ein Ernstfall recht häufig noch durch ein angemessenes Verhalten abgewendet werden. Du kannst versuchen, ihn im Gespräch zu beruhigen. Falls dies nicht möglich ist oder erfolglos bleibt, kannst du verbal und mit der entsprechenden Körperhaltung eine Grenze setzen.

- **Schritt 3: Einsatz von Kampftechniken**

Merkst du, dass sich der Aggressor nicht von seinem Vorhaben abbringen lässt und der Ernstfall sich nicht vermeiden lässt, dann kämpfe entschlossen und attackiere möglichst zuerst.

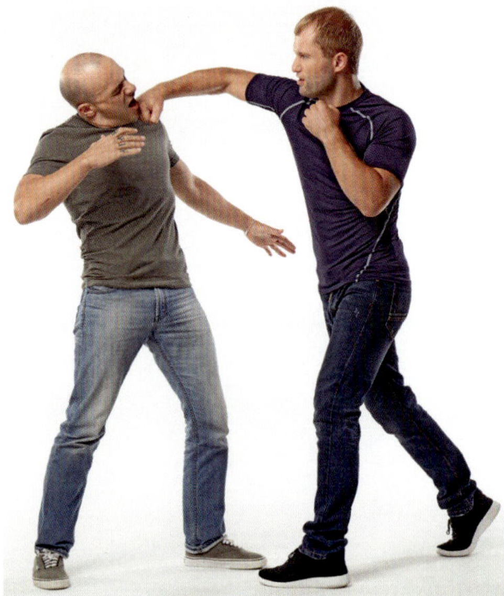

Musst du kämpfen, dann attackiere zuerst.

- **Schritt 4: Verhalten nach dem Ernstfall**

Auch nach einem Kampf ist überlegtes Handeln notwendig, damit sich der Kampf nicht nachträglich zu deinen Ungunsten entwickelt und du nicht vor Gericht verurteilt wirst.

OPFERAUSWAHL

Der Täter will erfolgreich sein und möglichst wenig Probleme haben, wenn er zur Tat schreitet. Dabei ist es gleich, ob er durch Gewalt seine Aggressionen abbauen, ein Opfer berauben will oder ein sexuelles Verbrechen beabsichtigt. Ein rational handelnder Täter geht geplant vor und sucht sich ein potentielles Opfer bewusst aus. Im nächsten Schritt nimmt er Kontakt mit seiner Zielperson auf, um zu überprüfen und zu täuschen, damit er schließlich die Tat erfolgreich durchführen kann. Ähnlich verhält es sich, wenn ein oder mehrere Aggressoren aus einer Gruppe heraus agieren: Sie suchen Opfer. Sie wollen keinen wirklichen

INFO Ausnahmen von der kalkulierten Opferauswahl

Auf diesen Seiten wird die rationale Opferauswahl beschrieben. Es gibt allerdings Ausnahmen, z. B. handelt ein Täter, der von Alkohol, Drogen oder Medikamenten berauscht ist, nicht unbedingt kalkuliert. Beispielsweise agiert ein Drogenabhängiger wenig überlegt, wenn er das Bedürfnis nach dem Rauschmittel verspürt. In Deutschland gibt es mittlerweile auch vermehrt religiös fanatische Angreifer. Auch in einem solchen Fall lässt sich die Opferauswahl kaum rational erklären.

Um solche Angriffe zu umgehen, besteht nur die Möglichkeit sich mögliche Gefährdungskreise bewusst zu machen und diese soweit wie möglich zu meiden, beziehungsweise im Ernstfall schnell der Situation angemessen zu reagieren.

Gegner, bei dem die Gefahr besteht, den Konflikt zu verlieren.

Wir alle können zum Opfer werden, ganz ausschließen lässt sich diese Gefahr nicht. Du kannst das Risiko jedoch minimieren, indem du aufmerksam bist, gefährliche Situationen meidest und dich als sogenanntes »hartes Ziel« präsentierst, womit aufmerksames, kraftvolles und selbstsicheres Auftreten gemeint ist. Zudem musst du die Kampftechniken trainieren, um dich schützen zu können, falls du trotz aller Vorsichtsmaßnahmen von einem Gewalttäter attackiert wirst.

1. AUSWAHL EINES POTENTIELLEN OPFERS

Handelt ein Täter rational, also überlegt, dann überprüft er zuerst die Umgebung und sucht nach einem potentiellen Opfer. Er observiert und wählt dabei aus, der erste Kontakt erfolgt also nonverbal. Vor einem Übergriff erfolgt ein Einschätzen des potentiellen Opfers, unabhängig davon welche Gewalttat beabsichtigt wird. Der Täter sucht ein Opfer, das zu seinem Vorhaben passt und von dem er möglichst wenig Gegenwehr erwartet. Er achtet auf Körperhaltung, Ausstrahlung, Kleidung sowie andere für ihn relevante Merkmale und bewertet diese Faktoren. Er will ein Opfer, keinen Gegner, bei dem er riskiert, die Auseinandersetzung zu verlieren und gefasst zu werden.

Ein Schläger beispielsweise wählt ein Opfer, an dem er seine Aggression abbauen kann oder dessen Besiegen ihn vor seiner Gang gut dastehen lässt. Ein Räuber sucht ein Opfer, von dem er eine lukrative Beute und gleichzeitig wenig Gegenwehr erwartet. Ein Sexualtäter will seinen krankhaften sexuellen Trieb befriedigen und nach der Tat unerkannt verschwinden können.

INFO Risikofaktoren bei der Opferwahl

Solche Kriterien können das Risiko vergrößern, von einem Verbrecher als Opfer eingeschätzt zu werden:

- alleine unterwegs sein
- unkonzentriert und hektisch erscheinen
- sichtbare Wertgegenstände
- ängstliches, unsicheres Auftreten
- sich klein machen, gebückte Körperhaltung
- unscheinbares Auftreten
- körperlich schwach und nicht in Form sein
- nervöses, hektisches hin- und herschauen
- leises Sprechen
- sich betrunken oder berauscht zeigen

Fällt einem Täter auf, dass du unter zeitlichem Stress stehst, hektisch und unsicher agierst, dann kann er dich als potentielles Opfer einschätzen. Sein Risiko bei einem Übergriff erscheint ihm dann gering. Wenn du dich hingegen aufmerksam zeigst, selbstsicher und überlegt wirkst, dann wird das den Aggressor eher von einem Übergriff abhalten. Zwar gibt es keine Garantien, aber die Wahrscheinlichkeit zum Opfer zu werden, ist dann erheblich geringer.

Einige Männer und Jugendliche werden wiederholt Verbrechensopfer; häufig lässt sich das mit ihrem Auftreten erklären. Informationen zu selbstsicherem Auftreten und entsprechende Übungen findest du auf den Seiten 219–222.

2. KONTAKTHERSTELLUNG

Der Täter nimmt Kontakt zum potentiellen Opfer auf, um zu überprüfen, ob es seinen Opferkriterien entspricht. Ist dies der Fall, dann kann er versuchen, die Zielperson zu täuschen, um näher heranzukommen.

Ein Diebstahl und auch ein Raub beginnt manchmal mit einer freundlichen Bitte oder Frage. Es gibt die verschiedensten Maschen, um an das Opfer heranzukommen und es zu täuschen, u. a. freundliche Kinder, die hilfe- oder ratsuchend wirken. Während abgelenkt wird, werden unbemerkt Wertgegenstände entwendet. Dies führen einige Diebesbanden sehr professionell durch. Die Bitte oder die Frage kann ebenso die Vorstufe eines Raubüberfalls sein, um Gegenstände mit Gewalt oder Androhung von Gewalt zu entwenden. Der zuvor freundliche Mann kann plötzlich ein Messer in der Hand haben. Oder er schlägt schnell auf dich ein, ebenso können seine Mittäter dich plötzlich umzingeln. Entsprechend können sexuell motivierte Verbrecher vorgehen.

Du musst immer auf genug Distanz zu einem Aggressor achten, generell zu fremden Personen.

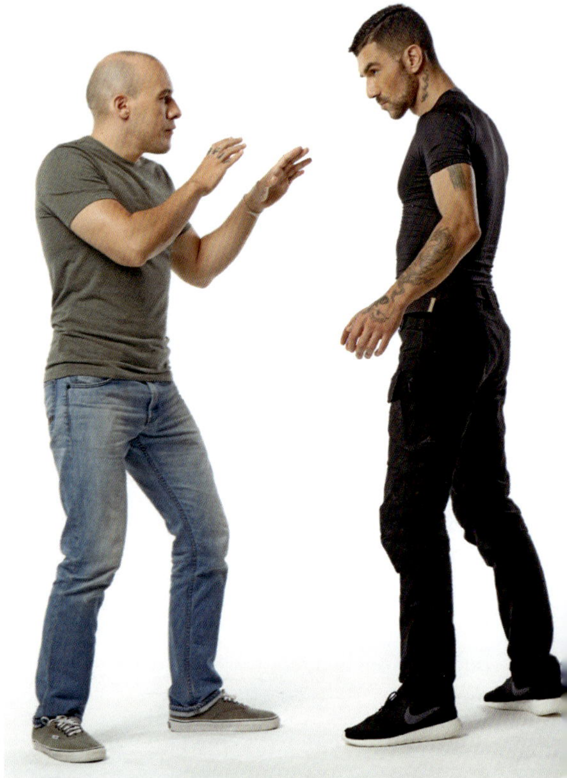

Schütze dich vor einem Aggressor, indem du eine Fence einnimmst.

Wirst du auf der Straße angesprochen und zweifelst an der Absicht, dann gehe besser weiter und sage: »Ich weiß nicht«. Behalte dabei den oder die potentiellen Täter im Augenwinkel. Du musst deutlich machen, dass du dich nicht leicht täuschen lässt und somit kein leichtes Opfer bist. Kommt es zu einer Kontaktaufnahme durch einen potentiellen Täter, dann mache deine Distanzgrenze ganz klar und achte darauf, dass diese eingehalten wird. Steht der Aggressor recht nahe, dann baue eine der Situation angemessene Fence auf (Seite 40–48), damit du dich auch bei einer plötzlichen Attacke noch schützen kannst.

3. VOLLZIEHEN DES ÜBERGRIFFS

Wenn es dem Täter gelingt, sich dir zu nähern und sich zu positionieren, dann erfolgt nun die

Attacke. Er wird überraschend und schnell attackieren, denn so ist es wahrscheinlicher, dass er Erfolg haben wird.

Ein Schläger kann versuchen, deine Aufmerksamkeit durch eine Finte zuerst vom Angriffsziel wegzulenken oder er kann direkt hart attackieren. Unabhängig davon, welches Vorgehen er wählt, er will wirkungsvoll treffen. Er will demütigen und verletzen, nicht jedoch selbst hart getroffen auf dem Boden landen. Bei einem Kampf musst du die Verhältnismäßigkeit berücksichtigen. In einer Rangelei oder anderen körperlichen Auseinandersetzungen ohne Tötungsabsicht dürfen nur angemessene Körperstellen attackiert werden; hingegen keine lebensgefährlichen Bereiche. In einer lebensbedrohlichen Situation musst du dich jedoch mit aller Entschlossenheit wehren.

Wirst du von einem bewaffneten Räuber bedroht, dann gib ihm die Wertgegenstände. Es lohnt normalerweise nicht zu kämpfen, denn deine Gesundheit ist nicht ersetzbar, aber die Wertgegenstände sind möglicherweise sogar versichert. Achte auf Abstand, wirf ihm die Beute zu, wirf sie auf den Boden vor ihn oder leg sie auf eine Mauer oder andere Erhöhung, bewege dich dabei nach hinten weg. Beobachte den Räuber ununterbrochen, um einen überraschenden Angriff zu verhindern.

Auch das Vorgehen bei einem Wohnungseinbruch lässt sich in drei Phasen darstellen. Zuerst wird ein potentielles Einbruchsziel gesucht. Dieses wird überprüft und dann nach einer Möglichkeit zum einfachen Vollzug gesucht, z. B. ein leicht zu öffnendes Fenster. Sind diese Überlegungsschritte erfolgt, dann kann der Einbrecher die Tat vollziehen. Kommt es dabei zu überraschendem Kontakt in der Wohnung, dann gelten die obigen Überlegungen zum Raubüberfall.

VERMEIDEN DURCH AUFMERKSAMKEIT UND AUSSTRAHLUNG

Ein Gewaltverbrecher sucht ein Opfer, bei dem er mit möglichst wenig Gegenwehr sein Vorhaben erfolgreich durchführen kann. Er nimmt zuerst eine Einschätzung vor, ob sich die Person als Opfer eignet. Wenn er den Angriff als schwierig einschätzt, also ein hohes Risiko erwartet, bringt ihn dies im Normalfall von der Tat ab. Er hat nicht vor, eine Heldentat zu vollbringen. Er will seine Aggressionen abbauen, eine Beute erzielen oder seine krankhafte sexuelle Lust befriedigen.

Du vermeidest ein Opfer zu werden, indem du aufmerksam bist und auf die Umgebung achtest. Beobachte Personen, die dir begegnen. Überprüfe die Umwelt auf mögliche Gefahren und achte auf deine Instinkte. Damit dir dies gelingt, musst du konzentriert sein. Wenn du hingegen telefonierend durch die Straßen eilst beziehungsweise auf dem Smartphone herumspielst, dann bekommst du von der Umgebung wenig mit und kannst Gefahren nicht frühzeitig bemerken. So wärst du ein leichtes Opfer, denn der Täter könnte aus dem Hinterhalt agieren.

Achte auf selbstsicheres Auftreten und agiere zumindest so, also ob du dich in dieser Umgebung auskennst. Der Täter soll den Eindruck haben, dass er kein einfaches Ziel vor sich hat. Ihm muss klar sein, dass er, wenn er dich attackiert, mit verbaler und körperlicher Gegenwehr zu rechnen hat und aufgrund dessen verletzt oder gefasst werden kann.

Es gibt keine Garantie auf Sicherheit. Es mag kräftige Männer geben, welche die folgenden Gefahrensituationen für übertrieben halten, da ihnen noch nie etwas passiert ist – sie entsprechen normalerweise auch eher nicht dem Opferprofil; gegen eine gewaltbereite Gang sieht das aber schnell ganz anders aus. Zudem gibt es in Deutschland immer häufiger Straßenraub mit schnellem Zugriff und sofortiger Flucht.

INFO Gefahrensituation

Bist du unterwegs und nimmst instinktiv eine Gefahr wahr, dann verhalte dich wie folgt:

1. Verdeutliche dir Umgebung und Situation.
2. Suche nach einer Flucht- oder Lösungsmöglichkeit.
3. Zeige dem möglichen Täter, dass du ihn wahrgenommen hast.
4. Wenn es die Situation erfordert, dann werde aktiv.

Gefahren auf der Straße und an fremden Orten

Achte auf Männer, die sich ungewöhnlich verhalten sowie andere Warnsignale, wenn du unterwegs bist. Sei wachsam und wenn dir deine Intuition sagt, dass du in Gefahr bist, dann bringe dich in Sicherheit. Oftmals nehmen wir im unterbewusst mögliche Gefahren viel früher wahr, als sie sich rational darstellen lassen. Unterdrücke niemals instinktive Warnungen. Fühlst du dich unwohl, dann beobachte sofort die Umgebung, ob mögliche Gefahren bestehen und suche nach Fluchtmöglichkeiten.

Wenn du bei Dunkelheit unterwegs bist, erhöht sich die Gefahr, überfallen zu werden. Aber auch tagsüber kann es zu Übergriffen kommen, nicht nur auf abseits gelegenen Straßen und Plätzen. Zudem erfolgen in der Öffentlichkeit schnell durchführbare Verbrechen wie Herausziehen der Geldbörse und Wegreißen des Handys.

Wenn du Orte aufsuchst, die du noch nicht kennst, beispielsweise im Ausland, informiere dich vorab über den Weg und auch über gefährliche Viertel und Plätze. Lass dich hinsichtlich der Lokalitäten beraten, wenn du ausgehen möchtest. Frag nach, wo sich Drogensüchtige aufhalten, wo das Rotlichtviertel ist und wo generell häufig Überfälle verübt werden.

Außerhalb sicherer Gebäude solltest du besser keine teuren Wertgegenstände mitführen oder solche, die dafür gehalten werden können. Verdecke sie zumindest und kleide dich verhältnismäßig. Trage dein Geld an verschiedenen Stellen am Körper, damit du bei einem Raubüberfall nicht in Versuchung kommst, um deine Geldbörse zu kämpfen.

Achte darauf, selbstsicher und ortskundig zu wirken und benutze gut beleuchtete Straßen. Ablenkende Tätigkeiten, z.B. deinen Einkauf zu überprüfen, Geld zu zählen oder zu telefonieren, solltest du nur an sicheren Orten machen. Vermeide es, nachts alleine in Parkhäusern, Seitenstraßen, Parks, Unterführungen und Brücken unterwegs zu sein. Wechsle die Straßenseite vor einer dunklen Einfahrt und halte genügend Abstand zu Verstecken, hinter denen sich ein Verbrecher aufhalten könnte. Auch wenn du mit dem Hund abends unterwegs bist, vermeide besser abgelegene und gefährliche Gegenden.

Reagiere besser gar nicht auf Ansprechen wie Fragen nach der Uhrzeit und nach dem Weg, oder blockiere den Kontakt durch Wendungen wie »ich weiß nicht« und gehe dabei weiter. Bleibe jedoch keinesfalls stehen und lasse dich in kein Gespräch verwickeln, denn das gibt Verbrechern die Möglichkeit, nahe an dich heranzukommen und anzugreifen.

Wenn du das Gefühl hast, verfolgt zu werden, dann schaue schnell nach einem Fluchtweg beziehungsweise Zufluchtsort mit vielen Leuten

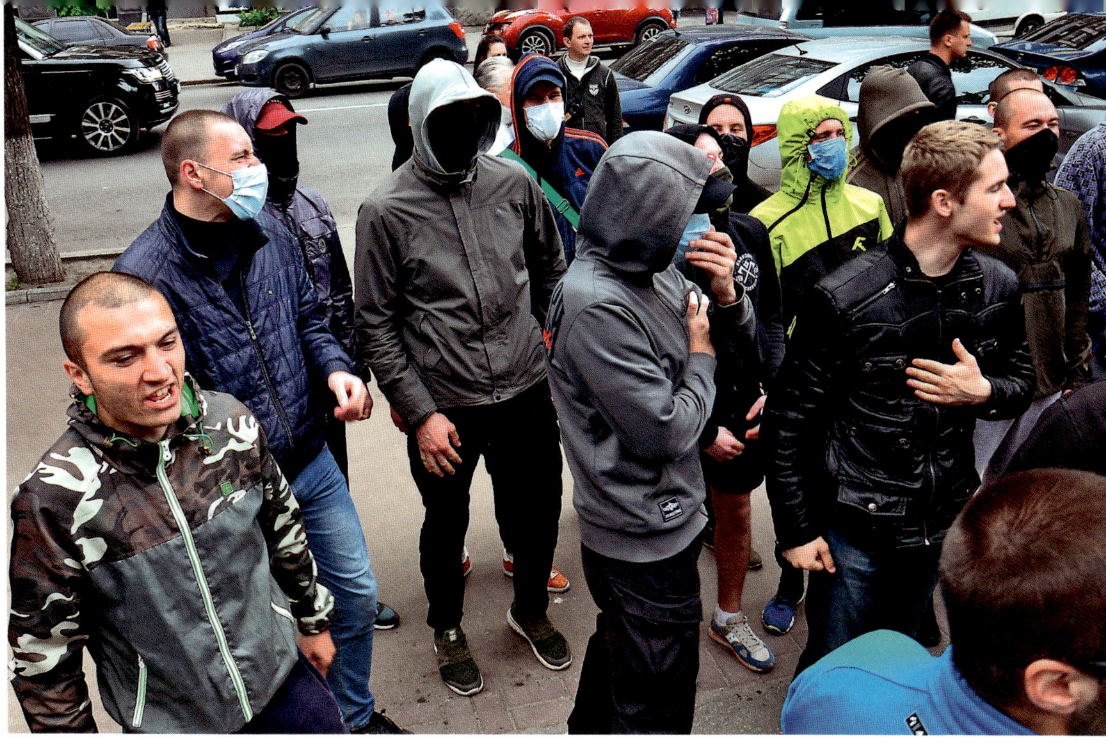

Vermeide Orte, an denen gewaltbereite Gruppen sind.

wie eine Gaststätte. Dann drehst du dich um, und gibst ihm oder ihnen zu verstehen, entdeckt worden zu sein. Achte auf die Reaktion, denn möglicherweise liegt überhaupt keine Verfolgung vor, oder man weicht dir nun aus. Kommt dir eine Situation ernsthaft gefährlich vor, dann nutze sofort den überlegten Fluchtweg. Bist du unsicher, dann kannst du die Straßenseite wechseln und darauf achten, ob dir jemand folgt.

Gefahren am Haltestellen und in öffentlichen Verkehrsmitteln

Bahnhöfe, U-Bahnstation sowie alle anderen Haltestellen bieten Verbrechern zahlreiche Möglichkeiten zum Übergriff. Zwielichtige Personen treiben sich nachts herum, aber auch tagsüber sind Verbrecher und gewaltbereite Gangs unterwegs. Täter können an Haltestellen ebenso wie in öffentlichen Verkehrsmitteln wie Zug, Straßenbahn, U-Bahn und Bus aktiv werden. Indem du aufmerksam bist und dir mögliche Gefahren bewusst machst, kannst du diese für dich deutlich verringern.

Vermeide es möglichst, bei Dunkelheit und in Risikogebieten zu warten, insbesondere wenn du alleine unterwegs bist. Fahre besser mit dem Taxi nach Hause. Kannst du das Warten an einer Haltestelle nicht vermeiden, dann wähle einen Platz, an dem sich mehrere Menschen befinden, die du nicht als gefährlich einschätzt.

Achte immer auf deine Intuition. Fühlst du dich an einer Haltstelle oder in einem Abteil unwohl, da sich mögliche Gewalttäter aufhalten, dann gehe sofort weiter. Suche Plätze und Abteile auf, in denen sich Personen befinden, die vertrauenswürdig erscheinen. Befinden sich nur wenige Menschen vor Ort, dann bleibe dort, wo es eine Flucht- oder Hilfsmöglichkeit gibt, in Bus und Straßenbahn beispielsweise in der Nähe des Fahrers.

Halte Abstand zu fragwürdigen Personen und lasse dich von ihnen nicht in ein Gespräch verwickeln. Deren Ziel kann es sein, dich vor einem körperlichen Angriff oder einem Diebstahl abzulenken. Wenn du angesprochen wirst, dann reagiere besser ausgesprochen vorsichtig. Besser du machst einen scheinbar reservierten, unhöflichen Eindruck, als dich plötzlich in einem Ernstfall zu befinden.

Gehe auffälligen Gruppen wie gewaltbereiten Fußballfans, angetrunkenen Männern und Banden aus dem Weg. Provoziere nicht, vermeide den Kontakt, auch wenn dir dein Ego etwas anderes rät.

Wenn du jemand ansprichst und dich über sein Verhalten beschwerst, z. B. dass du seinen Zigarettenrauch ins Gesicht bekommst, dann sei vorbereitet, dass er aggressiv werden könnte. Bedrängt dich jemand verbal oder körperlich, dann mache unmissverständlich deutlich, dass er dies zu unterlassen hat. Fange keine Diskussion an, insbesondere nicht mit Menschen unter Alkohol- oder Drogeneinfluss, denn diese können dein Verhalten leicht missverstehen. Wechsle nach Möglichkeit die Örtlichkeit beziehungsweise deinen Sitzplatz. Befürchtest du einen Ernstfall, dann kontaktiere den Fahrer, drücke den Notrufknopf oder wähle den Notruf 110. Alarmiere Hilfe auch für andere Menschen, wenn sie sich in einer Notlage befinden.

Achte darauf, ob ein zwielichtiger Mann oder eine Gruppe mit dir an der Haltestelle aussteigt. Hast du den Eindruck, verfolgt zu werden, dann suche sofort nach Hilfe beziehungsweise einem Fluchtweg und werde dann aktiv.

In Kneipen und Diskotheken

Abends wollen wir Spaß haben und uns entspannen. Einige Aspekte solltest du berücksichtigen, um schlechte Erfahrungen zu vermeiden. Wenn die Kneipe oder Diskothek generell einen zweifelhaften Ruf hat, also bekannt ist, dass es dort oft Ärger gibt, dann gehe woanders hin. Es lohnt sich nicht, sich in solche unnötigen Gefahren zu begeben, insbesondere wenn du dann auch noch unter Alkoholeinfluss sein wirst.

Achte generell darauf, ob sich Männer aggressiv und auffallend laut verhalten, und halte Distanz zu Ihnen. Schlägereien und die Probleme, die sich daraus entwickeln können, solltest du nicht verharmlosen. Wenn du das Gefühl hast, dass es Ärger geben könnte, dann verlasse den Platz oder das Lokal ganz. Ein einzelner Kampf kann dein Leben komplett zerstören, du wirst verletzt oder verletzt jemanden schwer und musst ins Gefängnis. Führe keinen Kampf, der nicht notwendig ist, insbesondere nicht aus Ego-Gründen.

Wenn dich jemand anstarrt, dann schaue langsam zur Seite weg. Vermeide es, in die Augen zu starren, schaue aber auch nicht unterwürfig auf den Boden. Informiere deine Freunde über mögliche Problemgruppen und verlasst die Lokalität.

Kommt es zu einer Diskussion mit einer aggressiven und/oder angetrunken Person, dann bleibe ruhig, achte auf einen selbstsicheren Eindruck sowie auf deine Distanz (Fence, Seite 40–48). Lasse dich in kein Gespräch verwickeln, weiche möglichst aus und gehe weiter. Vermeide grundsätzlich Diskussionen, wenn du Alkohol getrunken hast, da eine Situation schnell außer Kontrolle geraten kann. Zudem sind deine Reflexe unter Alkoholeinfluss viel langsamer, ebenso sind deine Kampffähigkeit sowie dein Sichtvermögen deutlich eingeschränkt.

Lasse dein Getränk nicht unbeaufsichtigt herum stehen, denn in Drinks können Drogen und K.-o.-Tropfen geschüttet werden und dann ein Raub oder Diebstahl vereinfacht durchgeführt werden. Dies passiert nicht nur im Ausland, sondern auch in Deutschland. Sei sehr vorsichtig mit einem Getränk, das dir von einem Fremden angeboten wird. Besser du nimmst das Getränk gar nicht erst an; wenn du es aber doch machst, dann achte zumindest darauf, dass es dir direkt von der Theke gebracht wird.

Wenn du Probleme mit Schlägern erwartest oder eine Schlägerei beobachtest, dann kontaktiere das Sicherheitspersonal, denn die werden dafür bezahlt, alle Gäste zu schützen. Zudem hast du so Zeugen, falls es zu Problemen kommen sollte. Sind Türsteher in eine Schlägerei verwickelt sind, halte Abstand, dass du nicht fälschlicherweise hineingezogen wirst. Befürchtest du, dass Schläger draußen auf dich warten oder dass man dir aus der Lokalität folgt, dann bestelle ein Taxi und verlange, dass es vor dem Ausgang wartet. Ist der Weg nicht frei, besteht also ein Risiko auf dem Weg, dann bitte Freunde oder die Security, dich zum Taxi zu begleiten.

VERMEIDEN DURCH GESPRÄCH UND GRENZENZIEHEN

Wenn du in eine Diskussion mit einem Aggressor gerätst, musst du ruhig bleiben und die Übersicht über das Geschehen bewahren. Lasse dich nicht provozieren, auch nicht durch hässliche Bemerkungen und leichte Berührungen. Überlegtes Verhalten kann oftmals eine Schlägerei mit ernsthaften Konsequenzen wie Verletzung, Rache und Gerichtsverfahren verhindern. Du sollst dir allerdings auch nicht alles gefallen lassen. Mache dem Aggressor deutlich, dass du in Ruhe gelassen werden willst und dass du kein Anfassen duldest. Wenn er sich nicht stoppen und beruhigen lässt, dann musst du ihn laut und unmissverständlich warnen. Lässt er danach nicht von dir ab, hast du das Recht zum körperlichen Selbstschutz.

Bei einem Raub ist eine Warnung allerdings nur in seltenen Fällen möglich, z. B. falls der Täter unerfahren ist und ungeplant handelt, und bei einem sexuellen motivierten Angriff nur in minderschweren Fällen.

INFO Fragen zum Aktivwerden

Kommst du in eine für dich unangenehme Situation und bist dir unsicher, ob du aktiv werden sollst, dann kannst du dir die folgenden Fragen stellen:

1. Bin ich überhaupt im Recht?
2. Kann ich die Situation durch mein Eingreifen ändern?
3. Lohnt es sich, aktiv zu werden?
4. Was ist meine angemessene Reaktion?

Dieses Vorgehen kannst du in vielen Situationen nutzen, z. B. wenn eine Gruppe in einem Verkehrsmittel laut wird oder jemand neben dir anfängt zu rauchen. Äußerst du dein Missfallen, dann sei immer vorbereitet, dass der andere aggressiv wird und angreift. So bist du handlungsfähig, auch wenn es häufig nicht zum Ernstfall kommt.

Beruhigen im Gespräch (Beschwichtigen)

Wirst du von einem Aggressor verbal konfrontiert, dann versuche zuerst zu beschwichtigen. Häufig entwickelt sich eine Schlägerei aus Missverständnissen und hochgeschaukelten Emotionen, was durch übermäßigen Alkoholgenuss noch begünstigt wird, z.B. in der Kneipe oder auf einem Volksfest. Mit dem angemessen Verhalten lässt sich der Konflikt möglicherweise umgehen. Auch ein Aggressor, der eigentlich auf eine Schlägerei abzielt, lässt sich manchmal von seinem Vorhaben durch Beschwichtigen abbringen. Dies kannst du versuchen, solange der Ernstfall noch nicht zu erwarten ist. Wenn dein Gegenüber jedoch zu weit geht, dann musst du seinem Verhalten eine deutliche Grenze setzen, beziehungsweise wenn du dir sicher bist, dass der Ernstfall unmittelbar bevorsteht, dann musst du körperlich aktiv werden oder fliehen.

Bemerkst du, dass dein Gegenüber aggressiv ist, gib besser nach. Es lohnt nicht, mit jemandem zu diskutieren und ihn noch zu provozieren, wenn er sich kaum noch Beherrschen kann. Möglicherweise hat er großen Stress mit seiner Partnerin, im Beruf oder einfach zu viel getrunken. Behalte die Kontrolle und lasse dich nicht beeindrucken. Beruhige dich mit tiefem Ein- und Ausatmen. Wenn möglich, versuche einen gemeinsamen Ansatz in der Diskussion zu finden. Auch wenn du überzeugt bist, Recht zu haben, Nachgeben ist besser, als das Risiko einer Schlägerei einzugehen.

Beschuldigt dich ein Aggressor, ihn angerempelt zu haben, entschuldige dich und gehe weiter. Allerdings musst du ihn dabei beobachten, damit er dich nicht überraschend angreifen kann. Gehe nicht auf eine sinnlose Diskussion ein und vermeide Körperkontakt, denn falls du jemand nur leicht wegschubst oder am Hemd greifst, schlägt er möglicherweise direkt zu. Agiere weder zu leise noch laut und hysterisch, sondern spreche klar und deutlich.

Bleibe ruhig und lasse dich nicht von Sprüchen provozieren. Provoziert dich jemand mit der Anmache »Was guckst du so?« kannst du antworten »Tut mir leid, ich habe Sie verwechselt«. Manchmal entspannt sich dadurch die Situation. Bleibe freundlich und präsentiere dich selbstsicher. Verlasse die Situation zügig, aber kontrolliert.

Eine Schlägerei entsteht oft aus einer Situation, die sich »hochschaukelt«, da keiner der Diskutierenden nachgibt. Versuche dem Gegenüber in einer verbalen Auseinandersetzung die Möglichkeit zu bieten, sich verbal zurückziehen, ohne als Verlierer dazustehen. Wenn er das Geschehen als Missverständnis darstellt, und du es ihm eigentlich nicht glaubst, dann akzeptiere es trotzdem. Sonst besteht die Gefahr, dass dein Gegenüber kämpft, um sich vor seinen Kumpels nicht zu blamieren.

Oft hilft es, wenn du dein Anliegen erklärst. »Halten Sie bitte die Zigarette anders, ich bekomme den Rauch ab.« Die meisten Personen lenken dann ein. Brüllst du stattdessen »Mach die Zigarette aus!» befindest du dich auf direktem Konfrontationskurs. Wenn du ihn verbal so aggressiv ansprichst, dann lässt du ihm nur die Möglichkeit, klein beizugeben oder einen Konflikt mit dir einzugehen. Viele ernsthafte Streitigkeiten entstehen aus eigentlichen »Bagatellen» und steigern sich bis zur Gewalt. Versuche es deshalb erst mit einer Erklärung, um die Situation zu entschärfen. Gelingt dies nicht, dann kannst du immer noch deutlicher werden. Vermeide immer, gleich in welcher Situation du dich befindest, dein Gegenüber zu beleidigen.

INFO Mögliche Motivation eines Aggressors

- Abbau von Wut, Hass und Frust
- Bedürfnis Menschen zu erniedrigen
- Spaß an Gewalt
- Ansehen in Gang steigern
- Durchsetzung fanatischer Ideologien
- Raub und Diebstahl von Wertgegenständen
- Beschaffungskriminalität eines Drogenabhängigen
- Sexuelle Befriedigung

Grenzenziehen (Warnen)

Es gibt Grenzen für Provokationen, beleidigende Sprüche und Belästigungen, d.h. du musst nicht alles über dich ergehen lassen. Zeigt sich dein Versuch, den Aggressor im Gespräch zu beruhigen und zu beschwichtigen, als erfolglos oder ist dies in der Situation gar nicht möglich, dann musst du ihn deutlich warnen.

Mache dem Aggressor deutlich klar, dass du nicht willst, was hier passiert. Deine Mimik, Gestik und Sprache müssen dies unmissverständlich vermitteln. Spreche laut und gebe klare Anweisungen, möglicherweise hält ihn das von der Tat ab. Rufe laut: »Halt. Lassen Sie mich in Ruhe!« oder »Ich will keinen Streit!« So machst du auch die umstehenden Menschen darauf aufmerksam, dass du dich in einer Notlage befindest. Möglichweise helfen sie dir direkt, rufen Hilfe herbei oder unterstützen dich später als Zeugen vor Gericht. Allerdings darfst du nie davon ausgehen, dass dir jemand im Ernstfall hilft.

Du musst laut und deutlich warnen, aber ohne ihm zu drohen. Du darfst niemals äußern: »Ich bring dich um.« oder »Ich schlag dich zum

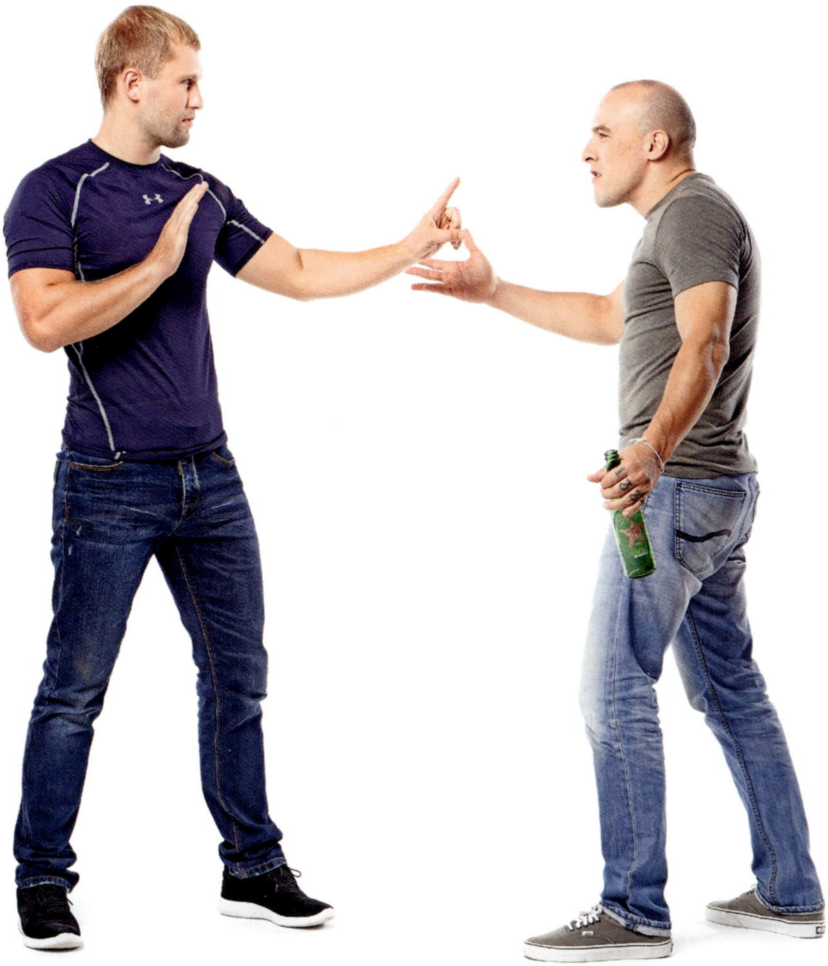

Warne deutlich und unmissverständlich: Lassen Sie mich in Ruhe!

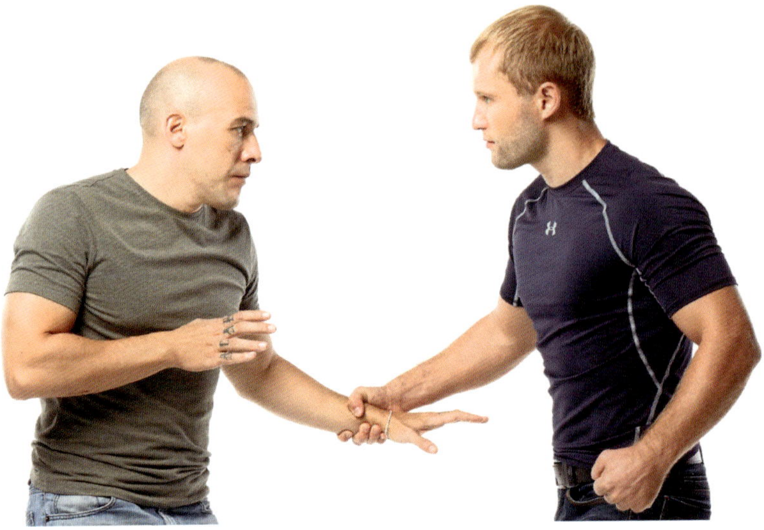

Greift dich der Gegner, dann löse umgehend seinen Griff oder attackiere präventiv.

Krüppel«. Der Gegner wird dann bei einer Gerichtsverhandlung versuchen, die Geschehnisse zu seinen Gunsten darzustellen. Wenn du gedroht hast, wird dir dies vor Gericht leicht als Gewaltbereitschaft ausgelegt, insbesondere dann, wenn du ihn tatsächlich so verletzt, wie du das zuvor angedroht hast. Du wirst dann möglicherweise vor Gericht zum Angeklagten. Zudem ist nicht sicher, ob Drohungen den Gegner überhaupt beeinflussen und ängstigen.

Wenn du die Situation als sehr gefährlich einschätzt, dann rufe laut: »Überfall!« oder »Polizei!« In Tests hat sich gezeigt, dass ein allgemeines Rufen nach »Hilfe« eher wenig erfolgreich ist. Du kannst Menschen direkt ansprechen, was sie zumeist zu einer Form von Hilfeleistung veranlasst, z.B. »Sie mit der blauen Kappe, bitte helfen Sie mir.«

Fasse den Aggressor nicht an und achte darauf, dass er auch dich nicht anfassen kann. Wenn er dich berührt, dann gib ihm sofort den klaren Befehl, dies zu unterlassen. Greift er dich schnell, dann versuche dich zu lösen und gehe wieder auf Abstand. Achte auf genügend Distanz, damit er dich nicht überraschend treffen kann. Versuche einen Abstand von mindestens einem Meter zu wahren, besser noch etwas weiter. Baue mit deinen Händen eine mehr oder weniger auffällige Schutzhaltung auf (Fence, Seite 40–48), um den Abstand zu sichern. Wenn er einen Schritt auf dich zugeht, dann mache einen Schritt nach hinten oder zur Seite weg, damit der Abstand bestehen bleibt.

Du musst den Gegner genau beobachten, um dich vor einem plötzlichen Angriff schützen zu können. Er kann durch Hände, Blick, Muskelspannung und Gewichtsverlagerung signalisieren, wenn er aktiv wird. So bist du vorbereitet und behältst aus deiner Schutzhaltung heraus die Kontrolle über die Ereignisse.

Täusche ihn und wiege ihn in Sicherheit. Dazu musst du möglichst ruhig bleiben, also den Eindruck erwecken, dass du nicht aggressiv bist. Atme tief ein und aus, um dich zu konzentrieren. Schau dir den Gegner genau an, wo ist eine Schwachstelle und lege gedanklich dein mögliches Angriffsziel fest. Überlege dir, welche Kampftechniken du dorthin einsetzen wirst. Deine Muskulatur bleibt locker, um, falls notwendig, schnell präventiv anzugreifen oder aber dich schützen zu können.

Du darfst ihm nie deinen Rücken zudrehen. Behalte ihn innerhalb deines Sichtfelds, auch wenn du weggehst. Denn auch wenn die Situation scheinbar entschärft wirkt, könnte er dennoch versuchen, überraschend anzugreifen.

EINSATZ VON KAMPFTECHNIKEN

Wird klar, dass du die Gewaltsituation nicht mehr abwenden kannst, musst du kämpfen. Deine Chancen im Kampf sind deutlich größer, wenn du präventiv agierst, also als erster angreifst (Seite 117–128). Dass darfst du gesetzlich aber nur, wenn die Gefahr tatsächlich nicht anders abwendet werden kann. Möglicherweise musst du das später vor Gericht beweisen.

Es muss zwischen Gefährdungsgraden unterschieden werden, abhängig davon, wie hoch du die Gefahr einschätzt. Die Gefährlichkeit einer Schulhof-Rauferei oder eines Handgemenges in

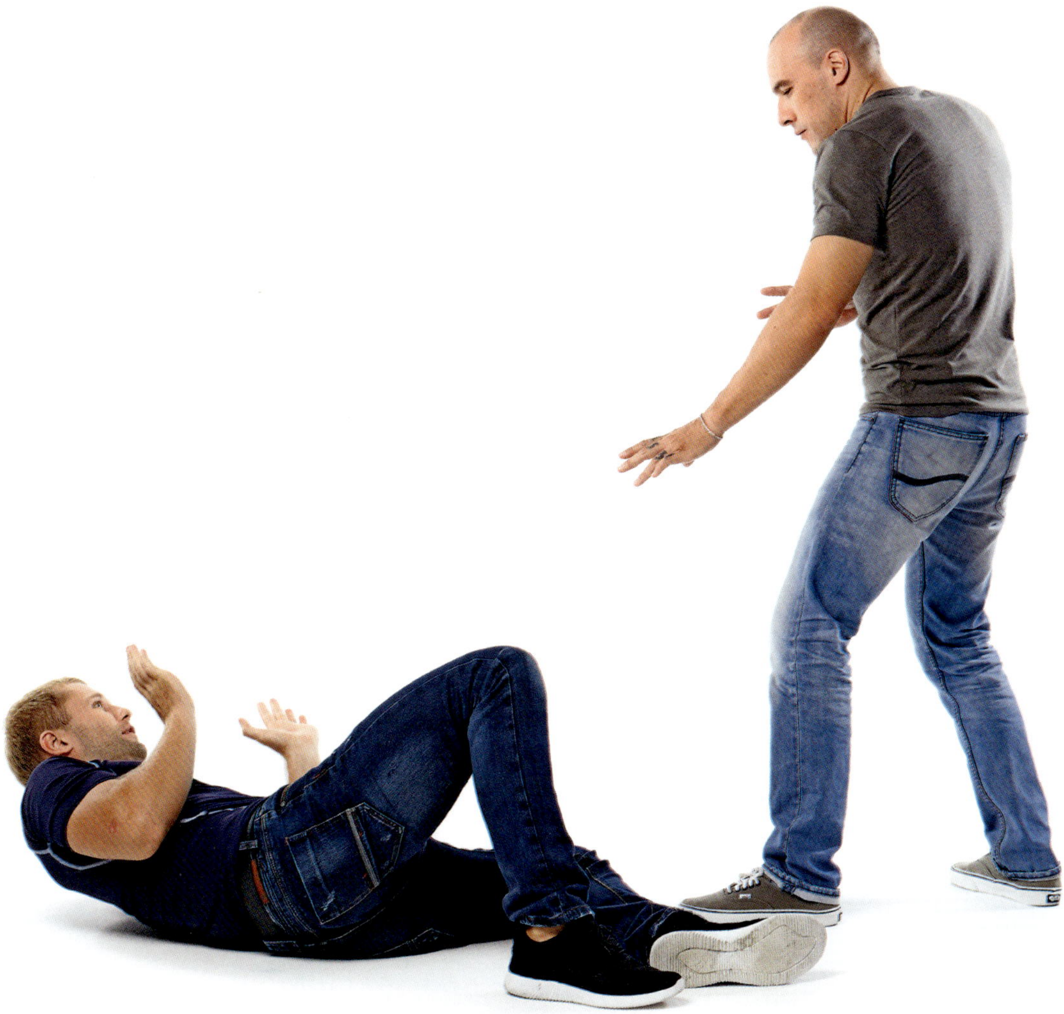

Der niedergeschlagene Gegner signalisiert, dass er nicht mehr kämpfen wird. Sei weiterhin wachsam.

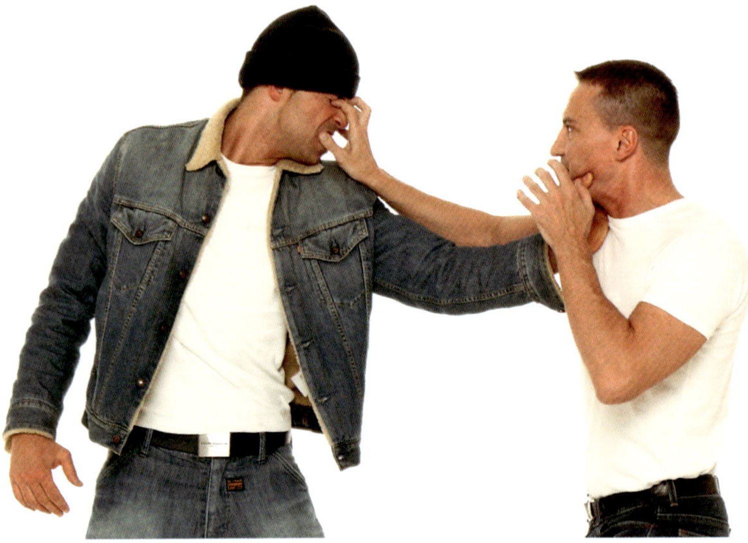

Attackiere die Augen nur in einer gefährlichen Situation, da daraus bleibende Schäden resultieren können.

einem Nachbarschaftskonflikt ist nicht zu vergleichen mit einer Situation, bei der dich eine gewaltbereite Bande an einer Haltestelle einkreist. Die Gesetze verlangen, dass du der Situation angemessen agierst. Du darfst dabei nicht »durchdrehen«, beispielsweise auf einen kampfunfähigen Gegner eintreten oder in einer Rangelei dem Gegner die Daumen in die Augen rammen, denn sonst könntest du zu einer Gefängnisstrafe verurteilt werden.

Wenn du eine Situation als nicht lebensgefährlich einschätzt, dann attackiere keine bedrohlichen Ziele wie Augen, Hals, Genick, Kehlkopf. Allerdings sind manche Situationen nicht eindeutig und auch ein Handgemenge kann eskalieren – im Kampf gibt es keine Sicherheiten. Verharmlose deshalb niemals das Kämpfen.

Trotz dieser Einschränkungen musst du entschlossen kämpfen. Mit zögerlichem Verhalten hingegen wirst du verlieren. Du musst mit aller Kraft der Situation angemessene Ziele attackieren bis der Gegner keine Gefahr mehr darstellt oder du in Sicherheit fliehen kannst. Wenn du kämpfen musst, dann attackiere mit aller Kraft, ohne zu zögern, nur wähle nicht die für ihn lebensgefährlichen Ziele.

Ist die Situation jedoch lebensbedrohlich, dann sind sowohl Stiche und Kratzen zu den Augen akzeptabel, was den Gegner dauerhaft verletzen kann, als auch Schläge zu Genick, Kehlkopf und Hals, die sogar den Tod zur Folge haben können. In einer solchen Situation darfst du keine Hemmungen haben, den Gegner an seinen verletzlichsten Stellen hart zu attackieren. Denn dann gilt es nur noch, dein Leben und deine Familie zu schützen.

Bei einer Schlägerei

Einige Männer halten eine Schlägerei für eher harmlos, trotzdem kann ein Kampf leicht außer Kontrolle geraten. Weitreichende Folgen sind möglich: Du wirst selbst schwer verletzt oder du verletzt den Gegner schwer und musst dafür ins Gefängnis. Kämpfe nur dann, wenn es keinen Ausweg gibt. Kämpfe hingegen nicht aus verletztem Stolz, Stress oder weil dich andere anstacheln. Lässt sich der Kampf vermeiden, dann nutze dies, möglicherweise kannst du einfach weggehen oder den Konflikt verbal lösen.

Kommt es zu einer lebensbedrohlichen Attacke, beispielsweise mit einem Messer, und du hast keine Möglichkeit zu fliehen oder den Gegner mit einem Gegenstand von dir wegzuhalten, dann musst du brutal kämpfen. Du darfst keine

Hemmungen haben, ihn kampfunfähig zu machen, denn in einer solchen Situation ist nur wichtig, dein Leben zu schützen.

Bei einem Raubüberfall

Bei einem Raubüberfall solltest du dem Räuber die geforderte Beute ausliefern. Falls du in Betracht ziehst zu kämpfen, dann überlege genau, ob deine Wertgegenstände das Risiko wert sind, dauerhaft verletzt oder sogar getötet zu werden. Auch ein noch unbewaffneter Räuber kann schnell eine Waffe ziehen.

Führe unterwegs möglichst wenige Wertgegenstände mit. Bewahre Geldbeträge an verschiedenen Stellen am Körper auf. Zudem kannst du deine Bankkarte und dein Handy schnell sperren lassen. Wenn der Werteverlust gering ist, dann wirst du dich nicht in einen Kampf hineinziehen lassen.

Anstatt zu kämpfen, achte auf das Aussehen des Räubers, seine Auffälligkeiten und Kleidung, um der Polizei bei der Aufklärung der Tat zu helfen. Falls der Verbrecher jedoch nicht mit der Beute zufrieden ist und klar wird, dass es zum Kampf kommt, dann musst du brutal und zwar möglichst präventiv attackieren.

Bei einer Vergewaltigung

Bei Männern ist diese Gewaltsituation eher selten, aber auch möglich. Dem Verbrecher darf in einer Vergewaltigungssituation niemals vertraut werden. Er kann dem Opfer versprechen, es nicht schwer zu verletzen, wenn es gefügig ist. Sein Versprechen zählt nichts, denn er kann vom Opfer identifiziert werden und so besteht ein großes Risiko für ihn. Ein Mord ist nach dem Sexualverbrechen nicht auszuschließen. Selbst wenn er das Opfer doch nach der Vergewaltigung laufen lässt, resultieren schwere psychische Schäden aus der Tat. Zudem besteht das Risiko, dass sich das Opfer mit einer unheilbaren Krankheit angesteckt hat. Aus diesen Gründen muss in einer Vergewaltigungssituation gekämpft werden. Bespreche diesen Sachverhalt mit dir nahestehenden Frauen, Jugendlichen und Kindern.

INFO Vorgehen beim Helfen

Beim Helfen musst du überlegt vorgehen, denn ansonsten kannst du leicht selbst in den Konflikt hineingezogen und zum Opfer werden.

Verschaffe dir einen Überblick über die Situation und daran beteiligten Personen sowie solchen, die eingreifen könnten.

Bist du dir bei einem Konflikt zwischen zwei Menschen nicht sicher, ob Hilfe notwendig und gewünscht ist, dann sprich das scheinbare Opfer an: »Benötigen Sie Hilfe?«

Du darfst dich beim Helfen nicht selbst in Gefahr bringen, d. h. ist das Eingreifen zu gefährlich, dann hole Hilfe. Du kannst auch andere Menschen ansprechen, um gemeinsam zu helfen.

Wenn du nicht körperlich in den Konflikt eingreifst, dann kannst du zu rufen »Ich habe Hilfe gerufen, die Polizei kommt gleich.«. Wende dich nur an das Opfer. Führe kein Gespräch mit dem Täter, um zu vermeiden, dass er dich mit in den Konflikt hineinzieht.

Das Vorgehen beim Helfen:

1. Überschaue die Situation und prüfe, ob Hilfe notwendig ist.
2. Atme mehrfach tief ein und aus, um dich zu beruhigen und zu konzentrieren. Überlege dir eine Lösungsmöglichkeit.
3. Werde aktiv, indem du das Opfer rettest oder Hilfe holst.

VERHALTEN NACH DEM ERNSTFALL

Zum Selbstschutz gehört auch das Verhalten nach dem Kampf, damit du zu deinem Recht kommst und mit den Geschehnissen abschließen kannst. Du musst aufpassen, dass es dem Verbrecher nicht durch Lügen vor Polizei und Gericht gelingt, das Geschehen zu seinen Gunsten zu wenden. Er wird versuchen, dich als Aggressor darzustellen.

Als erstes musst du in Sicherheit kommen, entweder machst du den Gegner kampfunfähig, fliehst oder andere Menschen kommen dir zu Hilfe. Bringe dich jedoch nicht in erneute Gefahr, indem du selbst den Gegner versorgst, denn er täuscht möglicherweise eine Verletzung nur vor.

Sind Zeugen des Verbrechens vorhanden, dann bitte sie um ihre Kontaktinformationen für eine spätere Zeugenaussage. Du musst dich absichern, damit der Aggressor dich nicht als Schuldigen darstellen kann, insbesondere wenn du ihn deutlich verletzt hast. Wenn möglich, dann lasse dir von mehreren Zeugen ihre Kontaktdaten geben, damit auch wirklich jemand für eine Zeugenaussage zur Verfügung steht.

Handelt es sich um ein Verbrechen mit schweren Folgen, dann kontaktiere die Notrufnummer 110 oder direkt die Polizeidienststelle, sobald du in Sicherheit bist. Wenn du den Verbrecher schwer verletzt hast, dann rufe für ihn den Notarzt beziehungsweise informiere darüber die Polizei.

Es ist generell ratsam, dass du deine Aussage zu den Geschehnissen nicht direkt nach der Tat machst, da du dann noch unter großem Stress stehst und die Vorgänge leicht durch eine falsche Wortwahl zu deinen Ungunsten darstellen könntest. Teile dem Polizisten mit, dass du deine Aussage später auf der Dienststelle machen wirst. Es ist ratsam, zuerst einen Anwalt zu kontaktieren, bei schweren Gewalttaten ist das unbedingt zu beachten.

Für einen Diebstahl der Geldbörse oder einem Handgemenge ist der sofortige Kontakt zur Polizei nicht nötig, da du solche Taten später zur Anzeige bringen kannst. Nach einem Diebstahl von Bankkarte und Handy sperre diese unverzüglich bei der zuständigen Hotline. Du solltest deshalb diese Hotline-Nummern immer getrennt von der Geldbörse mitführen.

Nach einer Vergewaltigung muss für die geschädigte Person umgehend eine Vertrauensperson benachrichtigt werden, zudem gilt es, die Polizei zu informieren und einen Notarzt aufzusuchen. Beachte dies, wenn du einem Opfer hilfst. Ist das sexuelle Verbrechen im familiären Umfeld erfolgt, dann muss das Opfer sofort das Haus verlassen und ins Krankenhaus, zu Polizei, Freunden oder einen anderen sicheren Ort fliehen.

Hast du dich beim Kampf verletzt, dann suche sobald wie möglich einen Arzt auf. Es ist wichtig, dass er deine Verletzungen festhält. Ein solches Attest benötigst du als Beweismittel und auch als Grundlage für Schadensersatzansprüche. Wenn du hingegen erst einige Tage nach der Tat zur Beweisaufnahme gehst, dann sind wertvolle Spuren und Beweise verloren.

Du musst die Tat bald zur Anzeige bringen, damit die Polizei mit den Ermittlungen beginnen kann. Der Täter ist gesetzlich verpflichtet, dem Opfer den entstandenen Schaden zu ersetzen. Informiere die Polizei, falls du vom Täter bedroht wirst. Mache bei deiner Anzeige klare und detaillierte Angaben. Am besten fertigst du eine tabellarische Auflistung der Tat an und bringst diese mit zur Polizei. Du darfst bei dei-

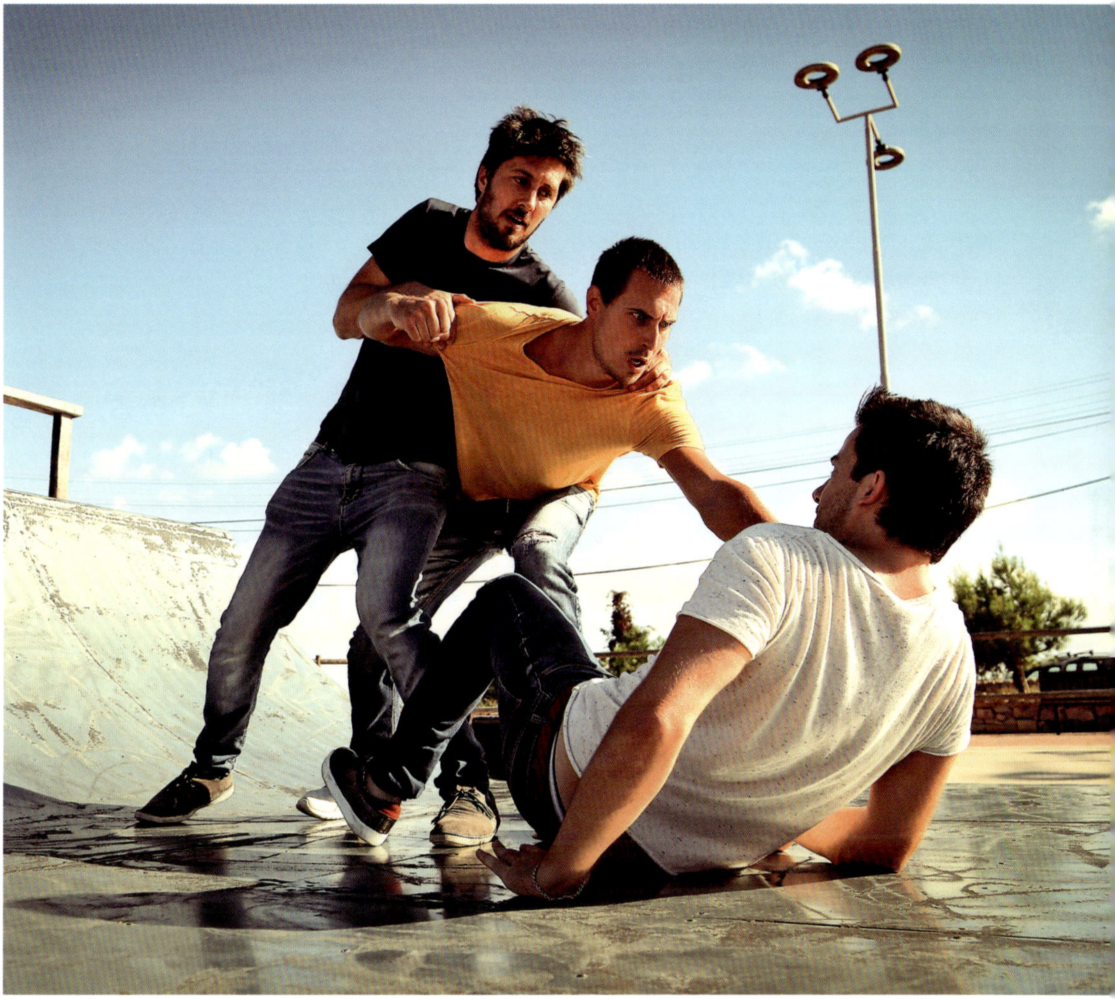

Hast du dich bei einem Kampf verletzt, dann suche umgehend einen Arzt auf und lasse deine Verletzungen schriftlich festhalten.

ner Aussage nicht versuchen, etwas zu deinen Gunsten vorzutäuschen, auch wenn es dir unangenehm sein sollte. Denn zeigen sich später in deiner Aussage Ungereimtheiten, dann wirst du unglaubwürdig. Du solltest auch dann eine Anzeige machen, wenn dein Schaden gering war. Davon ausgenommen sind minderschwere Fälle bei Rangeleien. Denn ist ein Aggressor oder ein Dieb mit seiner Tat erfolgreich, dann wird er die Tat wahrscheinlich wiederholen. Das nächste Mal könnte der Übergriff dann zu schwereren Schäden führen. Mit deiner Anzeige schützt du andere Menschen.

Es kann sein, dass du Hilfe benötigst, um das Verbrechen zu verarbeiten. Dies empfindet jeder anders, doch wenn du das Gefühl hast, dass dich die Erlebnisse belasten, dann nutze die Möglichkeiten. Wirst du Opfer eines schweren Verbrechens, dann ist dies grundsätzlich ratsam. Du kannst Hilfsstellen kontaktieren und Therapiemöglichkeiten nutzen. Auch die Polizeidienststelle kann dir Möglichkeiten zur Verbrechensbewältigung nennen. Im Buchanhang sind einige Anlaufstellen gelistet.

TEIL 3
GRUNDFÄHIGKEITEN

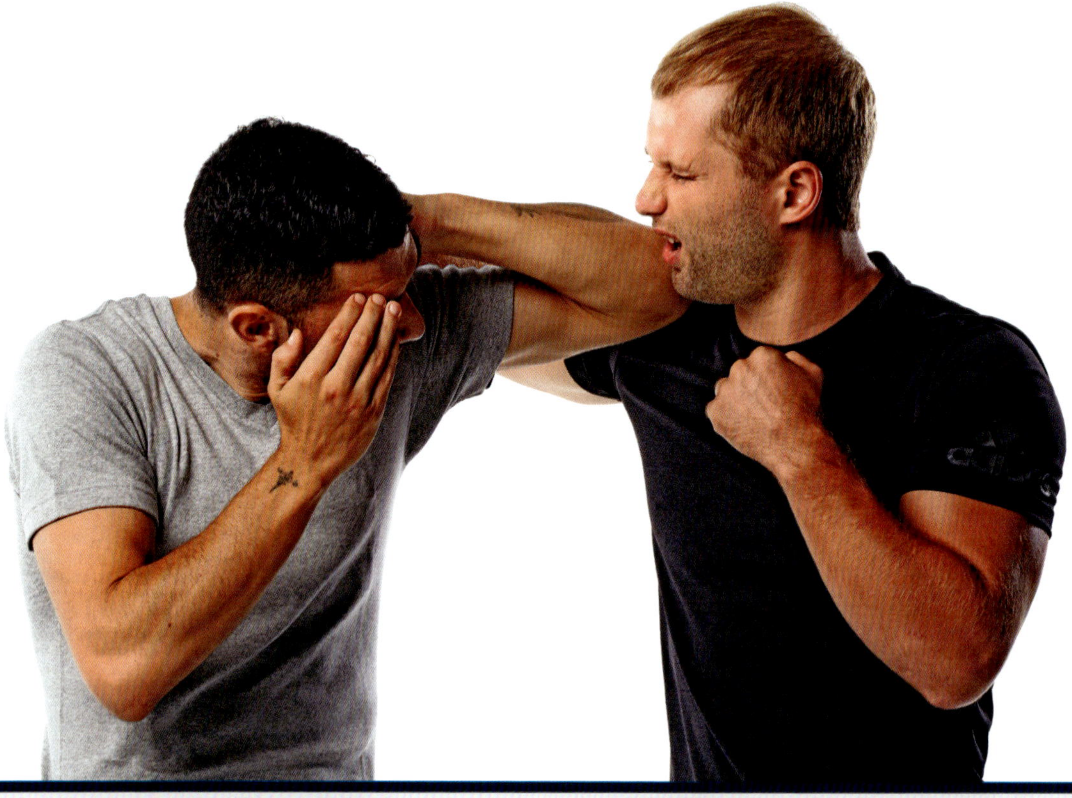

EINLEITUNG

In diesem Kapitel sind die Grundlagen zum Kampfbereich des Selbstschutzkonzeptes vorgestellt. Es werden die Standposition und die Beinarbeit beschrieben und dann eine Auswahl effektiver Angriffstechniken vorgestellt. Es wurden Techniken ausgewählt, die möglichst einfach durchzuführen, aber sehr wirkungsvoll sind, damit du sie auch gegen körperlich stärkere Gegner einsetzen kannst. Einige der Kampftechniken sind sehr gefährlich für den Gegner, weshalb du diese niemals leichtfertig einsetzen darfst. Zudem erfährst du die Grundtechniken der Verteidigung, um dich im Distanzkampf zu verteidigen, wenn der Gegner schnell angreift.

Zu den ausgewählten Techniken und Vorgehensweisen in diesem Buch, ist anzumerken, dass ich aus dem Thai-Boxen (Muay Thai) komme und so entsprechende oder etwas modifizierte Bewegungen unterrichte, um den Anforderungen der Selbstverteidigung besser zu entsprechen. Es gibt viele Kampfstile und somit auch unterschiedliche Vorgehensweisen. Was hier gezeigt wird ist effektiv, aber das heißt nicht, dass dies die einzige sinnvolle Vorgehensweise ist. Alle Möglichkeiten in einem Buch darzustellen, ist unmöglich und zu viele Optionen verunsichern zudem nur. Wenn du eine andere Vorgehensweise beziehungsweise einzelne Kampftechniken aus einer anderen Quelle lernst und damit besser zurechtkommst, dann nimm diese in dein Kampfrepertoire auf. Es geht um deinen Selbstschutz, deshalb nutze das, was für dich am besten funktioniert. Was immer gilt ist, dass du Techniken intensiv einstudieren musst, um sie in einem Ernstfall wirkungsvoll anzubringen.

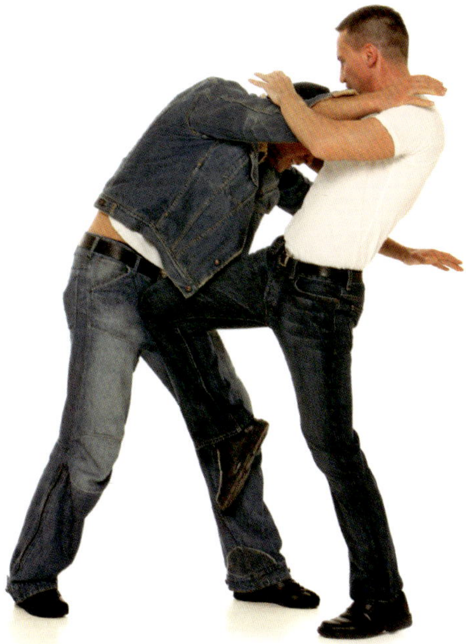

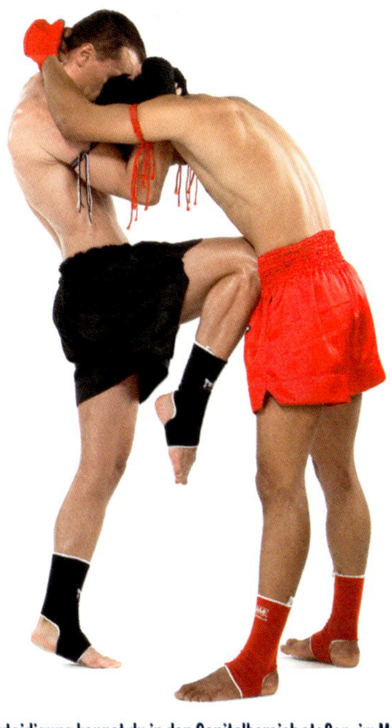

Zur Selbstverteidigung kannst du in den Genitalbereich stoßen, im Muay Thai wird diese Technik zum Bauch gezielt.

SELBSTSCHUTZSTELLUNG UND BEINARBEIT

Befindest du dich in einem Konflikt, den du so einschätzt, dass er sich leicht zum Ernstfall steigern kann, dann nimm keine Körperstellung aus dem Kampfsport ein, sondern eine Selbstschutzstellung ein. Dies gilt beispielsweise für den Fall, dass du einen Aggressor nicht beschwichtigen kannst und nun deutlich eine Grenze vermitteln willst. Eine Kampfsportstellung hingegen würde deine Kampfbereitschaft offenbaren und der Aggressor weiß dann, dass du bereit bist zu kämpfen, und zudem wirkt eine solche Kampfstellung auf Zeugen aggressiv.

Nutze stattdessen die hier gezeigte Selbstschutzstellung. Die zum Gegner zeigenden Handflächen wirken beschwichtigend, signalisieren ihm aber auch, dass er stoppen muss. Du ziehst eine Grenze, ohne den Eindruck zu erwecken, einen Angriff zu planen. So kann sich der Aggressor sicher fühlen. Wird aus der Situation ein Ernstfall, dann kannst du überraschend attackieren, und hast somit eine größere Erfolgschance. Greift er zuerst an, dann kannst du dich in dieser Position gut verteidigen und kontern. Hebe dann die Hände bis auf Kopfhöhe an, um dich besser zu schützen.

- Stelle dich im leichten Ausfallschritt vor den Gegner. Als Rechtshänder stellst du den linken Fuß etwas vor, als Linkshänder den rechten Fuß. Der vordere Fuß ist in Richtung des Gegners gerichtet, der hintere Fuß ist etwas nach außen gedreht.
- Den Oberkörper hast du etwas seitlich gedreht und zwar so, dass die zur Körperseite des hinteren Fuß hintere Hand ebenfalls hinten ist. Mit dieser Stellung schützt du den Genitalbereich und bietest dem Gegner weniger Angriffsziele, als wenn du gerade vor ihm stehen würdest.
- Die Beine sind leicht gebeugt und das Körpergewicht ist gleichmäßig auf beide Beine verteilt. Dies sichert einen stabilen Stand.
- Ziehe das Kinn leicht zur Brust, um den Kehlkopf zu schützen.
- Die Hände sind etwa in Brusthöhe angehoben, wobei die Handflächen zum Gegner zeigen.
- Halte die Muskulatur locker und spanne sie erst beim Verteidigen oder Angreifen an, da du ansonsten nicht schnell agieren kannst.

HINWEIS

Hier wird die Selbstschutzhaltung vorgestellt. Bist du ein erfahrener Kampfsportler und hat sich der Konflikt bereits zu einer Kampfsituation entwickelt, dann wirst du wahrscheinlich instinktiv deine eingeübte Kampfsportstellung nutzen. Es sei denn, du hast auch die Selbstschutzstellung sehr intensiv trainiert.

In größerer Distanz können die Hände etwas tiefer sein; in Nahdistanz müssen sie jedoch wie gezeigt oben sein, um dich vor schnellen Kopfangriffen wie u. a. Ellbogentechniken schützen zu können.

Beinarbeit

Nachdem du die Selbstschutzstellung erlernt hast, beginnst du mit dem Training der Beinarbeit. Hier wird diejenige aus dem Thai-Boxen gezeigt, eine der effektivsten Vorgehensweisen, um im Stand zu kämpfen. Die Beinarbeit wird so oder sehr ähnlich auch in anderen Vollkontakt-

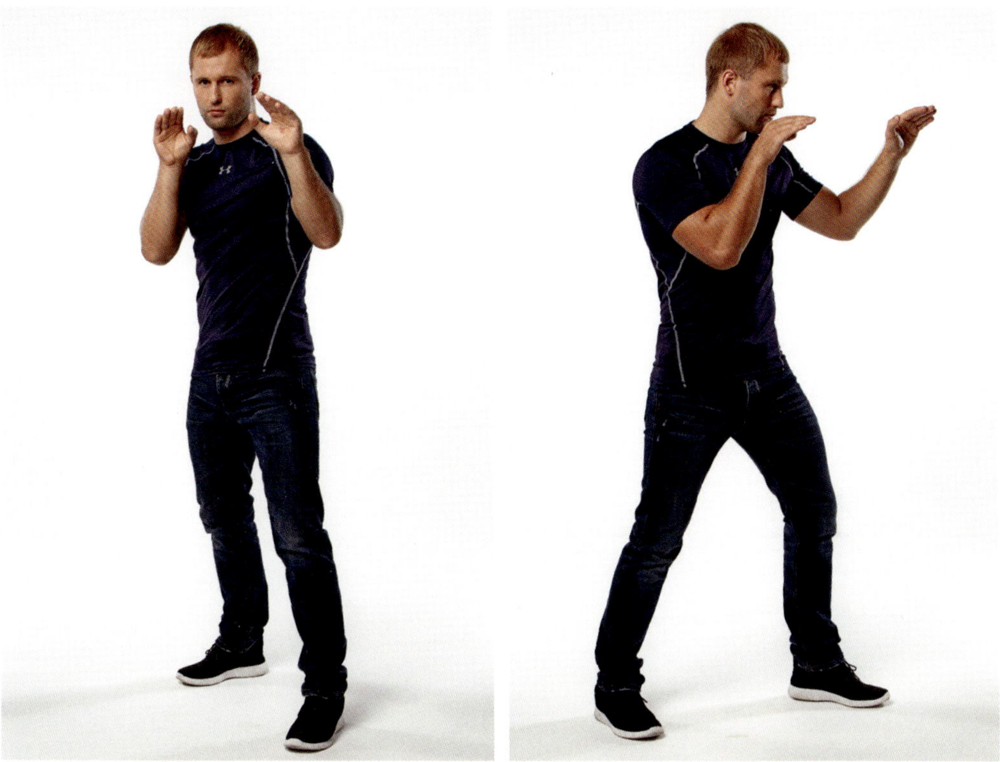

Die Selbstschutzstellung für einen Rechtshänder, die starke rechte Hand ist hinten.

arten genutzt. Wichtig ist, dass du beim Kämpfen immer eine stabile Position hast, damit du nicht leicht zu Fall gebracht werden kannst. Deshalb werden die Füße nach bestimmten Prinzipien vor und zurückgestellt; sie dürfen hingegen nicht überkreuzt werden.

Die Schritte nutzt du, um auf den Gegner zuzugehen, dich von ihm wegzubewegen oder ihm auszuweichen. Du befindest dich bei den Schritten immer in der Selbstschutzstellung. Der vordere Fuß muss auf das Ziel gerichtet sein und der hintere Fuß schräg nach außen zeigen. Dies gilt auch, wenn du dich seitlich zum Gegner bewegst. Bleibe bei allen Bewegungen unverkrampft und achte darauf, dass du die Deckung nicht vernachlässigst. Bewege dich möglichst auf den Fußballen, was schnelles Bewegen zulässt.

Mit Vorwärts- und Rückwärtsbewegungen gehst du auf den Gegner zu, um ihn unter Druck zu setzen, ebenso kannst du dich von ihm lösen. Die Seit- und Halbkreisbewegungen bieten sich an, wenn der Gegner auf dich zukommt. So gelangst du aus der Reichweite seiner Körperwaffe und kannst ihn selbst attackieren.

Übe zuerst die Vorwärtsbewegungen und Rückwärtsbewegungen und integriere dann die seitlichen Bewegungen in dein Training. Wiederhole die Schritte vielfach und lass dich dabei von einem Trainer oder erfahrenen Trainingspartner kontrollieren. Nun kannst du die Beinarbeit frei ausführen. Stelle dir dabei vor, dass du mit einem realen Gegner kämpfst. Greift er an, weichst du zur Seite oder nach hinten aus. Um ihn stattdessen zu attackieren, bewegst du dich einige Schritte nach vorn.

Die Beherrschung der Beinarbeit wird im Training der Kampftechniken vorausgesetzt. Wenn du beispielsweise die Distanz zum Gegner für den Einsatz einer Technik überbrücken willst, musst du einen schnellen Vorwärtsschritt ausführen. Wenn du mit Partner übst, dann bewahre immer eine geeignete Distanz, weder zu nah noch zu weit entfernt.

HINWEIS

Die Füße dürfen nicht überkreuzt werden. Bewege dich schnell, aber kontrolliert und achte auf dein Gleichgewicht.

Vorwärtsbewegung: Stelle den vorderen Fuß nach vorn auf den Fußballen und ziehe den hinteren Fuß nach.
Rückwärtsbewegung: Stelle den hinteren Fuß nach hinten auf den Fußballen auf und ziehe den vorderen Fuß nach.
Schritt nach links: Stelle den linken Fuß nach links auf den Fußballen auf und ziehe den rechten Fuß nach. Die Bewegung kann auch diagonal nach links hinten geübt werden.
Schritt nach rechts: Stelle den rechten Fuß nach rechts auf des Fußballen auf und ziehe den linken Fuß nach. Die Bewegung kann auch diagonal nach rechts hinten geübt werden.
Halbkreis nach links vorn: Stelle den linken Fuß nach links vorn, sodass die Zehen weiter zum Gegner zeigen, und ziehe den rechten Fuß in einem Halbkreis nach.
Wenn du in der Rechtsauslage kämpfst, also die rechte Körperseite vorn hast, dann wechselst du die Auslage beim Halbkreis nach links.
Halbkreis nach rechts vorn: Stelle den rechten Fuß nach rechts vorn, sodass die Zehen weiter zum Gegner zeigen, und ziehe den linken Fuß in einem Halbkreis nach.
Wenn du in der Linksauslage kämpfst, also die linke Körperseite vorn hast, dann wechselst du die Auslage beim Halbkreis nach rechts.

SCHUTZHALTUNGEN

Wenn es zu einer Diskussion mit einem Aggressor kommt, kann das Einnehmen der Selbstschutzstellung überzogen sein, zumindest solange du noch versuchst, die Situation im Gespräch zu entschärfen. Am Anfang eines Dialoges sollst du keine Aggressivität ausstrahlen. Die auf den Seiten 40–41 beschriebene Stellung ist nicht identisch mit den hier vorgestellten Schutzhaltungen, denn jene signalisiert deutlicher das Grenzenziehen. Eine typische Kampfsporthaltung mit geschlossenen Fäusten ist in einem solchen Fall absolut zu vermeiden, damit könntest du für mögliche Zeugen sogar als Aggressor wirken und verlierst so zudem die Möglichkeit, einen überraschenden Präventivangriff einzusetzen. Deine Haltung muss also Angriff und Verteidigung ermöglichen, ohne aggressiv und kampfbereit zu wirken.

Du musst deinen persönlichen Sicherheitsabstand sichern, also einen Mindestabstand. Halte deine Hände in einer nicht aggressiven Art zwischen dich und den Aggressor. Deine Hände ermöglichen dir, einen Schutz aufzubauen, auch als Zaun (Fence) bezeichnet, und so deine Distanz zu wahren. Grundsätzlich ist wichtig, dass, wenn der Gegner zur Seite geht, du dich dann so mitdrehst, dass deine Fence-Haltung immer zwischen dir und dem Gegner ist. Indem du eine solche Position einnimmst, bringst du dich auch mental in Bereitschaft, dich zu schützen. Lasse dich vom Aggressor nicht berühren, denn das kann ein Versuch sein, dich zu täuschen. Er kann z. B. Handschütteln anbieten oder versuchen, seinen Arm um deine Schulter zu legen, mit dem Ziel, dich aus der neuen, näheren Position überraschend zu attackieren. Du hast die Schutzhaltung aufgebaut, um jeglichen Kontakt zu vermeiden.

Du musst eine nicht aggressive Stellung wählen, die der Situation angemessen ist, dich aber trotzdem schützt. Deine Arme dürfen dazu nicht hängen. Denn falls der Aggressor doch überraschend zum Kopf angreift, hast du nur eine Abwehrchance, wenn du die Hände zumindest etwas angehoben hast. Sind deine Hände hingegen ganz unten, würde es zu lange dauern, sie nach oben zu ziehen. Umso näher du dem Gegner bist, desto höher müssen deine Hände sein, um dich vor einem Kopfangriff schützen zu können.

Deine Position soll aber nicht nur Schutz liefern, sondern dir auch die Möglichkeit für einen Präventivangriff bieten. Deine Hände müssen in einer Position sein, die es ermöglicht, direkt explosiv zu attackieren. Beispielsweise kann das mit einem Handballenstoß (Seite 61–62) erfolgen. Wichtig ist, unerwartet schnell und direkt zu attackieren. Du darfst deine Aktion dem Gegner nicht anzeigen. Halte deshalb Arme, Schultern und Gesicht möglichst entspannt.

Aus deiner Schutzhaltung heraus, versuchst du den Aggressor verbal zu beschwichtigen. Du kannst z. B. sagen: »Bleiben Sie weg von mir, ich will keinen Ärger.« Lässt er nicht von dir ab, dann ziehe eine Grenze: »Kommen Sie nicht näher!« Dazu kannst du dein Fence deutlicher machen und höher heben, oder auch die bisherige Position beibehalten. Wird offensichtlich, dass sich der Kampf nicht umgehen lässt, dann attackiere präventiv (Seite 117–128). Dies kannst du mit einer Frage verbinden, mit der du den Gegner ablenkst. Wichtig ist, dass diese sich nicht mit ja oder nein beantworten lässt. »Wie geht es bei der Arbeit?« oder »Wie geht es deinem Cousin?«, sind Möglichkeiten. So täuschst du ihn, und kannst unmittelbar überraschend zuschlagen.

Hier werden Schutzhaltungen vorgestellt, die möglich sind, wenn der Gegner recht nahe ist und die Örtlichkeit es nicht zulässt, eine größere Distanz herzustellen. Die Haltungen ermöglichen schnelle Verteidigung und Angriff. Positioniere deine Hände so, wie du im Ernstfall attackieren willst. Ziel ist es nicht, gefährlich zu wirken, aber trotzdem handlungsbereit zu sein, wenn sich die Situation zu einem Ernstfall entwickelt.

Ich bevorzuge zumeist die vorgedrehte Handflächenhaltung, bei der die Hände höher gehen, wenn der Aggressor näher kommt beziehungsweise sich die Gefahr vergrößert. Einige Trainer bevorzugen andere Haltungen, auch kann die Situation ergeben, dass sich die eine Haltung besser als die andere eignet. Die optimale Haltung ist von deinem Gefühl und der Situation abhängig. Um deine Wahl zu treffen, teste die Haltungen im Simulationstraining. Der Partner stellt dabei einen Aggressor dar und du versuchst, ihn aus deiner unauffälligen Schutzhaltung heraus zu beschwichtigen. Bewegt er sich, dann bewege dich mit, denn die Schutzposition ist nicht statisch. Auch musst du üben, aus der Schutzhaltung heraus präventiv zu attackieren.

Vorgedrehte Handflächen-Haltung

Diese Haltung lässt sich als etwas abgeschwächte Selbstschutzstellung (Seite 40–41) bezeichnen, in vielen Situationen ist sie eine gute Wahl. Die Handflächen zeigen vor und die Arme sind angewinkelt. Du kannst die Hände versetzt halten, die schwächere Hand vorne. Kommt der Gegner näher, beziehungsweise wird die Gefahr größer, dann nimmst du die Hände weiter hoch.

1

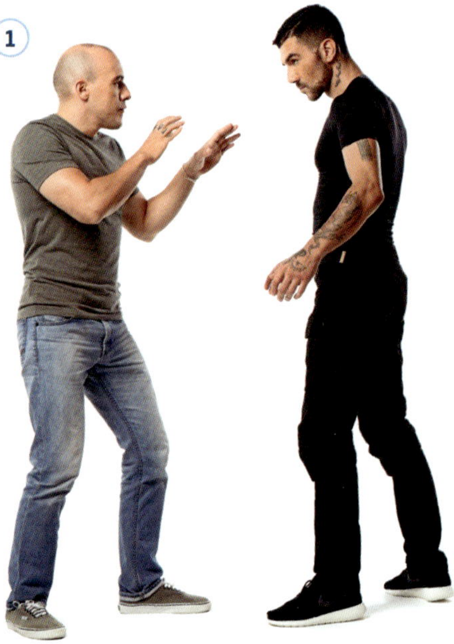

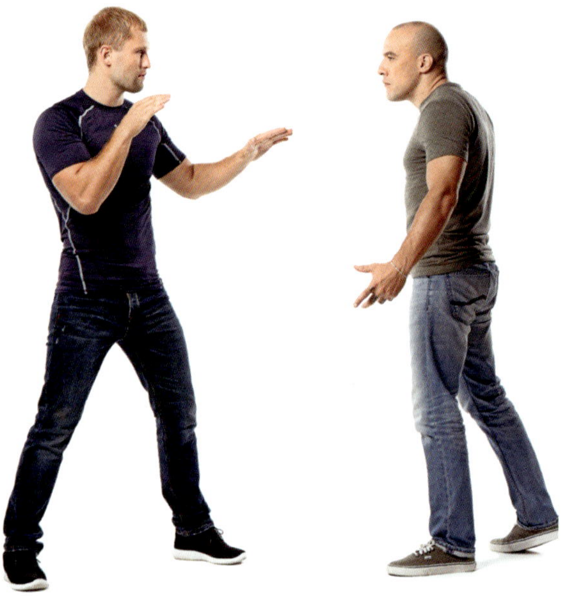

Versetzte Haltung. Die Situation und die Aggressivität des Gegners bestimmt, wie eindeutig deine Mimik ist.

In naher Distanz kann auch eine Parallelhaltung möglich sein, d.h. die Hände sind fast nebeneinander, nun aber schon recht hochgehoben aufgrund des nahen Standes. Du bist frontal gut geschützt und kannst ihn wegstoßen oder einen Handballenstoß (Seite 61–62) nutzen. Ebenso kannst du einen Aufwärtsellbogen (Seite 80) anbringen, falls der Gegner z.B. zum seitlichen Schlag ausholt.

2

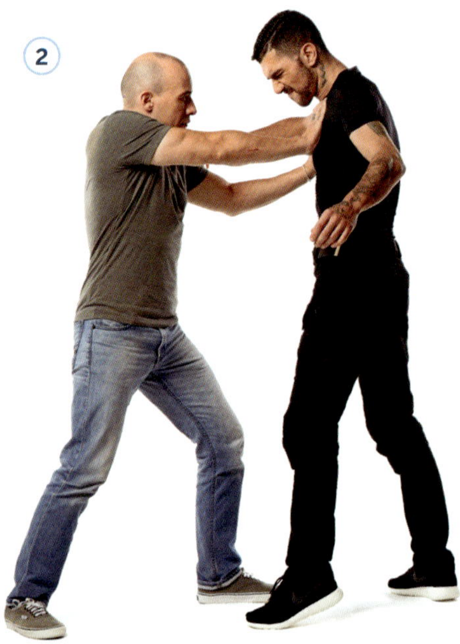

Parallelhaltung und Wegstoßen.

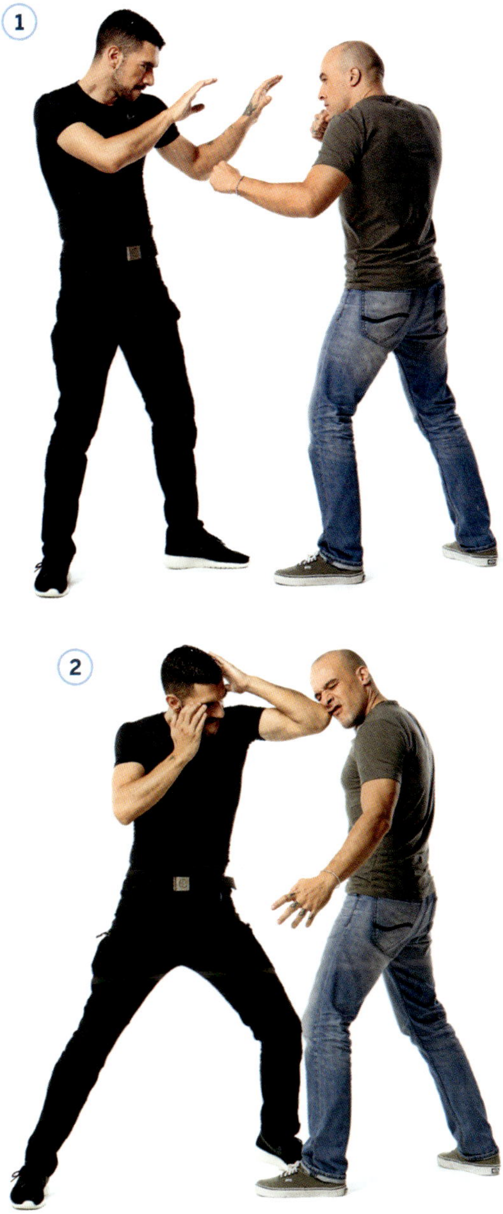

Parallelhaltung und vorderer Aufwärtsellbogen.

Du kannst die vordere Hand als Aktions-Trigger nutzen. Du hältst sie so, dass sie den Gegner nicht berührt. Kommt er aber auf dich zu, dann spürst du den Kontakt und handelst der Situation angemessen. Entweder machst du deutlich, dass der Abstand umgehend wieder herzustellen ist oder du schlägst direkt zu. Diese Position bietet viele Möglichkeiten, um zu einem Präventivangriff überzugehen. Du kannst z. B. mit der vorderen Hand eine Handkralle (Seite 64) anbringen oder von hinten Hammerfaust oder Handballenstoß (Seite 65/61) kraftvoll schlagen.

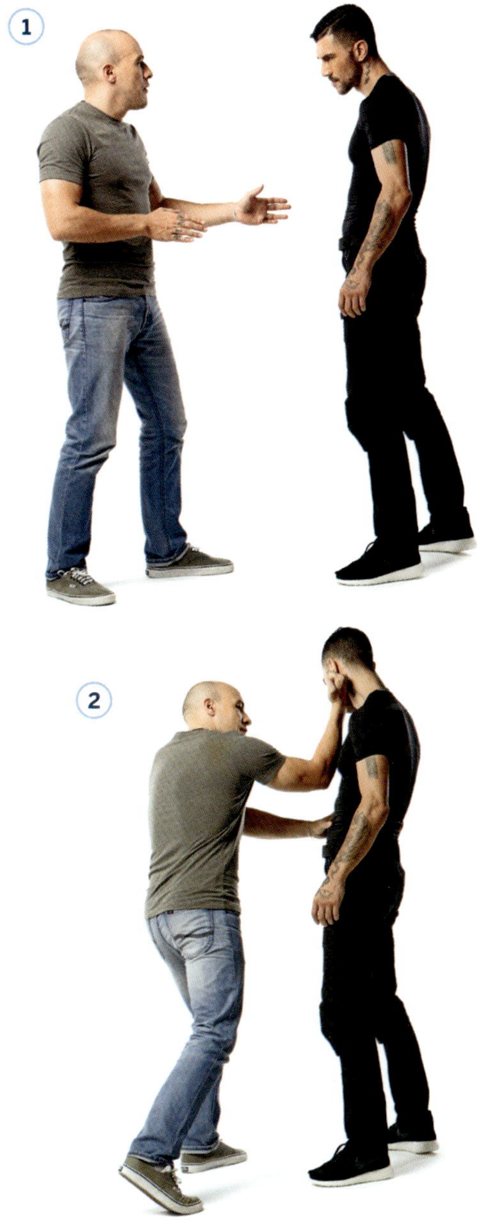

Hier ist eine unauffällige Handposition genutzt. Die vordere Hand dient als Trigger, bei Kontakt erfolgt direktes Zuschlagen, z. B. mit einer hinteren Hammerfaust.

»Sprechende Hände«-Haltung

Bei dieser Schutzhaltung hast du die Hände geöffnet vor dem Körper. Bewege deine Hände bei der Diskussion mit dem Aggressor so, als würdest du mit den Händen sprechen. Eine Hand ist etwas weiter vorne und sichert die Distanz, am Anfang ohne den Gegner zu berühren. Wenn er sich vorbewegt, wie in den Bildern gezeigt, spürst du es und wirst aktiv: Entweder wird die Distanz umgehend hergestellt oder du schlägst zu. Mache deine Attacke abhängig von der Position deiner Schlaghand sowie deiner Technikpräferenz.

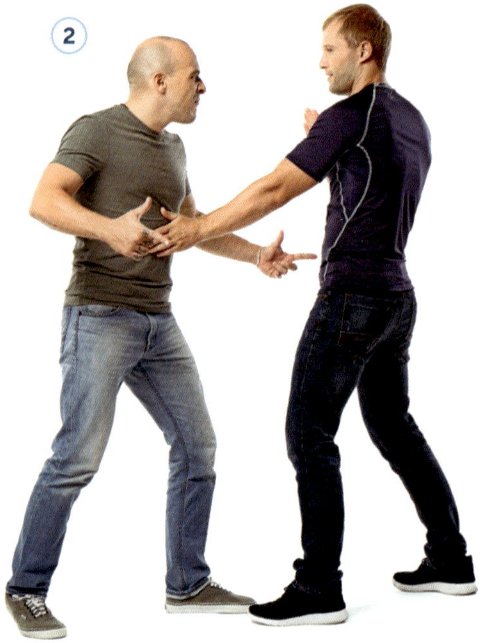

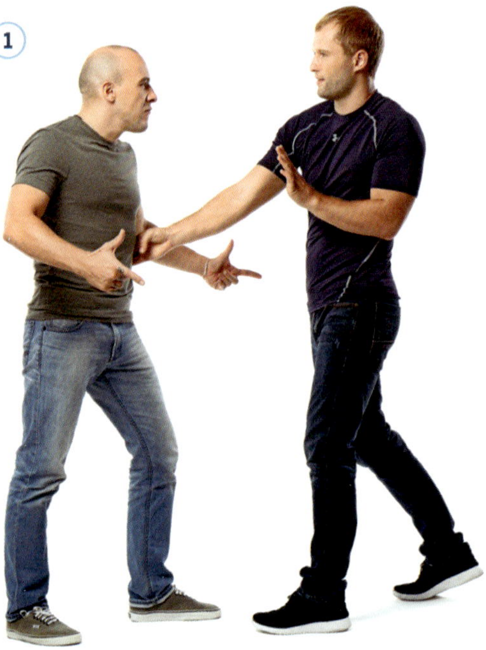

Bewege die Hände hin und her beim Diskutieren, damit es unauffällig wirkt. Kommt dir der Gegner weiter aggressiv vor und lässt sich nicht abbringen, so erfolgt eine Schlagattacke als Schutzaktion.

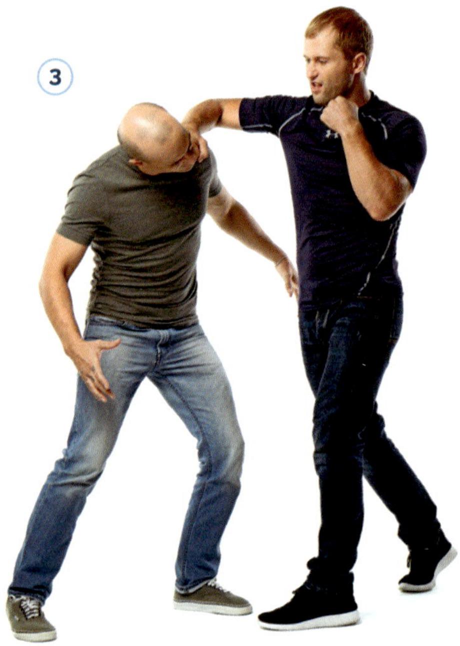

Denker-Haltung

Diese nachdenklich erscheinende Haltung bietet sich in recht naher Standposition zum Aggressor an. Die Position wirkt nicht aggressiv, bietet etwas Schutz und zudem kannst du präventiv aktiv werden. Positioniere einen Arm, die meisten Kämpfer wählen den schwächeren Arm, als Schutz waagrecht vor den Körper. Den anderen Arm hast du aufrecht, mit der Hand am Kinn, so als würdest du dein Kinn stützen. Ziehe dein Kinn leicht an, dein Gewicht ist gleichmäßig auf beiden Füßen verteilt. Aus dieser Position heraus kannst du einen explosiven Handballenstoß (Seite 61–62) von unten zum Kinn ausführen.

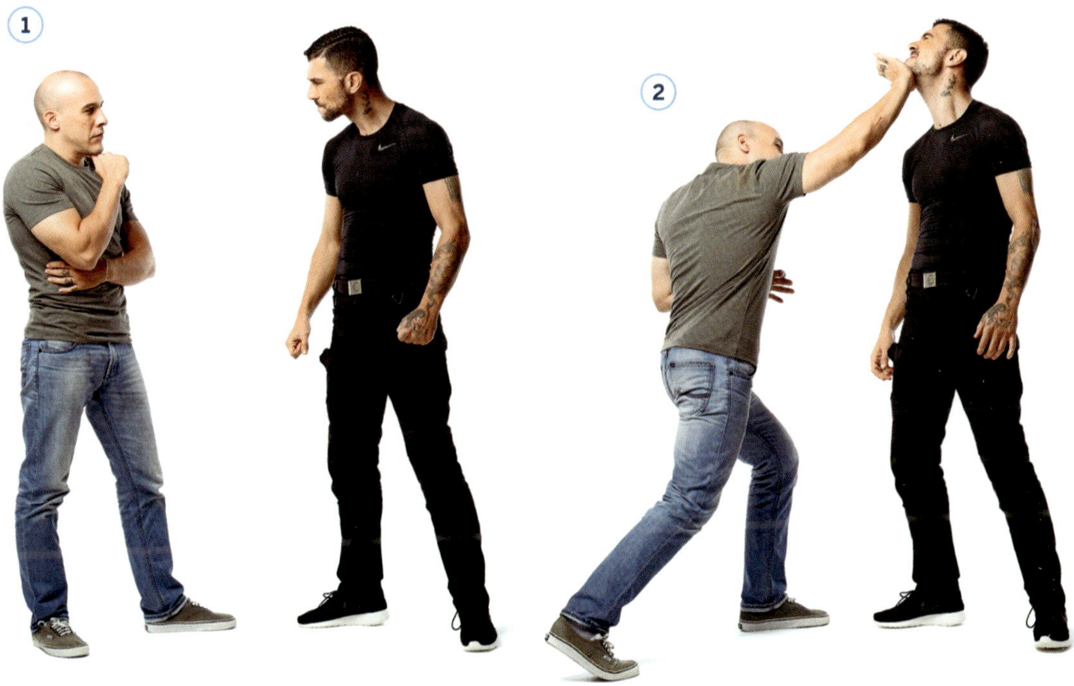

Der Handballenstoß aus der Schutzhaltung.

Armübereinander-Haltung

Die Position wirkt nicht aggressiv und ermöglicht, dich zu schützen. Zudem kannst du präventiv aktiv werden, falls sich die Situation entsprechend entwickelt. Halte die Arme übereinander liegend vor dem Körper. Du kannst deinen stärkeren Schlagarm oben haben, was aber nicht zwingend ist. Die Armmuskulatur ist locker, sodass schnelles Handeln möglich ist. Du stehst stabil, mit dem Gewicht auf beiden Füßen. Ziehe das Kinn leicht an, um den Kehlkopf zu schützen und mit der Stirn dein Gesicht, falls der Gegner dich mit einem Kopfstoß angreift. Aus dieser Position kannst du einen präventiven Schlag mit der Handaußenkante (Seite 71) zu Hals oder Kehlkopf explosiv anbringen, falls die Situation das erforderlich macht.

1

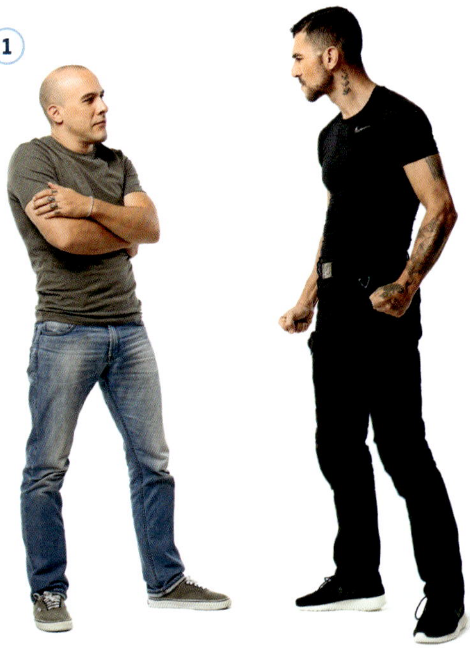

2

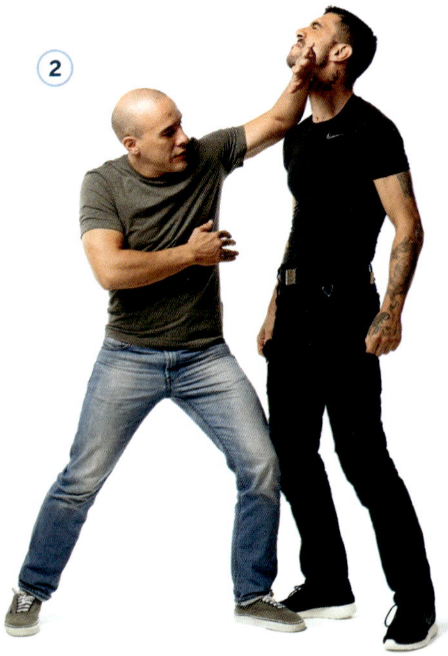

Der vordere Handkantenschlag aus der Schutzhaltung.

ANGRIFFSZIELE UND IHRE WIRKUNG

Du kannst dich auch gegen einen körperlich deutlich stärkeren Gegner behaupten, indem du seine Schwachstellen attackierst. Es ist wichtig, die empfindlichen Körperstellen zu kennen. Schätze ihn ein, wo liegen seine Stärken und Schwächen. Du musst eine ungeschützte Körperstelle wählen und zwar eine solche, die sich bei diesem Gegner anbietet. Beispielsweise bewirkt ein schneller Kick zum Oberschenkel wenig, wenn er recht schwer ist und kräftige Oberschenkel hat. Wähle ein nahe gelegenes Ziel, da dann die Erfolgsaussichten am größten sind.

Es ist wichtig, dass du dir die möglichen Angriffsziele einprägst und überlegst, wie du diese attackierst. Ebenso ob du Hemmungen hast, eine Technik zu einer bestimmten Körperstelle auszuführen. Treffe eine Technikauswahl und übe diese intensiv ein.

Keine Garantien

Hier lernst du die empfindlichsten Körperstellen kennen und welche Wirkungen erzielt werden können, wenn du sie triffst. Denk daran, dass es keine Gewissheit gibt, dass der Techniкeinsatz so verläuft wie geplant. Ein mögliches Szenario könnte so aussehen: Du wirst in einer Kneipe von einem Betrunkenen attackiert und stößt ihn fest von dir weg oder schlägst ihn. Er stolpert nach hinten und fällt zu Boden. Dabei knallt er unglücklich mit seinem Hinterkopf auf den Boden und ist danach dauerhaft körperlich behindert. Deshalb darfst du in einer Konfliktsituation nicht überzogen handeln oder diese als Ärger-Bewältigung ansehen. Versuche durch Aufmerksamkeit, Gespräch und/oder Grenzenziehen, dem Ernstfall aus dem Weg zu gehen. Wenn du aber in eine Kampfsituation gerätst, dann darfst du nicht erwarten, dass sich der gewünschte Effekt nach einem Treffer einstellt. Du musst den Gegner attackieren, bis er wirklich kampfunfähig ist oder du eine Fluchtmöglichkeit hast.

INFO Kampftechniken verhältnismäßig anwenden

Attackiere den Gegner an seinen verwundbaren Punkten, gehe dabei jedoch angemessen vor. Wirst du in einer Alltagssituation am Handgelenk gehalten oder kommt es zu einer Rangelei, dann sind meistens Ziele am Körper zu empfehlen. Allerdings könnte er auch direkt mit der anderen Hand zuschlagen.

Augen, Kehlkopf, Genick und Hals darfst du nur angreifen, wenn der Kampf lebensbedrohlich ist. Geht es allerdings um dein Leben, dann musst du mit aller Härte die Körperstellen attackieren, die den Gegner am wahrscheinlichsten kampfunfähig machen. In so einer Situation darfst du niemals zögerlich agieren.

Vorderseite

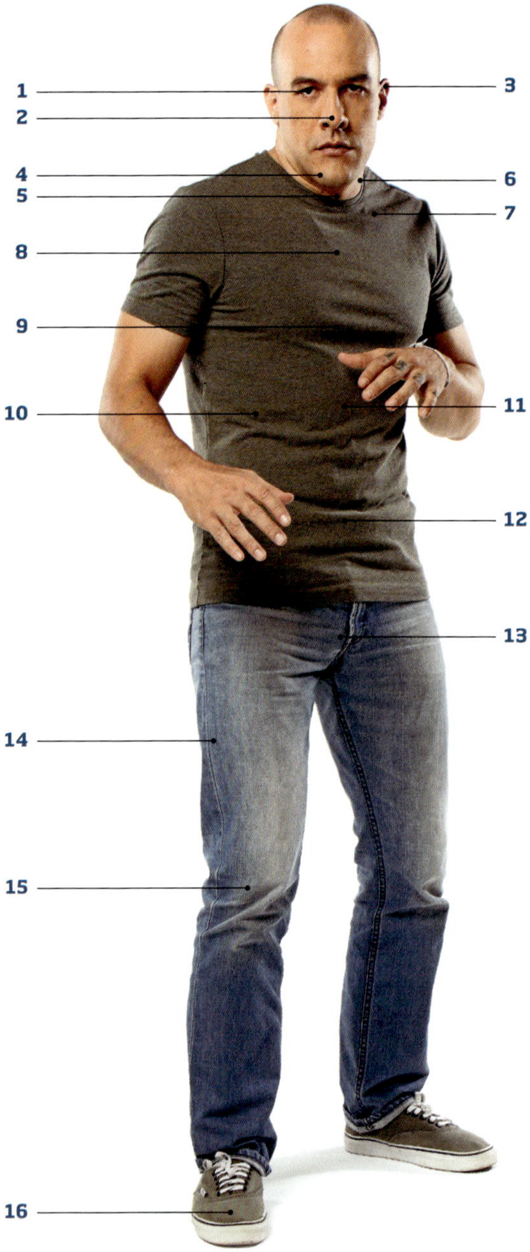

Trefferziele von vorn

1. Auge
2. Nase
3. Ohr
4. Kinn und Unterkiefer
5. Kehlkopf
6. Hals
7. Schlüsselbein
8. Brustbeinansatz
9. Solarplexus
10. Untere Rippen
11. Magen
12. Unterer Bauchbereich und Blase
13. Genitalbereich
14. Oberschenkelaußenseite
15. Kniegelenk und Kniescheibe
16. Zehen und Fußrücken

Rückseite

Trefferziele von hinten

1. Schädeldecke
2. Schläfe
3. Bereich unterhalb der Ohren
4. Unterkiefer
5. Genick und obere Halswirbel
6. Niere und unterer Rücken
7. Arm und Hand
8. Kniekehle

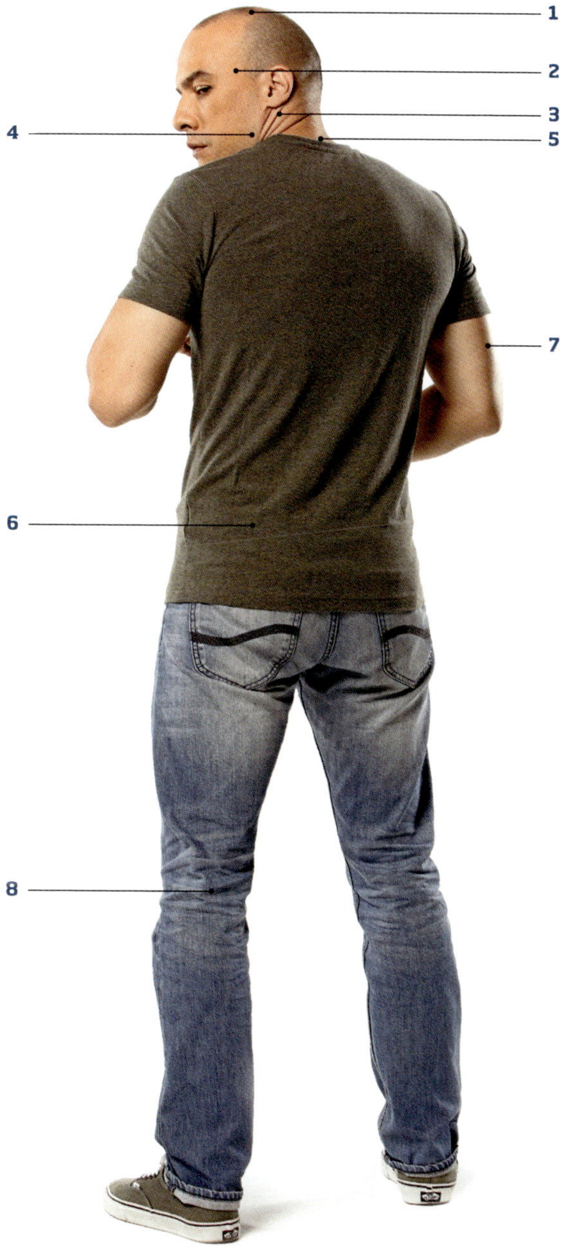

Ziele an Kopf und Hals

Am Kopf gibt es leicht verletzliche Stellen, aber auch harte Knochen. Wenn du mit der falschen Technik attackierst, wirst du wenig Wirkung erzielen. Beispielsweise bewirkt ein leichter Schlag ins Gesicht wenig. Du musst entweder hart schlagen, was Übung benötigt, oder die verwundbaren Stellen attackieren. Zudem besteht die Gefahr sich selbst an der Hand zu verletzen, wenn du z.B. mit der Faust den harten Kopfknochen triffst.

SCHÄDELDECKE

Attackierst du die Schädeldecke hart von oben, beispielsweise mit einem Ellbogenstoß von oben, kann eine Blutung entstehen. Es ist auch eine schwere Verletzung bis hin zum Tod möglich, insbesondere wenn du einen harten Gegenstand als Schlagverstärker einsetzt, z.B. Flasche oder Schlagstock. Wenn du dich im Ernstfall für dieses Ziel entscheidest, dann musst du es mit voller Härte attackieren.

SCHLÄFE

Aus einem harten Treffen der Schläfe kann Bewusstlosigkeit bis Tod resultieren, deshalb darfst du auch dieses Ziel nicht leichtfertig attackieren. Du kannst dorthin z.B. Seithaken, Handballenstoß, Hammerfaust oder Ellbogenstoß (Seite 67/61/65/75/76) einsetzen.

AUGE

Die Augen darfst du nur in Lebensgefahr gezielt attackieren. Du kannst mit den Daumen oder mit den Fingern stechen und/oder über die Augen kratzen (Seite 64), was starke Schmerzen und Tränenfluss verursacht und zu kurzzeitiger oder dauerhafter Erblindung führen kann. Eine Gerade oder ein Handballenstoß (Seite 63/61) zum Auge ist keine sinnvolle Selbstschutztechnik, da dies nur eine Schwellungen bewirkt, den Gegner jedoch kaum von seinem Vorhaben abbringt.

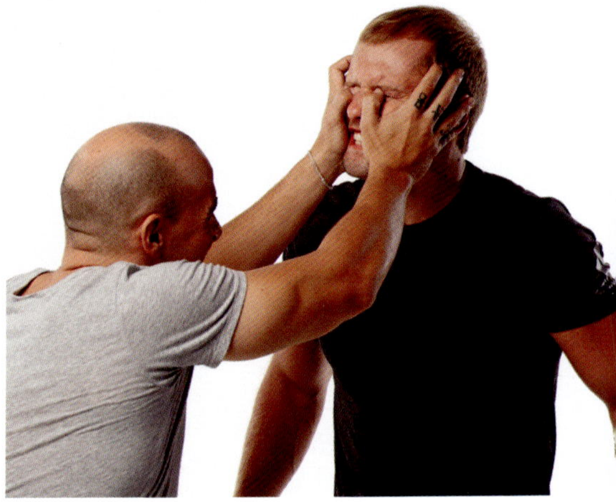

Die Attacke der Augen mit beiden Daumen.

NASE

Ein kraftvoller Stoß (Seite 71/75/80/81) oder Schlag (Seite 61/63) auf die Nase verursacht Schmerzen und Schwindel. Allerdings sind die

---

INFO Warum der Mund als Ziel nicht geeignet ist

Eine Technik zum Mund ist eher nicht zu empfehlen, da Attacken dorthin normalerweise keine Kampfunfähigkeit bewirken. Der Gegner wird leicht optisch verunstaltet, z. B. mit aufgeplatzter Lippe und abgebrochenem Zahn, was vor Gericht falsch ausgelegt werden kann. Zusätzlich besteht die Gefahr, dass du dich an seinen Zähnen schneidest. Es können Bakterien aus dem Mund in die Wunde geraten und eine Infektion verursachen.

Schmerzen selbst bei einem Nasenbeinbruch oft nicht so stark, dass der Gegner seinen Angriff abbricht.

Du kannst auch die Nasenlöcher von hinten greifen und dann den Kopf des Gegners nach hinten überstrecken und ihn so zu Boden reißen. Zudem kannst du den Gegner aus der Nähe in die Nase beißen.

OHR

Du kannst auf ein Ohr schlagen (Seite 68), was Schwindel erzeugt. Der beidarmige Ohrenschlag (Seite 70) ist noch wirkungsvoller und darf nicht leichtfertig eingesetzt werden, denn das Trommelfell könnte platzen. Du musst kraftvoll schlagen, leichtes Schlagen hingegen bewirkt wenig. Du kannst zudem an den Ohren ziehen, drehen und reißen sowie beißen, um Schmerzen zu erzielen.

BEREICH UNTERHALB DES OHRS

Ein hartes Treffen des Bereichs unter dem Ohr kann Bewusstlosigkeit bis Tod bewirken. Dieses Ziel darf nur in einer lebensbedrohlichen Situation attackiert werden. Ist diese Gefahr gegeben, dann ist auch Stechen mit Schlüssel, Kugelschreiber, Kubotan oder einem ähnlichen Gegenstand möglich.

KINN

Am Kinn liegen zahlreiche Nervenpunkte, wenn du hart triffst, kann der Gegner sein Bewusstsein verlieren. Dies erreichst du mit Handballstoß oder Aufwärtsellbogen (Seite 61–62/80). Die hintere Gerade (Seite 63) eignet sich zum Kinn eher für geübte Kämpfer, da die Gefahr besteht, sich an der Faust zu verletzen.

UNTERKIEFER

Der Unterkiefer ist ein sinnvolles Ziel, da sich dort zahlreiche K.o.-Punkte befinden. Techniken dorthin erreichen große Wirkung, wenn der Mund des Gegners offen ist und somit sein Kiefer nicht fixiert ist. Aus naher Distanz bieten sich u.a. Ellbogenstoß und Handballenstoß (Seite 75–76/78–79/61) an. Der Seithaken (Seite 67) ist auch sehr effektiv, aber mit Verletzungsgefahr verbunden.

KEHLKOPF

Du darfst den Kehlkopf nur in einer lebensbedrohlichen Situation attackieren. Das Treffen kann die Luftzufuhr unterbrechen und Atemnot, Schmerzen, Bewusstlosigkeit und Tod können folgen. Du kannst den Schlag mit der Handspanne (Fläche zwischen Daumen und Zeigefinger) ausführen. Auch gerade Faustschläge und Ellbogentechniken (Seite 63/77/81) sind möglich, jedoch ist so der Kehlkopf schwieriger zu treffen.

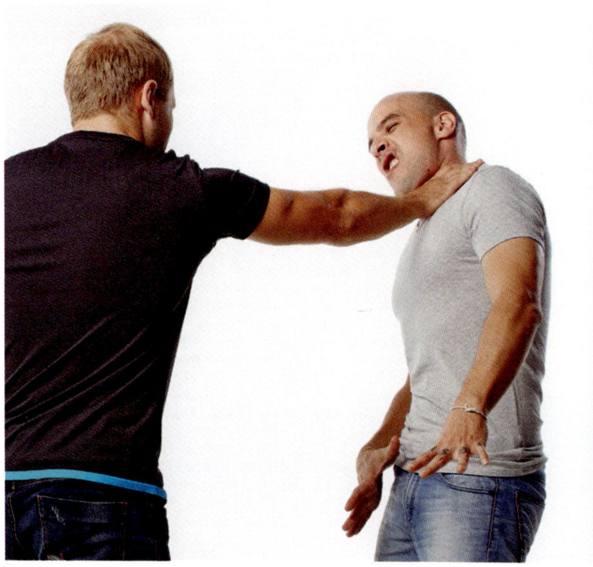

Der Kehlkopfschlag mit der Handspanne.

HALS

Den Hals darfst du nur in einer lebensgefährlichen Situation attackieren. In diesem Fall kannst du eine Technik von vorn, hinten oder der Seite einsetzen. Bei dem Gegner kann es zu Atemnot, Bewusstlosigkeit und Tod kommen. Bei hartem Treffen der Halsschlagader besteht zusätzlich die Gefahr, dass die Blutzufuhr unterbrochen wird und es zu inneren Blutungen kommt, die zum Tod führen. Zum Hals kannst du den Handkantenschlag (Seite 71–72) ausführen, möglich sind auch andere Schläge (Seite 63/65/67) sowie seitliche Ellbogentechniken (Seite 75/76/79/80/81).

Zieht der Gegner die Schultern hoch, so ist es nicht einfach, den Hals zu treffen. Du kannst mit einer Hand den Kopf zur Seite zu drücken, um die Trefferfläche zu vergrößern, und dann mit der Außenkante der anderen Hand (Seite 73) schlagen. Dieses Vorgehen erfordert Training, damit es schnell genug gelingt. Zudem lässt sich eine spitze Alltagswaffe wie ein Kugelschreiber aus naher Distanz erfolgreich einsetzen.

GENICK

Das Genick, insbesondere den oberen Halswirbel, darfst du nur in Lebensgefahr attackieren, wobei dann ein harter Schlag (Seite 65/72) oder auch Ellbogenstoß (Seite 75/80/81) möglich sind. Es können Bewusstlosigkeit, Querschnittslähmung oder Tod aus dem Angriff resultieren. Kommst du jemandem zu Hilfe und attackierst den Gegner von hinten, ist dies normalerweise kein geeignetes Trefferziel. In einer solchen Situation bietet sich besser ein Tritt zur Kniekehle an.

Ziele am Oberkörper

Wirst du angegriffen, schätzt die Situation aber nicht als lebensbedrohlich ein, dann bieten sich Ziele am Körper des Gegners an. So kannst du ihn stoppen und weghalten, ohne ihn schwer zu verletzen. Achte auf die Konstitution des Gegners: Nutze beispielsweise keine Bauchschläge, wenn der Gegner gut trainiert oder deutlich schwerer als du scheint.

SCHLÜSSELBEIN

Durch einen kraftvollen Schlag zur Knochenmitte des Schlüsselbeins kann es brechen. Große Schmerzen sind die Folge und zudem kann der Gegner den Arm dieser Seite nicht mehr einsetzen. Du kannst deinen Ellbogen von oben (Seite 81) draufstoßen, sowie Handkantenschlag oder Hammerfaust (Seite 72/65) einsetzen.

BRUSTBEINANSATZ

Eine Attacke zum Brustbeinansatz kann Schmerzen und auch Atemnot bewirken, insbesondere bei Treffen des Zwerchfells. Einsetzbar sind Gerade, Handballenstoß, vorstoßender Ellbogen oder Aufwärtsellbogen (Seite 63/61–62/81/80). Bricht dabei allerdings der Knöchelansatz ab, kann dies schwere innere Verletzungen zur Folge haben.

SOLARPLEXUS

Gelingt es dir, kraftvoll den Solarplexus zu attackieren, den Übergang von Brustkorb zu Magengrube, dann macht es den Gegner benommen. Das erreichst du nur, wenn du hart und genau triffst, ansonsten erreicht der Angriff wenig Wirkung. Einsetzen kannst du z.B. Handballenstoß, hintere Gerade oder Ellbogenstoß (Seite 61–62/63/80/81).

UNTERE RIPPEN

Ein kraftvoller Angriff gegen die unteren Rippen erzielt Schmerzen und Atemnot. Der Gegner ist jedoch nach einem Schlag selten kampfunfähig, es sei denn, du schlägst extrem kraftvoll. Du kannst dorthin einen Seithaken (Seite 67) oder Aufwärtshaken (ohne Abbildung) ausführen. Auch ein Kniestoß (Seite 83–84/86) ist möglich, allerdings sind Oberschenkel oder Hüfte leichter erreichbare Ziele. Thai-Boxer können einen runden Kick von außen zu den unteren Rippen anbringen (vgl. Thai-Boxen Basics, 2018).

MAGEN

Eine kraftvolle Technik zum Magen kann starke Schmerzen bewirken und auch die Luftzufuhr des Gegners kurzzeitig unterbrechen. Du kannst dorthin Kniestoß, stoßenden Stopptritt oder hintere Gerade (Seite 83–84/90/63) einsetzen. Hat sich der Gegner allerdings eine starke Bauchmuskulatur antrainiert, könnte er die Gerade absorbieren.

UNTERER BAUCHBEREICH UND BLASE

Der Bereich über den Genitalien kannst du beispielsweise mit Kniestoß (Seite 83–84) attackieren, was starke Schmerzen hervorruft. Falls die Blase platzt, dann kann dies zum Tod führen. Diese Gefahr besteht insbesondere bei gefüllter Blase. Es empfiehlt sich deshalb, vor einem Wettkampf, Sparring ebenso wie vor einem realen Kampf, die Blase zu leeren. Generell ist sie recht schwer zu treffen.

NIEREN UND UNTERER RÜCKEN

Das Treffen der Nieren beispielsweise mit Schlag oder Kniestoß (Seite 67/86) bewirkt große Schmerzen. Ist der Angriff kraftvoll, dann macht es den Gegner kampfunfähig. Auch der Angriff zum unteren Rücken verursacht Schmerzen, aber nicht mit derselben Intensität. Allerdings ist dies kein bedenkenloses Ziel, da daraus ein Nierenriss mit tödlichen Folgen resultieren könnte und das genaue Zielen zum unteren Rücken ohne Treffen der Niere schwierig ist.

GENITALBEREICH

Ein harter Treffer zu den Genitalien bewirkt starke Schmerzen. Diese können so intensiv sein, dass der Gegner kampfunfähig und bewusstlos wird. Er kann den Schmerz aber auch aushalten und weiter angreifen. Du kannst Schlag, Kniestoß oder Tritt dorthin ausführen (Seite 63/69/83–84/88/90). Hat dich der Gegner in naher Distanz, beispielsweise würgt oder klammert er von der Seite oder von hinten, dann kannst du kraftvoll am Hodensack reißen und drehen. Aufgrund der Schmerzen muss er seinen Griff lockern und du kannst dich befreien.

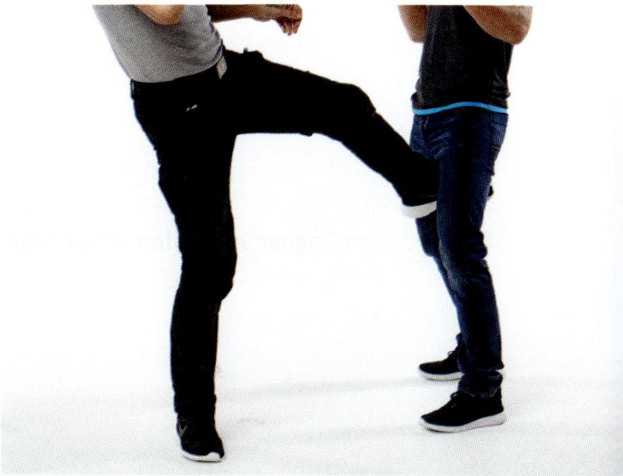

Der Tritt in den Genitalbereich.

ARM UND HAND

Attackierst du hart den Bizeps-Ansatz oder die Oberarminnenseite z. B. mit einem Ellbogenstoß (Seite 80/81), dann kann dies den Arm des Gegners kurzzeitig lähmen und sogar zum Abriss des Brustmuskels führen. Im Ernstfall kannst du auch einen spitzen Gegenstand wie einen Stift nutzen.

Um dich aus seinem gefährlichen Griff zu befreien, kannst du auch in eine weiche Armstelle beißen. Du musst kraftvoll zubeißen und ohne loszulassen deinen Kopf hin und her drehen. Es besteht allerdings Infektionsgefahr.

Die bei einigen Kampfsportlern beliebten Hebeltechniken an den Händen sind allerdings schwer unter hohem Stress auszuführen und erfordern viel Übung. Du kannst aber Finger und Daumen entgegen der Bewegungsrichtung wegdrücken und wegdrehen, um einen gegnerischen Haltegriff zu lockern oder aufzulösen. Gelingt es dir, sein Gelenk zu fixieren, dann wird die Technik wirkungsvoller.

Schläge zu den Händen bieten sich an, wenn du einen spitzen Gegenstand wie einen Kuli einsetzt. Ansonsten ist die Wirkung eher gering, es sein denn, dir gelingt es, den Arm des Gegners zu fixieren.

Ziele am Unterkörper

Attackierst du den Gegner hart an der Oberschenkelaußenseite oder der Hüfte, kann dies eine kurzzeitige Kampfunfähigkeit bewirken. Er kann möglicherweise aufgrund starker Schmerzen und Lähmungserscheinungen einige Minuten nicht stehen. Ein hartes Treffen des Knies kann eine dauerhafte Verletzung verursachen.

OBERSCHENKELAUẞENSEITE

In naher Distanz kannst du mit dem Knie (Seite 86) von außen an den Oberschenkel oder die Hüfte stoßen. Dies schmerzt den Gegner stark und kann eine kurze Lähmungserscheinung bewirken. Du darfst allerdings nicht erwarten, dass du den Gegner mit einem einzigen Stoß kampfunfähig machst, sondern musst weiter attackieren, bis sich die Wirkung tatsächlich einstellt.

Du kannst gegen die Oberschenkelaußenseite mit dem Schienbein treten (Seite 89). Für eine starke Wirkung musst du musst kraftvoll treten und der Gegner eine eher schwache Oberschenkelmuskulatur besitzen.

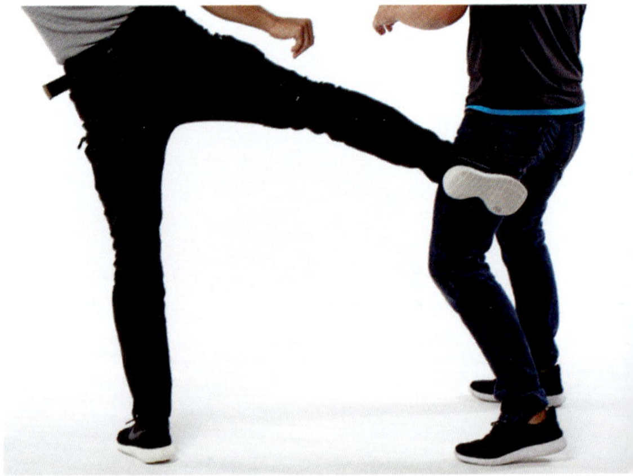

Kick von außen zum Oberschenkel.

KNIEGELENK UND KNIESCHEIBE

Trittst du frontal zur Kniescheibe des Gegners, dann fügst du ihm Schmerzen zu und lenkst ihn ab. Ein kraftvoller Treffer kann bewirken, dass er verletzt zu Boden geht. Wenn du von der Seite gegen sein gestrecktes Bein (Seite 92) trittst, kann dies schnell zu einer Knieverletzung und Kampfunfähigkeit führen. Es ist jedoch nicht so einfach, den Kniebereich wirkungsvoll zu attackieren, denn du kannst am Ziel abzurutschen oder es ganz verfehlen. Von vorn ist ein Vorwärtstritt (Seite 91) möglich, wozu du den Fuß etwas nach außen gedreht halten kannst, oder einen Seittritt mit der Fußaußenkante. Zudem kannst du von innen oder außen gegen das Knie treten, was wirkungsvoll ist, wenn du Schuhe mit harter Sohle trägst.

KNIEKEHLE

Trittst du dem Gegner in seine Kniekehle, dann lässt dies sein Bein einknicken und du kannst ihn weiter attackieren. Der Tritt ist besonders wirkungsvoll, wenn der Gegner sein Bein gestreckt und voll belastet hat. Ein kraftvoller Treffer kann eine Knieverletzung bewirken und ihn somit kampfunfähig machen. Attackiert der Gegner jemand anders und steht mit dem Rücken zu dir, dann kannst du etwas von oben in die Kniekehle stampfen (Seite 92).

FUẞZEHEN UND FUẞSPANN

Wenn dich der Gegner von hinten klammert, dann kannst du kraftvoll von oben auf seinen Fuß stampfen (Seite 93). Sein Spann und/oder seine Zehen können dabei brechen, aber auch wenn dieses Resultat nicht eintritt, bewirkt ein hartes Stampfen große Schmerzen, und führt dazu, dass er zumindest seinen Griff lockert. Das Stampfen eignet sich besonders bei Schuhen mit harter Sohle.

Eine weitere Möglichkeit für einen erfahrenen Kämpfer ist es, den frontal stehenden Gegner mit einem Fußfeger zu Boden zu bringen, was jedoch viel Übung erfordert.

KAMPFTECHNIKEN

Die Kampftechniken darfst du nur nutzen, um dich im Ernstfall zu behaupten und zu schützen. Attackiere solche Angriffsziele, die der Situation angemessen sind: Augen, Hals, Kehlkopf und Genick nur bei Lebensgefahr. Zudem darfst du den Gegner nicht länger attackieren, als dies zum Selbstschutz notwendig ist.

Um dich in einer Notwehrsituation zu behaupten, kannst du Hände, Ellbogen, Knie, Füße und Schienbeine einsetzen. Auch kannst du deinen Kopf in den Gegner rammen sowie Dirty Tricks wie Beißen und Haarreißen nutzen, um dich zu schützen und aus seinem Griff zu befreien. Es gibt zahlreiche Möglichkeiten, die Körperwaffen anzubringen. Hier findest du eine Auswahl an Angriffstechniken, die effektiv und relativ einfach erlernbar sind. Es gibt eine Vielzahl weiterer Techniken in den unterschiedlichen Kampfstilen, nicht alles kann dargestellt werden. Zudem gibt es unterschiedliche Ausführungsfeinheiten, abhängig vom Trainer und seinen Erfahrungen. Das Buch liefert dir effektive Vorgehensweisen, nutze davon, was sich für deinen Kampfstil und deine Zwecke eignet. Wenn du beim Kampftraining in einer bestimmten Disziplin eine andere Technik übst, dann nutze diese. Bei deinem Selbstschutz bist du keinem bestimmten Kampfstil unterworfen, sondern entscheidend ist, was für dich am besten funktioniert.

Es werden folgende Kampftechniken gezeigt:
- Handtechniken
- Ellbogentechniken
- Knietechniken
- Fuß- und Schienbeintechniken
- Kopftechniken

Du musst die Techniken intensiv an Geräten und mit Partner im kontrollierten Sparring und Szenario-Training üben, damit du diese im Ernstfall effektiv anbringen kannst. Nutze beim Training an Boxsack, Maisbirne und Pratzen deine ganze Kraft und bringe dein Körpergewicht ein. Attackiere mit voller Konzentration, gewöhne dir kein lasches Ausführen an. Ernstfallsituationen sind sehr kurz und nur mit dem richtigen Mindset wirst du erfolgreich sein. Wie du dein Solotraining gestaltest, erfährst du im Trainingskapitel (Seite 231–242).

HINWEIS

Nach jeder Technik musst du weiter attackieren oder dich schnell in die Selbstschutzstellung mit etwas Distanz zum Gegner zurückbewegen. Dies wird nicht in jeder Technikbeschreibung extra erwähnt.

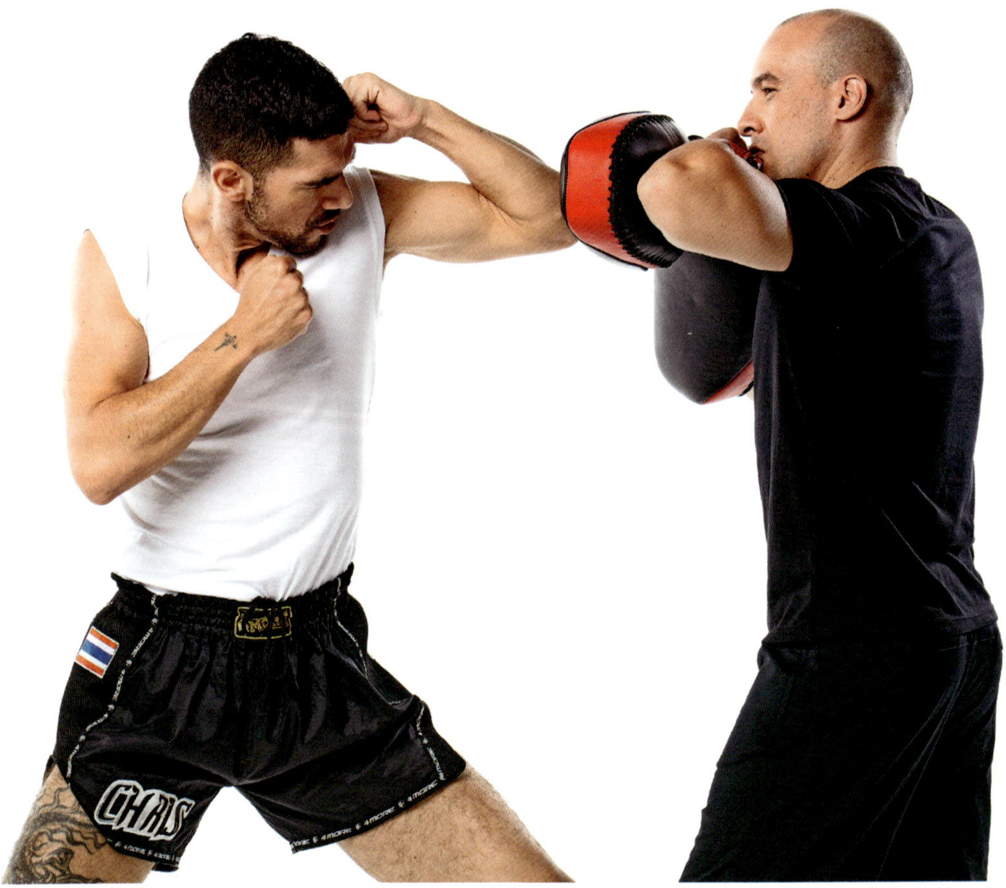

Training an den Pratzen. Lege dein ganzes Gewicht in den Ellbogenstoß.

INFO Dirty Tricks: Reißen, Schreien, Beißen, Kratzen und Kneifen

Manchmal gelingt es dem Gegner überraschend anzugreifen und dich in einen festen Griff zu bekommen, bei dem du keine kontrollierte Kampftechnik anbringen kannst. Welche Befreiungsaktion du auch nutzt, du musst kraftvoll und kompromisslos agieren.

Du kannst an seinen Haaren oder an seinem Ohr reißen, um seinen Griff zu lösen. Auch kannst du ein Ohr nach hinten wegdrehen oder ein Ohr heran und das andere wegdrehen. Als weitere Option kannst du so laut wie möglich in sein Ohr brüllen.

Auch mit Beißen kannst du dich in naher Position aus einem Griff befreien. Es besteht ein Infektionsrisiko, was zwar nicht sehr groß aber trotzdem möglich ist. Deshalb gilt, dass wenn eine andere effektive Kampfhandlung durchführbar ist, dann ziehe diese dem Beißen vor. Musst du jedoch beißen, dann brutal mit aller Kraft. Beiße in eine Stelle die direkt vor dir liegt wie Gesicht, Nase, Ohr, Bauch oder Arm; in Lebensgefahr ist auch der Biss in Nacken, Hals und Kehlkopf möglich. Reiße deinen Kopf hin und her ohne den Biss zu lösen, bis der Gegner die Schmerzen nicht mehr aushält und seinen Griff aufgibt.

Du kannst deine Fingernägel in seine Haut rammen und die Haut aufreißen, was am Körper und im Gesicht möglich ist. Dies wirkt nur, wenn du kraftvoll vorgehst. In Lebensgefahr kannst du die Technik »Handkralle (Seite 64)« ausführen und dann weiter über die Augen kratzen.

Wenn du dem Gegner kraftvoll die Hoden quetschst beziehungsweise an ihnen reißt und sie dabei drehst, kann dies den Gegner kampfunfähig machen. Du darfst nicht loslassen, bis er seinen Griff öffnet und du dich befreien oder andere Techniken anbringen kannst.

Auch Kneifen der Haut kannst du einsetzen; eine Kampfunfähigkeit lässt sich damit nicht erzielen. Kneife in eine sensible Körperstelle wie die Innenseite von Oberschenkel oder Oberarm und drücke die Fingernägel fest in die Haut. Reiße die Haut weg, um dem Gegner so starke Schmerzen zuzufügen, dass er seinen Haltegriff löst.

Musstest du dich in großer Gefahr vor einem Gegner schützen und hast ihn gebissen, seine Haut aufgerissen oder ihm Haare ausgerissen, dann suche schnell die Polizei auf und liefere Beweismittel, damit die Polizei die Möglichkeit für eine DNA-Analyse erhält.

Handtechniken

Handtechniken lassen sich sehr gut zum Selbstschutz einsetzen. Sie sind schnell am Ziel und du bleibst dabei in einer stabilen Standposition. Hier ist eine Auswahl an Handtechniken vorgestellt, die sich gut zum Selbstschutz einsetzen lassen. Es gibt aber zahlreiche weitere Möglichkeiten.

Du kannst eine kraftvolle Handtechnik beginnen, indem du den vorderen Fuß etwas vorstellst. Wichtig ist es, dass du stabil stehst und dich auf der Schlaglinie bewegst. Beim Treffen des Ziels musst du Bodenkontakt mit beiden Füßen haben. Bringe dein Gewicht ein, damit der Schlag kraftvoll gelingt. Decke mit der angehobenen Schulter dein Kinn und mit der freien Hand dein Gesicht. Deine Augen sind zum Ziel gerichtet, damit du sehen kannst, welche Wirkung dein Angriff erzielt, ob es also die Möglichkeit zu weiteren Techniken gibt.

Führe die Schläge und Stöße explosiv aus, die Gerade (Seite 63), aus dem Vollkontaktsport bekannt, darf beispielsweise nicht »geschoben« werden. Nach der Technik musst du die Hand schnell wieder in die Selbstschutzstellung zurückziehen und den Gegner weiter attackieren oder Distanz zu ihm einnehmen.

Die Gerade ist auch in Selbstschutzsituationen wirkungsvoll. Für wenig geübte Männer besteht beim Schlagen mit der Faust allerdings Verletzungsgefahr am harten Kopfknochen, deshalb wird die Technik dann besser zu Körper und Unterkörper eingesetzt. Zum Kopf werden

Techniken wie Handballenstoß, Handkralle und Hammerfaust eher empfohlen. Bist du jedoch ein geübter Vollkontaktsportler, und schlägst oft mit der Faust zum Kopf, und dies ist eine wichtige Waffe für deinen Selbstschutz, dann rate ich dir davon nicht ab. Entscheide dich für eine Vorgehensweise. Wenn die Gerade zum Kopf zu deinem Selbstschutz gehört, dann trainiere diese auch ohne Handschützer gegen ein Trainingsgerät.

INFO So machst du die Faust

Für die Fausttechniken, insbesondere die Gerade, musst du die Hand richtig schließen, damit du dich beim Schlagen nicht verletzt. Gehe so vor:

1. Zuerst hast du die Hand geöffnet und die Finger sind gestreckt.
2. Schließe die Finger und achte darauf, dass diese eng anliegen. Dann drückst du die Fingerspitzen etwas in die Handfläche.
3. Lege den Daumen auf Zeigefinger und Mittelfinger.
4. Die Gerade triffst du mit den Knöchelteilen der oberen Fausthälfte, mit der Hauptlast auf den Knöcheln von Zeige- und Mittelfinger.

Die Hammerfaust (Seite 65–66) wird mit der Faustunterseite ausgeführt.

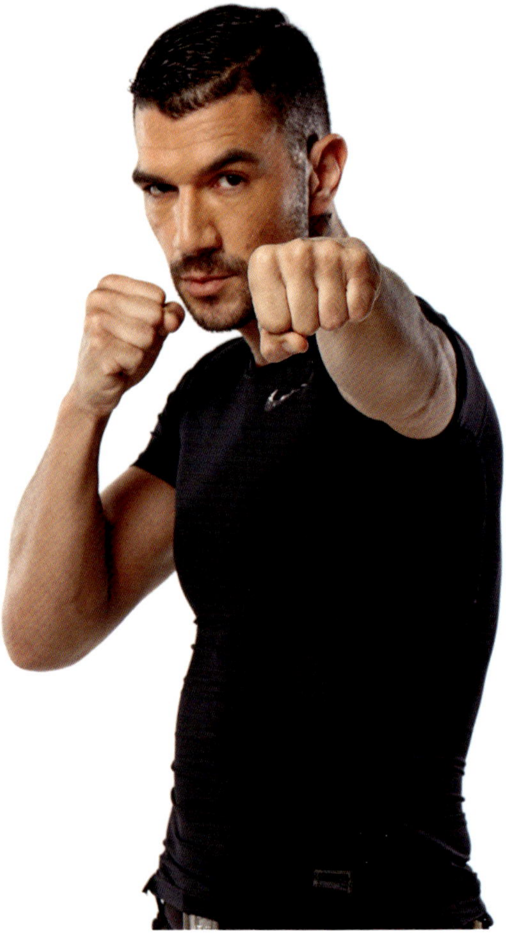

Fausthaltung bei der Geraden.

1 Handballenstoß

Mit dem Handballenstoß kannst du kraftvoll den Kopf attackieren, bei geringer eigener Verletzungsgefahr. Du kannst von vorne zum Kinn oder etwas von außen zum Kiefer stoßen. Auch frontal auf die Nase ist der Stoß möglich. In einer lebensbedrohlichen Situation kannst du danach mit den Fingern in den Augen kratzen oder mit einem Kopfhebel folgen. Meistens wird die Technik kraftvoll mit der hinteren Hand ausgeführt, sie ist aber auch mit der vorderen Hand möglich.

1. Du befindest dich in der Selbstschutzstellung vor dem Gegner.
2. Stelle den vorderen Fuß etwas vor. Steht der Gegner sehr nahe, dann erfolgt nur eine minimale Fußbewegung. Drücke dich mit der Ferse des hinteren Fußes ab.
3. Schlage in direkter Linie zum Ziel. Dabei drehst du die Hüfte ein und verlagerst das Gewicht vor. Beim Auftreffen auf dem Ziel spannst du das Handgelenk an. Die Finger können angezogen werden, was aber nicht zwingend ist. Die Technik wird mit dem unteren Bereich der Handfläche ausgeführt. Bewege danach die Hand schnell wieder in die Ausgangsposition zurück.

1

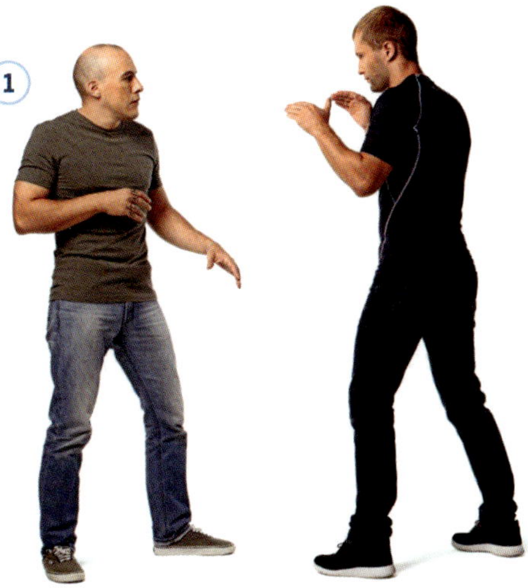

2

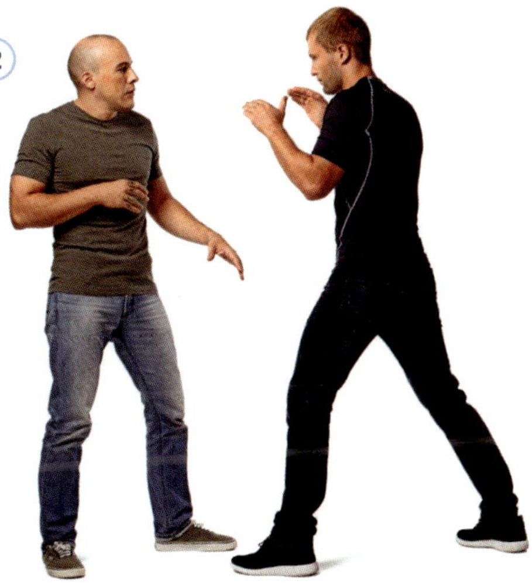

3

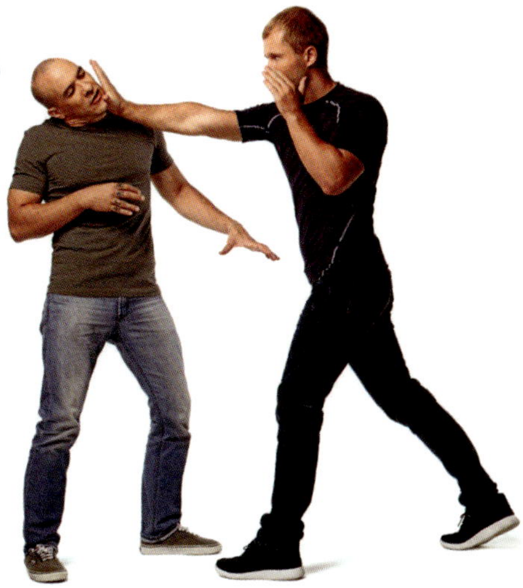

Der Handballenstoß mit der hinteren Hand zum Kinn.

1

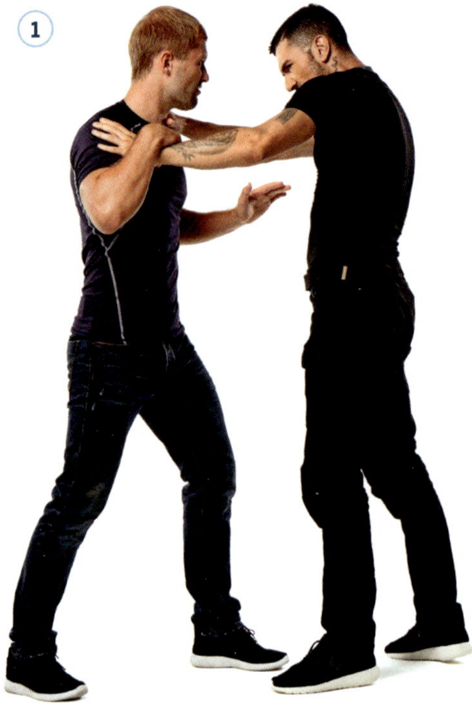

2

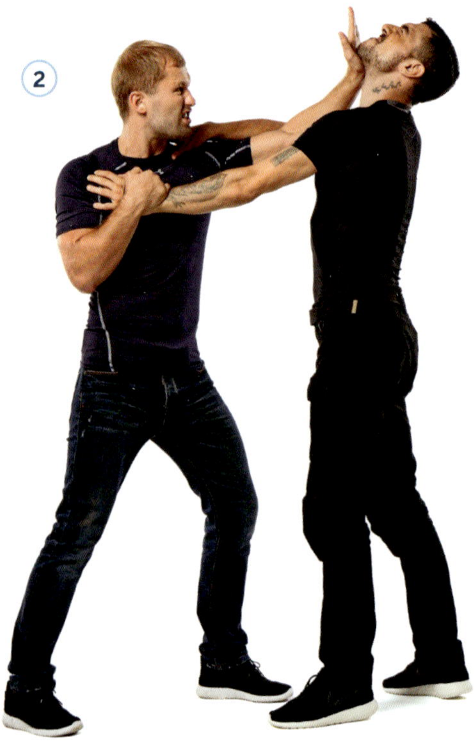

Der Handballenstoß von unten mit der vorderen Hand zum Kinn.

TECHNIK VON UNTEN AUS NAHER DISTANZ

Du kannst aus naher Distanz von unten zum Kinn des Gegners stoßen. Dies ist eine sehr wirkungsvolle Variante, bei der sein Kopf nach hinten wegstoßen wird. Setze dies allerdings nur bei großer Gefahr ein, denn er könnte durch eine Kopfüberstreckung an der Halswirbelsäule verletzt werden. Auch bei dieser Variante kannst du nach dem Treffen die Finger in die Augen krallen und die Fingernägel über die Augen ziehen.

1. Du befindest dich in naher Distanz zum Gegner. Du kannst frei stoßen, ebenso wenn der Gegner dich gegriffen hat oder würgt. Bringe deine Hand in Position, von unten zum Kinn gerichtet. Mit der anderen Hand kannst du ihn an der Schulter oder am Arm greifen, um ihn zu positionieren, was aber nicht zwingend ist.
2. Schlage in direkter Linie von unten zum Kinn. Dabei drehst du die Hüfte ein und verlagerst das Gewicht vor. Triff mit dem unteren Bereich der Handfläche, das Handgelenk ist angespannt.

Hinweis: Stelle dir das Ziel etwas im Gegner drin vor, damit du mit voller Kraft triffst.

2 Gerade

Die besten Ziele sind Kinn, Solarplexus, Magen und Genitalbereich. Für eine kraftvolle Ausführung wird mit der hinteren Faust geschlagen, die vordere Gerade wird meistens genutzt, um Techniken vorzubereiten.

1. Beginne aus Kampfstellung, indem du den vorderen Fuß etwas vorstellst. Steht der Gegner nahe, dann erfolgt nur eine minimale Fußbewegung.
2. Drücke dich mit der Ferse des hinteren Fußes ab und schlage die hintere Faust in gerader Linie zum Ziel, wobei du den Ellbogen möglichst lange unten hast – ansonsten würde der Gegner die Schlagbewegung frühzeitig erkennen.
3. Drehe während des Schlags die Hüfte ein und verlagere das Gewicht vor. Kurz vor dem Treffen des Ziels drehst du die Faust so, dass die Handfläche nach unten zeigt. Ziehe danach die Faust schnell wieder in die Ausgangsposition zurück.

Hinweis: Schlage etwas in das Ziel hinein, damit du mit voller Wucht auftriffst, ohne den Schlag abzubremsen.

V

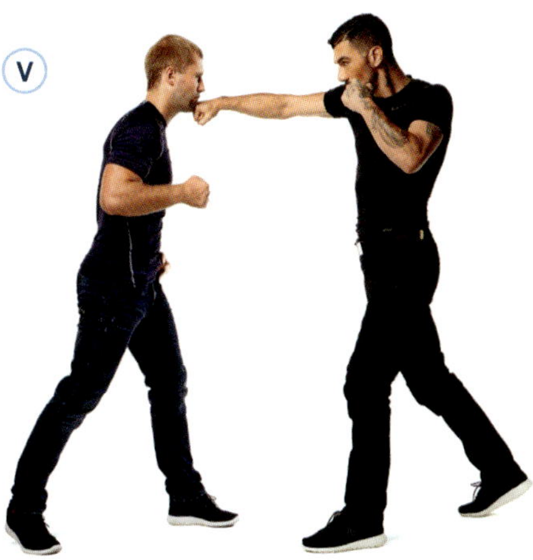

Die hintere Gerade zum Kinn.

1

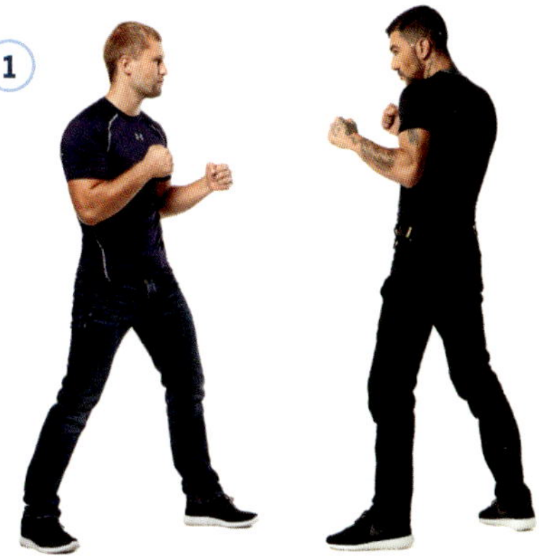

2

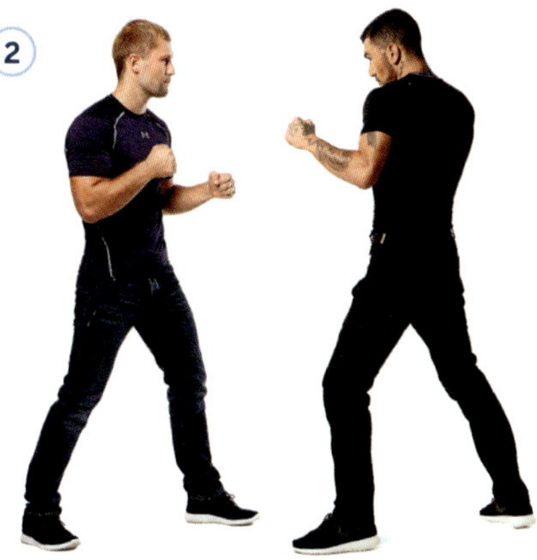

3

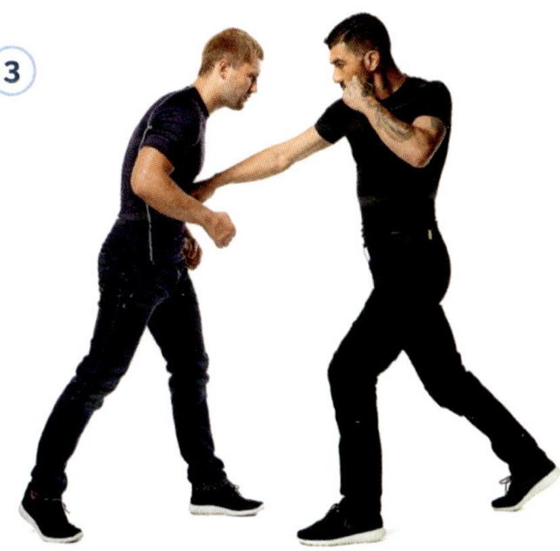

Die hintere Gerade zum Magen.

Schläge ins Gesicht sind wirkungsvoll, es besteht aber das Risiko, dass du dir die Handknöchel an den harten Kopfknochen brichst. Auch geübten Boxern ist dies bei Straßenkämpfen schon passiert. Entscheide dich, ob du diese Technik in deinen Gameplan aufnimmst und trainiere dann entsprechend.

3 Handkralle (Fingerjab)

1

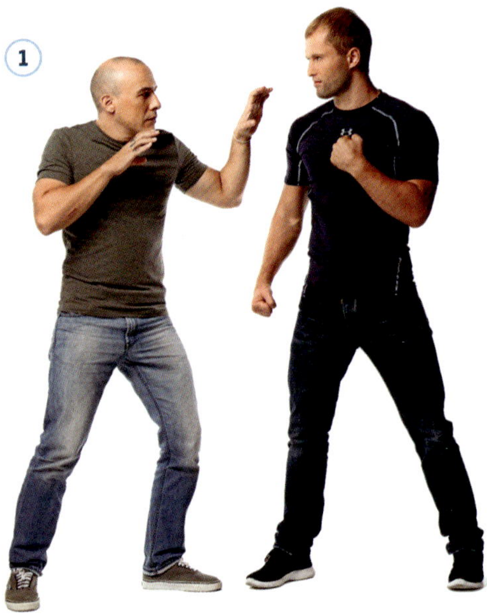

2

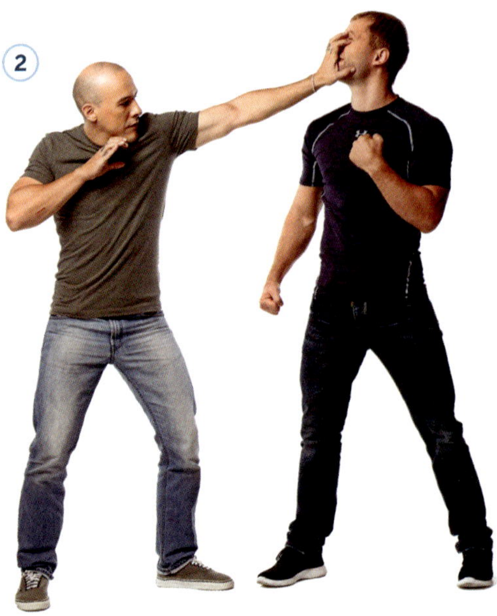

Die Krallentechnik mit der vorderen Hand.

Befindest du dich in großer Gefahr, dann schütze dich mit allen Mitteln. Du kannst dann dem Gegner die gekrallten Finger in die Augen stechen. Liegt hingegen eine weniger gefährliche Situation vor, dann setze diese Technik nicht ein, da die Gefahr besteht, ihn dauerhaft schwer zu verletzen. Die Krallen-Technik ist auch ohne großen Krafteinsatz wirkungsvoll, weshalb sie gut gegen kräftige Männer einsetzbar ist.

Wichtig ist es, dass du schnell das Ziel triffst, wozu sich die vordere Hand anbietet. Du kannst aber auch mit der hinteren Hand die Technik ausführen.

1. Du stehst in der Selbstschutzstellung und stellst den vorderen Fuß etwas vor. Die Technik ist auch einsetzbar, wenn der Gegner dich gegriffen hat, ebenso in Rückenlage am Boden. Halte die ausführende Hand geöffnet, die Finger sind etwas abgespreizt und die Handfläche zeigt zum Gegner. Ziehe die Fingerkuppen an, sodass die Finger in Zielrichtung zeigen.
2. Steche die Finger explosiv in gerader Linie zu den Augen. Durch die Ausführung mit vier Fingern ist gewährleistet, dass du mindestens ein Auge triffst und verletzt. Sofort folgend kannst du noch mit den Fingernägeln in den Augen kratzen.

Hinweis: Es wird viel über das Krallen und die Effektivität diskutiert, wobei zu beachten gilt, dass es unterschiedliche Varianten gibt. Hier ist ein schnelles Vorstoßen vorgestellt, mit einem Timing ähnlich dem aus dem Boxen bekannten Jab, deshalb auch Fingerjab genannt. Es wird kein leichtes Kratzen im Gesicht beschrieben.

4 Hammerfaust

Die Hammerfaust lässt sich gut in frontaler Stellung ausführen, z. B. wenn dich der Gegner von vorn greift oder festhält. Aus der Distanz ist eine schnelle und überraschende Ausführung notwendig, da er ansonsten recht leicht blocken kann. Du kannst die Hammerfaust seitlich mit vorderer oder hinterer Faust zu Schläfe oder Kiefer einsetzen. Um von oben auf den Kopf zu schlagen, benötigst du sehr viel Kraft oder einen Schlagverstärker.

1. Du stehst dem Gegner mit etwas Distanz gegenüber.
2. Stelle den Fuß der ausführenden Seite nach außen vorne und hebe die Faust schnell etwas seitlich an. Du kannst mit der anderen Hand den Gegner positionieren, seine Hand absichern (wie auf der Abbildung) oder du hast sie als Schutz an deinem Kiefer.
3. Schlage explosiv zu Schläfe oder Kiefer, wozu du die Schulter und das Gewicht einbringst. Die Bewegung zu diesen Zielen ist diagonal von oben nach unten.

Hinweis: Hole nicht zu weit von außen aus, denn sonst kann sich der Gegner recht leicht verteidigen. Es sei denn, er ist bereits benommen.

1

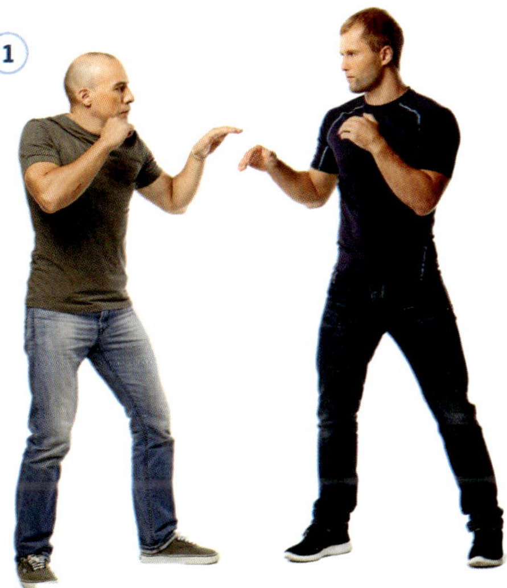

2

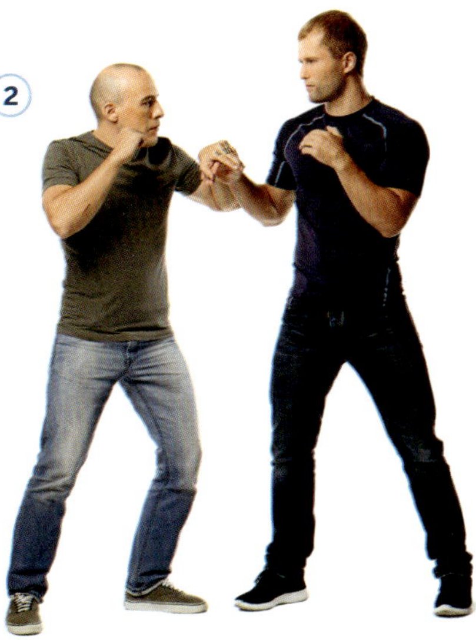

3

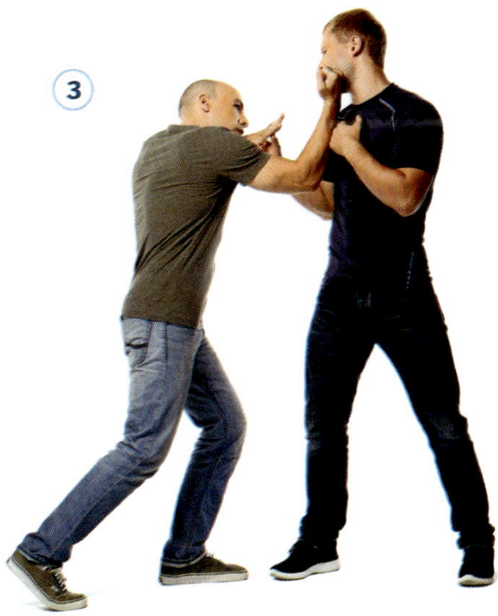

Die hintere Hammerfaust zum Kiefer. Seine vordere Hand wird hier bedeckt, um eine Schutzaktion zu verhindern.

TECHNIK NACH HINTEN

Die Hammerfaust eignet sich auch, wenn dich der Gegner von hinten umklammert. Dann kannst du mit der Hammerfaust rückwärts zum Genitalbereich schlagen. Auch im seitlichen Würgegriff lässt sich die Technik einsetzen.

1. Du wirst von hinten geklammert oder gewürgt. Falls du wenig Platz zum Schlagen hast, dann schiebe zuerst die Hüften nach außen oder mache einen Schritt nach außen.
2. Schließe die Hand zur Faust und bewege den Arm gebeugt vor, um Schwung zu holen.
3. Schlage den Arm kraftvoll nach hinten zum Genitalbereich, wobei du den Arm streckst. Falls der Gegner noch nicht loslässt, dann schlage erneut, oder greife die Genitalien und reiße an ihnen, wobei du sie gleichzeitig verdrehst. Befreie dich und drehe dich zum Gegner.

1

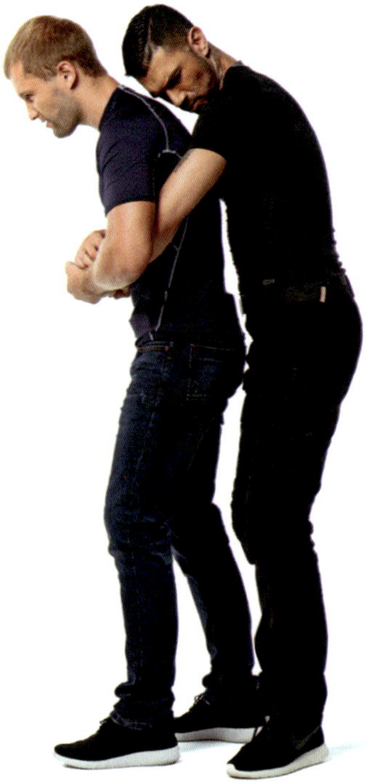

3

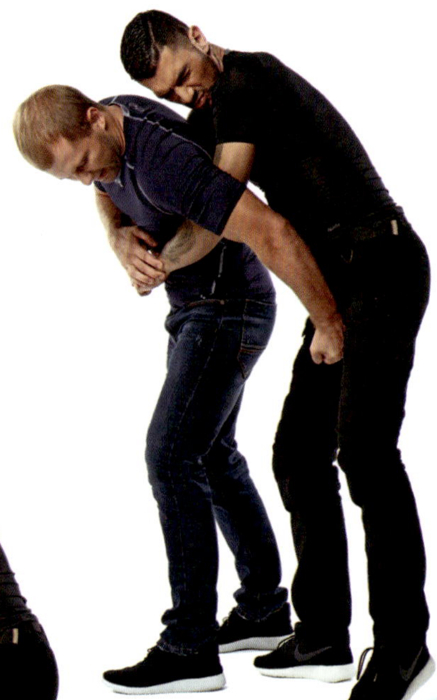

2

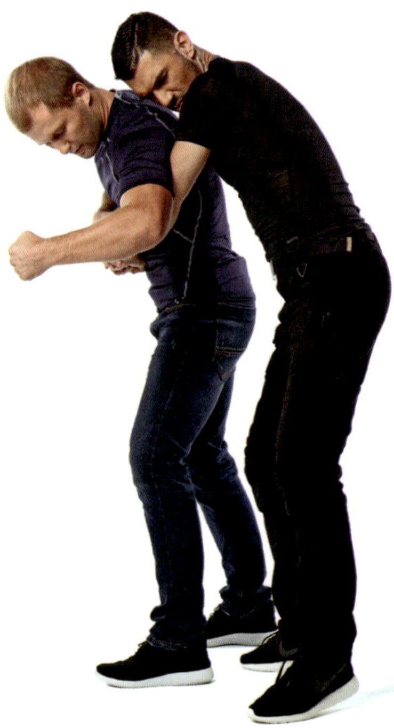

Die Hammerfaust gegen einen Angriff von hinten.

5 Seithaken

Du kannst den Seithaken mit vorderer oder hinterer Faust zu Kiefer, Schläfe, Rippen, unterem Rücken oder Nieren schlagen. Insbesondere für einen wenig geübten Mann besteht beim Schlag zum Kopf die Gefahr, sich an Hand oder Handgelenk zu verletzen. Es gibt die Option die Faust nach oben gedreht zu halten, was die Verletzungsgefahr an den Fingern verringert, aber nicht am Handgelenk. Es gibt auch die Möglichkeit die seitliche Schlagbewegung zum Kopf als Handballenstoß durchzuführen. Teste die Varianten und wähle das für dich geeignete Vorgehen.

1. Du stehst dem Gegner kampfbereit gegenüber.
2. Stelle den Fuß der ausführenden Seite etwas nach außen vorne und verlagere das Gewicht darauf. Den Arm bewegst du seitlich, auch kannst du den Körper etwas vom Ziel wegdrehen, um Vorspannung aufzubauen. Die andere Hand hast du als Schutz am Kiefer.
3. Führe eine horizontale Schlagbewegung aus. Dabei drehst du Körper und Hüfte mit und bringst dein Gewicht ein. Beim Treffen spannst du die Muskulatur an.

Hinweis: Stelle dir ein Ziel im Gegner vor, damit du hart schlägst und nicht vorher die Bewegung abbremst.

V

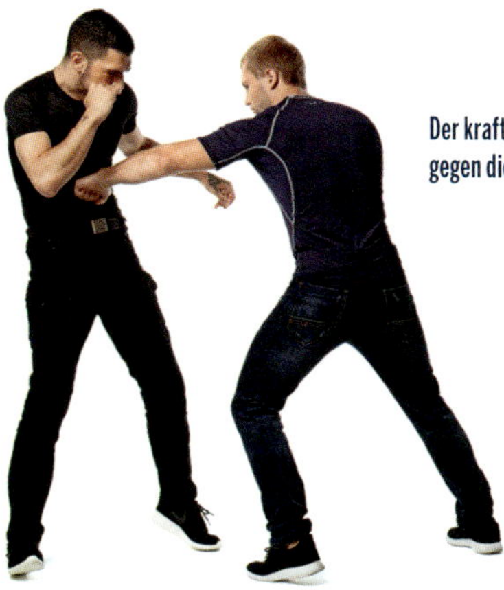

Der kraftvolle Schlag gegen die Rippen.

1

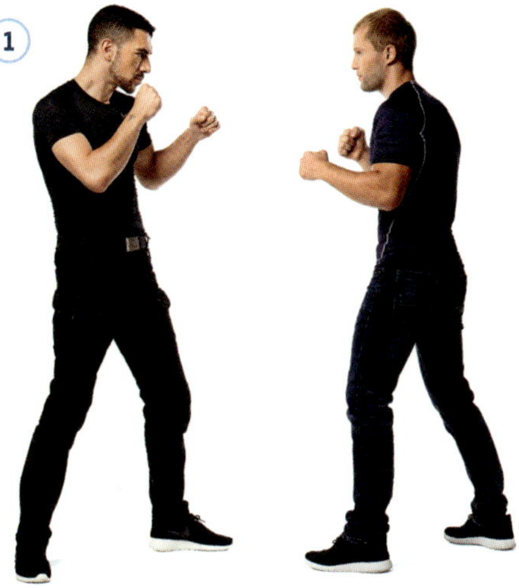

2

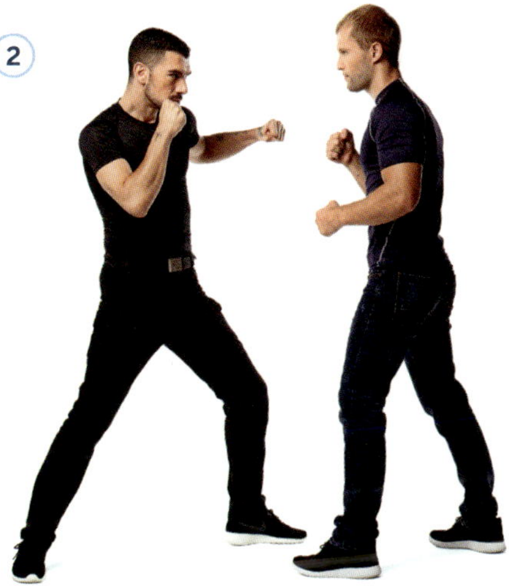

3

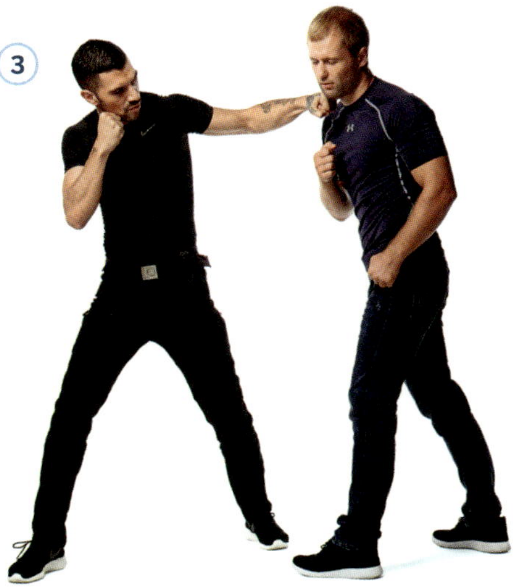

Der vordere Seithaken zum Kiefer.

6 Schelle (Slap)

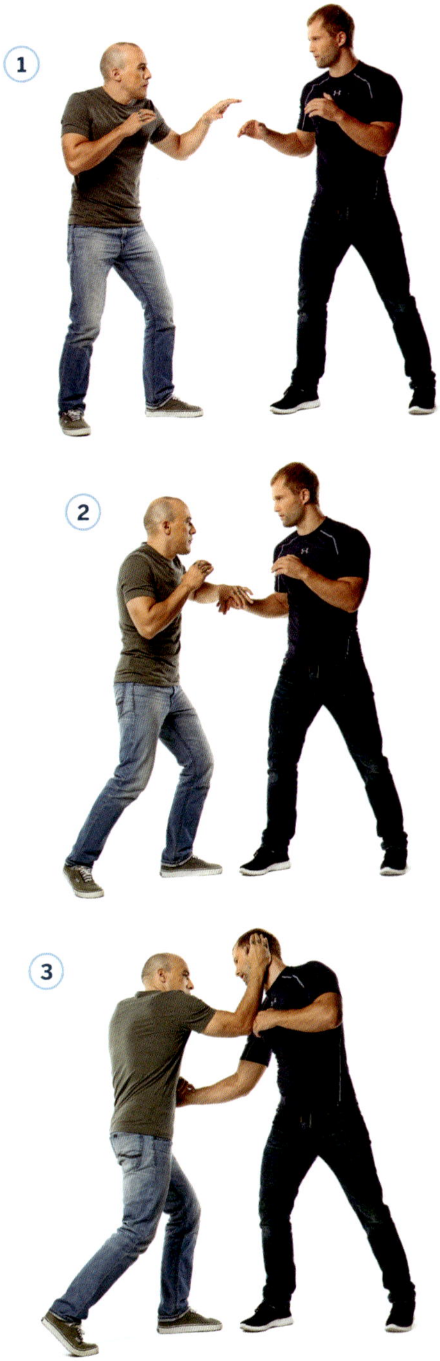

Die hintere Schelle zum Ohr.

Die Schelle, auch als Slap bekannt, kannst du zum Ohr schlagen, was starke Schmerzen und Schwindel verursacht. Auch wenn du den Nacken oder seitlich das Gesicht kraftvoll triffst, bringst du den Gegner zum Taumeln. Oft wird mit der hinteren Hand geschlagen, aber auch mit der vorderen Hand kann große Wirkung erzielt werden. Vorteilhaft ist, dass für dich kaum Verletzungsgefahr besteht und der Schlag einfach zu erlernen ist.

1. Du stehst dem Gegner gegenüber, entweder in Selbstschutzstellung oder in einer alternativen Schutzhaltung mit leicht angehobenen Händen. Mache einen schnellen Schritt nach vorne. Stehst du nahe zum Gegner, dann erfolgt nur eine minimale Bewegung.
2. Hebe deine Schlaghand leicht nach außen. Die Finger sind leicht gebeugt, sodass die Hand einen kleinen Hohlraum bildet. Du kannst mit der anderen Hand den Gegner positionieren, seine Hand absichern (wie auf den Bildern) oder du hast sie als Schutz an deinem Kiefer.
3. Schlage explosiv zum Ziel, dabei drehst du Fuß, Hüfte und Oberkörper mit und bringst dein Gewicht ein. Halte den Schlagarm locker und spanne ihn erst kurz vor dem Auftreffen an. Der Ellbogen bleibt beim Schlag unten, sonst könnte der Gegner den Schlag frühzeitig erkennen und abwehren.

Hinweis: Schlage durch das Ziel, sodass der Schlag nicht abgebremst wird. Dies ermöglicht optimale Schlaghärte. Hier wird keine lockere »Backpfeife« beschrieben, sondern ein explosiver, kraftvoller Schlag. Bereits mit geringem Üben an Geräten lernst du die Hüfte einzudrehen und das Gewicht einzusetzen und somit viel Power zu erzielen.

TECHNIK ZUM UNTERLEIB

Den Schlag kannst du auch zum Unterleib anbringen.

1. Du stehst in recht naher Distanz zum Gegner und wirst von ihm bedrängt.
2. Um mit der rechten Hand zu schlagen, machst du einen schnellen Schritt nach links vorne. Mit der linken Hand kannst du den Gegner an seiner Schulter oder der gegenüberliegenden Hand kontrollieren. Deine Schlaghand bringst du mit leicht gebeugten Fingern nach unten, sodass die Handfläche zum Gegner zeigt.
3. Schlage explosiv die Handfläche von unten in seine Genitalien. Bringe deine Hüfte und dein Gewicht ein, um maximale Wirkung zu erzielen. Schlage mehrfach oder gehe zu anderen Techniken über, bis der Gegner keine Gefahr mehr darstellt. Als Option kannst du direkt nach dem Schlag nach vorne wegrennen.

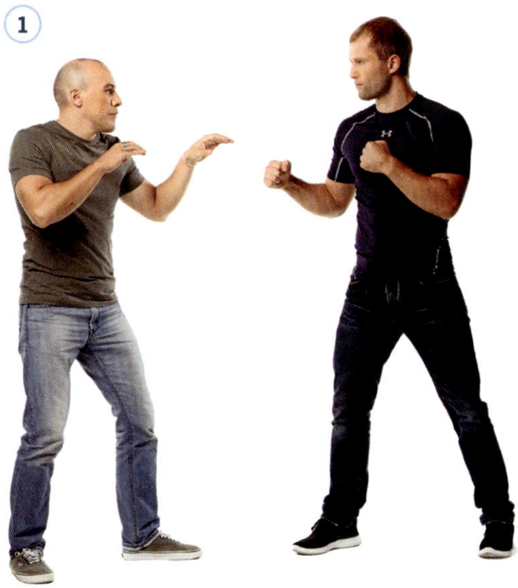

Hinweis: Trägt der Gegner eine Stoff- oder Sporthose kannst du nach dem Slap seine Genitalien kraftvoll verdrehen; bei einer Jeans ist das jedoch schwierig.

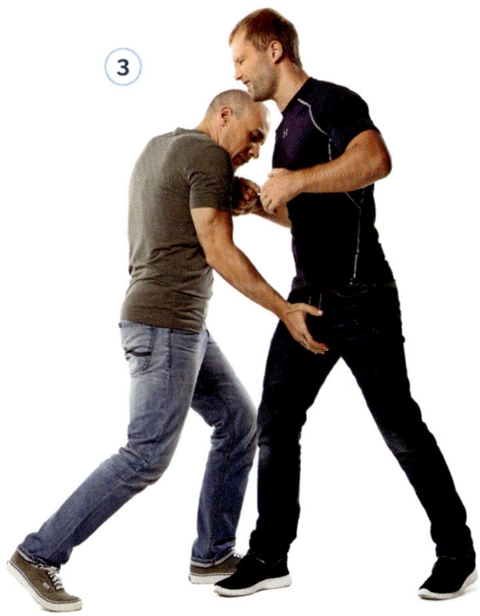

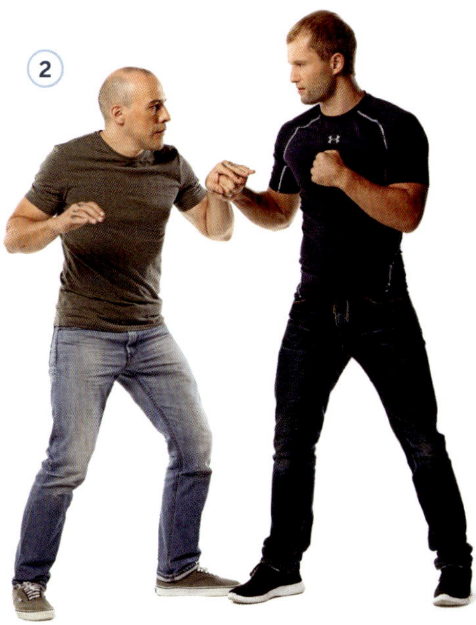

Der hintere Slap zum Unterkörper.

7 Beidseitiger Ohrenschlag

Du kannst mit beiden Händen gleichzeitig auf die Ohren schlagen. Dies ist aus der Distanz mit einem Schritt nach vorne möglich, oder in naher Distanz, wenn der Gegner von vorn greift oder klammert. Durch einen kräftigen Schlag auf die Ohren taumelt der Gegner. Du darfst die Technik nicht leichtfertig einsetzen, denn er kann ernsthaft verletzt werden. Ein leichtes Schlagen hat jedoch kaum Effekt.

1. Hier ist die Bewegung aus der Distanz gezeigt. Die Technik ist auch gut in naher Distanz möglich, beispielsweise wenn dich der Gegner von vorn klammert.
2. Mache einen schnellen Schritt vor und schlage mit den Händen explosiv von außen zu den Ohren.
3. Treffe gleichzeitig mittig auf den Ohren auf, wobei du etwas Hohlraum in den Händen hast. Die Arme sind leicht gebeugt, wie stark ist abhängig von der Distanz zum Gegner. Nimm dann schnell wieder die Selbstschutzstellung ein oder attackiere weiter.

1

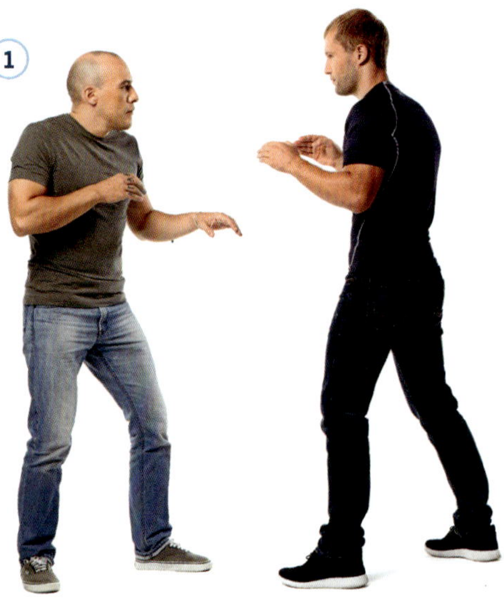

3

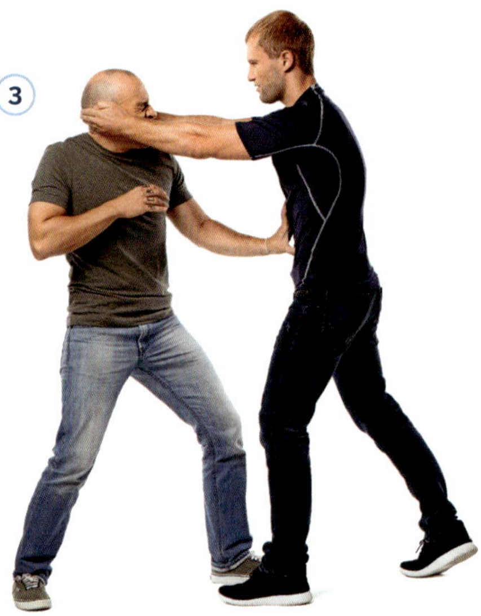

2

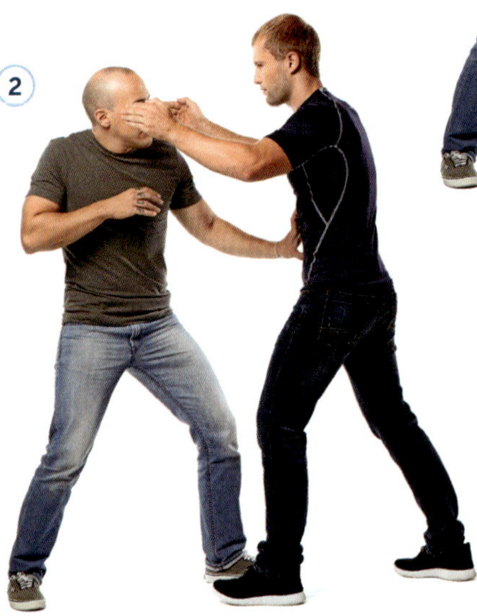

Der beidseitige Ohrenschlag.

8 Schlag mit der Handaußenkante

In großer Gefahr kannst du mit der Handaußenkante von innen oben zum Hals schlagen. Dies gelingt am besten mit der vorderen Hand, da diese schneller das Ziel trifft. Mit der hinteren Hand kannst du gut von außen zum Hals oder auf das Schlüsselbein schlagen. Wirst du von hinten oder seitlich gehalten, kannst du die Außenkante nach hinten zum Genitalbereich schlagen.

1. Du stehst in der Selbstschutzstellung. Die gestreckten Finger der vorderen Hand sind aneinandergelegt, den Daumen kannst du abspreizen oder an die Handfläche anlegen.
2. Bewege die vordere Hand schnell etwas zur Seite, um Schwung zu holen. Für den inneren Schlag hebst du die linke Hand nach rechts, und umgekehrt.
3. Schlage explosiv zum Halsseite, indem du den Arm streckst, mit Schultereinsatz und Gewichtseinsatz. Halte den Arm locker, um schnell zu schlagen, und spanne ihn erst kurz vor dem Auftreffen an.

Hinweis: Stelle dir vor, tief in den Hals zu schlagen, damit du auch triffst, wenn der Gegner den Kopf etwas zurückzieht. Als Option kannst den Unterarm vorschiebend nach vorne rammen und so den Kehlkopf attackieren.

V

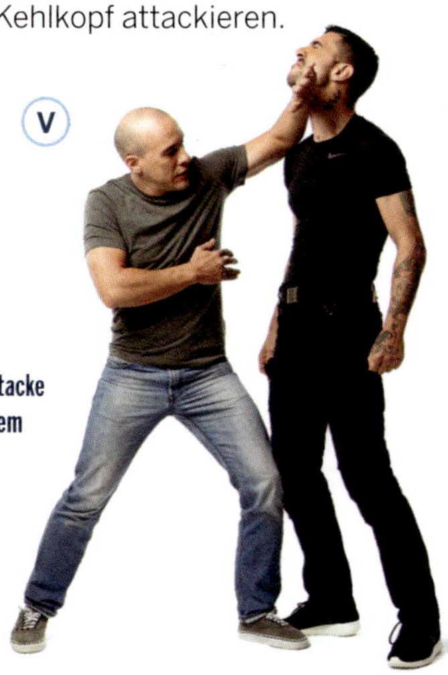

Die vorstoßende Attacke zum Kehlkopf mit dem Unterarm.

1

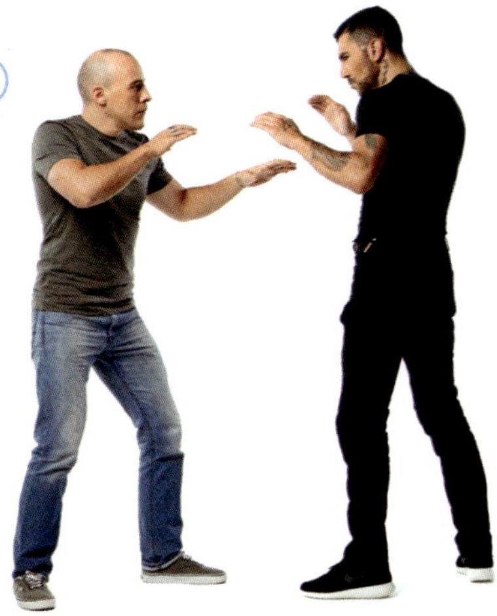

2

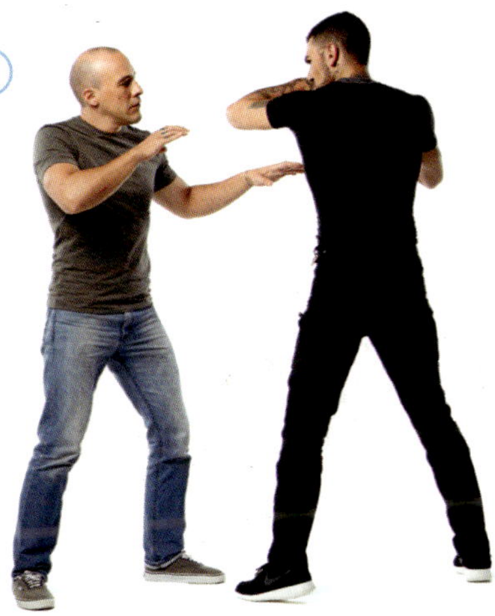

3

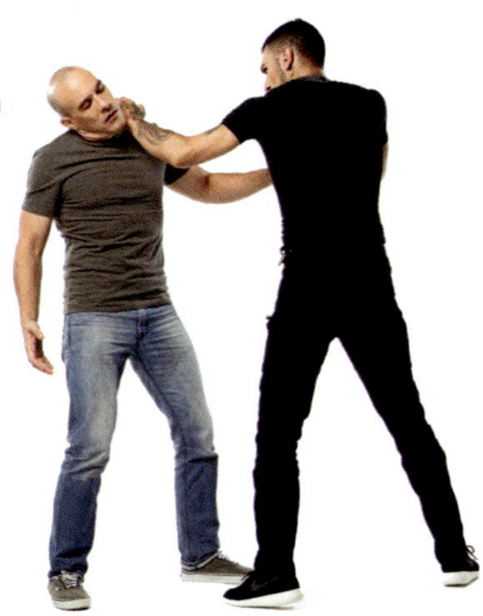

Der Schlag mit der vorderen Handaußenkante.

TECHNIK VON AUßEN MIT DER HINTEREN HAND

1. Du stehst in der Kampfstellung dem Gegner gegenüber. Du kannst den Angriff mit deiner vorderen Hand vorbereiten und dazu die Hand des Gegners wegschieben oder eine Handkralle machen, um ihn abzulenken.
2. Bewege die hintere Hand schnell etwas nach außen, um Schwung zu holen. Die Finger der hinteren Hand sind aneinandergelegt, den Daumen kannst du abspreizen oder an die Handfläche anlegen.
3. Schlage explosiv von außen zum Ziel, indem du den Arm streckst. Halte den Arm während der Schlagbewegung locker und spanne die Muskulatur erst kurz vor dem Treffen an. Du kannst dabei einen kleinen Schritt auf den Gegner zumachen.

1

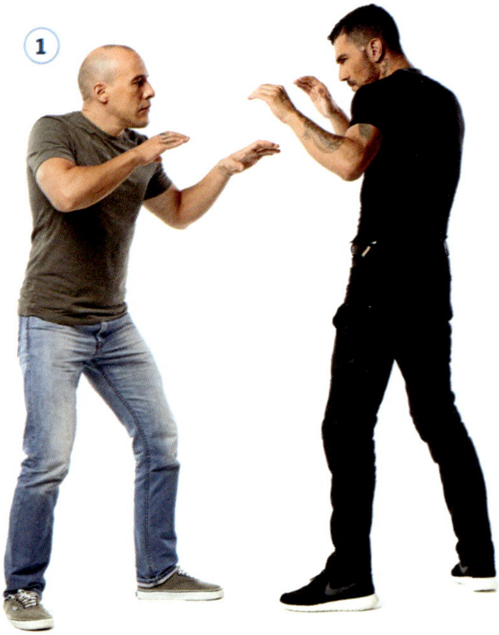

2

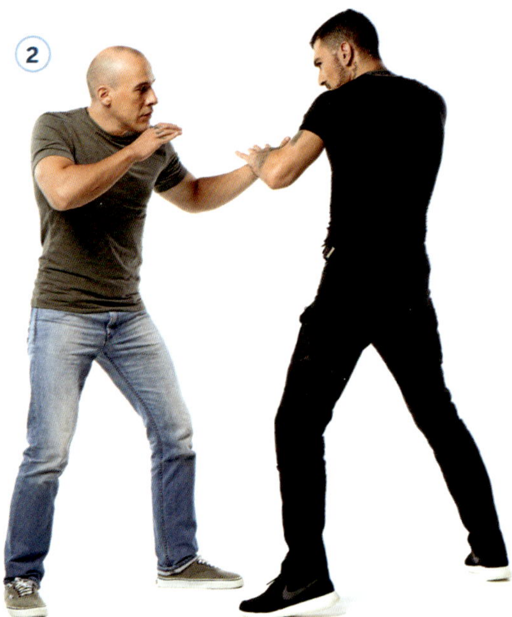

3

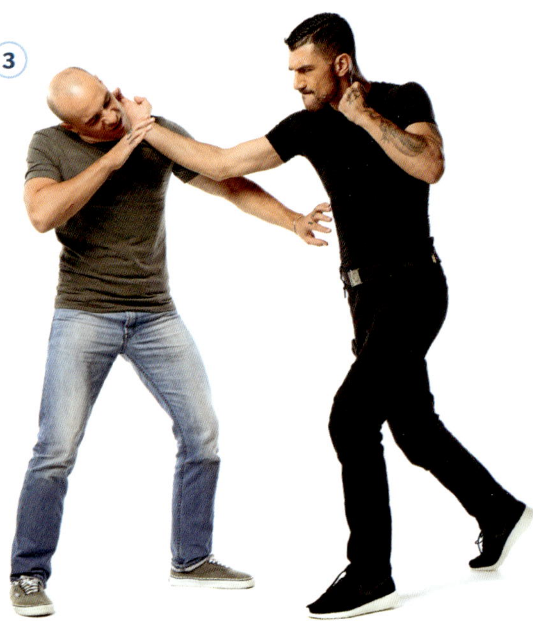

Der Schlag mit der hinteren Handaußenkante.

Hinweis: Es ist möglich den Daumen abzuspreizen oder an die Handfläche anzulegen. Auch kannst du die Finger anziehen oder gestreckt halten. Teste beim Schlagen gegen Widerstand, welche Haltung sich am besten für dich eignet.

Wenn du schnell agierst, kannst du seinen Kopf nach außen drücken, um die Halsseite zu öffnen und besser treffen zu können (V1a–b).

Als weitere Option kann ein Handkantenschlag auf den Unterarm des Gegners erfolgen z. B. wenn er dich festgegriffen hat oder wenn er eine Waffe in der Hand hat.

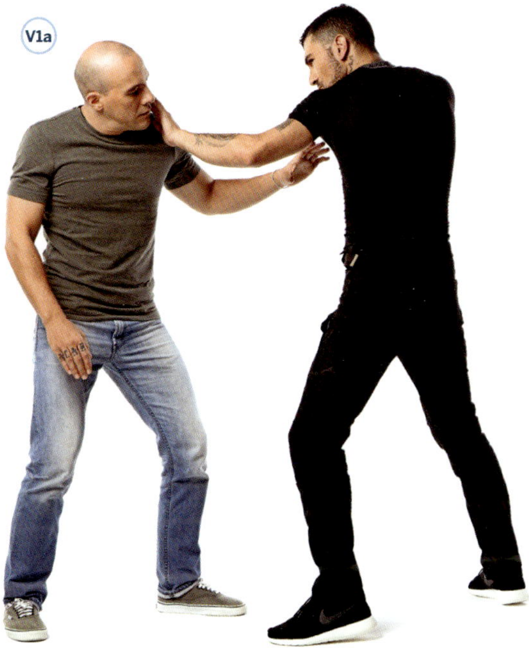

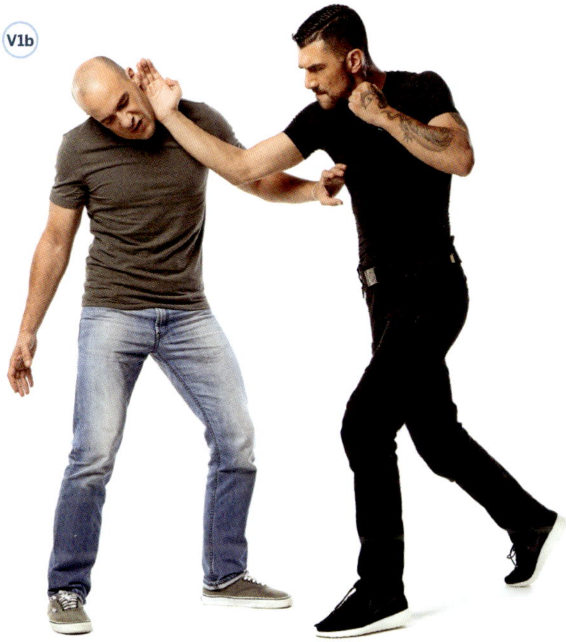

Hier wird der Kopf zuerst schnell nach außen gedrückt, bevor der Schlag erfolgt.

Ellbogentechniken

Ellbogentechniken sind in naher Distanz sehr effektive Waffen zum Selbstschutz, die einen Kampf sofort beenden können. Mit einem Ellbogentreffer kann auch ein körperlich deutlich schwächerer Mann den Gegner kampfunfähig machen.

Beginne die Ellbogentechnik, indem du den vorderen Fuß vorstellst. So gelangst du in die geeignete Distanz und kannst die Technik kraftvoll ausführen. Bewege dich auf der Stoßlinie und achte darauf, dass du beim Treffen des Ziels mit beiden Füßen Bodenkontakt hast. Die Ellbogentechniken müssen durchgezogen und dein Gewicht eingebracht werden, um optimale Härte zu erzielen. Halte die Hand des ausführenden Armes locker, manche Kämpfer strecken die Finger, andere haben eine leichte Faust – beide Vorgehensweisen sind möglich. Getroffen wird mit der harten Ellbogenspitze. Schütze dich mit der freien Hand, halte die Schultern hoch, denn dein Kopf darf so wenig wie möglich Angriffsfläche bieten. Manchmal ergibt sich die Möglichkeit, den Gegner mit der freien Hand heranzuziehen. Nach der Technik musst du den Arm schnell wieder in die Selbstschutzstellung zurückziehen und den Gegner weiter attackieren oder Distanz zu ihm einnehmen.

Die Kraft in der Technikausführung entsteht durch die Startbewegung mit Fußvorstellen, explosiver Ausführung, Schultereinsatz und Gewichtsverlagerung zum Gegner hin. Du kannst aus allen Richtungen mit dem Ellbogen stoßen und den Gegner hart treffen. Hier werden einige wichtige Techniken gezeigt, wähle aus, was sich für deinen Kampfstil anbietet. Übe die Techniken in die Luft, am Trainingsgerät und auch mit Partner, damit du diese im Ernstfall effektiv anbringen kannst. Hast du keine Trainings-Tools verfügbar, dann lasse dir ein dickes Polster in die entsprechende Position halten und stoße zumindest dagegen. Du kannst diese und weitere Ellbogentechniken in Bewegung sehen in »Muay Thai DVD – Grundtechniken« (Delp 2016).

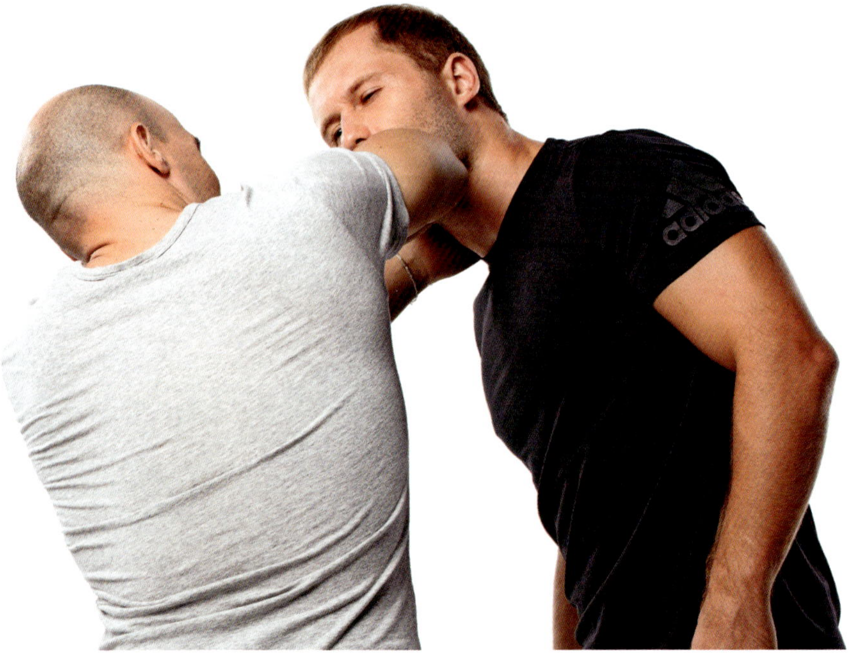

Der kreisende Ellbogen mit Greifen am Kopf.

9 Kreisender Ellbogen

Diese Ellbogentechnik kannst du frontal ins Gesicht oder diagonal ausgeführt gegen Kiefer oder Schläfe anbringen. Du kannst mit vorderem oder hinterem Ellbogen wirkungsvoll treffen.

1. Aus der Selbstschutzstellung stellst du den vorderen Fuß etwas nach vorn. Steht der Gegner nahe bei dir, dann genügt ein minimaler Schritt, um Tempo aufzunehmen.
2. Hebe den hinteren Ellbogen seitlich hoch (in Bild 2 wird die Anfangsbewegung gezeigt), bis die Ellbogenspitze nach oben zeigt. Mit der vorderen Hand kannst du dabei die Deckung des Gegners zur Seite schieben oder sie schützt dein Gesicht.
3. Schlage den Ellbogen von oben nach unten zum Ziel. Drehe dabei den hinteren Fuß, die Hüfte und den Oberkörper mit und verlagere das Gewicht nach vorn. Treffe mit der Ellbogenspitze. Bewege dich schnell wieder in die Ausgangsposition zurück oder folge mit weiteren Techniken.

Hinweis: Führe die Technik so aus, dass du bei Verfehlen des Ziels durchschlägst. Dazu kannst du dir das Ziel einige Zentimeter hinter der anvisierten Körperstelle vorstellen. Den kreisenden Ellbogen kannst du zwischen der Deckung des Gegners durchschlagen.

Als alternatives Vorgehen kannst du in naher Distanz den Gegner mit der vorderen Hand am Oberarm, Nacken oder Kopf heranziehen, damit er nicht ausweichen kann, und dann den hinteren Ellbogen anbringen (Bild Seite 74).

1

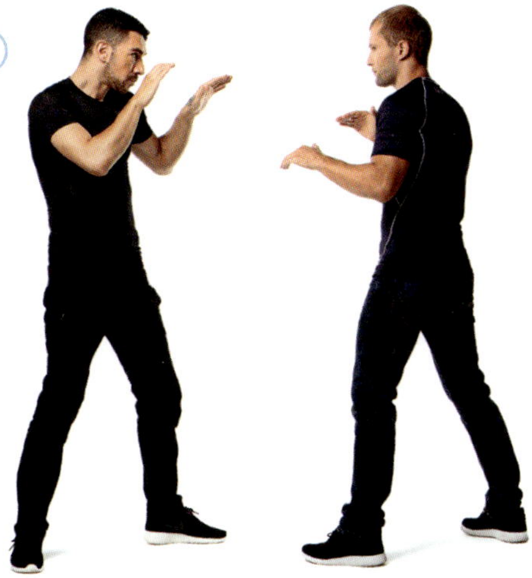

2

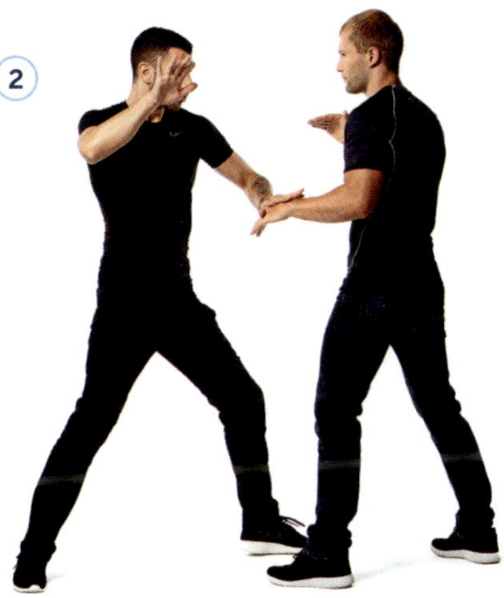

3

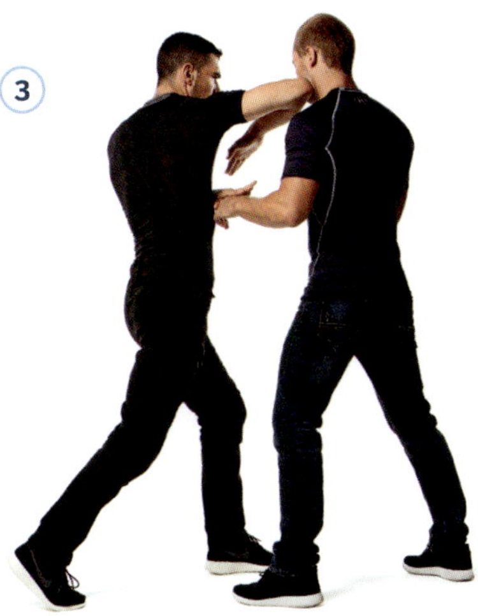

Der kreisende Ellbogen von hinten.

10 Seitellbogen

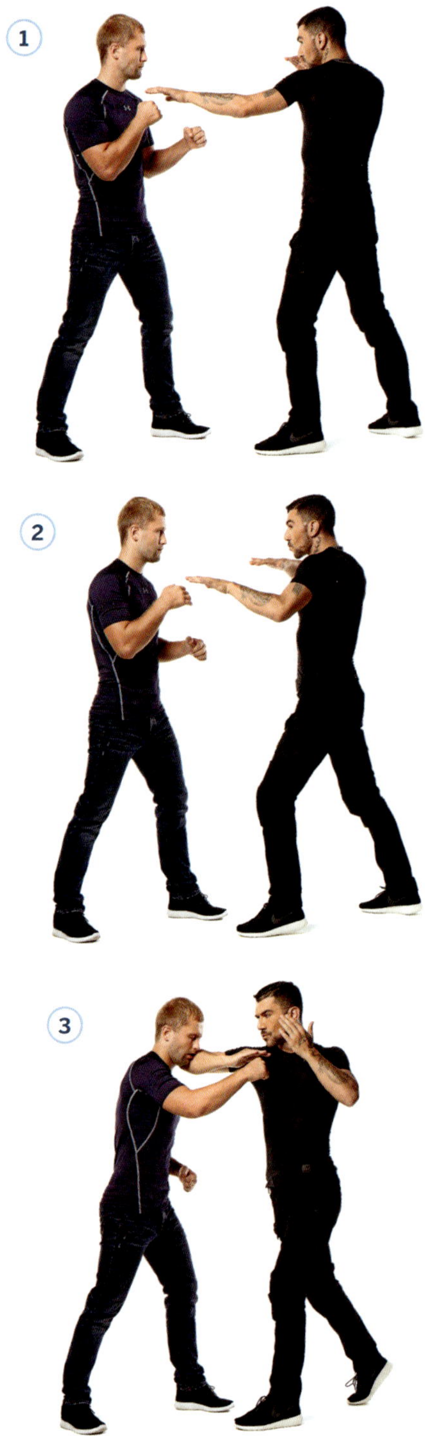

Die seitliche Ellbogentechnik kannst du zu Kiefer, Gesicht und Schläfe einsetzen. Auch das Treffen des Solarplexus ist wirkungsvoll. Für kraftvolle Ausführung wird der hintere Ellbogen genutzt, die Technik lässt sich auch von vorne anbringen.

1. Aus der Selbstschutzstellung stellst du den vorderen Fuß etwas vor. Steht der Gegner sehr nahe, dann genügt ein minimaler Schritt, um Tempo aufzunehmen.
2. Hebe einen Arm auf Schulterhöhe an, die Ellbogenspitze zeigt nach außen. Die andere Faust hast du als Schutz über deinem Kiefer. Alternativ kannst du mit dieser Hand schnell die Deckung des Gegners öffnen.
3. Schlage den Arm horizontal zur anderen Seite. Drehe den Fuß der ausführenden Seite, die Hüfte und den Oberkörper mit und verlagere das Gewicht vor. Treffe mit dem Ellbogenknöchel. Nimm dann schnell wieder die Ausgangsposition ein.

Hinweis: Stelle dir das Ziel einige Zentimeter hinter der anvisierten Stelle vor, damit du voll auftriffst.

Der Seitellbogen ist eine kraftvolle Technik mit der oft ein Knockout erzielt wird. Du kannst die Technik gut einsetzen, wenn der Gegner seine deckende Hand fallen lässt. Befindet er sich allerdings in Kampfstellung mit angehobenen Händen, kann er sich leicht mit einem Block verteidigen. Du musst dann die Deckung runterdrücken oder besser den kreisenden Ellbogen nutzen, der zwischen die Deckung hindurch ausführbar ist.

Der seitliche Ellbogen von hinten.

11 Ellbogenstoß nach hinten

Attackiert dich der Gegner von hinten, dann kannst du dich mit einem rückwärtigen Ellbogenstoß wehren. Hole aus und stoße dann gerade nach hinten zu Magen, Solarplexus oder Kinn. Alternativ kannst du von außen zu Kiefer oder Schläfe stoßen.

1. Du befindest dich in rückwärtiger Position und wirst vom Gegner attackiert.
2. Bewege zuerst den gebeugt gehaltenen Arm etwas vor, um Schwung zu holen. Stoße dann den Ellbogen explosiv und kraftvoll gerade nach hinten zum Ziel. Bei Distanz zum Gegner kannst du den Fuß der ausführenden Seite zum Gegner hinstellen. Bewege deinen Körper mit zurück, damit eine kraftvolle Ausführung gelingt.
3. Getroffen wird mit der Ellbogenspitze. Drehe dich dann schnell zum Gegner und attackiere weiter oder begib dich in Sicherheit.

1

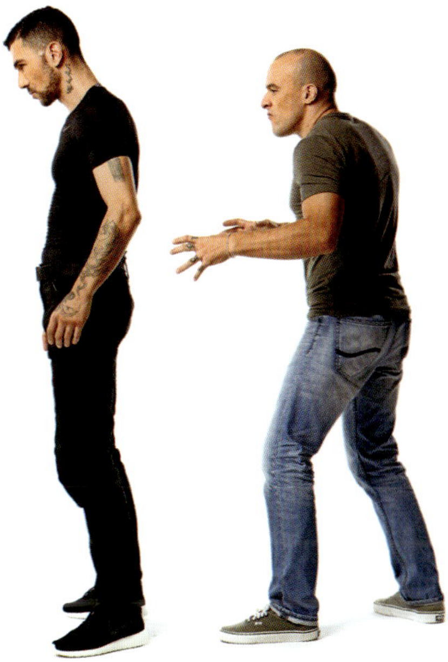

3

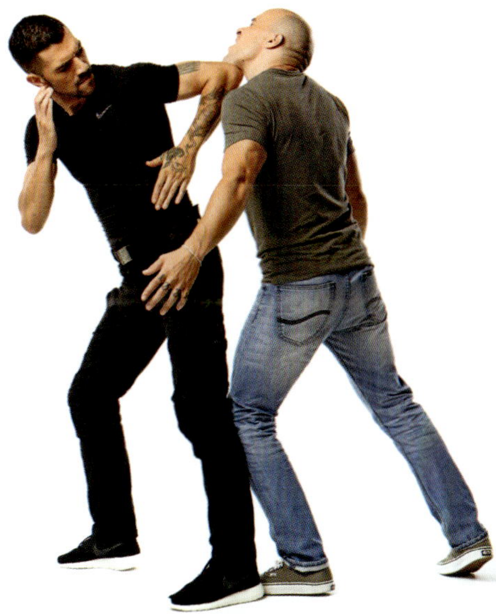

2

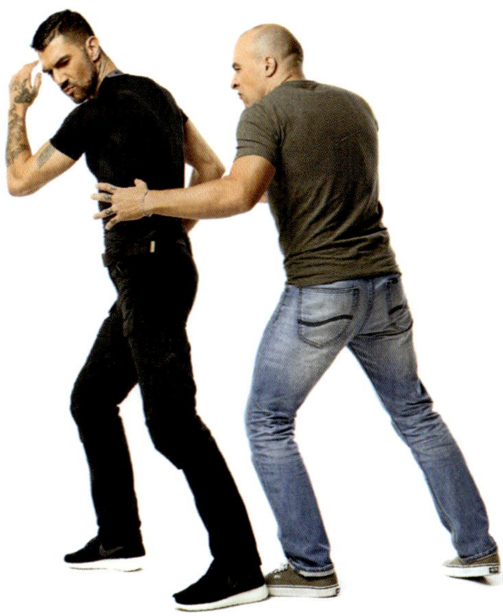

Der Stoß von unten nach hinten.

1

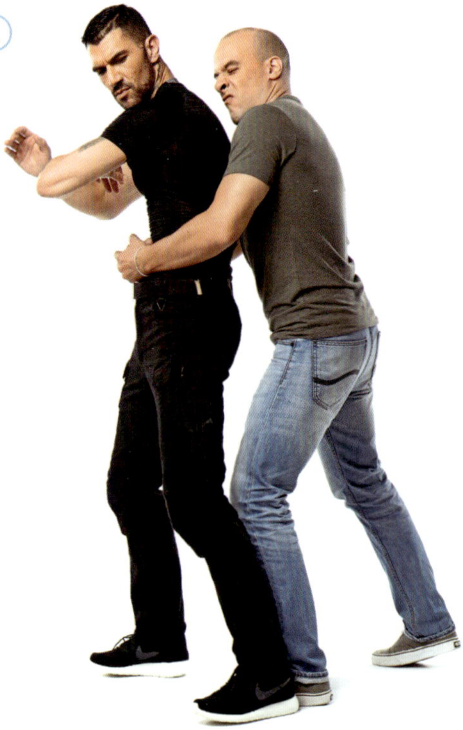

ELLBOGENSTOß VON AUßEN ZURÜCK

Du kannst alternativ von außen nach hinten zu Unterkiefer oder Schläfe stoßen.

1. Der Gegner attackiert dich von hinten. Drehe dich zuerst etwas ein, also von der Stoßrichtung weg, um Schwung zu holen.
2. Stoße dann von außen zum Ziel, wobei du den Körper mit zurückbewegst. Getroffen wird mit dem Ellbogenknöchel. Drehe dich dann schnell zum Gegner und kämpfe frontal weiter oder fliehe in Sicherheit.

Hinweis: Stelle dir das Ziel etwas hinter der anvisierten Stelle vor, damit du hart auftriffst.

2

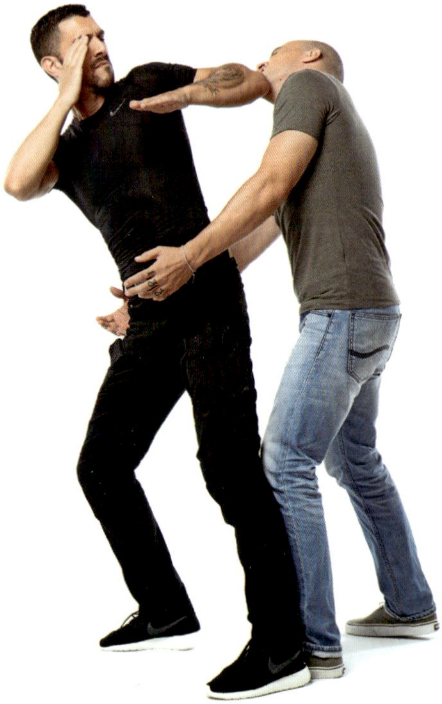

Der Stoß von außen nach hinten.

RÜCKSTOß AUS FRONTALER POSITION

Du kannst auch einen Ellbogenrückstoß einsetzen, wenn du mit einer seitlichen Ellbogentechnik das Ziel verfehlt hast.

1. Du attackierst den Gegner mit einem Ellbogen von der Seite und verfehlst das Ziel.
2. Stoße sofort den Ellbogen mit Schulter- und Gewichtseinsatz zurück.
3. Ziele auf Kiefer oder Schläfe, am besten triffst du mit der Ellbogenspitze. Bewege dich schnell wieder in eine kontrollierte Kampfposition zurück.

1

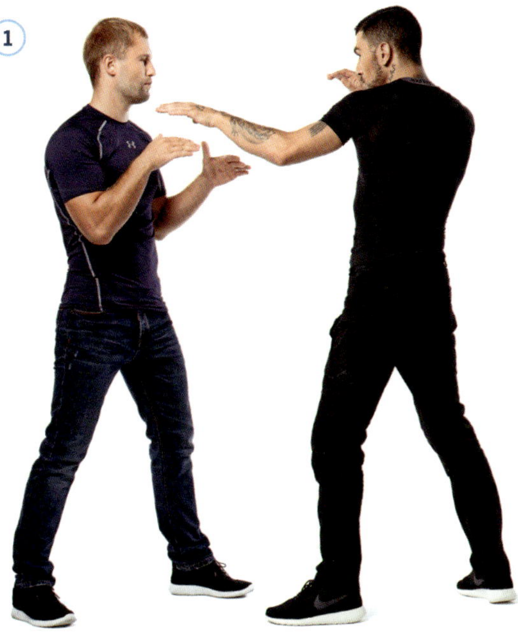

3

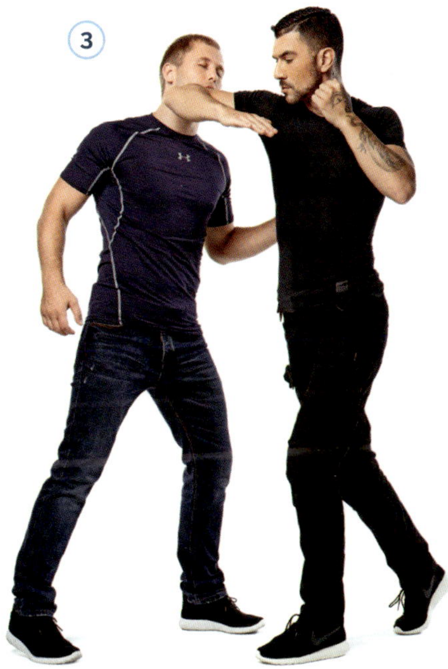

2

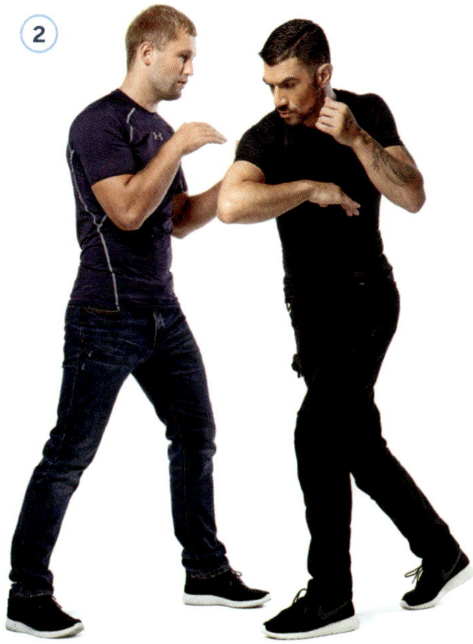

Der seitliche Ellbogen verfehlt sein Ziel. Sofort erfolgt der Rückstoß.

12 Aufwärtsellbogen

Mit einem Ellbogenstoß von unten kannst du das Kinn treffen. Die Technik ist auch frontal zu Gesicht oder Solarplexus möglich; in Lebensgefahr auch zum Kehlkopf. Beim Aufwärtsellbogen kannst du mit vorderem und hinterem Arm gute Wirkung erzielen.

1. Aus der Selbstschutzstellung stellst du den vorderen Fuß etwas nach vorn. Kommt der Gegner auf dich zu, dann ist die Bewegung minimal.
2. Bewege den Ellbogen erst etwas nach unten. Dann stößt du den Ellbogen von unten nach oben zum Ziel. Führe die Technik so aus, als würdest du die Hand an deinem Ohr vorbei zur Schulter bewegen – in etwa so als würdest du dir durch die Haare streichen. Die andere Faust hast du als Schutz über dem Kiefer.
3. Du triffst das Ziel mit einer kraftvollen Hebelwirkung von unten. Dabei drehen sich der Fuß, die Hüfte, der Körper und die Schulter mit und du streckst deinen Körper. Getroffen wird mit der Ellbogenspitze. Nimm dann schnell wieder die Ausgangsposition ein, folge mit weiteren Techniken oder fliehe in Sicherheit.

Hinweis: Stelle dir das Ziel etwas hinter der anvisierten Stelle vor, damit du hart auftriffst. Wenn der Gegner schnell auf dich zukommt, dann erreichst du bereits mit minimaler Stoßbewegung auch mit dem vorderen Arm große Wirkung.

1

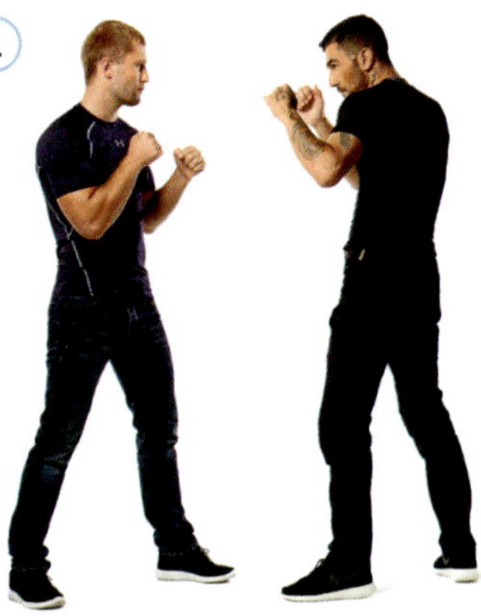

2

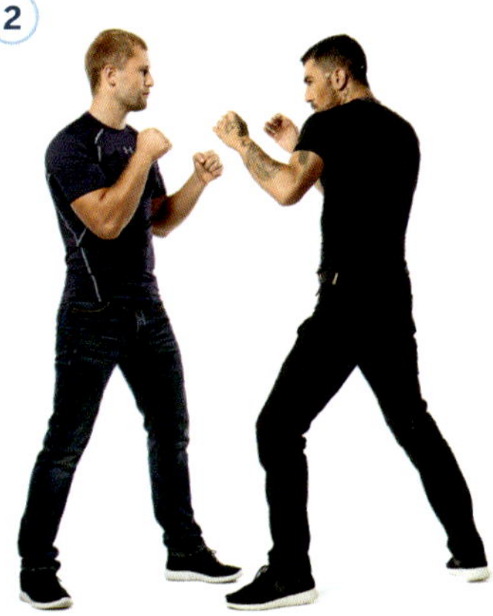

3

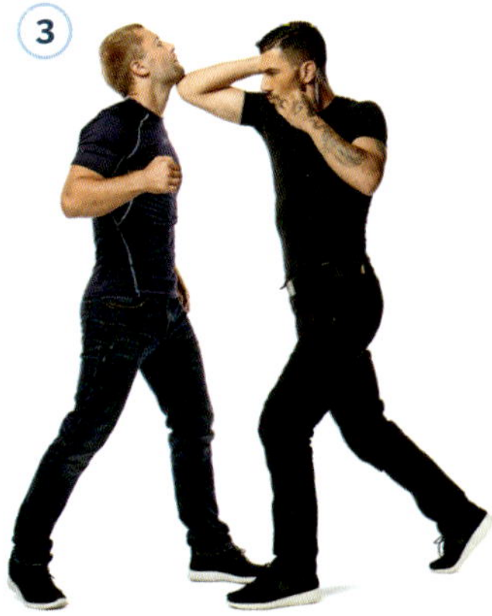

Der Aufwärtsellbogen von hinten.

V

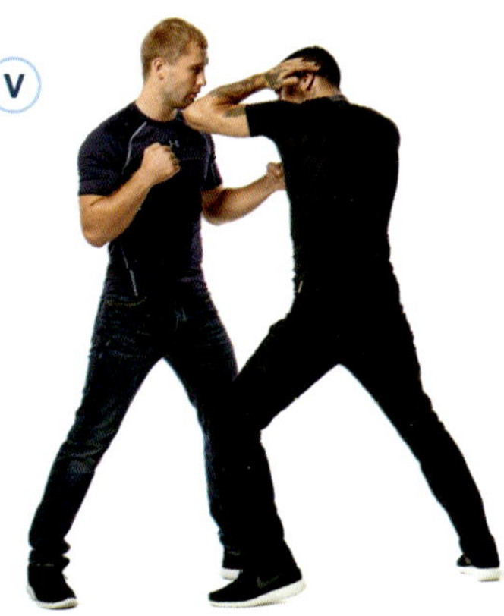

Der Aufwärtsellbogen von vorne.

13 Vorstoßender Ellbogen (Speer-Ellbogen)

Mit einem vorstoßenden Ellbogen, auch Speer-Ellbogen genannt, kannst du frontal ins Gesicht treffen. Auch zu Brust oder Schlüsselbein ist der Stoß möglich und in Lebensgefahr zum Kehlkopf. Du kannst mit vorderem oder hinterem Ellbogen stoßen.

1. Aus der Selbstschutzstellung beginnst du, indem du den vorderen Fuß etwas vorstellst. Steht der Gegner nah oder kommt nach vorn, dann erfolgt nur eine minimale Fußbewegung.
2. Ziehe die ausführende Hand zuerst etwas am Ohr vorbei zurück, um Vorspannung aufzubauen. Mit der freien Hand kannst du den Gegner positionieren (wie in den Fotos) oder du hast sie als Schutz vor deinem Gesicht oder am Kiefer.
3. Stoße den Ellbogen explosiv mit Schultereinsatz im 45-Grad-Winkel nach vorn. Den Oberkörper streckst du vor und auch das Gewicht verlagerst du vor. Getroffen wird mit dem Ellbogenknöchel frontal auf das Ziel. Danach nimmst du schnell wieder die Schutzposition ein.

Hinweis: Visualisiere dir ein Ziel etwas hinter der anvisierten Stelle, damit du mit voller Härte triffst. Die Technik wird aus angehobener Position von hinten gestoßen, ähnlich als würdest du einen Speer schleudern. Diese Bewegung kannst du recht klein halten, um weniger anfällig für einen Konter zu sein. Wenn der Gegner schnell auf dich zu kommt, dann erreichst du mit minimaler Stoßbewegung auch mit dem vorderen Arm große Wirkung, manche Kämpfer stoßen dann ohne Ausholen gerade nach vorn.

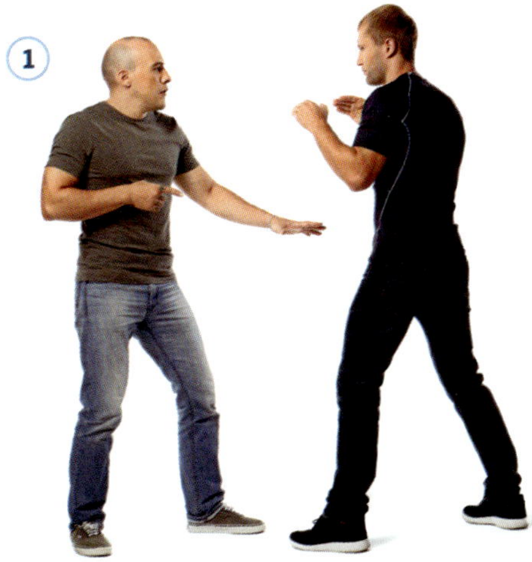

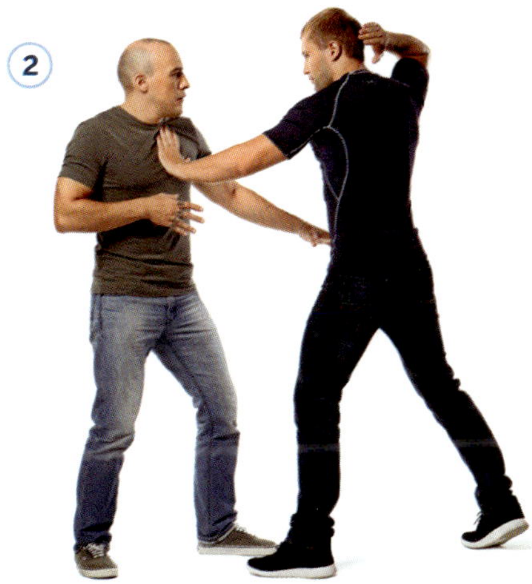

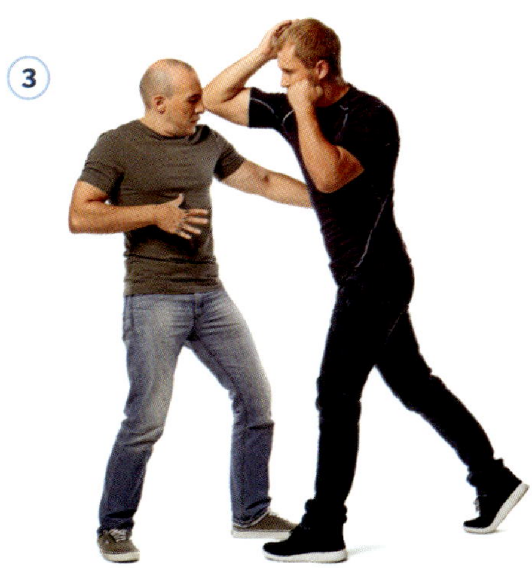

Der vorstoßende Ellbogen von hinten. Hier kommt der Gegner nach vorne und wird kurz mit der vorderen Hand auf Distanz gehalten, bevor der kraftvolle Stoß erfolgt.

Knietechniken

Die Kniestöße sind wirkungsvolle Selbstverteidigungstechniken. Mit einem guten Treffer kannst du den Gegner kampfunfähig machen. Du kannst aus der Distanz stoßen oder den Gegner greifen, um ihn heranzuziehen und so noch mehr Wirkung zu erzielen.

Ein Kniestoß aus der Distanz gelingt einfacher mit dem hinteren Bein. Beginne die Technik, indem du den vorderen Fuß vorstellst. So gelangst du in die geeignete Distanz und kannst kraftvoll stoßen. Ziehe den Unterschenkel an und stoße mit der Kniespitze in den Gegner hinein. Setze deine Hüfte ein und bringe auch dein Gewicht in den Stoß ein. Achte darauf, dass du deine Hände zum Schutz deines Kopfes oben hast. Stelle danach das Stoßbein wieder kontrolliert auf dem Boden ab. Attackiere den Gegner weiter oder mache einen Schritt zurück, um Distanz herzustellen. Als weitere Option kannst du direkt in Sicherheit flüchten.

Gelingt es dir, den Gegner diagonal am Hals mit dem Arm der Stoßseite zu greifen, dann kannst du ihn heranziehen und somit die Stoßwirkung vergrößern. Es gibt zudem die Möglichkeit, den Gegner beidarmig am Hinterkopf zu greifen, was auch als Clinch bezeichnet wird. So kannst du den Gegner gut kontrollieren und mehrfach Kniestöße einsetzen oder ihn zu Boden werfen.

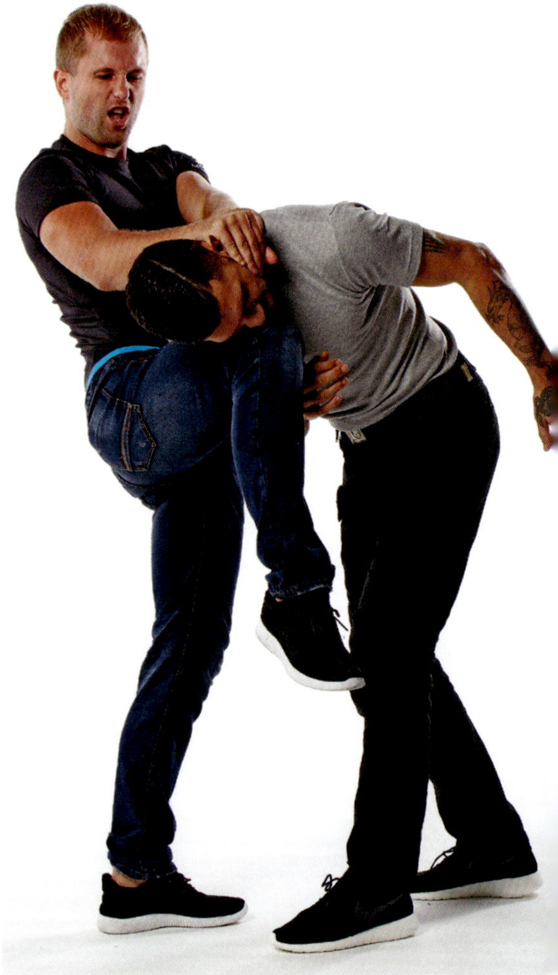

Gelingt es dir, den Gegner am Kopf nach unten zu drücken, dann ist der Stoß auch dorthin ein sehr wirkungsvolles Ziel.

Um mit dem vorderen Knie zu stoßen, musst du zuerst einen Auslagenwechsel vornehmen, damit danach das vordere Bein hinten steht. Dies ist jedoch nicht einfach schnell durchzuführen und deshalb eher für Fortgeschrittene geeignet.

Übe die Knietechniken in die Luft, am Trainingsgerät und auch mit Partner, damit du diese im Ernstfall effektiv anbringen kannst. Hast du keine Trainings-Tools verfügbar, dann lasse dir zumindest ein dickes Polster in die entsprechende Position halten und stoße dagegen. Übe die Kniestöße oft, um dich in Timing, Kraft und Distanzgefühl zu verbessern – so werden sie zu einer hervorragenden Waffe.

Hier werden der gerade und der seitliche Kniestoß vorgestellt. Es ist gibt noch weitere Möglichkeiten für Kniestöße, wie diese im Thai-Boxen üblich sind. Diese findest du auf der DVD »Muay Thai DVD – Grundtechniken« (Delp 2016).

14 Gerader Kniestoß

Mit einem geraden Kniestoß kannst du den Gegner sehr effektiv in den Genitalbereich attackieren. Alternativ kannst du zum Magen oder Oberschenkel stoßen.

1. Aus der Kampfstellung stellst du den vorderen Fuß etwas seitlich vor, und zwar mit Belastung auf dem Ballen. Dies ermöglicht explosive Ausführung und gute Standposition. Steht der Gegner nahe, dann genügt eine minimale Fußbewegung.
2. Du kannst mit dem hinteren Arm diagonal zu Hals oder Schulter des Gegners greifen, um ihn heranzuziehen, was aber nicht zwingend ist. Stoße das hintere Knie in gerader Linie zum Ziel. Dabei kannst du den Standfuß etwas nach außen mitdrehen. Die freie Hand hast du als Schutz oben.
3. Beim Treffen des Ziels schiebst du die Hüfte vor und lehnst den Oberkörper etwas zurück. Getroffen wird mit der Kniespitze. Stelle das Stoßbein wieder kontrolliert auf dem Boden ab. Folge mit weiteren Techniken, wenn es die Situation erfordert.

Hinweis: Mache den Kniestoß etwas in den Gegner hinein, damit du große Wirkung erzielst. Du kannst den Stoß auch ohne Greifen machen, dann solltest du beide Hände vor deinem Gesicht als Deckung oben halten.

Um mit dem vorderen Knie aus der Kampfstellung zu stoßen, ist zuerst ein Auslagenwechsel notwendig, was mehr Zeit erfordert und technisch schwieriger ist. Stehst du jedoch am Anfang in Parallelstellung, dann ist gleich, mit welchem Knie du stößt. Stelle das nicht stoßende Bein zuerst etwas vor.

1

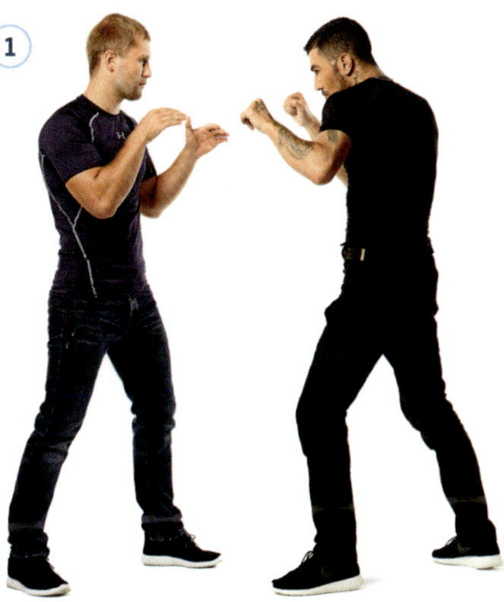

2

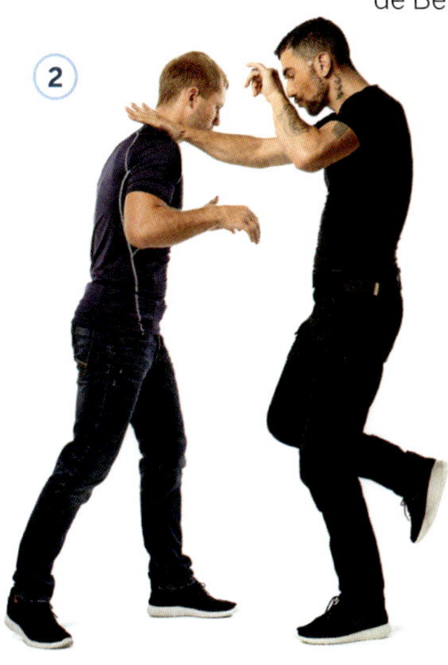

3

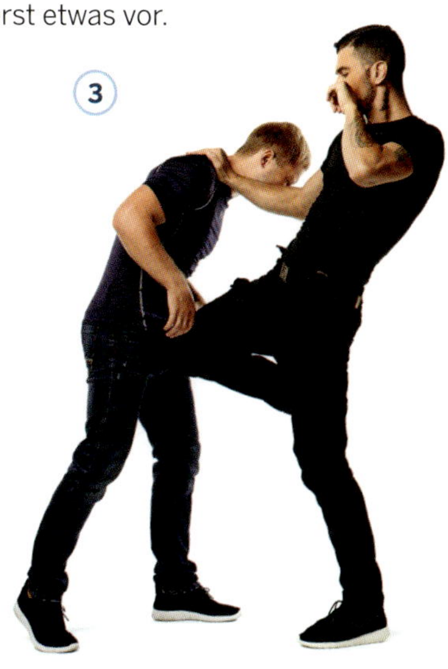

Der gerade Kniestoß aus der Distanz mit diagonalem Greifen.

HERANZIEHEN UND KNIESTOß

Du kannst den Kniestoß auch mit beidarmigem Greifen des Gegners einsetzen, was den Kniestoß noch effektiver macht. Du kannst zu Unterkörper, Magen oder Oberschenkel stoßen. Gelingt es dir, den Kopf des Gegners nach unten zu drücken, dann ist der Kopf auch ein sehr effektives Ziel (V1a und V1b).

1
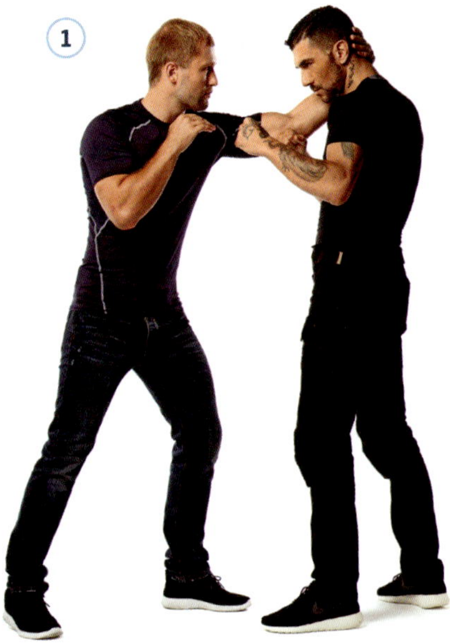

2
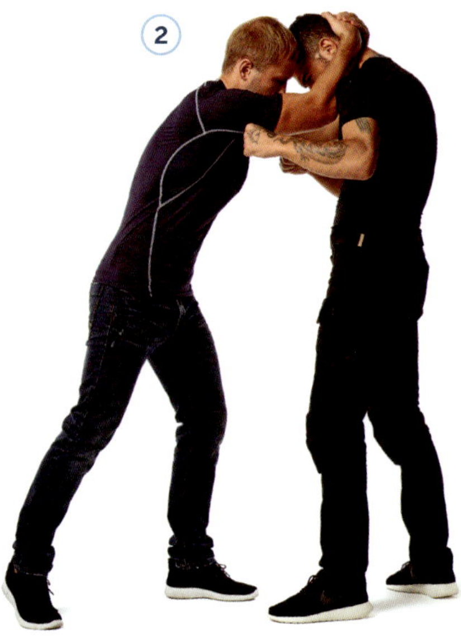

1. Greife zuerst mit der vorderen Hand an die gegenüberliegende Halsseite des Gegners, mit der Handfläche am Hinterkopf.
2. Greife mit der hinteren Hand an die andere Seite und lege die Handflächen übereinander.
3. Ziehe den Gegner heran und stoße das hintere Knie in direkter Linie zum Ziel. Dabei hebst du die Ferse des Standbeins leicht an und drehst diesen Fuß etwas nach außen mit. Beim Treffen des Ziels schiebst du die Hüfte vor. Folge mit weiteren Kniestößen bis der Gegner keine Gefahr mehr darstellt.

3
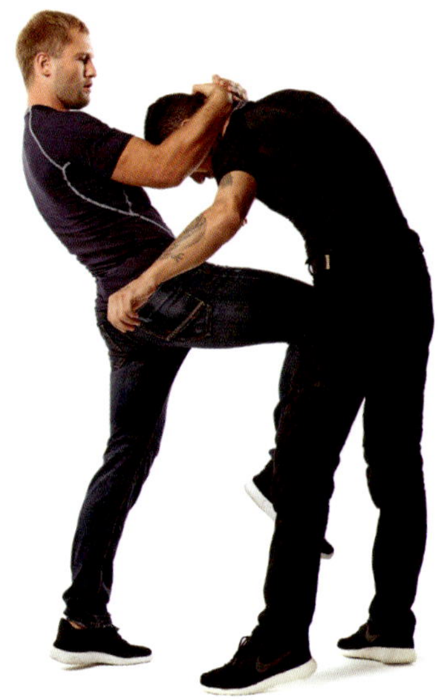

Der gerade Kniestoß mit vorherigem beidarmigem Greifen.

Hinweis: Erfordert die Kampfsituation, dass du dich lösen musst, dann drückst du den Gegner mit beiden Unterarmen kraftvoll und explosiv weg. Als Option kannst du auch unter sein Kinn greifen und ihn so mit der Handfläche nach hinten wegstoßen.

V1a

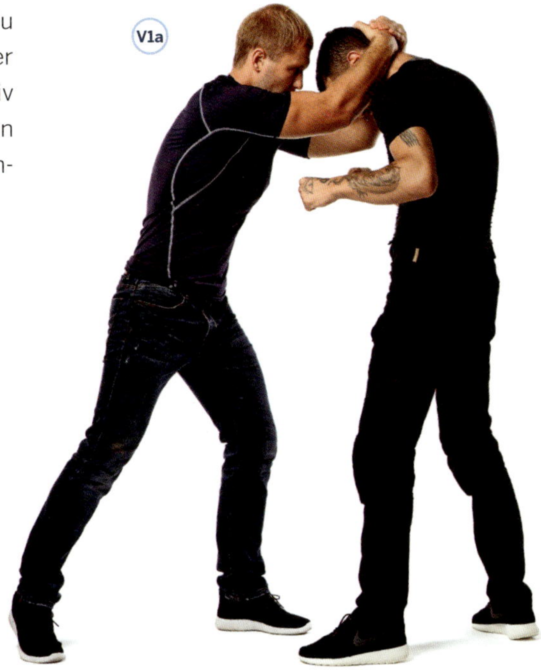

V1b

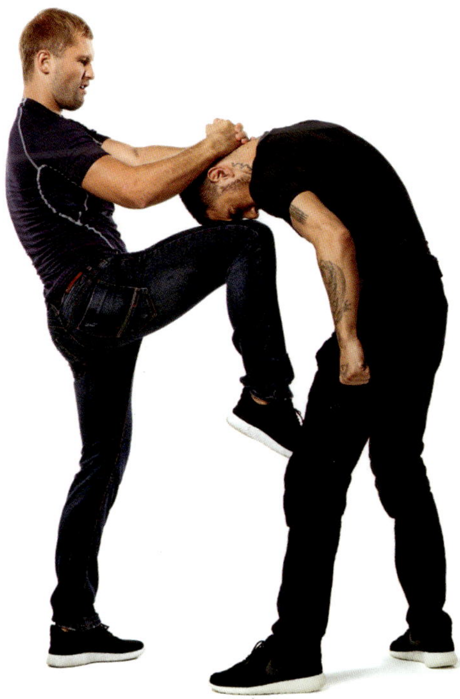

Der Kniestoß zum Kopf.

15 Seitlicher Kniestoß

1

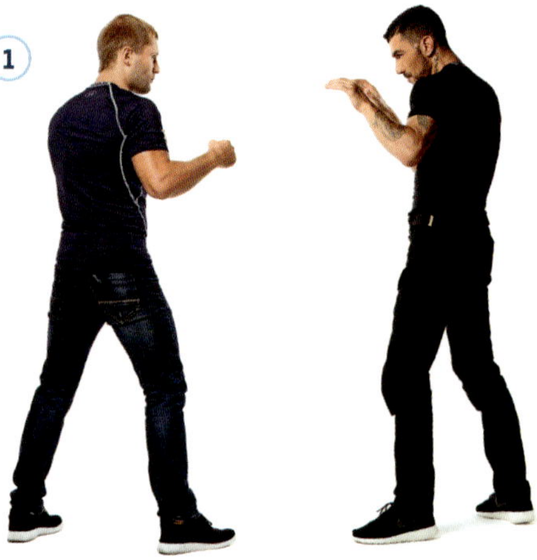

2

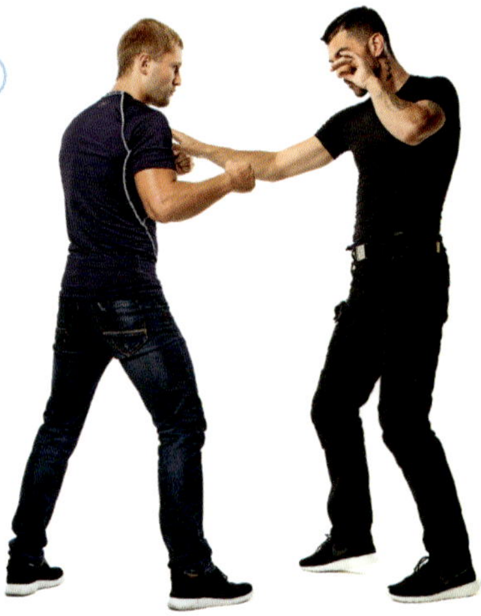

3

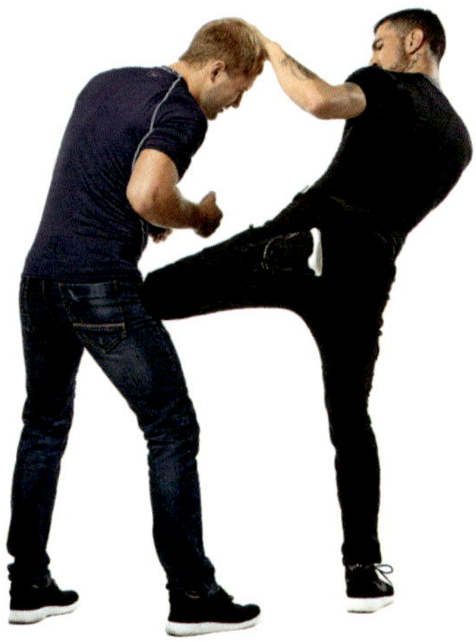

Du kannst den seitlichen Kniestoß zu Oberschenkelaußenseite oder Hüfte anbringen, was das Bein kurzzeitig lähmen kann. Ein Stoß zu den Rippen nimmt dem Gegner die Luft.

1. Du stehst in Kampfstellung vor dem Gegner.
2. Stelle einen Fuß vor. Um mit dem vorderen Bein zu stoßen, wird der hintere Fuß nach außen vorne gestellt (wie in der Abbildung). Kommt der Gegner auf dich zu, dann kannst du ihn mit der Hand der gleichen Seite weghalten beziehungsweise Timing nehmen.
3. Greife mit der Hand der ausführenden Seite auf seinen Kopf oder diagonal zur Halsseite, und zwar greifst du mit dem linken Arm zu seiner linken Halsseite und entsprechend seitenverdreht. Ziehe ihn heran und stoße dein Knie von außen zum Ziel. Dabei setzt du die Hüfte ein und drehst dein Standbein mit. Triff mit der Kniespitze in das Ziel hinein. Danach stellst du das Bein wieder in der Kampfstellung ab.

Hinweis: Du kannst den seitlichen Kniestoß auch ohne Greifen ausführen. Es ist dann schwieriger, das Gleichgewicht zu halten. Alternativ kannst du den Gegner beidarmig greifen (Clinch, Seite 84) und dann stoßen. Teste das Stoßen mit und ohne Greifen und wähle die für dich beste Option.

Der seitliche Kniestoß mit einarmigem Greifen aus der Distanz.

Schienbein- und Fußtechniken

Mit einem Tritt kannst du den Gegner bei seiner Aktion stoppen oder sogar erreichen, dass er kampfunfähig wird. Du kannst mit dem vorderen oder hinteren Bein treten. Welchen Tritt du einsetzt, entscheidest du instinktiv, denn dies hängt von Abstand und Haltung des Gegners ab. Um ein gutes instinktives Kampfverhalten zu entwickeln, musst du die Tritte vielfach mit Partner üben.

Wichtig ist, dass du schnell und kraftvoll trittst. Bei einigen Tritten werden dazu Hüfte und Gewicht eingebracht. Wähle ein direkt erreichbares Ziel. Achte darauf, dass du die Hände als Schutz angehoben hast, denn der Gegner könnte zum Kopf kontern. Dann stellst du das Trittbein kontrolliert auf dem Boden ab.

Die Kraft in der Technikausführung entsteht durch explosive Ausführung, Hüft- und Gewichteinsatz. Du kannst aus allen Richtungen treten und den Gegner hart treffen. Wichtig ist, dass du zwar kraftvoll trittst, aber danach das Trittbein wieder kontrolliert abstellst. Vermeide es hingegen das Gleichgewicht zu verlieren und vorzufallen, denn sonst könnte der Gegner nach einer Verteidigung sehr wirkungsvoll kontern.

Hier sind Tritte vorgestellt, die nicht nur wirkungsvoll sind, sondern auch recht einfach erlernbar. Übe die Techniken in die Luft, am Trainingsgerät und mit Partner, damit du diese im Ernstfall effektiv anbringen kannst.

Wenn du in einer Kampfdisziplin geübt bist, können aus dieser weitere Tritte für dich sinnvoll sein. Bei hohen Tritten gilt es zu bedenken, dass du dabei recht lange auf einem Bein stehst und somit angreifbar bist. Für sehr gute Kicker können jedoch auch hohe Kicks eine Option sein.

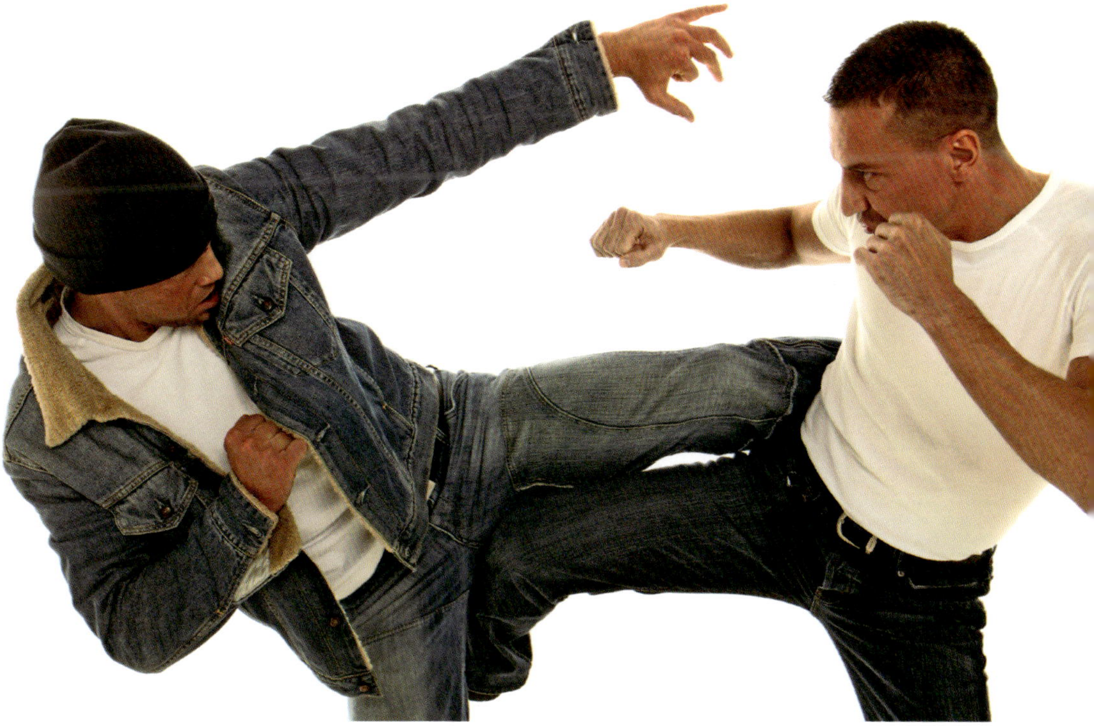

Der Tritt in die Genitalien als Verteidigung gegen einen hohen Kick.

16 Tritt von unten zwischen die Beine

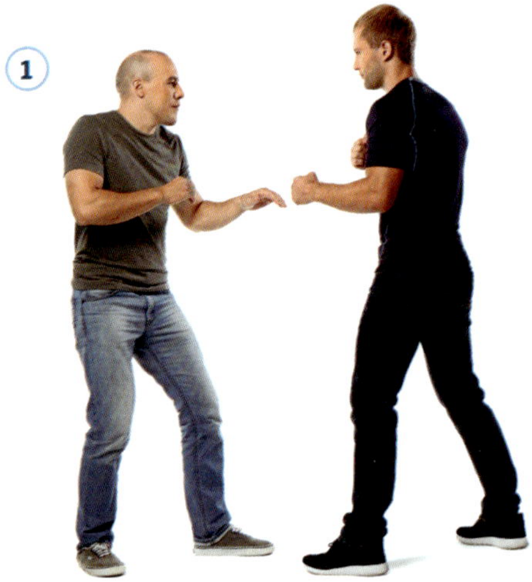

Der Tritt von unten ist mit dem vorderen und hinteren Bein möglich. Welches Bein sich besser eignet, ist von der Standposition des Gegners abhängig, also wie das Ziel am besten auf direktem Weg erreichbar ist.

1. Du stehst in der Kampfposition. Du kannst ein Bein etwas nach außen vorne stellen. Verlagere das Gewicht auf das Standbein.
2. Trete mit dem anderen Bein von unten zum Genitalbereich. Du trittst direkt von unten nach oben, ohne vorher das Knie anzuziehen. Du kannst dabei das Bein recht gerade halten oder kurz vor dem Treffen noch eine Streckbewegung ergänzen. Getroffen wird mit dem unteren Teil des Schienbeins oder mit dem Fußspann. Als Option kannst du mit den hochgestreckten Zehen treffen (V). Danach stellst du das Bein wieder in der Kampfposition ab.

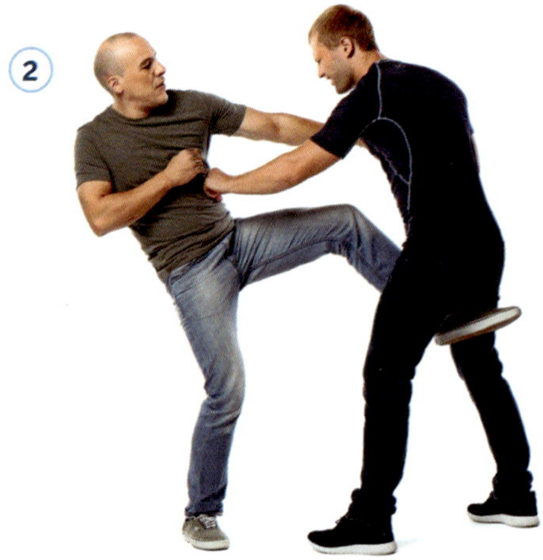

Der Fußtritt von unten mit dem Schienbeinansatz.

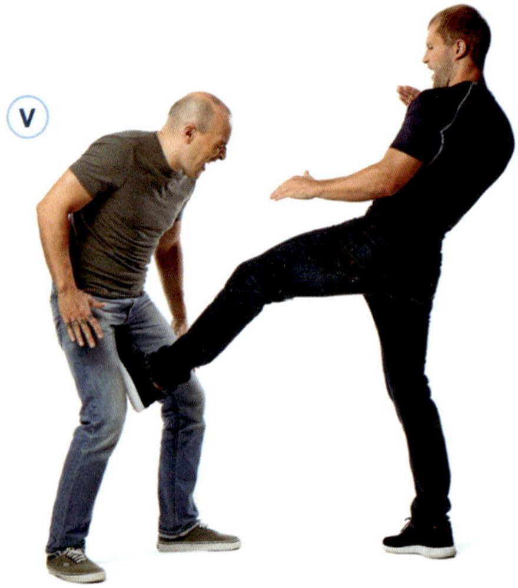

Der Fußtritt von unten mit den Zehen.

Hinweis: Teste die Varianten mit Spann/Schienbeinansatz und hochgestreckten Zehen am Boxsack und an der großen Pratze in Straßenschuhen. Wähle das für dich geeignete Vorgehen und trainiere dies in Zukunft.

Du kannst vor dem Tritt den Gegner mit einer Täuschungstechnik zum Kopf ablenken, was jedoch nicht zwingend ist. Ebenso bietet sich die Technik an, wenn er gerade selbst eine Technik einsetzt.

17 Runder Kick zum Oberschenkel

Die Technik lässt sich einfacher einsetzen, wenn du in der gleichen Auslage wie dein Gegner stehst. Dann wird am besten von hinten zur Oberschenkelaußenseite getreten. Ein geübter Kämpfer kann auch zur Beininnenseite treten.

1. Aus der Kampfposition stelle schnell den vorderen Fuß seitlich nach außen vorn. Die Zehen zeigen etwas nach außen und der Fußballen ist belastet. Wenn der Gegner geringen Abstand hat, dann erfolgt nur eine minimale Vorwärtsbewegung.
2. Trete von hinten in einem halbkreisförmigen Bogen zum Oberschenkel. Der Standfuß dreht sich dabei mit. Halte deine Deckung oben und lehne dich vom Gegner weg.
3. Bringe die Hüfte ein und strecke das Bein in der Trittbewegung. Getroffen wird mit dem Schienbein. Stelle dann das Trittbein in der Kampfstellung ab.

Hinweis: Nach dem Tritt kannst du einen Schlag oder Ellbogenstoß zum Kopf bringen, da viele Gegner nach einem Beintreffer die Deckung fallen lassen. Fortgeschrittene können auch zu den Rippen treten (V). Bei Einsteigern ist die Trittwirkung jedoch nicht so groß und zudem kann der Gegner das Kickbein fangen.

1

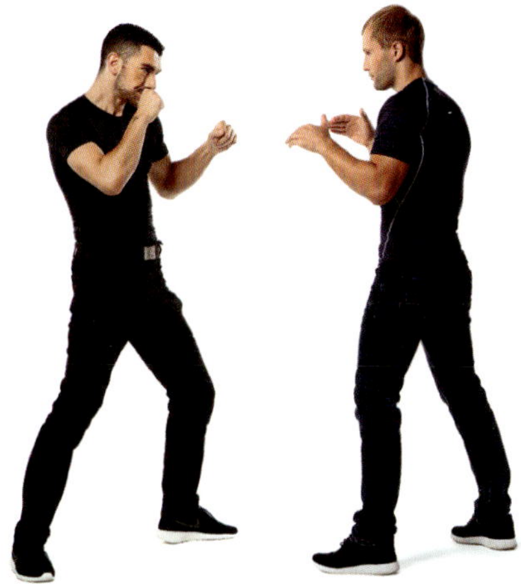

2

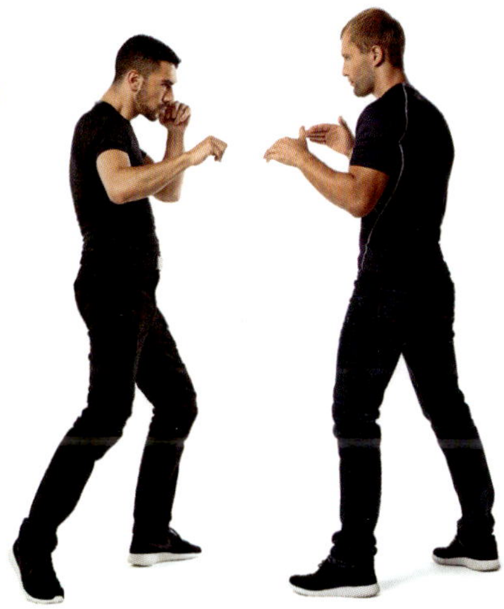

V

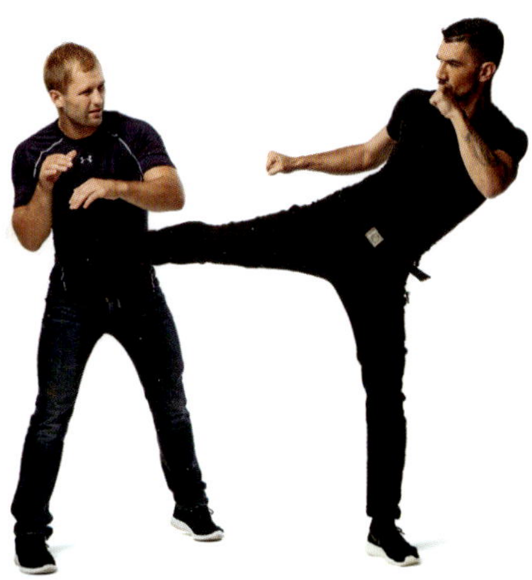

Der Kick zu den Rippen.

3

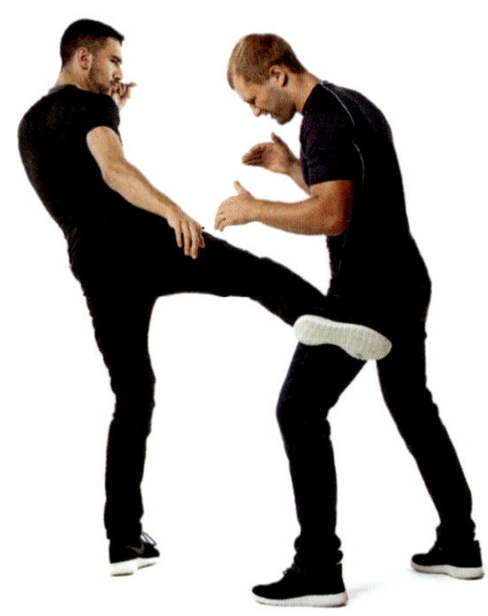

Der Kick mit dem hinteren Bein zum Oberschenkel.

18 Stoßender Stopptritt

Mit diesem Tritt stoppst du den Gegner in seiner Vorwärtsbewegung. Kraftvoll ausgeführt, kannst du ihn damit auch verletzen und kampfunfähig machen. Ziele auf Genitalbereich, Magen oder Oberschenkel. Mit dem vorderen Bein kannst du schnell treffen, mit dem hinteren Bein kraftvoll treten.

1

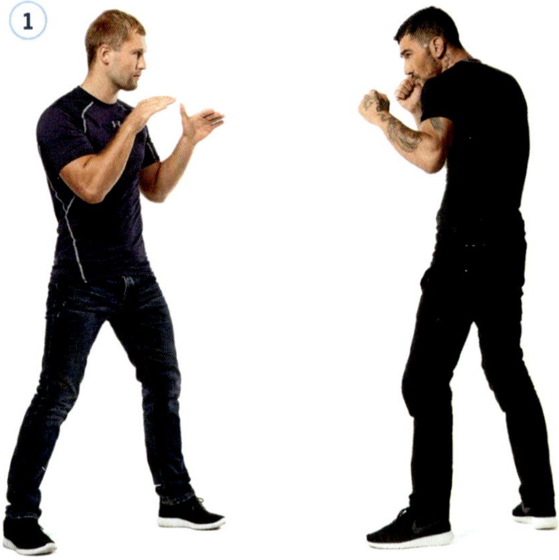

1. Du stehst in der Kampfstellung und verlagerst das Gewicht auf das Standbein.
2. Zieh das Knie des Trittbeins an, die Zehen zeigen nach vorne. Wenn du mit dem hinteren Bein trittst, dann drehst du gleichzeitig die hintere Körperseite vor.
3. Trete mit Hüfteinsatz zum Ziel. Strecke dabei das Trittbein und lehne den Oberkörper etwas zurück. Halte deine Deckung zum Schutz oben. Getroffen wird mit dem Fußballen, wozu du die Zehen anziehen musst, der Ferse oder dem ganzen Fuß. Danach ziehst du das Knie schnell wieder an, bevor du das Bein in der Kampfstellung abstellst.

Hinweis: Ist es deine Absicht den Gegner hart zu treffen, dann trete mit der Ferse oder dem ganzen Fuß.

2

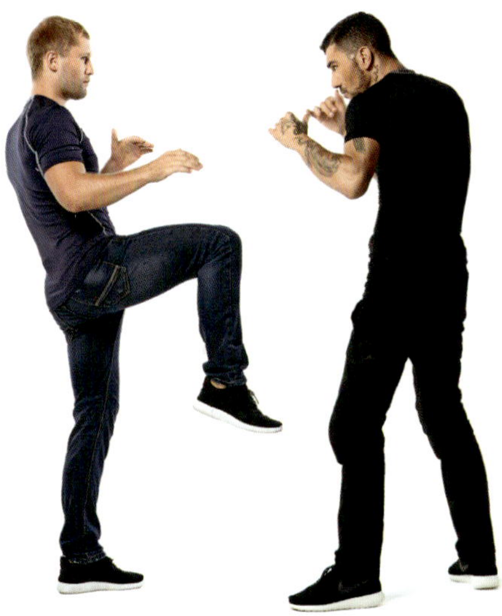

3

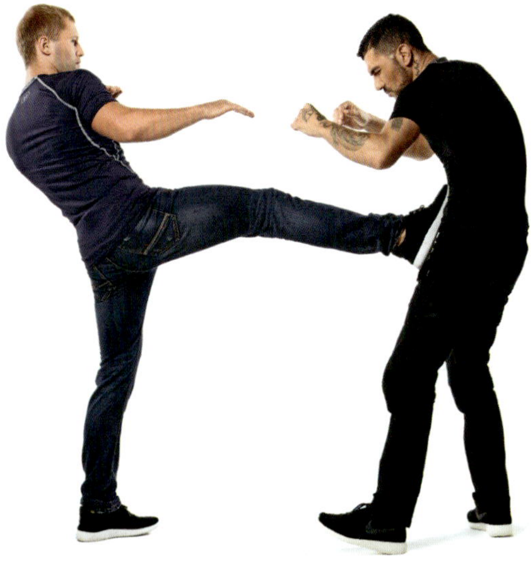

Der Stopptritt mit dem hinteren Bein zum Bauch.

19 Tritt zu Knie oder Schienbein

Das Knie ist eine sehr verletzliche Stelle. Du kannst das Kniegelenk von vorne oder von der Seite attackieren. Auch von hinten kannst du gegen das Kniegelenk treten. Normalerweise steht der Gegner zwar nicht mit dem Rücken zu dir, diese Situation kann sich z.B. ergeben, wenn du jemand zu Hilfe kommst, der attackiert wird. Den stoßenden Tritt kannst du mit geradem oder leicht nach außen gedrehten Fuß ausführen. Du kannst gerade frontal darauf treten, was bei gestrecktem Bein gut funktioniert, oder leicht von innen (wie hier gezeigt).

FRONTALE TECHNIK

1.–2. Du stehst dem Gegner gegenüber. Bei recht großer Distanz kannst du einen schnellen Schritt seitlich vor machen.

3. Ziehe das hintere Knie leicht an. Halte den Fuß etwas nach außen gedreht, damit er beim Treffen nicht abrutscht. Die Deckung hast du oben, um deinen Kopf zu schützen.

4. Trete kraftvoll von oben nach unten zum Kniegelenk oder alternativ zum Schienbein des Gegners. Nimm danach schnell wieder die Kampfposition ein.

Hinweis: Es wird ein kraftvoller Stampftritt von oben ausgeführt, nicht hingegen ein schneller Tritt mit der Schuhspitze gegen das Schienbein, was manche Kämpfer als Täuschung nutzen. Ziel ist es, das Bein wegzutreten beziehungsweise das gegnerische Bein im Kniegelenk zu überstrecken. Einige Kämpfer führen die Technik zum Schienbein statt zum Knie aus. Teste, welche Vorgehensweise für dich besser funktioniert.

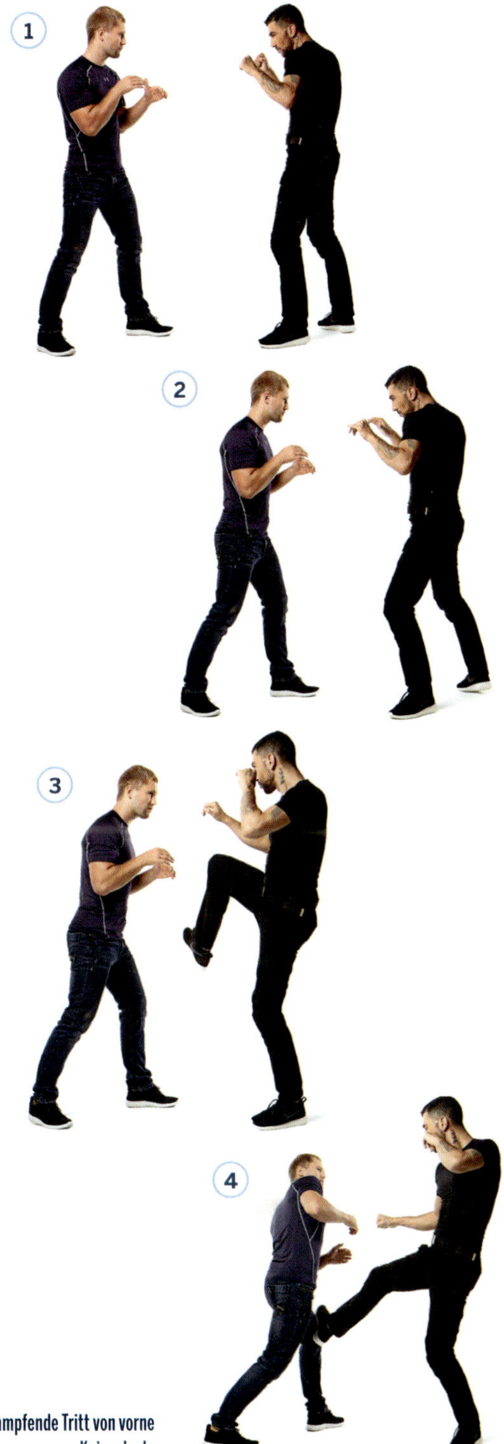

Der stampfende Tritt von vorne zum Kniegelenk.

TECHNIK VON DER SEITE

In seitlicher Position kannst du gut den seitlichen Tritt einsetzen. Von vorne ausgeführt ist diese Technik eher nicht ratsam, denn du würdest dabei in schlechter Schutzposition bei einem Gegenangriff stehen. Alternativ kannst du auch in seitlicher Position den zuvor beschriebenen frontalen Tritt einsetzen.

1. Du stehst seitlich zum Gegner. Ziehe das gegenüberliegende Knie etwas an.
2. Trete kraftvoll zu den Außenbändern am Knie. Treffe mit Fußaußenkante oder dem ganzen Fuß. Stelle danach das Trittbein schnell wieder in die Kampfstellung zurück.

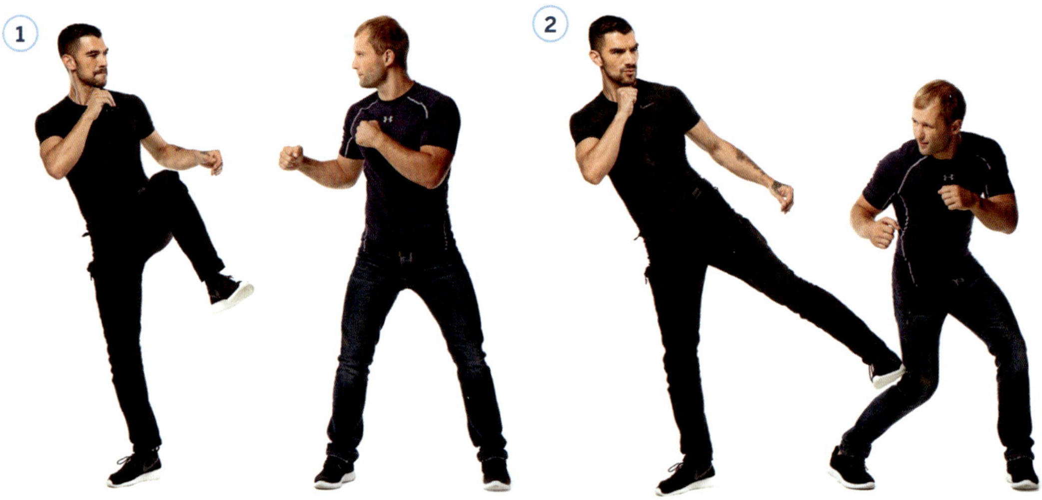

Der seitliche Tritt zum Kniegelenk.

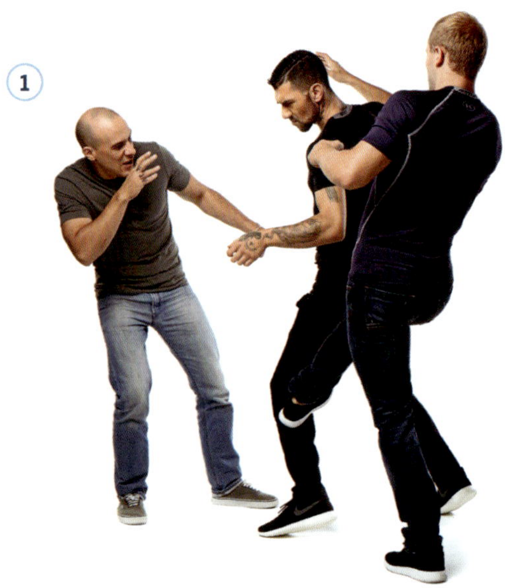

TECHNIK VON HINTEN

Hier wird die Technik von hinten zur Kniekehle gezeigt.

1. Du befindest dich hinter dem Gegner. Zieh das hintere Knie an. Trete dann kraftvoll von oben nach unten zur Kniekehle, mit leicht nach außen gedrehtem Fuß. Treffe mit dem ganzen Fuß oder Ferse. Stelle dann dein Trittbein schnell wieder in der Kampfposition ab.

Der Tritt von hinten zur Kniekehle.

20 Stampftritt

Wenn dich der Gegner von hinten klammert oder festhält, dann kannst du auf seine Zehen und seinen Spann stampfen. Dies ist zwar auch von vorne möglich, dann gibt es aber meistens effektivere Techniken. Trägst du harte Schuhsohlen, dann wird die Technik für den Gegner äußerst schmerzhaft. Um hingegen mit einer Gummisohle wirkungsvoll zu treffen, musst du sehr kraftvoll stampfen.

1. Der Gegner hat dich von hinten gegriffen. Schaue nach seinem Fuß, dann ziehe ein Knie schnell etwas an. Nicht jedoch zu hoch, denn sonst erkennt der Gegner frühzeitig deine Absicht und kann sich verteidigen, z. B. indem er dich zur Seite schleudert.
2. Stampfe von oben hart auf seinen Vorderfuß. Treffe mit der Ferse, alternativ mit der Fußsohle. Wenn du seinen Fuß nicht siehst, dann kannst du die Fußaußenseite oben an sein Schienbein bringen und daran entlang rutschend auf den Fuß treten.

1

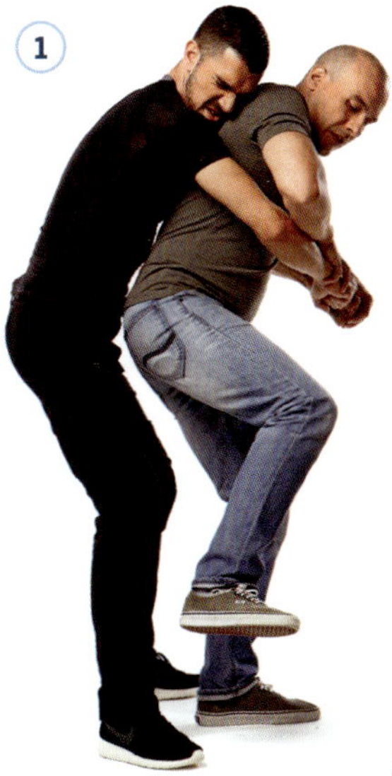

2

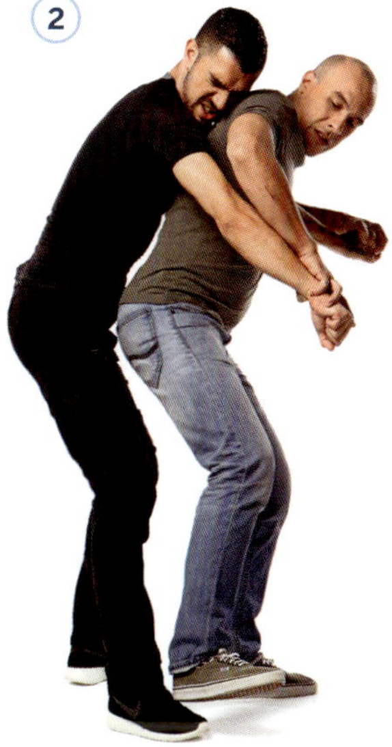

Der Stampftritt auf den Fuß gegen einen Gegner von hinten.

V

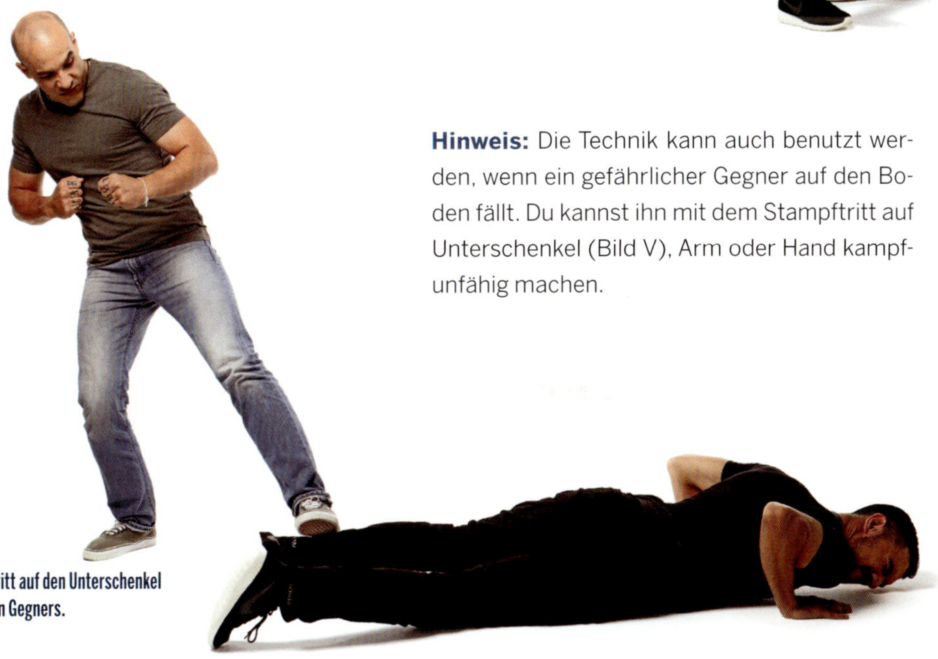

Hinweis: Die Technik kann auch benutzt werden, wenn ein gefährlicher Gegner auf den Boden fällt. Du kannst ihn mit dem Stampftritt auf Unterschenkel (Bild V), Arm oder Hand kampfunfähig machen.

Der Stampftritt auf den Unterschenkel des liegenden Gegners.

Kopftechniken

Einen Kopfstoß kannst du gerade nach vorne, schräg nach vorne oder nach hinten ausführen. Beim Stoß kannst du den Gegner heranziehen oder frei zum Ziel stoßen. Wichtig ist, dass du ins Gesicht oder seitlich an Kiefer oder Schläfe triffst, aber nicht auf die harte Stirn. Der Kopfstoß muss genauso wie alle anderen Techniken geübt werden, damit er im Ernstfall effektiv gelingt. Ansonsten triffst du möglicherweise an der falschen Stelle und mit zu wenig Kraft. Danach attackierst du den Gegner weiter. Oder du begibst dich in Selbstschutzstellung und machst einen Schritt zurück, sodass etwas Sicherheitsabstand zum Gegner besteht. Als weitere Option kannst du direkt nach dem Stoß losrennen, um in Sicherheit zu fliehen.

Einige Männer sind gehemmt, ihren Kopf jemanden ins Gesicht zu rammen. Visualisiere dir eine Ernstfallsituation und stelle dir vor, wie du deinen Kopf frontal oder seitlich dem Gegner ins Gesicht stößt. Wenn dir dieses Vorgehen kaum vorstellbar ist und du dich dann möglicherweise im Ernstfall nicht dazu überwinden kannst, dann wähle Alternativen im Training, denn ein zögerliches Verhalten ist im Ernstfall zu vermeiden. Du kannst beispielsweise verstärkt Techniken für die nahe Distanz wie Ellbogenstöße und den beidseitigen Ohrenschlag üben.

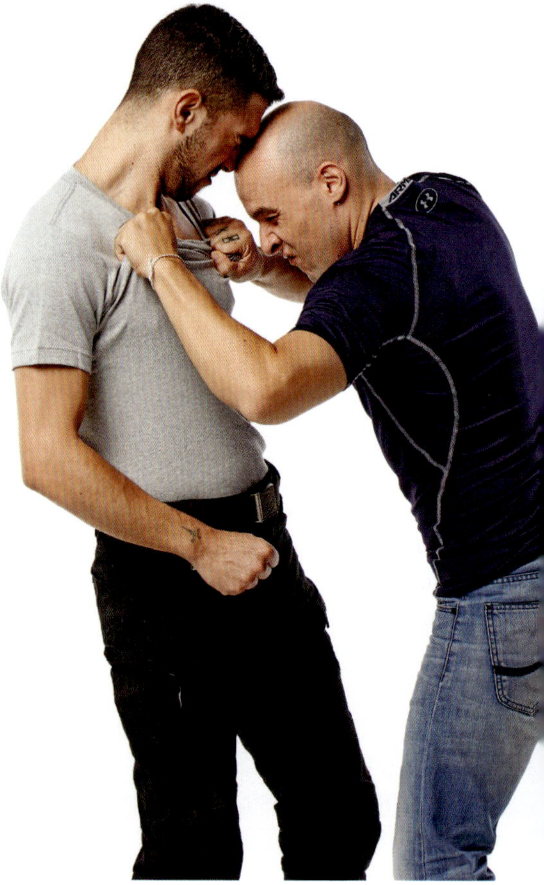

Der Kopfstoß nach vorne.

21 Kopfstoß nach vorne

Du kannst den Gegner aus der Distanz mit dem Kopf frontal ins Gesicht stoßen, wozu du die Kraft aus der Vorwärtsbewegung erzielst. Alternativ kannst du aus naher Distanz stoßen, indem du den Körper zum Vorspannen leicht zurückspannst.

Im Training kannst du die Technik gegen einen Partner nur andeuten, dafür aber mit mehr Kraft gegen Pratze und Boxsack stoßen.

1. Du stehst dem Gegner gegenüber. Ziehe das Kinn leicht zur Brust und halte diese Kopfposition bei. Den Mund hast du geschlossen und die Zähne fest aufeinander. Mache einen schnellen Schritt vor und greife ihn am Oberteil, zuerst mit einer Hand.
2. Greife während der explosiven Vorwärtsbewegung mit der zweiten Hand, um ihn zu fixieren und heranzuziehen.
3. Ramme den Kopf kraftvoll zur Nase, ziele unter die Augenlinie. Stoße mit dem oberen Teil der Stirn, etwa am Haaransatz, denn dieser Bereich ist sehr hart und so besteht wenig Verletzungsgefahr für dich selbst.

Hinweis: Du kannst auch ohne Greifen stoßen. Nutze dann deine Hände als Deckung.

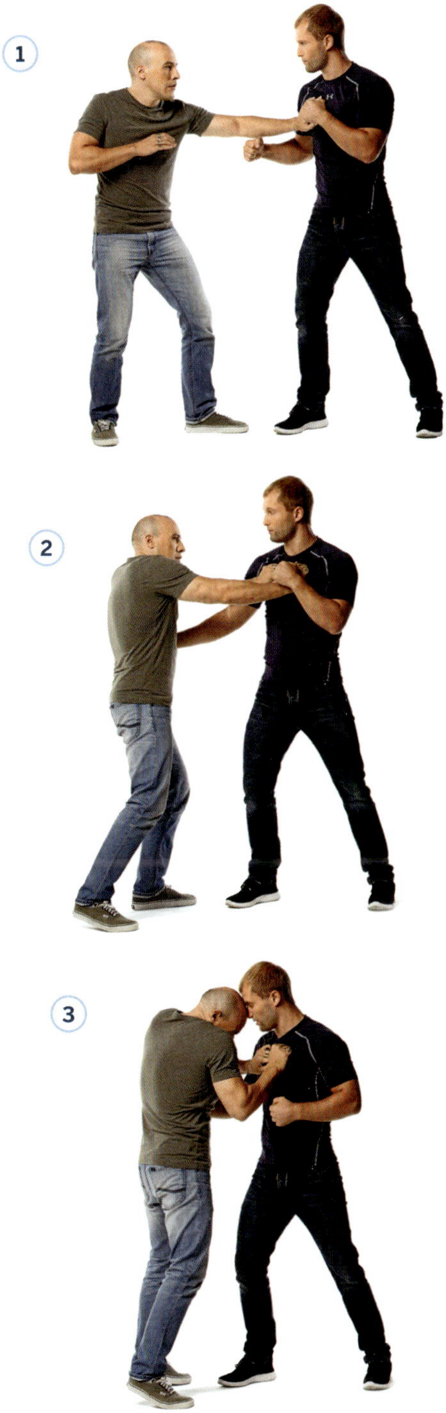

Vorgehen mit Greifen und Kopfstoß.

V1a

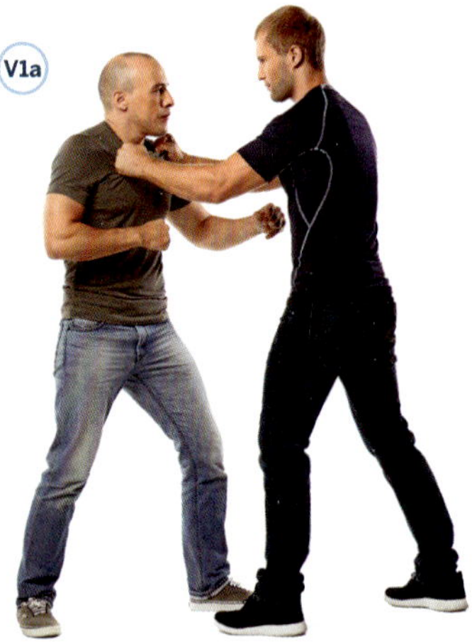

Der Kopfstoß aus naher Distanz, ohne Schritt nach vorne.

Hinweis: Du kannst den Kopfstoß auch in naher Position anbringen (V1a–b). Wenn du sehr nahe bist, beispielsweise klammert dich der Gegner von vorne, dann kannst du Stoßkraft entwickeln, indem zuerst den Oberkörper leicht zurückspannst, bei angezogenen Kinn. Du sollst hingegen nicht wie bei einem kraftvollen Kopfball im Fußball weit nach hinten ausholen, da dabei dein Kehlkopf ungeschützt wäre.

V1b

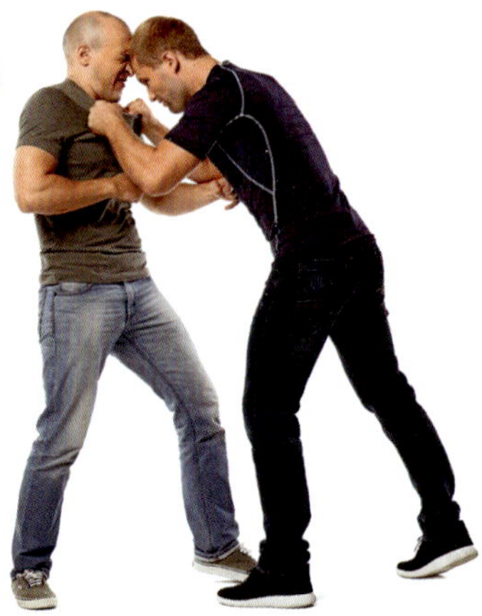

V2a

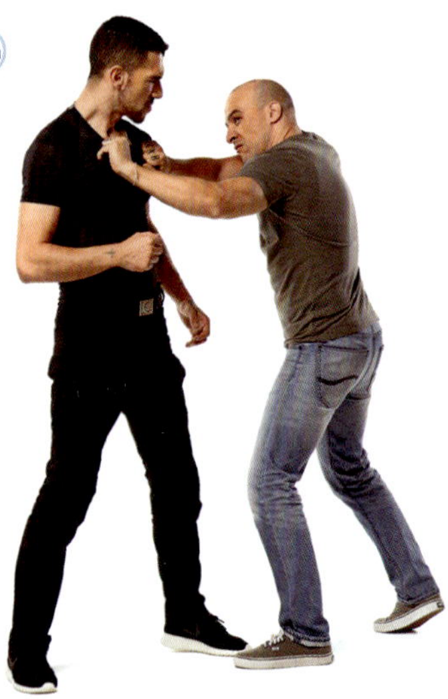

TECHNIK ZUR SEITE

In geringem Abstand kannst du seitlich zur Schläfe oder Kiefer stoßen (V2a–b).
Eine weitere Option ist von unten nach oben zu stoßen, wenn der Gegner klammert und er größer ist oder du mit gebeugten Beinen stehst.

V2b

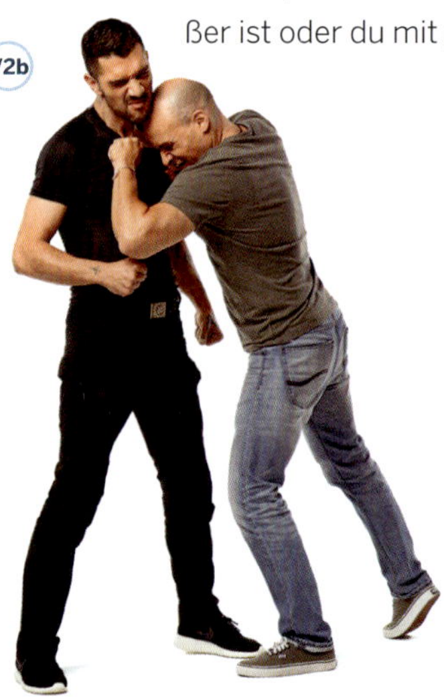

Der schräge Kopfstoß zum Kiefer.

22 Kopfstoß nach hinten

Aus einer Umklammerung von hinten kannst du dich durch einen Stoß mit dem Hinterkopf befreien. Beim Stoß nach hinten ist genaues Zielen schwierig, deshalb triffst du möglicherweise die Stirn des Gegners, was dann auch für dich schmerzhaft ist. Übe diese Technik gegen Pratze und Boxsack, um Distanzgefühl und Timing zu entwickeln. Zudem ist das angesetzte Üben mit Partner sinnvoll, d.h. mit minimalem Kontakt.

1. Der Gegner attackiert dich von hinten.
2. Spanne deinen Kopf und Oberkörper zuerst etwas nach vorne, um eine Vorspannung zu erzeugen. Dazu kannst du dich etwas einrollen. Halte den Mund geschlossen und die Zähne fest aufeinander.
3. Stoße explosiv und kraftvoll mit dem Hinterkopf nach hinten zum Gesicht des Gegners. Drehe dich dann schnell frontal zu ihm und kämpfe weiter oder fliehe in Sicherheit.

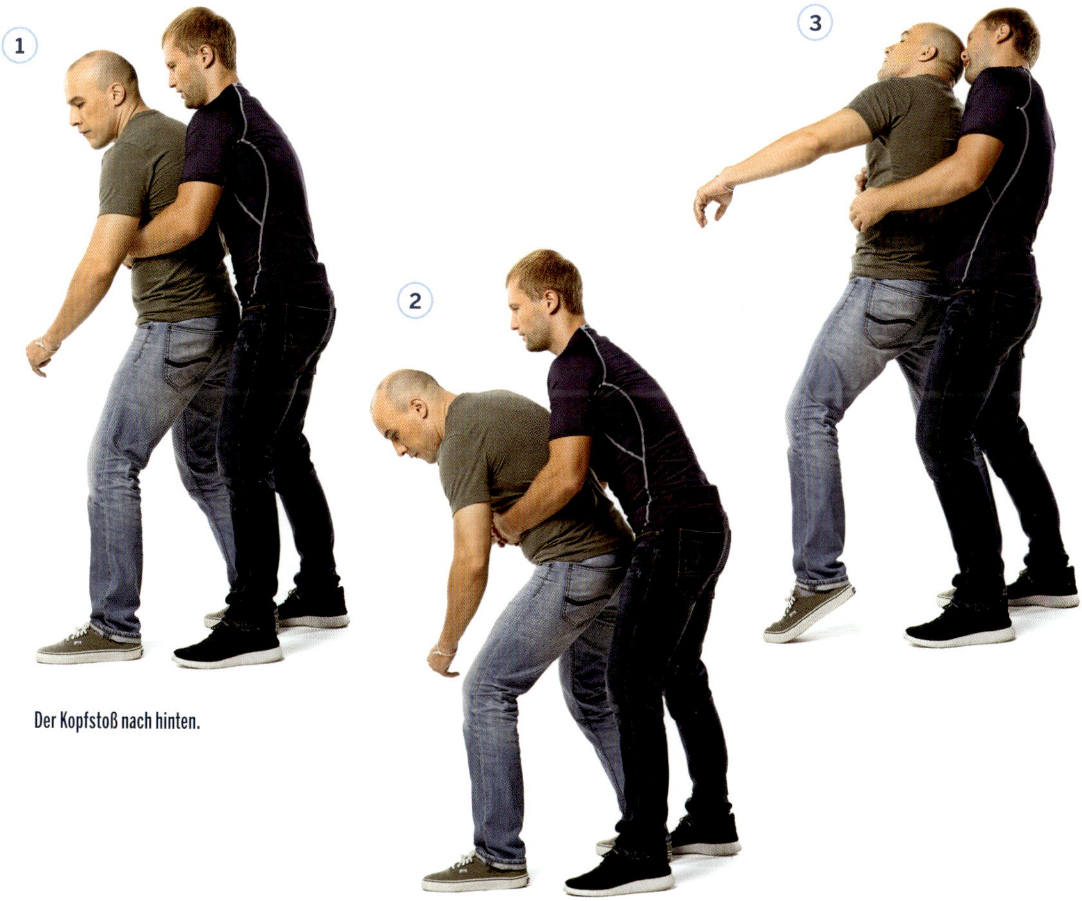

Der Kopfstoß nach hinten.

VERTEIDIGUNGSGRUNDLAGEN

Du musst aufmerksam sein, um Gefahren auszuweichen beziehungsweise den Ernstfall durch Grenzenziehen zu verhindern. Ist der Kampf aber unvermeidlich, dann versuche, den Gegner zuerst zu attackieren (Seite 117–128). Manchmal greift er zuerst an und du musst dich verteidigen, bevor du attackieren kannst.

Zudem gibt es Situationen, in denen du angegriffen wirst, aber den Angreifer nicht kampfunfähig machen willst, sondern dich darauf konzentrierst, ihn abzuwehren und auf Distanz zu halten. Dies kann beispielsweise der Fall sein, wenn du einen wenig gefährlich erscheinenden Betrunkenen weghalten willst. Auch kann es sein, dass du auf Hilfe wartest oder dich im familiären Umfeld in einem Konflikt befindest und hoffst, dass dieser doch noch verbal gelöst werden kann.

Hier werden Grundtechniken der Verteidigung vorgestellt. Teste die angebotenen Möglichkeiten und wähle einige der Techniken daraus, die dir leichtfallen und die sich für dein Kampfrepertoire anbieten. In den ersten Trainingseinheiten konzentrierst du dich auf das Erlernen der Verteidigungsgrundtechniken. Du lässt den Partner angreifen und reagierst dann mit einer Verteidigungstechnik. Dies wird wiederholt, bis du das Verteidigungsprinzip verstanden hast und korrekt agierst. Danach übst du so, dass du eine Verteidigungstechnik ausführst und dann mit einer eigenen Angriffstechnik folgst, oder vor dem Auftreffen der gegnerischen Technik mit einer schnelleren Technik triffst. Das schnelle Übergehen in den eigenen Angriff ist grundlegend für dein Mindset im Selbstschutz. Denn wenn du dich im Ernstfall nur verteidigst, kann der Angrei-

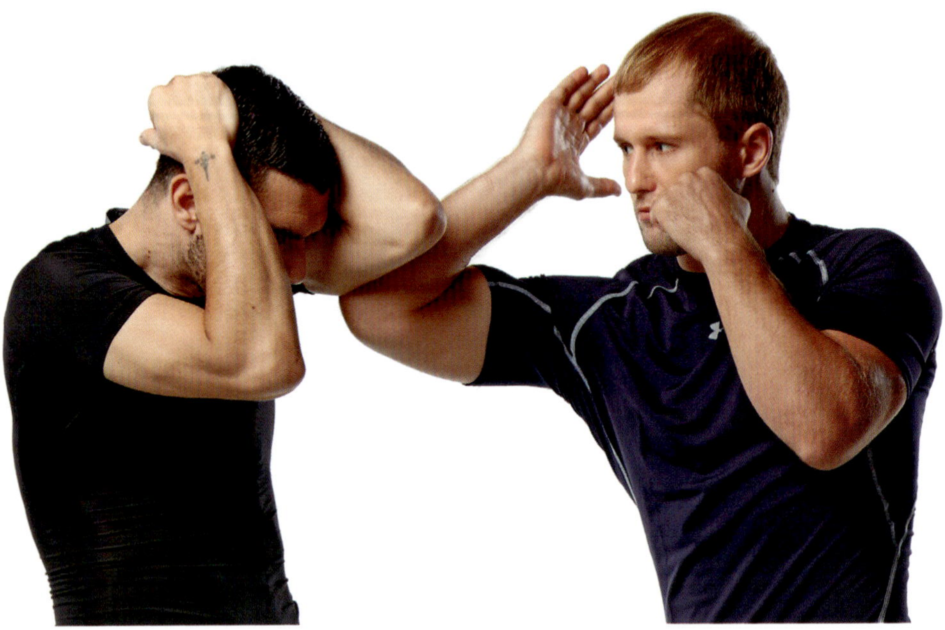

Der schützende Block gegen einen Aufwärtsellbogen.

fer solange mit seiner Attacke fortfahren, bis er dich wirkungsvoll getroffen hat.

Die typischen Verteidigungsblocks aus den Kampfsportarten wirst du hier nicht finden, da diese mit dem Ziel entwickelt wurden, dass Kampfsportler sich unter Nutzung festgelegter Angriffstechniken messen können. In einem realen Kampf führt der Gegner normalerweise keine technisch korrekten Kampfsporttechniken aus. Stattdessen wird unsauber geschlagen, gestoßen und getreten und im Nahkampf mit Halten, Klammern und Würgen agiert.

Übe deine Auswahl an Techniken und Vorgehensweisen mit unterschiedlichen Partnern. So kannst du die Techniken verinnerlichen und sie dann im Ernstfall intuitiv einsetzen. Zusätzlich ist es sinnvoll, einen Selbstverteidigungskurs zu absolvieren, denn umso mehr du mit unterschiedlichen Partnern übst und dein Bewusstsein für Ernstfallsituationen schärfst, desto besser wirst du vorbereitet und handlungsfähig sein.

Es werden folgende Grundlagen der Verteidigung vorgestellt:

- Grundtechnik 1: Schneller Angriff
- Grundtechnik 2: Blocken
- Grundtechnik 3: Distanzhalten und Vermeiden

Grundtechnik 1: Schneller eigener Angriff

Wenn du frühzeitig erkennst, dass der Gegner angreifen will, also zu einer Technik ansetzt, dann kannst du eine schnelle Angriffstechnik ausführen, um mit dieser zuerst zu treffen. Im Kampfsport gibt es hierfür viele Möglichkeiten, da sich die Konkurrenten während des Kampfverlaufs genau beobachten. Der Ernstfall ist jedoch sehr schnell und der Distanzkampf wird meistens zu einem Nahkampf.

Hier sind Vorgehensweisen gegen Angriffe von der Seite und von vorn gewählt, die auch im Ernstfall möglich sind. Teste die Möglichkeiten mit einem Trainingspartner und wähle ein oder zwei Varianten aus, die dir leichtfallen. Übe so, dass der Partner vielfach angreift und du die Technik immer wieder einsetzt. Achte auf nur leichten Kontakt, um Verletzungen zu vermeiden. Wichtig ist, dass du im Ernstfall nach der ersten Technik mit weiteren Techniken folgst, bis dein Ziel erreicht ist – so gilt es auch zu üben.

TECHNIK GEGEN ANGRIFF VON AUẞEN

Greift der Gegner mit einer Technik von außen an z. B. Seithaken oder seitlicher Ellbogen (Seite 67/75/76), dann kannst du ihn mit einer schnellen geraden Technik stoppen. Gut lässt sich dies mit der vorderen Körperseite ausführen, da diese schnell das Ziel trifft. Es ist aber auch mit der hinteren Körperseite möglich. Wichtig ist eine gerade Bewegung nach vorn, zumeist mit Schritt vor und Gewichtsverlagerung, ohne zu verzögern. Abhängig von der

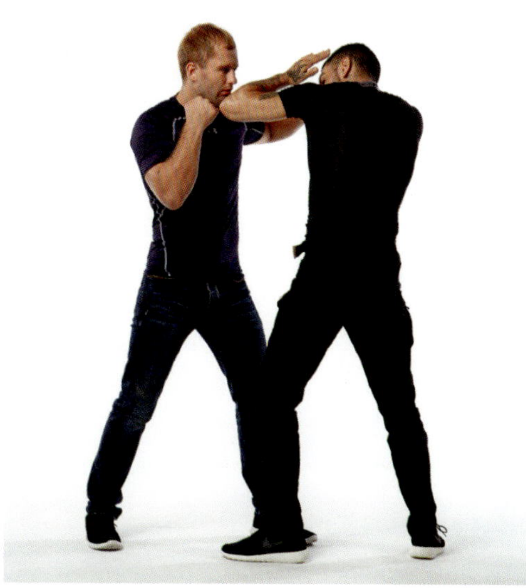

Einen Schlag von außen kannst du mit Schritt vor und gleichzeitigem Aufwärtsellbogen zum Kopf stoppen.

Distanz zum Gegner kannst du einsetzen: Aufwärtsellbogen, vorstoßender Ellbogen, Gerade, Handballenstoß, Handkralle (Seite 80/81/63/61/64) sowie stoßender Stopptritt zu Körper oder Knie (Seite 90–91). Die Vorgehensweise, bei der du mit dem vorderen Aufwärtsellbogen in den Gegner hineinstößt, ist ein wichtiges Kampfprinzip und ist später noch ausführlich vorgestellt (Seite 129–131).

TECHNIK GEGEN ANGRIFF VON VORNE

Ein schneller Vorwärtstritt zu Standbein oder Genitalien (Seite 90–91) eignet sich nicht nur gegen einen seitlichen Angriff, sondern auch gegen einige gerade Techniken von vorn wie Gerade, Aufwärtsellbogen oder gerader Kniestoß (Seite 63/80/83). Das Stoppen des Gegners gelingt am besten mit einem schnellen Tritt mit dem vorderen Fuß. Einen geraden Tritt hingegen kannst du so nicht abwehren, sondern musst ihn wegleiten und dann kontern (Seite 104–105).

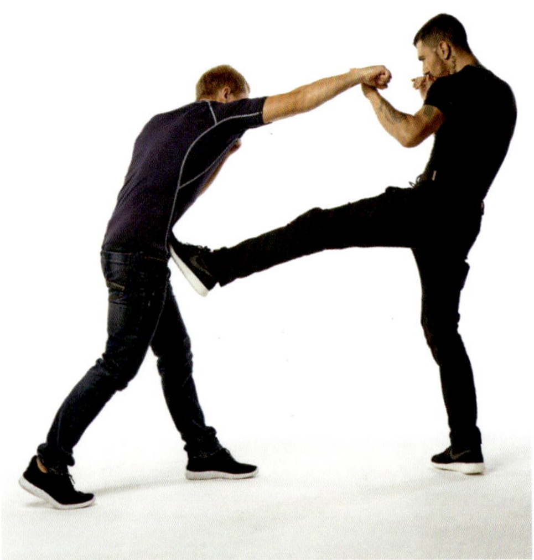

Den geraden Schlag sowie jeden anderen Schlag kannst du mit einem stoßenden Stopptritt verhindern.

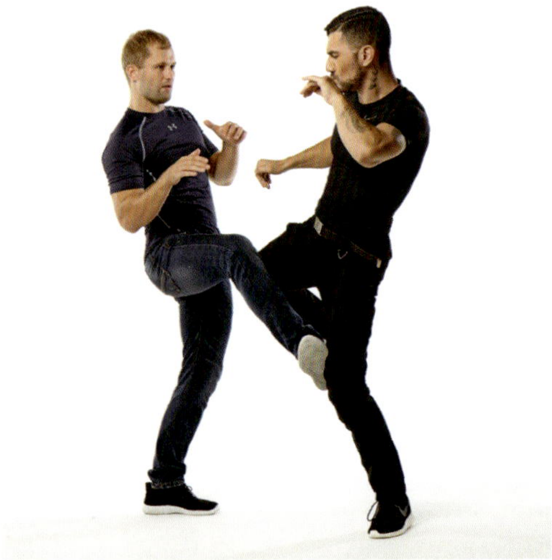

Auch gegen eine Knietechnik kannst du dich mit dem Stopptritt zum Standbein schützen.

Grundtechnik 2: Block

Wenn du den Angriff des Gegners blockst, besteht auch etwas Verletzungsgefahr für dich selbst, da du die Schlagwirkung absorbieren musst. Oftmals sind die Angriffe des Gegners so schnell, dass du dich nur durch Blocken schützen kannst. Um das eigene Verletzungsrisiko zu minimieren, ist es wichtig, dass du stabil stehst beziehungsweise dich kontrolliert bewegst. Versuche danach sofort zu kontern, um den Gegner in seinem Angriff zu stoppen. Hier sind Blocks gegen alle möglichen Vorgehensweisen vorgestellt. Wichtig zu erlernen sind: Kopfblock von vorn und von der Seite, das Schützen des Körpers mit den Unterarmen sowie das Schützen von Beinen und Genitalien.

Teste hin und wieder deine Verteidigung. Dazu übst du mit Trainingspartner unter Verwendung von Boxhandschuhen. Der Partner schlägt eine Runde lang schnelle, aber kontrollierte Schläge zu Kopf und Körper. Du blockst dabei nur ab. Die Geschwindigkeit und Schlaghärte ist abhängig vom Leistungsfortschritt. Fortgeschrittene können andere Körperwaffen ergänzen.

BLOCK GEGEN SCHLAGTECHNIK VON AUßEN ZUM KOPF

Gegen einen Schlag von außen, z.B. Seithaken oder Ohrfeige/Schelle (Seite 67/68), ziehst du den gegenüberliegenden Unterarm hoch, die Hand legst du in den Nacken. Achte dabei auf stabilen Stand. Vorzuziehen ist zwar das Vorstoßen (Seite 129–131), manchmal ist aber der Block notwendig und sollte deshalb auch geübt sein.

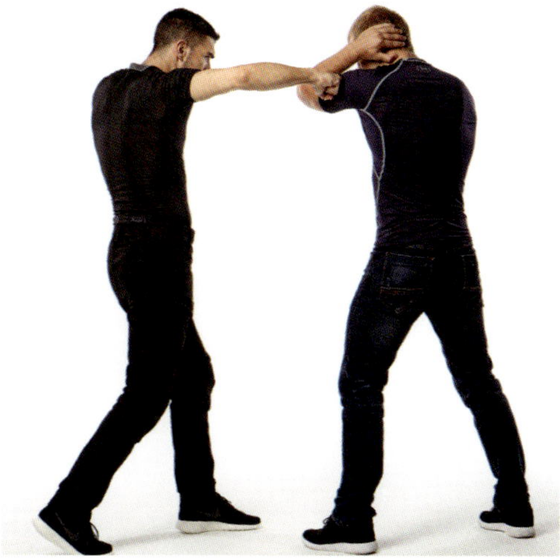

Der Block eines Seithakens mit hochgezogenem Unterarm.

BLOCK GEGEN GERADE SCHLAGTECHNIK ZUM KOPF

Schlägt der Gegner frontal zu deinem Kopf, kannst du im Notfall ein volles Abdecken vornehmen. Die Handflächen liegen oben hinten auf deinem Kopf, die Ellbogen sind zusammen und die Schultern angezogen. Behalte den Gegner zwischen den Unterarmen hindurch im Blick, um wieder angreifen zu können, sonst bist du ein wehrloses Opfer. Allerdings bist du am Unterkörper angreifbar, vor allem wenn er zum Kopf nur eine Finte ansetzt.

Wenn du als Kämpfer geübt bist, dann kannst du den gegenüberliegenden Unterarm zum Blocken vor das Gesicht drehen, den Schlag mit der gegenüberliegenden Hand fangen oder die Ellbogenspitze in die schlagende Faust des Gegners rammen.

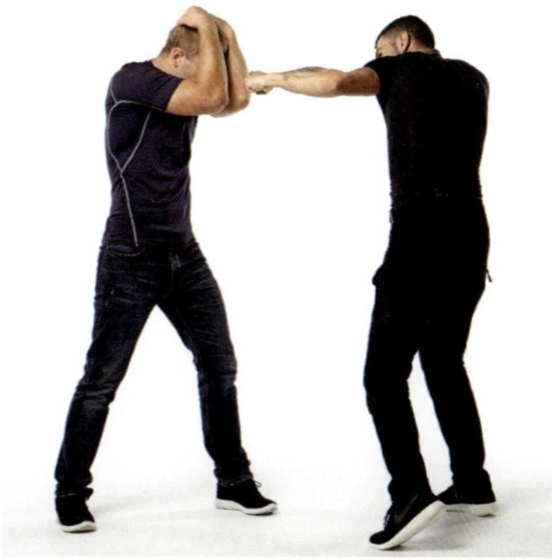

Volles Cover für den Notfall.

BLOCK GEGEN SCHLAG ZUM KÖRPER

Schläge zum Körper wie Gerade oder Seithaken und Aufwärtshaken (Seite 63/67) kannst du mit den Unterarmen blocken, die du dabei etwas eindrehst.

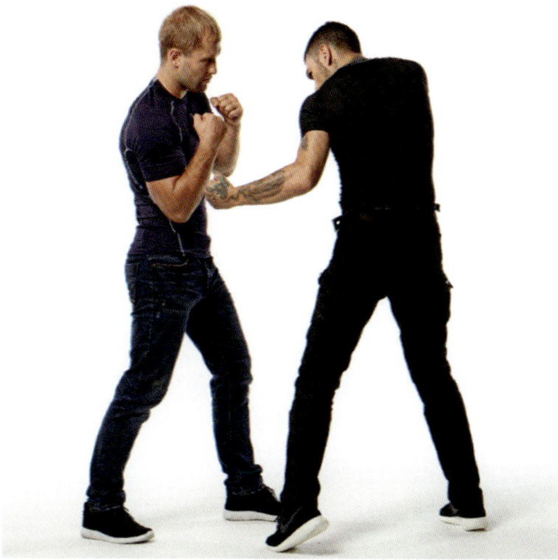

Der Block eines linken Körperhakens.

BLOCK GEGEN ELLBOGENSTOß

Einen Ellbogen von außen (Seite 75/76) kannst du mit deinem gegenüberliegenden Unterarm blocken. Erfolgt der Ellbogenangriff von unten oder vorne oben (Seite 80/81), dann blocke mit waagrecht gehaltenem Unterarm. Achte auf deine Kopfdeckung mit der freien Hand sowie auf stabilen Stand.

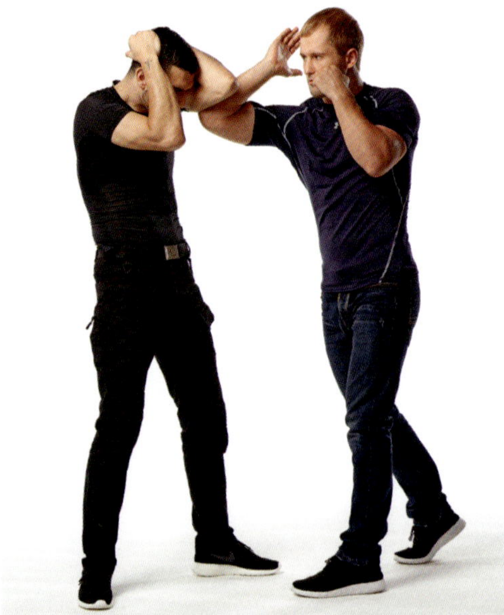

Der Block eines Aufwärtsellbogens mit dem gedrehten Unterarm.

BLOCK GEGEN KICK VON AUßEN ZUM BEIN

Kampfsportler blocken einen Beinkick (Seite 89) mit dem Schienbein. Tritt der Gegner allerdings hart und du bist nicht an das Blocken gewöhnt, kannst du dich verletzen.

Es gibt die Option, den Tritt mit der Fußsohle zu blocken beziehungsweise auf das Trittbein zu treten. Hast du harte Schuhsohlen und triffst den Gegner am Übergang von Spann und Schienbein kannst du ihn so sogar kampfunfähig machen.

BLOCK GEGEN KICK VON AUßEN ZUM KÖRPER

Auch einen runden Kick zum Körper (Seite 89, Bild V) kannst du mit Schienbein oder Schuhsohle blocken. Erfolgt der Kick aber zu schnell, dann halte den gegenüberliegenden Unterarm am Körper und mache vom Kick einen Schritt nach außen weg, und zwar in dem Moment kurz bevor der Tritt auftritt, so verringert sich die Trittwirkung.

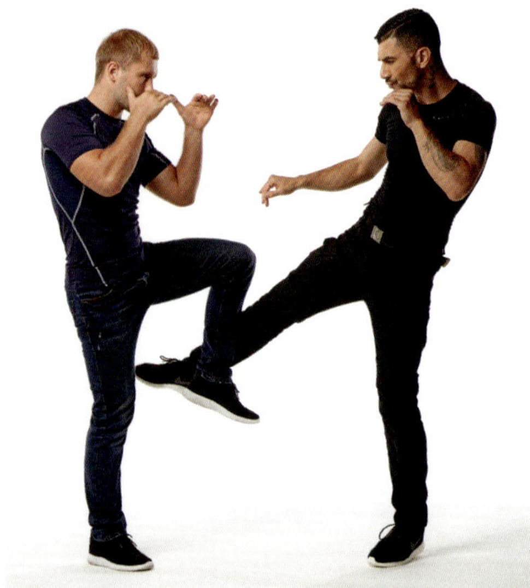

Der Block eines Kicks zum Bein oder Körper mit dem gegenüberliegenden Schienbein.

BLOCK GEGEN KICK ZUM KOPF

Tritte zum Kopf sind im Straßenkampf selten, aber auch möglich. Kommt der Tritt von außen kannst du ihn durch eine eigene schnellere Technik wie eine vordere Gerade (Seite 63) verhindern. Ist der Tritt jedoch zu schnell und überraschend, dann halte den gegenüberliegende Unterarm hoch als Schutz und gehe in Trittrichtung nach außen weg, sodass der Tritt mit weniger Wirkung auftrifft.

BLOCK GEGEN TRITT VON UNTEN ZU GENITALIEN

Erkennst du, dass der Gegner dich mit einem Tritt von unten zu den Genitalien (Seite 88) angreift, dann kannst du den Kick mit der Schuhsohle blocken, wobei du den Fuß etwas nach außen gedreht hast. Als Option kannst du einen seitlichen Tritt (Side Kick) auf sein Trittbein machen. Als Schutz im letzten Moment kannst du das Knie nach innen drehen.

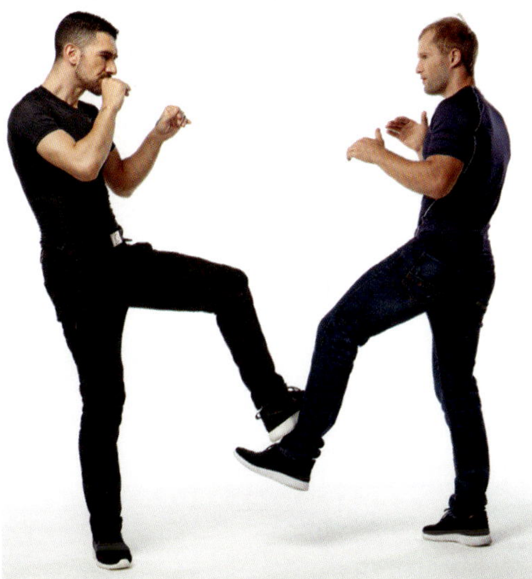

Der Block mit der Schuhsohle gegen einen Tritt von unten zu den Genitalien.

BLOCK GEGEN STOßENDEN TRITT VON VORNE

Leite einen Vorwärtstritt (Seite 90) oder Side Kick (ohne Abbildung) zum Körper möglichst mit dem Unterarm weg. Kommt der gegnerische Tritt zu schnell, dann schütze dich mit einem Block. Ein Tritt zu Beinen oder Körper (Seite 90/91) kannst du mit angezogenem Unterschenkel blocken. Gelingt das bei einem Tritt zum Körper nicht mehr, dann ziehe die Unterarme zusammen und versuche mit leichter Körperdrehung, den Tritt zur Seite abgleiten zu lassen, wobei du einen Schritt vom Tritt weg machst.

Kommt der Tritt zum Kopf, dann leite auch ihn möglichst weg. Musst du aber blocken, dann ziehe die Unterarme zusammen und mache kurz vor dem Auftreffen einen Schritt zurück oder zur Seite, damit der Tritt nicht voll auftrifft.

BLOCK GEGEN KNIESTOß AUS DER DISTANZ

Einen Kniestoß (Seite 83–85/86) kannst du mit dem Knie der gleichen Körperseite blocken (wie hier gezeigt), dies erfordert recht viel Übung. Auch verhinderst du den Kniestoß durch einen Tritt gegen sein Standbein oder durch weiterleiten nach innen mit der Hand. Zudem ist möglich, durch eine schnellere vordere gerade Handtechnik das Knietreffen zu verhindern. Wirst du vom Kniestoß überraschend getroffen, dann kannst du nur die Unterarme zusammenziehen und den Körper etwas wegdrehen oder dich nach hinten bewegen.

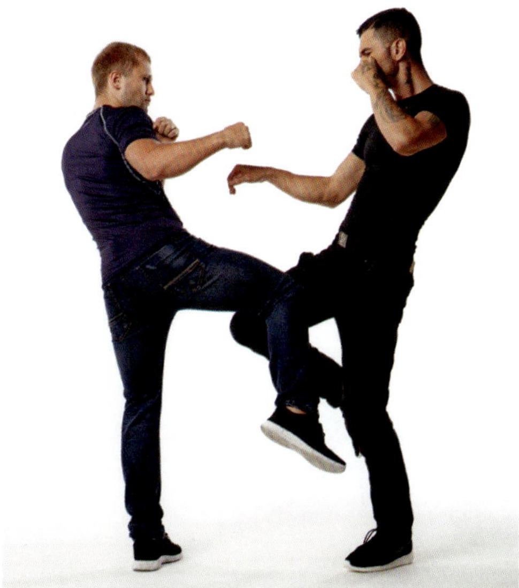

Der rechte Knie-Block gegen einen rechten Kniestoß.

Grundtechnik 3: Distanzhalten und Vermeiden

Solange du eine Distanz von etwa 1,5 Metern zum Gegner bewahrst, kann er dich nicht direkt treffen. Es gibt einige Möglichkeiten auszuweichen oder die Angriffstechnik wegzuleiten. Teste die folgenden Optionen mit einem Partner und was dir davon leichtfällt, nimmst du in dein Kampfkonzept auf. Allerdings musst du das Vorgehen vielfach trainiert haben, damit es im Ernstfall gelingt.

SCHRITT ZURÜCK

Macht der Gegner einen Schritt auf dich zu, egal ob er dabei einen Schlag einsetzt oder nicht, dann kannst du durch einen Schritt zurück ausweichen. Bewege dich zwar schnell, aber nicht unkontrolliert. Ziehe erst den hinteren Fuß zurück und dann den vorderen Fuß nach. Gehe jedoch nicht viele Schritte zurück, da dich der Gegner sonst irgendwann überwinden wird; weiche dann besser zur Seite aus.

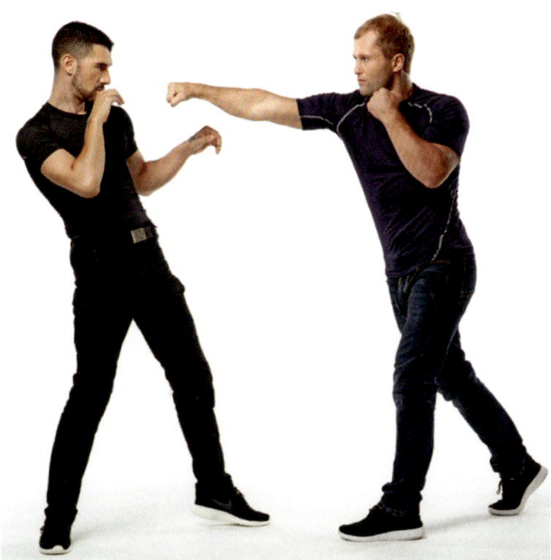

Schritt zurück gegen einen geraden Schlag.

ZURÜCKLEHNEN

Setzt der Gegner eine Technik zum Kopf ein, dann kannst du den Oberkörper zurücklehnen. Verlagere dazu das Gewicht auf das hintere Bein, ziehe das Kinn leicht zur Brust und halte die Hände oben, damit du blocken kannst, falls die gegnerische Technik doch das Ziel trifft. Du kannst das Zurücklehnen mit einem Schritt zurück verbinden, was aber nicht zwingend ist.

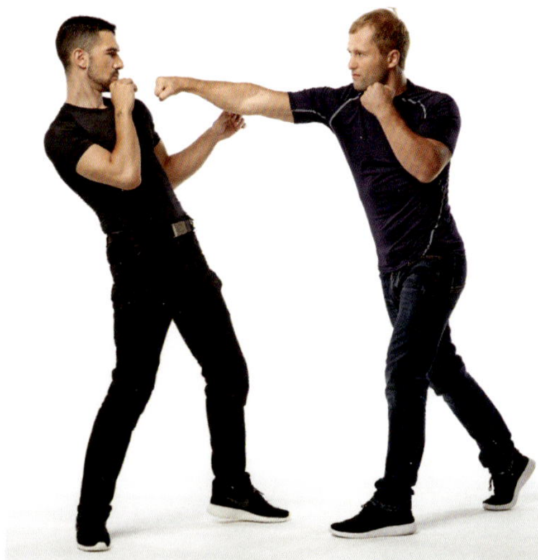

Zurücklehnen gegen einen geraden Schlag.

AUSWEICHEN UND WEGLEITEN

Du kannst zur Seite ausweichen. Dabei gilt: um den Kampf zu vermeiden, weichst du gegen eine gerade Technik von vorn zur Außenseite aus und leitest dabei möglichst seine Technik zur anderen Seite. Wenn also der Gegner mit Schlag, Stoß oder Vorwärtstritt (Seite 63/61/80/83/90) von seiner linken Seite angreift, dann bewegst du dich nach rechts und leitest dabei seine Angriffstechnik nach links. Entsprechend seitenverdreht bewegst du dich gegen einen Angriff mit der rechten Körperseite.

Es gibt auch die Möglichkeit zur Innenseite zu gehen, was dann mit gleichzeitigem Angriff verbunden wird. Dies ist schwieriger zu erlernen und wird deshalb hier nicht vorgestellt.

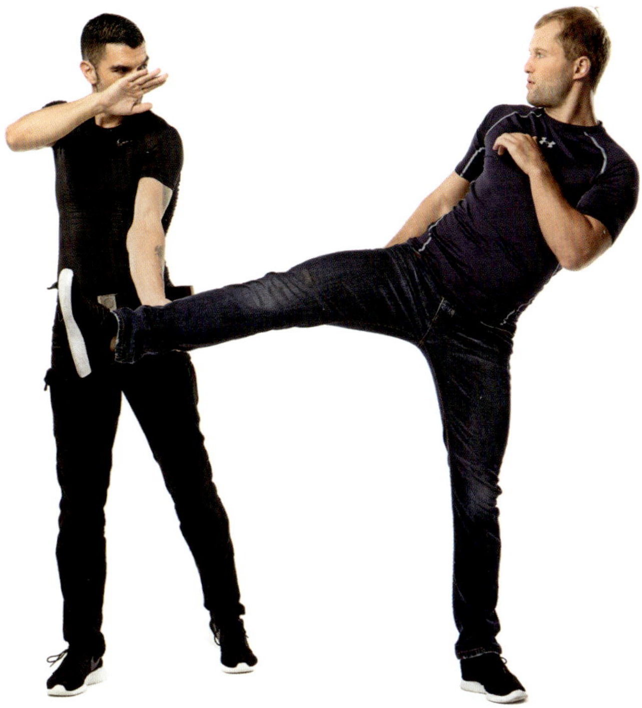

Gegen einen rechten Vorwärtstritt kannst du dich schützen, indem du einen seitlichen Schritt nach links machst und dabei den Tritt nach rechts leitest. Das Trittbein hebst du nicht fest, sondern leitest es in einer gleichmäßigen Bewegung weg.

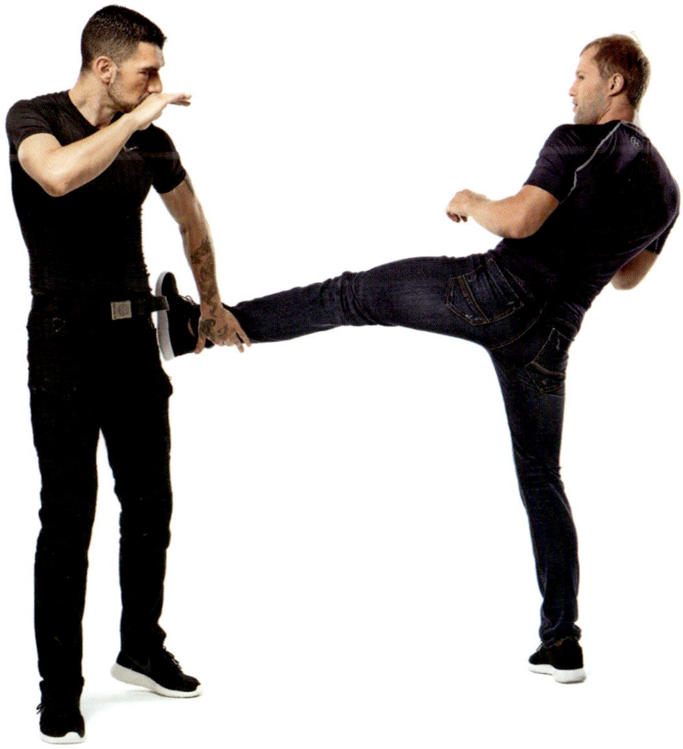

Einem linken Vorwärtstritt kannst du durch einen seitlichen Schritt nach rechts ausweichen, wobei du den Tritt nach links leitest.

TEIL 4
DER ERNSTFALL

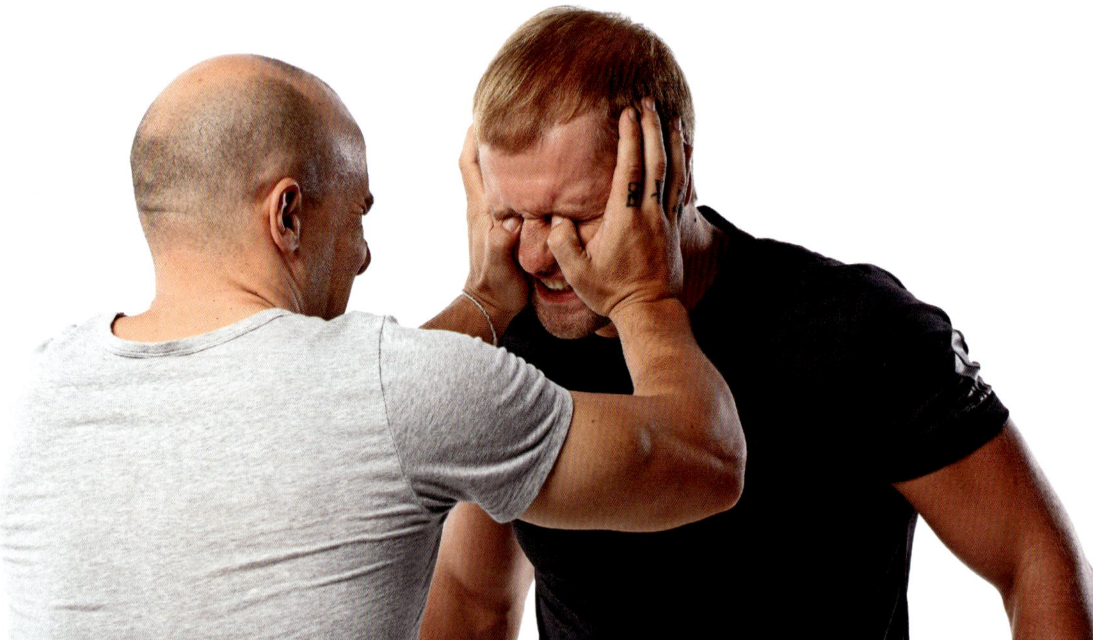

GAMEPLAN

Du benötigst ein übergreifendes Konzept für deinen Selbstschutz, was in diesem Buch als Gameplan bezeichnet wird. Darunter wird das Verhalten im konkreten Ernstfall verstanden, einschließlich der Aspekte im Vorfeld wie Vermeiden der Situation, Beschwichtigen des Aggressors und Grenzenziehen zur Selbstbehauptung. Außerdem gehört das überlegte Verhalten nach einem Ernstfallkampf in den Bereich des Selbstschutzes.

Zur Entwicklung deines Gameplans gehe wie folgt vor: Trainiere deine Aufmerksamkeit, um Bedrohung frühzeitig zu erkennen (Übungen, Seite 216–218).

Mache dir deine Ausstrahlung bewusst und arbeite an dieser, sodass du von potentiellen Angreifern als »hartes Ziel« angesehen wirst, und somit zumeist aus der Opferauswahl herausgenommen wirst (Übungen, Seite 219–222).

Auch mit Beschwichtigen und Grenzenziehen können gefährliche Situationen abgewendet werden. Die entsprechenden Übungen findest du auf den Seiten 223–226.

Um dich im realen Kampf zu behaupten, benötigst du das Kampf-Mindset. Lerne es zu entwickeln und bei Gefahr umgehend abzurufen (Seite 221–222 und 227–230). Auch musst du eine kleine Auswahl an Kampftechniken (Seite 231–237) und Verteidigungstechniken (Seite 240–241) einstudieren. Die beste Chance hast du mit einem kompromisslosen Präventivangriff (Seite 238–240).

Falls der Gegner zuerst angreift und dich überrumpelt, musst du dich auch schnell behaupten können. Dein Mindset ist entscheidend: Du musst so schnell wie möglich selbst in den Angriff übergehen. Selbst am Boden gegen einen erfahrenen Ringer hast du mit einem aggressiven Mindset eine Chance, dich zu behaupten. Du kannst ihn beispielsweise in den Hals beißen, um dich aus seinem Griff zu befreien. Es gibt viele Vorgehensweisen, um sich aus einer misslichen Lage zu befreien. Bedenke beim Training, dass der Kampf dynamisch ist, weshalb sich die Situation innerhalb eines Moments vollständig verändern kann. In diesem Buch sind einige recht häufig auftretende Kampfsituationen ausgewählt und die Befreiungen daraus gezeigt (Seite 242).

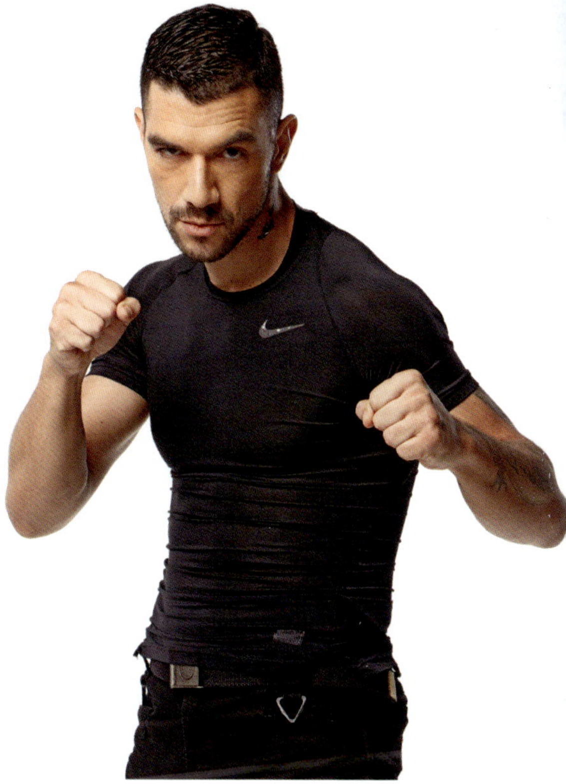

Mit regelmäßigem Kampftraining wirst du dein Selbstvertrauen steigern und dies auch ausstrahlen.

Du kannst mit Alltagsgegenständen oder Waffen attackiert werden. Trainiere ein Verhalten gegen solche Angriffe und diese auch einzusetzen (Seite 140–155 und 198–209). Zudem lohnt sich auch das Training von »Kampfinstinkten« gegen mehrere Gegner (Seite 156–159). Flucht stellt zwar die beste Wahl dar, manchmal ist diese Möglichkeit jedoch nicht gegeben.

Verstehe das Kampftraining allerdings nicht so, dass alles genauso im Ernstfall passieren wird und du genauso agieren musst. Vielmehr dienen die verschiedenen Trainingssituationen dazu, dein instinktives Kampfverhalten zu schulen und dich mit misslichen Lagen vertraut zu machen, damit du schnellstmöglich in den Angriff übergehen kannst und zwar gegen das dann sinnvollste Ziel.

Letztlich ist auch die Bedrohung in der Nachkampfphase zu berücksichtigen. Überlegtes Handeln ist notwendig, damit sich der Kampf nicht nachträglich zu deinen Ungunsten entwickelt, du nicht beispielsweise vor Gericht verurteilt wirst. Wichtige Informationen findest du dazu auf den Seiten 36–37.

Du musst nicht unendlich viele Techniken und Vorgehensweisen einstudieren, um im Ernstfall handlungsfähig zu sein. Zu viele Techniken könnten sogar dazu führen, dass sich deine Handlungsprozesse verlängern. Reduziere die Techniken und Vorgehensweisen auf die wichtigsten; diese gilt es intensiv zu üben.

Mache dir Vorkampfphase, Kampfphase und Nachkampfphase bewusst und übe dein mögliches Verhalten, um dich und nahestehende Menschen zu schützen. Du erfährst dazu in diesem Buch die grundlegenden Informationen. Wichtig ist es nicht nur zu lesen und theoretisch zu verstehen, sondern mit einem Partner zu üben. Ich empfehle dir, zumindest einmal einen Selbstverteidigungskurs mit Szenario-Training zu belegen, für mindestens 10 Einheiten. Besser wäre jedoch ein umfangreiches Selbstschutztraining unter Anleitung eines erfahrenen Trainers. Informationen zur Auswahl eines Selbstverteidigungskurses findest du auf den Seiten 244–250.

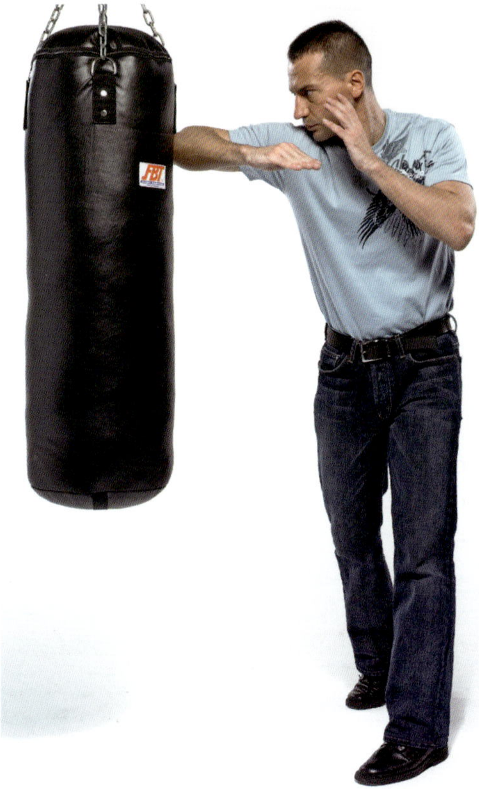

Wähle einige Kampftechniken, die dir gut liegen, und trainiere diese intensiv.

Kampfbereich innerhalb des Gameplans

In diesem Buch lernst du viele Techniken für den Ernstfall kennen. Das bedeutet nicht, dass du alle perfekt beherrschen musst, um handlungsfähig zu sein. Du benötigst ein Grundkampf-Set, das du dir wie folgt aneignen kannst.

- Wähle aus den vorgestellten Angriffstechniken (Seite 61–97) mindestens drei bis fünf Techniken aus. Nutze eine Auswahl, mit der du Kopf, Körper und Unterleib attackieren kannst. Am besten testest du alle Kampftechniken und wählst solche, die dir leichtfallen. Perfektioniere diese, um sie im Ernstfall effektiv anbringen zu können. Mit der Zeit kannst du weitere Angriffstechniken in deinem Kampfrepertoire ergänzen.

- Für den Distanzkampf, der in der Selbstverteidigung zumeist nicht lange, manchmal sogar gar nicht stattfindet, musst du die Grundtechniken der Verteidigung (Seite 98–105) anwenden können. Übe in den ersten Trainingseinheiten zumindest das Blocken gegen Schläge, Stöße und Tritt von außen und von vorne, damit du im Ernstfall handlungsfähig bist. Mit der Zeit kannst du weitere Techniken ergänzen.
- Übe den Präventivangriff (Seite 117–128). Wähle zwei bis drei Kampfvorgehen und studiere sie ein. Übe nicht zu viel Unterschiedliches, damit du im Kampf nicht anfängst nachzudenken und abzuwägen.
- Übe Verhaltensmuster (Seite 132–139), um dich gegen Angriffe im Distanzkampf vorzubereiten. Übe für alle vorgestellten Muster zumindest einige Male dein Vorgehen. Dabei kannst du mit den von dir ausgewählten Angriffstechniken kontern. Fortgeschrittene ergänzen dies mit Verhaltenstraining gegen Angriffe mit Hieb- und Stichwaffen (Seite 140–155) sowie von mehreren Gegnern (Seite 156–159).
- Wenn dich der Gegner im Stand überraschend attackiert, dann schütze dich und übe das umgehende geschützte Vorstoßen in den Gegner (Seite 129–131). Dies ist eine sehr effektive Vorgehensweise für den Ernstfallkampf.
- Als Befreiungstechniken empfehle ich dir, einige Vorgehensweisen gegen Greifen, Umklammern, Würgen sowie am Boden zu üben (Seite 163–191).

Es geht nicht darum, für jede Möglichkeit dein Verhalten genau festzulegen. Denn wenn sich der Kampf anders darstellt, wärst du dann hilflos. Trainingsziel ist es, Erfahrung und Intuition für solche Situationen zu entwickeln, um im Ernstfall die sich dann anbietenden Techniken aus deinem Grundkampf-Set ohne Zögern wirkungsvoll anzubringen.

SIEGESWILLE ALS MINDSET

Dein Mindset muss absoluter Siegeswille sein. Diese Kampfeinstellung entscheidet darüber, ob du dich im Kampf behaupten oder verlieren wirst. Hier wird davon ausgegangen, dass sich der Kampf nicht mehr vermeiden lässt. Nun entscheidet deine Einstellung: Du kannst noch so gut die Techniken trainiert haben, wenn du in einem realen Kampf zögerlich agierst, dann wirst du verlieren.

Für manche Männer stellt es ein Problem dar, von tagtäglichen, zumeist freundlichen Umgangsformen auf Kampfmodus umzustellen. Insbesondere dann, wenn sie noch keine Gewalterfahrungen haben. Wir wurden erzogen, höflich zu sein und auf andere Menschen Rücksicht zu nehmen. Wenn du in einen Ernstfall gerätst, dann spielt deine Erziehung keine Rolle mehr. Du trittst gegen einen oder sogar mehrere gefährliche Gegner an. Du hast eine Chance den Angriff erfolgreich abzuwehren, aber nur dann, wenn du entschlossen und kompromisslos kämpfst. Verliere alle deine Hemmungen und stelle dein Mindset auf Kampfbereitschaft, mit dem kompromisslosen Willen zu siegen.

Verwende in einer Ernstfallsituation keine Gedanken an die Konsequenzen wie Verlieren und Verletzungen. Denke nur daran, aggressiv vorzugehen, sobald es erforderlich wird. Konzentriere dich und beobachte den Gegner genau. Achte auf seine Hände sowie auf sein ganzes

Verhalten. Suche nach Körperstellen, die du effektiv attackieren kannst. Wo kannst du angreifen, welche Ziele bieten sich an. Sei wachsam, und wenn du instinktiv fühlst, dass du handeln musst, dann werde sofort aktiv; verzögere dein Handeln nicht. Attackiere den Gegner explosiv und kraftvoll, bis dein Ziel erreicht ist. Wenn du kämpfen musst, dann gilt es alles dafür zu tun, um dich zu schützen. Kämpfe mit aller Entschlossenheit und Kraft.

Aggressoren können laut auftreten und erniedrigende Sprüche machen. Sie wollen im Vorfeld mental die Zielperson besiegen, sodass diese verängstigt eine Schutzhaltung einnimmt und dann das Geschehen und sogar Schläge über sich ergehen lässt, anstatt sich zu wehren. Du wirst vielleicht schon selbst erlebt haben, wie sich ein großer aggressiver Gegner in der Kneipe oder Diskothek vor dir aufbaut. Er wird laut und geht davon aus, dich mit Bully-Verhalten so zu beeinflussen, dass du den Glauben an deine Siegeschance verlierst. Bleibe ruhig, atme tief ein und aus, beobachte ihn und glaube an dich. Rufe dir in Erinnerung, dass du gegen jeden Gegner eine reale Chance hast. Insbesondere dann, wenn du einen guten Präventivangriff einstudiert hast. Zudem kannst du manche Aggressoren mit dem richtigen selbstbewussten Auftreten aus dem Konzept bringen und möglicherweise verziehen sie sich.

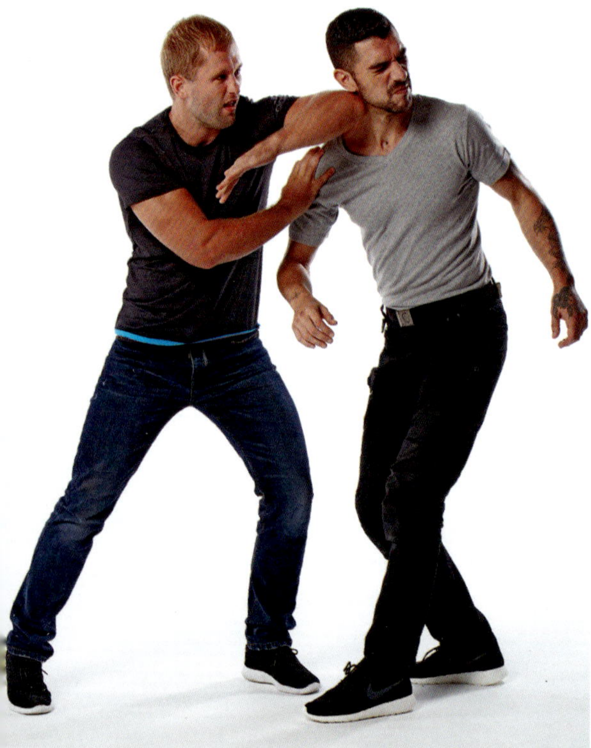

Du musst mit absolutem Siegeswillen kämpfen.

Wenn du dich dem Gegner hingegen ängstlich und eingeschüchtert unterwirfst, wirst du auch den Kampf verlieren. Zeige dich als »hartes Ziel«, also stark und selbstsicher. Denke nur an dein kompromissloses Vorgehen und den darauffolgenden Kampfsieg. Verschwende keine Gedanken an eine Niederlage, denn man sagt: »Wer sich das Verlieren einprägt, der verliert auch meistens.« Das heißt allerdings nicht, dass du den Gegner unterschätzen darfst – das kann ein »böses« Erwachen geben. Vielmehr geht es darum, dass, wenn du kämpfen musst, du dann nach deinen besten Möglichkeiten agierst, um die größtmöglichen Gewinnchancen zu haben.

Du kannst im Kampfsporttraining für deinen harten Schlag berüchtigt sein, wenn du ihn im Ernstfall zögerlich einsetzt oder den richtigen Zeitpunkt verpasst, anstatt explosiv präventiv zu schlagen, dann nützt er dir gar nichts. Du musst in Kampfmodus umschalten, wenn du in einen Konflikt gerätst.

Problematisch ist, dass wir »schlechte« Tage haben, an denen wir mit unseren Gedanken ganz woanders sind und uns schwach und niedergeschlagen fühlen. Darauf nimmt ein Aggressor schon gar keine Rücksicht. Vielmehr ist dies die beste Voraussetzung für seinen Übergriff. Wir müssen auch an einem »schlechten Tag« in der Lage sein, uns selbst zu schützen. Vor allem dürfen wir unsere Schwäche nicht zeigen. Wir müssen dem Aggressor zumindest den

Eindruck vermitteln, dass wir aufmerksam und fit sind. Konzentriere dich besonders an einem Tag, an dem du nicht fit fühlst.

Falls dem Gegner ein Überraschungsangriff gelingt, dann hast du nur eine Chance dich zu behaupten, wenn es dir schnell gelingt, aus der Schockphase in den eigenen Angriff überzugehen, also vom Angegriffenen zum Angreifer zu werden (Seiten 131 und 163–191). Ziel ist es, das Geschehen zu übernehmen, dem Angreifer so entgegenzutreten, dass er in seinem Mindset vom Angreifer in einen Angstzustand gerät. Dazu musst du, egal in welche Position er dich gebracht hat, aggressiv und brutal kontern.

Training

In einer Bedrohungssituation musst du aktiv sein, weder ängstlich noch zögerlich. Gestalte dein Training dementsprechend soweit wie möglich mit dem Mindset, das du im Ernstfall einsetzen musst. Im Solotraining visualisierst du dir einen Ernstfall, bevor du am Boxsack zu üben beginnst. Im Training darf der Partner natürlich nicht verletzt werden, doch gilt es weiterhin, konzentriert zu üben. Für den Selbstschutz musst du fokussiert üben, unter möglichst realistischen Voraussetzungen.

Übst du hingegen locker und unkonzentriert, dann übernimmst du dies auch in dein Kampfverhalten und kannst sehr wahrscheinlich in einem Ernstfall nicht wie nötig auf den Kampfmodus umstellen. Du musst entschlossen sein und diese Haltung ausstrahlen; das richtige Training hilft dir dabei.

Wenn du Zweifel hast, dass du präventiv angreifen kannst, dann besuche einen Selbstverteidigungskurs, bei dem Stresstraining mit vielen Ernstfallszenarien geübt wird. Auch Vollkontaktkampfsport und traditionelles Boxen, bei dem du Sparring machst, ist sehr hilfreich, Angst und Hemmungen abzubauen.

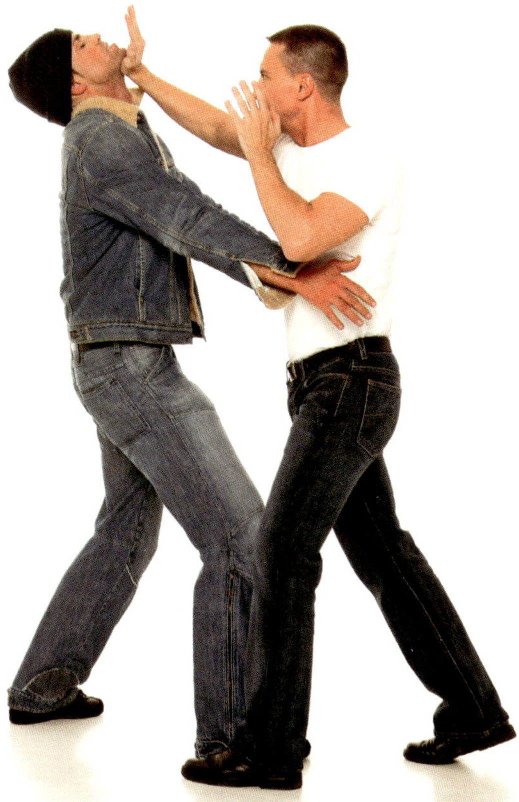

Der Handballenstoß von unten.

SO ENTWICKELST DU SIEGESWILLEN

Visualisiere dir eine gefährliche Ernstfallsituation und wie du dann schnell Kampfbereitschaft entwickelst. Gelingt es dir nicht, dann ruf dir die folgenden Überlegungen in Erinnerung. Mache dies immer mal wieder, bis es dir gelingt, schnell von der Alltagsgeisteshaltung in Kampf-Mindset umzuschalten.

- Kämpfe für dich, deine Familie und Freunde! Schützt du dich nicht, dann wirst du verletzt, möglicherweise schwer oder sogar getötet. Überlege dir Dinge, die dein Leben bereichern, und dass du weiterhin für deine Familie und Freunde da sein willst.
- Kämpfe brutal und du wirst dich durchsetzen! Sorge dich nicht um die Gesundheit des

Gegners. Er will dich unterdrücken, verletzen oder töten.

- Entwickle deine Kampfwut und schütze dich mit aller Entschlossenheit! Du wirst es schaffen, den Gegner wegzuhalten und erfolgreich zu attackieren. Du kannst den größten und stärksten Gegner besiegen, wenn du überraschend, hart und gegen ungeschützte verletzliche Körperstellen attackierst. Er wird bewusstlos oder so stark verletzt, dass er nicht mehr kämpfen kann.
- Verlasse dich nur auf dich selbst! Werde laut, damit andere Menschen dich hören und helfen können oder der Aggressor aus Angst vor Entdeckung verschwindet. Aber erwarte nicht, dass Hilfe kommt – auch Freunde können dich »im Stich lassen«. Du bist bereit, aktiv zu werden, und wenn es notwendig wird, dann schützt du dich selbst.
- Denke nur an deinen Angriff! Mache dir keine Sorgen über Schmerzen, denn in großer Gefahr schüttet der Körper so viel Adrenalin aus, dass du keine Schmerzen während des Kampfes spürst, sondern erst danach.
- Greife an, ohne Zögern und Zweifel! Falls du immer noch Zweifel hast, dann stelle dir vor, wie du kämpfen würdest zum Schutz deiner Liebsten, beispielsweise wenn jemand versucht, dein Familienmitglied zu vergewaltigen. Du denkst nicht nach, sondern handelst. Du hast keine Hemmungen, den Gegner an allen möglichen Körperstellen zu attackieren. Genauso entschlossen musst du dein eigenes Leben verteidigen.
- Kämpfe brutal ohne Kompromisse! Du bist bereit, mit Mut und größter Härte zu kämpfen und zwar bis keine Gefahr mehr besteht: Entweder ist der Gegner kampfunfähig, er flieht beziehungsweise lässt eindeutig von dir ab oder du kannst selbst fliehen.
- Wähle einen Trigger-Satz. Sage dir beispielsweise: »Ich kämpfe für mich und meine Familie. Um unser Leben zu sichern. Ich werde gewinnen, kompromisslos.« Denke dir einen ähnlich für dich wichtigen Satz aus und präge ihn dir ein. Wiederhole ihn, wenn sich eine gefährliche Situation entwickelt, um Kampfbereitschaft aufzubauen. Das heißt aber nicht, dass du deine Körperhaltung anspannen sollst, sondern du musst locker erscheinen, um dann explosiv zu schlagen (siehe Präventivangriff, Seite 117–128).

INFO

Für manche Männer ist dieses Vorgehen nicht notwendig, da sie bereits genügend Gewalterfahrung hatten und es ihnen möglich ist, bei Gefahr angemessen zu reagieren. Wer jedoch mit Gewalt keine Erfahrung hat, dem kann visualisiertes Üben helfen. Das ist zwar nicht dasselbe, hilft aber zumindest etwas. Übe dein Mindset schnell aufzubauen, auch mit Partnern in Ernstfallszenarien, am besten in einem Selbstverteidigungskurs, bei dem intensiv Stress erzeugt wird.

Der Kampf

Du musst dich in einem Kampf behaupten, den du nicht herbeigerufen hast. Du musst dich und gegebenenfalls andere schützen und dafür alles tun, was notwendig ist. Dein Kampfgeist ist wichtiger als Technik. Siegeswille und kompromissloses Vorgehen sind entscheidend. Bedenke dies, wenn dich ein muskelbepackter Gegner stresst. Du kannst in einem Kampf körperlich schwächer als der Gegner sein, deine mentale Einstellung muss dann allerdings besser als seine sein.

Wenn du Angst vor dem Kämpfen hast, dann stelle dir immer wieder vor, dass du von einem Aggressor attackiert wirst und visualisiere dann den Kampfverlauf kompromisslos bis zu deinem Sieg (Übung, Seite 221–222).

Du musst siegen wollen und darfst nicht zögerlich denken. Manche versuchen sich selbst gedanklich zu beschwichtigen, mit Gedanken wie: »Ich will nur, dass alles schnell vorbeigeht und den Gegner weghalten. Wenn er mich schlägt, dann kann ich immer noch kontern.« Dieses passive Denken wird wahrscheinlich zur Niederlage führen. Generell sind Gedanken an eine Niederlage vollkommen auszublenden. Mache dir hingegen klar, dass du mit jedem einzelnen Gegner fertig werden kannst, wenn du geschickt vorgehst.

Greife zuerst an, und attackiere weiter mit aller Kraft und Willen, um den Sieg zu erreichen. Täusche den Gegner: Alles Mögliche ist denkbar, um überraschend anzugreifen (Seite 117–128). Es geht nicht um Werte und Ehre, sondern darum, dich im Kampf zu behaupten.

Der Gegner kann entsprechend vorgehen. Er kann dich beispielsweise anlächeln und eine freundliche Frage stellen, um dann explosiv mit dem Bierglas zu schlagen. Oder er hat sogar ein Messer am Körper versteckt, mit dem er plötzlich zusticht. Lasse dich nicht täuschen, sondern wenn Gefahr besteht, gehe von den schlimmsten Absichten des Gegenübers aus. Beobachte ihn und sei vorbereitet.

Du musst brutal kämpfen, ohne zu zögern und ohne Rücksicht zu nehmen. Kämpfen ist kein Wettstreit. Greife immer weiter an, bis das Ziel erreicht ist. Verlasse dich in einem Kampf nur auf dich selbst, denn oft wird man im Ernstfall von scheinbaren Freunden enttäuscht. Falls doch jemand hilft, dann ist es umso besser.

Wie bereits oft betont, wenn sich Gewalt umgehen lässt, ist dies immer die beste Wahl. Im Kampf kannst du verletzt werden und es kann auch ein Nachspiel geben, im Gerichtsprozess oder es erfolgt eine Racheaktion. Falls du aber kämpfen musst, dann kompromisslos, allerdings mit Rücksicht auf die Verhältnismäßigkeit. Dabei gilt, wenn der Gegner eine große Gefahr darstellt, dann ist jedes Mittel recht um sich zu schützen.

Kampfprinzipien

Hier sind Prinzipien aufgezählt, die dir helfen können, dich zu behaupten.

- »Begrabe« deinen Stolz! Wenn sich ein Kampf umgehen lässt, dann verlasse die Situation. Kämpfe nicht aus Ego-Gründen, denn vielleicht gewinnst du den Kampf, musst aber danach ins Gefängnis oder du wirst schwer verletzt.
- Nutze deine Schutzhaltung (Fence)! Entwickelt sich ein Konflikt, dann baue eine der Situation angemessene Schutzhaltung auf (Seite 40–48).
- Kein Körperkontakt! Vermeide Körperkontakt mit dem Aggressor. Berührt er dich oder versucht er dich festzuhalten, dann löse dich sofort und komme in die Fence zurück.
- Unterschätze keinen Gegner! Auch ein kleiner, scheinbar schwacher Gegner kann mit dem richtigen Mindset sehr gefährlich sein. Sei wachsam und schütze dich.
- Lasse dich nicht täuschen! Ein Gegner kann dich mit Freundlichkeit täuschen. Er kann z. B. einen Handschlag anbieten, um dann mit der anderen Hand zu schlagen.
- Bewaffne dich! Wenn ein Alltagsgegenstand oder eine Waffe greifbar ist, die deinem Schutz hilft, dann nutze sie.
- Verzögere keine Aktion! Wenn dir deine Intuition sagt, dass du jetzt handeln musst, dann werde sofort aktiv.
- Agiere präventiv! Ist die Gefahr eindeutig und unabwendbar, dann greife zuerst an.
- Attackiere explosiv, mit voller Power! Greife schnell an und setze dein gesamtes Gewicht ein.
- Nutze die beste Technikoption zum besten verfügbaren Ziel! Wähle für deinen Angriff, was sich für den Gegner in der momentanen Situation anbietet.

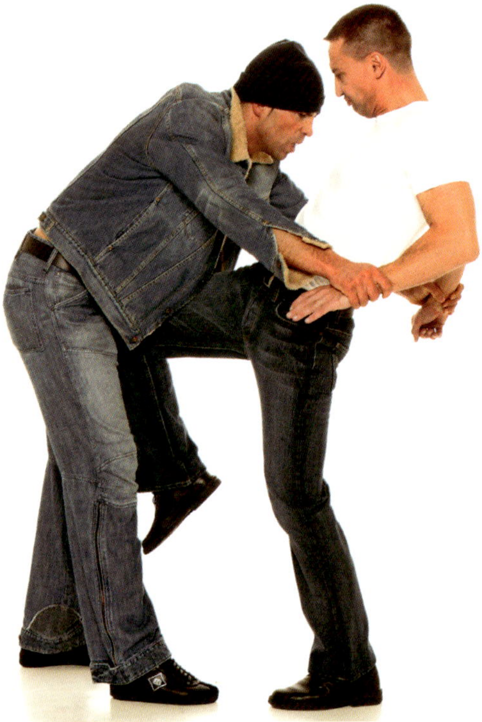

Attackiere das momentan am besten erreichbare Ziel.

- Agiere unkompliziert! Nutze, was du trainiert hast, und mache keine Show-Techniken. Du willst kein Publikum begeistern, sondern schnell gewinnen. Nutze grobmotorische Vorgehensweisen, denn Feingefühl ist unter Stress nicht vorhanden.
- Gehe vorwärts! Du musst den Kampf bestimmen, denn wer sich auf das Verteidigen konzentriert, wird irgendwann getroffen.
- Wechsel die Angriffshöhen oder -seiten! Der Gegner wehrt möglicherweise deine erste Aktion ab und hat seinen Schutz nun entsprechend in Position. Attackiere dann ein ungeschütztes Ziel in anderer Position.
- Sei stark! Gehe aggressiv vor, nimm Treffer hin; dein Adrenalin wird dich einiges aushalten lassen.
- Keine Skrupel und Fairness! Bist du in Lebensgefahr, ist alles möglich. Täusche, schlage in die Genitalien, steche in die Augen oder beiße in den Hals. Alles ist einsetzbar, solange es deinem Schutz dient.
- Führe die Attacke fort, bis dein Ziel erreicht ist! Dies bedeutet solange, bis der Gegner keine Gefahr mehr darstellt oder du fliehen kannst.
- Stoppe, wenn die Gefahr beseitigt ist! Mache nicht mehr als nötig. Sobald die Gefahr gebannt ist, stoppe deinen Angriff ab. Führe keine Racheaktionen aus. Liegt der Gegner benommen auf dem Boden, dann stampfe nicht auf seinen Kopf. Das ist kein Selbstschutz, sondern Gewaltexzess.
- Bringe dich in Sicherheit! Sobald sich die Möglichkeit ergibt, verlasse die Situation.

INFO Alkohol und Kämpfen

Wenn du Alkohol in der Öffentlichkeit trinkst, sei dir deiner Einschränkungen bewusst. Alkohol lässt uns Situationen falsch einschätzen, zudem kann er uns übermütig werden lassen. Auch wenn es oftmals für den Trinkenden so nicht erscheint, bereits nach wenigen Gläsern ist man deutlich langsamer, unkontrollierter und das Sichtfeld ist eingeschränkt. Gegen einen geübten Gegner besteht so kaum eine Kampfchance.

Trinkst du hin und wieder in der Öffentlichkeit, dann ist es in einem umfassenden Selbstschutztraining sinnvoll, die Fähigkeiten nach Alkoholkonsum unter Aufsicht eines Trainers oder Freundes zu testen; Videoaufnahmen sind dazu hilfreich. So lernst du die eigenen Grenzen im Ernstfall besser einzuschätzen.

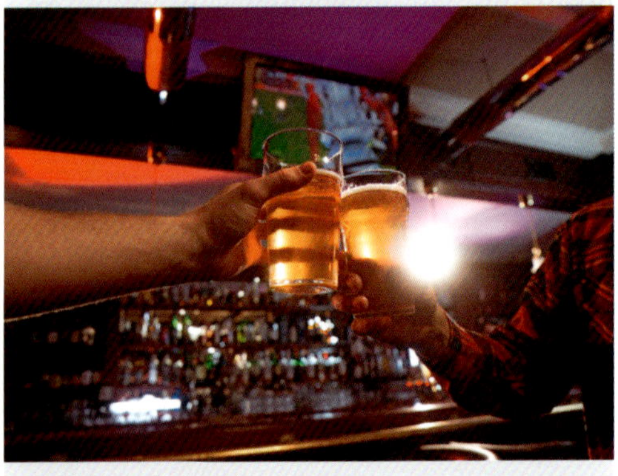

Schon wenige Bier reduzieren deutlich deine Kampffähigkeiten.

INFOS ZU ANGST UND SCHOCKSTARRE

Wenn du eine Gefahr wahrnimmst, dann reagiert der Körper mit einem Adrenalinausstoß. Dies macht deinen Körper leistungsfähiger: Du wirst stärker, schneller und weniger schmerzempfindlich. Allerdings führt ein hoher Adrenalinanstieg auch zu verringerten feinmotorischen Fähigkeiten, deine Wahrnehmung wird schlechter und dein Sichtfeld eingeschränkt, oft als »Tunnelblick« bezeichnet.

Umso größer du die Gefahr einschätzt, desto mehr stellen sich Unsicherheit und Angst ein. Wenn du dies nicht kontrollieren kannst, dann gerätst du in die Defensive und verlierst die Kontrolle sowie deinen Kampfesmut (Siegeswille). Bist du mit der Situation vollständig überfordert, dann kannst du in eine sogenannte Schockstarre geraten. Dies kann insbesondere eintreten, wenn du von einer großen Gefahr überrascht wirst.

Ein Aggressor kann versuchen, das Opfer so einzuschüchtern, das es sehr große Angst bekommt und handlungsunfähig wird. Der Aggressor redet laut oder brüllt, ist sehr aggressiv und kann zudem drohen. Er kann zur Brust stoßen oder eine Ohrfeige geben, um noch größeren Stress hervorzurufen. Solches Verhalten nutzt der Aggressor, um sein Opfer zu testen und bereits mental zu besiegen. Reagiert das Opfer stark verängstigt und der Aggressor will danach angreifen, hat er mit wenig Gegenwehr zu rechnen.

Wenn du im Straßenkampf erfahren bist, dann wirst du dich normalerweise wenig von einem lauten Aggressor, z. B. in der Kneipe einschüchtern lassen. Aber vielleicht ist er in der Situation einen Kopf größer und hat noch aggressive Kumpels links und rechts stehen, denen man die Kampferfahrung ansieht. Oder aber du bist mit deiner Familie unterwegs und dir wird klar, dass du sie gegen die aggressive Gang kaum schützen kannst. Für jeden Mann gibt es andere Situationen, die bei ihm Angst erzeugen. Wichtig ist, wie du damit umgehst. Du darfst bei Gefahr nicht in Panik geraten und handlungsunfähig werden. Dazu ist wichtig, dass du verstehst, wie sich der Stress entwickelt und dein Körper darauf reagiert und wie du deinen Körper der Situation angemessen beeinflussen kannst.

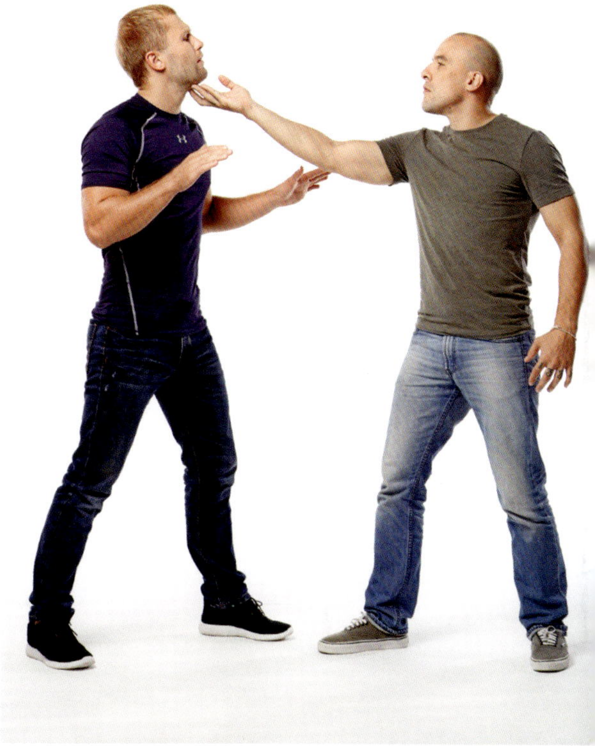

Der Aggressor kann mit Gesten provozieren, um deinen Kampfesmut zu verringern. Bei Körperkontakt – werde aktiv, z. B. stoße ihn weg, um die Distanz wiederherzustellen.

Vorgehen zur Angstkontrolle

Hast du einen Gegner frühzeitig wahrgenommen, dann kannst du dich vorbereiten. Die schwierigste Situation entsteht, wenn du überrascht wirst und schnell ein großer Adrenalinschub erfolgt. Dein Körper kann mit Zittern z. B. von Beinen und Händen reagieren, deine Stimme wird sich verändern und dein Puls wird sich stark erhöhen. Du musst so schnell wie möglich aus dem Schockmoment in den Kampfmodus kommen, und den Adrenalinanstieg dazu nutzen, falls notwendig, dich nach besten Möglichkeiten körperlich zu behaupten.

Den Adrenalinschub in einer Schocksituation sowie generell in einer gefährlichen Situation kannst du durch tiefes Atmen kontrollieren sowie mit einem standartisierten Vorgehen, das dich gedanklich dazu anleitet, dein trainiertes Verhaltensmuster einzusetzen. Kommst du in eine Schocksituation, dann werde sofort entsprechend aktiv. Dies ist allerdings nur realisierbar, solange du in der Dialogphase bist, und nicht schon im Kampf. Anstatt mit Schnappatmung auf die Gefahr zu reagieren, musst du bewusst tief ein- und ausatmen und deinen Puls wieder senken. Entspanne deine Schultern und bewege dich langsam, kontrolliert und vermeide jegliches hektisches Umheragieren. Zeige dem Aggressor keine Nervosität und achte auf kontrolliertes Verhalten. Er zielt mit seiner Aggression darauf ab, dich zu verängstigen; zeigst du dich aber selbstsicher, dann bringt ihn das möglicherweise aus seinem Konzept und er verzieht sich.

Du kannst wie folgt vorgehen: Atme zirka 3–4 Sekunden tief ein, halte zirka 3–4 Sekunden den Atem und atme schließlich 3–4 Sekunden lang aus. Die genaue Dauer ist nicht entschei-

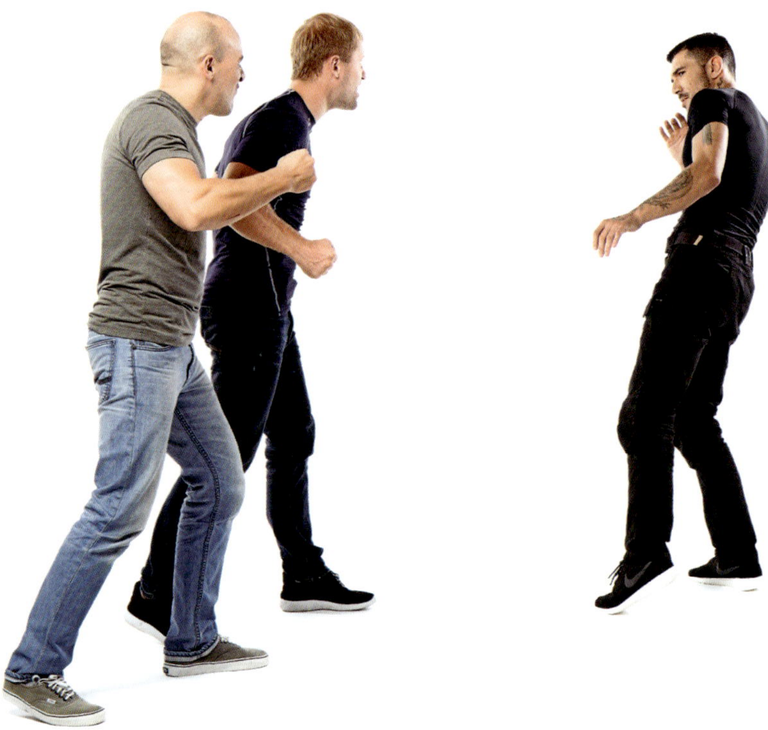

Übe im Szenario-Training mit mehreren Aggressoren. Lerne die aufkommende Angst zu beherrschen, um die hier gezeigte Schockreaktion zu verhindern. Davon ausgenommen ist nur, wenn du dich bewusst verängstigt zeigst, um zu täuschen und dann besser fliehen oder attackieren zu können.

dend. Wiederhole dies einige Male, bis du dich etwas beruhigt hast, beziehungsweise solange es die Situation ermöglicht. Ziel ist es, deinen Puls zu senken und wieder die Kontrolle über die Situation zu erhalten. Gleichzeitig nimmst du die Fence ein (Seite 40–48) und verschaffst dir einen Überblick über die Situation. Indem du dich bewusst auf dieses Vorgehen konzentrierst, bewahrst du die Kontrolle.

Ein Selbstgespräch in Gedanken kann dich durch die Schockphase leiten. Sage dir dazu genau, was du tun musst. Es könnte so grob ablaufen: »Ich baue die Fence auf. Hände hoch, Abstand, stabiler Stand, Genitalien schützen. Ich achte auf Gestik und Mimik des Aggressors. Wo sind seine Hände? Kann er eine Waffe erreichen? Sind andere Gegner in der Nähe? Gibt es einen Fluchtweg? Er greift gleich an – zuschlagen!«

Mentale Stärke ermöglicht dir, die Angst und den Adrenalinanstieg unter Kontrolle zu halten. Umso mehr Erfahrung du mit Straßenkämpfen, Vollkontaktkampfsport und plötzlich auftretendem Adrenalinanstieg im Beruf hast, desto besser kannst du damit umgehen, den Überblick behalten und dich der Situation angemessen verhalten. Wichtig ist, dass du weißt und damit umgehen kannst, wie dein Körper auf Gefahr reagiert.

Übe das Beruhigen durch kontrolliertes Atmen hin und wieder im täglichen Leben. Atme tief und konzentriere dich auf deine Aufgaben. Du kannst diese beruhigende Methode immer nutzen, wenn du in großen Stress gerätst.

Umso besser du dein Handlungsvorgehen eintrainiert hast, desto einfacher kannst du es auch unter großem Stress vollziehen. Deshalb ist es ratsam, dass du Stresssituationen mit Ernstfallsimulationen übst und dabei dein Vorgehen einstudierst. Ein oder mehrere Trainingspartner kommen auf dich zu und schreien dich an. Atme wie beschrieben und konzentriere dich auf deine Aktion, um dich in der Situation zu behaupten.

DER VORBEUGENDE ANGRIFF

Im Ernstfall ist der beste Schutz, explosiv vorbeugend anzugreifen, also zuerst anzugreifen. Dieser Angriff, auch als Präventivangriff oder Erstschlag bezeichnet, ist gesetzlich zulässig, um einen gegenwärtigen rechtswidrigen Angriff von sich oder anderen abzuwehren. Darunter wird auch eine Situation verstanden, bei der die Bedrohung unmittelbar bevorsteht (Seite 9–10). Die Voraussetzungen dafür sind: Es besteht keine Möglichkeit zur Flucht. Es ist keine andere Aktion wie Beschwichtigen und Grenzenziehen möglich. Der Angriff des Gegners steht unmittelbar bevor. In einer solchen Situation ist es ratsam, einen präventiven Angriff auszuführen. Wartest du hingegen passiv auf seinen Angriff, dann bist du möglicherweise schnell entscheidend getroffen und hast verloren.

In manchen Situationen ist die Angriffsabsicht des Gegners nicht eindeutig, möglicherweise agiert er täuschend, dann musst du dich auf deine Intuition verlassen. Wenn du intuitiv den Eindruck hast, dass er gleich attackieren wird, dann werde aktiv.

Du musst explosiv vorgehen und das momentan beste Ziel kompromisslos angreifen. Lass dich nicht von aggressivem Gehabe, Größe und Muskeln einschüchtern, denn du kannst mit geschicktem Vorgehen jeden Gegner besiegen (Seite 109–114). Gehe vorwärts, und setze deinen Körper voll ein. Gehe niemals davon aus, dass ihn ein einzelner Schlag kampfunfähig macht. Dein Mindset muss so sein, dass du ihn solange attackierst, bis er keine Gefahr mehr darstellt oder du fliehen kannst.

Beim vorbeugenden Angriff ist es das Ziel, die Gefahr möglichst schnell zu bereinigen. Denn umso länger der Kampf dauert, desto größer wird die Gefahr, dass du entscheidend verletzt wirst. Zudem könnten andere Gegner auf seiner Seite eingreifen, beispielsweise in der Kneipe kann sein Kumpel dir ein Glas von hinten auf den Kopf hauen.

Du musst einen Kampfplan (Gameplan) haben. Entweder ist es das Ziel, den Gegner anzugreifen, um eine Fluchtmöglichkeit zu schaffen, oder du musst ihn attackieren, bis er keine Gefahr mehr darstellt. Merkst du im Kampfverlauf, dass der Gegner sehr stark ist und es bietet sich plötzlich eine Fluchtmöglichkeit, dann nutze sie sofort. Kein falsches Ego darf dich von einer Flucht abhalten. Diese Möglichkeit bietet sich allerdings nur, wenn du keine Familienmitglieder oder Freunde zurücklassen müsstest.

Training

Keine Situation im Ernstfall ist planbar, da weder die Konstitution und das Verhalten des Gegners noch das Umfeld vorhersehbar sind. Du solltest nicht nur ein einzelnes präventives Vorgehen einstudieren. Allerdings auch nicht zu viele Möglichkeiten, denn Abwägen könnte im Ernstfall deine Aktion verzögern. Wähle drei Vorgehen mit deinen besten Kampftechniken und übe diese regelmäßig an Geräten und mit Partner.

Trainiere mit deinem Kampf-Mindset, möglichst realitätsnah, und zwar an Geräten immer so explosiv und kraftvoll wie möglich. Vermeide unkonzentriertes Training, da du dieses Vorgehen ansonsten in dein Mindset übernimmst. Im Partnertraining hängt die Intensität von der Schutzausrüstung sowie eurer Erfahrung ab, denn Schutz muss sichergestellt sein. Auch wenn ihr Intensitäten nur andeutet, übt immer konzentriert. Generell ist es ratsam, zusätzlich einen Selbstverteidigungskurs mit Simulationstraining zu besuchen.

Möglichkeiten für den Präventivangriff

Wenn du von einem Aggressor konfrontiert wirst, dann nimm eine der Situation angemessene Schutzhaltung ein (Seite 40–48). Beobachte den Gegner und die Umgebung. Überlege dir eine präventive Kampfattacke, abhängig davon, welchen Abstand ihr habt, welches Trefferziel er ungeschützt hat und wie sich seine Körperkonstitution darstellt. Falls der Präventivangriff notwendig wird, dann setze dein Vorgehen explosiv mit aller Entschlossenheit ein. Denke immer daran, dass der Angriff des Gegners unmittelbar bevorstehen muss. Greifst du hingegen an, ohne dass eine unmittelbare Angriffsabsicht des Gegners vorliegt, dann wirst du in einem Prozess wahrscheinlich verurteilt.

Hier wird davon ausgegangen, dass du in mittlerer bis weiter Kampfdistanz bist und eine Schutzhaltung aufgebaut hast, um dich bei einer Attacke des Gegners noch schützen zu können. Ein Vorgehen außerhalb direkter Kampfdistanz ist zwar möglich, aber oftmals besteht dann ein Fluchtweg, was dem Kampf vorzuziehen ist.

Generell sind Handtechniken gut geeignet, da sie sich sehr schnell aus einer Fence einsetzen lassen. Es gibt viele Möglichkeiten, insbesondere durch den Einsatz von Finte oder Täuschung. Teste die Möglichkeiten und wähle drei Vorgehensweisen, die dir leichtfallen, und trainiere diese intensiv. Zudem kannst du dich beim Üben mit Partner im Simulationstraining filmen lassen, um dein Verhalten zu optimieren.

INFO

Du kannst dein präventives Vorgehen noch so gut einstudiert haben, es gibt keine Garantie, dass sich der Kampf so wie geplant gestaltet. Erwarte nie nach einer Angriffsaktion, dass der Gegner kampfunfähig ist. Möglicherweise blockt er deinen Angriff, du triffst nicht richtig, oder er hält einfach sehr viel aus. Tritt der Erfolg nicht ein, dann musst du entschlossen weiterkämpfen oder in Sicherheit fliehen.
Es gibt viele Möglichkeiten und theoretisch klappt alles, aber es gibt keine Garantie für den tatsächlichen Erfolg. Du musst deine Strategie intensiv trainieren, um sie möglichst effektiv einzusetzen, damit du im realen Kampf eine Chance damit hast.

M 1: DIREKTES ATTACKIEREN

Du kannst den Gegner direkt mit deiner besten Körperwaffe kraftvoll attackieren, um im optimalen Fall sofort seine Kampfunfähigkeit zu erzielen. Vermeide Anspannen und Verziehen von Gesicht und Körper, damit er deine Angriffsabsicht nicht frühzeitig erkennt und attackiere explosiv. Zahlreiche Techniken sind für eine direkte Attacke geeignet. In gerader Richtung kannst du z. B. Handballenstoß oder Gerade (Seite 61–62/63) zum Kinn anbringen. Von der Seite sind Handballenstoß oder Seithaken (Seite 61/67) zum Kiefer effektiv, auch Schelle oder Hammerfaust (Seite 68/65) sind möglich. Ein erfahrener Kämpfer kann einen Beinkick (Seite 89) nutzen. Das Attackieren der Genitalien mit Tritt oder Kniestoß (Seite 88/83–84) ist möglich, ohne vorheriges Täuschen aber recht leicht zu wehren.

Eine direkte Attacke lässt sich auch als Fluchtvorbereitung nutzen. Mit einem Vorwärtstritt (Seite 90) oder Wegstoßen kannst du Distanz schaffen, um besser fliehen zu können. Auch ein, zwei schnelle Handkrallen, ein Handballenstoß oder ein Vorwärtstritt zum Bein (Seite 64/61/91) können eine Flucht vorbereiten.

M 2: VORBEREITEN MIT VORDERER HAND UND ATTACKIEREN VON HINTEN

Du kannst mit der vorderen Hand den Angriff vorbereiten, um dann die harte Waffe effektiv von hinten anzubringen. Mit schnellem Schritt vor und vorderer Handtechnik lässt sich die Distanz überbrücken. Dazu bieten sich Handkralle, Handballenstoß oder vordere Gerade ins Gesicht (Seite 64/61/63) an. Sofort folgst du mit einer Technik von hinten, z. B. Handballenstoß, Gerade, Hammerfaust oder Seithaken (Seite 61/63/65/67), die du mit aller Kraft einsetzt. Auch Ellbogenstoß, Kniestoß oder Beinkick (Seite 75/76/80/81/83/89) sind Optionen. Ziel ist ein K.o.; klappt das nicht, dann kämpfe weiter oder renne weg.

Es gibt die Möglichkeit, mit der vorderen Hand schnell sein Gesicht abzudecken, um die Folgetechnik effektiv anzubringen. Zudem kannst du ihn weghalten, falls er sich vorbewegt, um ihn in die geeignete Position für deine folgende Technik zu bringen.

M 3: POSITIONIEREN/FIXIEREN UND ATTACKIEREN

Du kannst den Gegner mit der vorderen Hand weghalten, um ihn zu positionieren, oder ihn greifen und fixieren. Beispielsweise kannst du ihn mit der vorderen Hand an Nacken, Schulter oder Hemd heranziehen, um dann von hinten kraftvoll zu attackieren, z. B. mit einem kreisenden Ellbogen (Seite 75). So kann der Gegner kaum ausweichen und du triffst mit großer Wirkung. Ist er nicht kampfunfähig, dann kämpfe weiter.

Als Option greifst du ihn erst mit der vorderen Hand und dann schnell mit der hinteren Hand am Hinterkopf (bekannt als Clinchposition aus dem Muay Thai), um ihn zu kontrollieren und Kniestöße anzubringen. Als weitere Option kannst du ihn heranziehen, an Kinn und Hinterkopf fassen und einen Kopfhebel einsetzen.

M 4: ANGRIFFSTECHNIK ALS FINTE, DANN ATTACKIEREN

Du kannst eine Technik leicht als Finte ausführen, um eine Schutzreaktion beim Gegner hervorzurufen. Sofort folgst du mit einer Technik zu einer nun ungeschützten Körperstelle. Du kannst als tiefe Finte einen schnellen Vorwärtstritt zu Schienbein oder Knie (Seite 91) anbringen, um mit einem Schlag wie Handballenstoß oder hintere Gerade zum Kopf (Seite 61–62/63) zu folgen. Alternativ kannst du eine Finte zum Kopf anbringen, z. B. Schlag mit der vorderen Hand (Seite 61/63), um dann den harten Angriff zum Unterkörper einzusetzen, z. B. Kniestoß in die Genitalien (Seite 83).

Als weitere Optionen kannst du eine Finte zentral ansetzen, um dann von der Seite zu attackieren. Oder du setzt eine Finte außen an und folgst mit einem zentralen Angriff. Diese Prinzipien lassen sich mit unterschiedlichen Ausführungshöhen sich kombinieren. Du kannst einen seitlichen Ellbogen zum Kopf (Seite 75/76) ansetzen und dann dein Knie gerade in den Unterleib (Seite 83) rammen. Eine andere Möglichkeit ist, einen schnellen frontalen Kniestoß zum Körper anzusetzen (Seite 83) und mit dem Ellbogenstoß von außen (Seite 75/76) zu folgen. Entsprechend kannst du eine vordere Handtechnik (Seite 61/63/64) gerade zum Kopf ansetzen, um dann von hinten einen Beinkick (Seite 89) anzubringen.

Es gibt viele Möglichkeiten, aber keine Garantien, dass es in der Realität wie geplant funktioniert. Die Voraussetzungen wie Konstitution und Erfahrung des Gegners sind immer unterschiedlich. Beachte zudem, dass eine schlecht ausgeführte Finte, den Gegner »aufwecken« kann, und er dann den eigentlichen Angriff sogar besser abwehrt. Deshalb sind auch Finten intensiv zu üben, wenn du sie für den Ernstfall in Erwägung ziehst.

M 5: ABLENKUNGSFRAGE, DANN ATTACKIEREN

Du kannst den Gegner mit einer Frage ablenken und ihn aus dem Konzept bringen, um ihn dann wirkungsvoll zu attackieren. Du kannst ihn fragen »Was wollen Sie (willst du) von mir?«, »Ich möchte keinen Streit. Wie kann ich das Problem lösen?« oder »Um was geht es, warum attackieren Sie (attackierst du) mich?«. Es gibt viele Möglichkeiten für eine Ablenkungsfrage – wähle, was zu dir passt. Bewege deine Hände in fragender Gestik mit, um sie in Position für deinen Angriff zu bringen. Abhängig von deinem Plan kannst du z. B. die hintere Hand für einen Handballenstoß (Seite 61–62) in Position bringen oder beide Hände leicht anheben für einen beidseitigen Ohrenschlag (Seite 70).

Wichtig ist, dass deine Frage keine »Ja« oder »Nein«-Antwort ermöglicht, damit der Gegner überlegen muss. Ein effektives Vorgehen ist, dass du das letzte Wort als Trigger nutzt, um direkt loszuschlagen. Du musst dein Vorgehen mit Frage und Attacke an Boxsack und/oder Pratze trainieren und auch mit Partner als Ernstfallsimulation üben; Videoaufzeichnungen können dabei helfen.

M 6: TÄUSCHEN, DANN ATTACKIEREN

Es gibt viele Möglichkeiten, den Gegner zu täuschen. (Hier ist nicht die vorher bereits beschriebene Technikfinte gemeint.) Du kannst eine Bewegung nach oben machen, um seine Konzentration dorthin zu richten und eine entsprechende Schutzbewegung zu bewirken. Du kannst ihm beispielsweise einen Gegenstand ins Gesicht werfen. Auch kannst du ihm ins Gesicht spucken oder ihn anbrüllen. Sofort folgst du mit einem kompromisslosen Angriff an eine nun ungeschützte tiefe Körperstelle.

Als Option lenkst du seine Konzentration zur Seite. Du kannst neben ihn zeigen und dazu eine Ablenkungsfrage oder -aussage einsetzen mit der Absicht, dass er den Kopf dreht. Stehst du an der Theke, dann kannst du neben ihn zeigen und fragen »Haben Sie das Bier bestellt?« oder sagen »Ihr Freund ruft Sie«. Zeige zu der Seite, die nicht deiner Schlaghand gegenüberliegt. Denn wenn du nach links zeigst und er sich dahin dreht, dann kannst du mit der rechten Hand aus dem »toten Winkel« zu Kiefer oder Schläfe attackieren. Ebenso bietet sich ein Kniestoß zu den Genitalien an oder von außen zum Bein. Als weitere Möglichkeit kannst du dich hustend zur Seite drehen und dabei die Hände als »Mundschutz« hochnehmen. Drehe dich zu deiner Schlagseite, um dann von dort überraschend zu schlagen.

Als weitere Täuschung kannst du versuchen, seine Aufmerksamkeit nach unten zu lenken, indem du etwas vor ihn auf den Boden wirfst, fallen lässt oder auf seinen Körper wirfst. Alternativ zeigst du auf seine Uhr und fragst nach der Uhrzeit, was in dieser Stresssituation so unangebracht erscheint, dass es ihn aus dem Konzept bringen kann. Du kannst auch auf den Boden zeigen und fragen: »Liegt da Ihr Geldbeutel«. Solche Ablenkungsmanöver sollen bewirken, dass seine Konzentration und sein Blick sich nach unten richten. Sofort folgend attackierst du seinen Kopf.

Zu bedenken ist, dass alles funktionieren kann, es aber keine Sicherheit für den Erfolg gibt. Möglicherweise reagiert Gegner gar nicht oder deine Aktion fördert sogar seine Aufmerksamkeit. Deshalb musst du das Vorgehen, dass du in Erwägung ziehst, umfangreich mit Partner und Videoanalyse üben. Außerdem darf deine Aktion für Zeugen nicht aggressiv wirken, denn wenn du ihm beispielsweise die Hand hinstreckst, und dann sofort zuschlägst, wirkst du selbst wie der Angreifer und bekommst Probleme mit der Polizei und vor Gericht.

Beachte, dass alle diese Täuschungen der Aggressor auch gegen dich vornehmen kann. Schüttele im Konflikt keine dir angebotene Hand und halte Abstand. Er könnte dich sonst schnell an Hand oder Nacken heranziehen und brutal attackieren. Er könnte so tun, als könne er dich nicht hören oder er bittet dich um Feuer, um näher heranzukommen und dann seinen Kopf von der Seite gegen deinen Kopf zu rammen. Es gibt viele Möglichkeiten und du kannst dich nur durch Aufmerksamkeit, Abstand und die eingenommene Fence-Haltung schützen. Wenn du zu nahe und ohne Schutzhaltung bist, kann er dich recht leicht mit Schlag oder Stoß ausknocken.

M 7: FLANKING

In diesem Buch wird unter »Flanking« eine Aktion verstanden, mit der du dich explosiv in eine seitliche Position zum Gegner begibst, um dir einen Fluchtweg zu schaffen und von dort wegzurennen, oder aber um ihn von dort effektiv anzugreifen. Allerdings gibt es auch beim Flanking keine Gewissheit für den Erfolg und du musst dies vielfach mit unterschiedlichen Personen trainieren. Ansonsten rennst du möglicherweise in eine Schlagtechnik oder eine Umklammerung des Gegners; zudem verlierst du die Möglichkeit für einen Präventivangriff.

Du kannst mit dem vorderen Fuß nach außen vorne steppen und den Gegner gleichzeitig mit der vorderen oder hinteren Hand zur anderen Seite wegschieben. Als Rechtshänder, also mit der linken Hand vorne, steppst du nach links außen und schiebst den Gegner nach rechts. Du nutzt dabei den Step und das Wegschieben, um den Weg frei zu machen. Sofort folgend rennst du nach vorne in die freie Richtung weg.

Alternativ kannst du das Flanking nutzen, um ihn in eine schlechte Position zu bringen, etwa mit dem Rücken zu dir, um ihn dann wirkungsvoll zu attackieren.

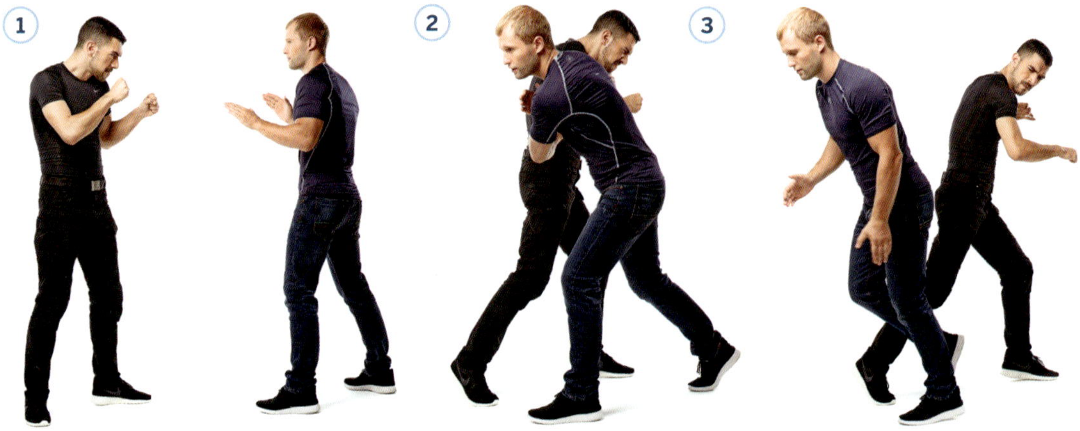

Der Aggressor steht vor dir. Mache einen schnellen Schritt nach links und schiebe ihn nach rechts. Nun hast du den Weg frei und kannst in Sicherheit fliehen.

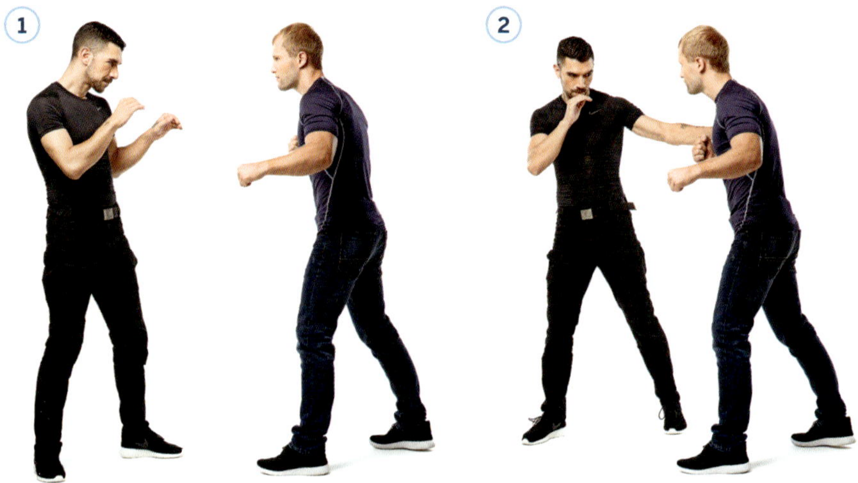

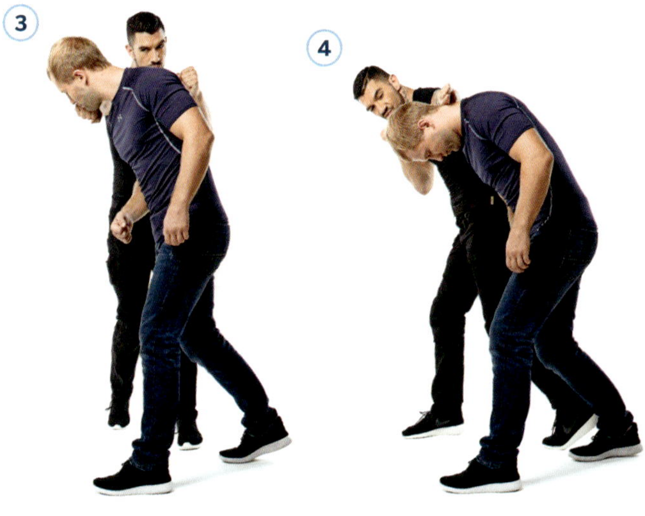

In dieser Bildfolge wird das Flanking genutzt, um in eine gute Schlagposition für die hintere Gerade zu kommen. Falls der Gegner danach noch eine Gefahr darstellt, dann attackiere ihn weiter. Auf Bild 4 folgt ein Genickschlag, was allerdings nur in Lebensgefahr in Erwägung gezogen werden kann.

Beispiele für den Präventivangriff

Hier werden Beispiele für Präventivangriffe gezeigt. Wähle solche Vorgehen oder passe sie so an, dass sie dir leicht fallen und deine besten Angriffstechniken beinhalten.

BEISPIEL 1: POSITIONIEREN/WEGHALTEN (M 3), DANN ATTACKIEREN

1. Du stehst vor dem gefährlichen Aggressor, deine Handflächen zeigen nach vorne.
2. Du kannst ihn mit der vorderen Hand positionieren beziehungsweise weghalten, wenn er sich nähert. Als Option kannst du ihn an Kopf oder Schulter greifen, um ihn zu fixieren.
3. Schlage deine bevorzugte Technik von hinten, auf den Fotos wird ein Seithaken zum Kiefer (Seite 67) genutzt. Effektive Alternativen sind z. B. Handballenstoß oder Gerade zum Kinn (Seite 61–62/63), auch andere Hand- oder Ellbogentechniken sind möglich (Seite 65/72/75/76/80). Stellt er noch eine Gefahr dar, dann attackiere weiter; oder fliehe in Sicherheit.

Hinweis: Als Option kannst du zuerst eine vordere Technik wie Handkralle, Gerade oder Handballenstoß (Seite 64/63/61) einsetzen (M 2); ebenso könntest du direkt zu schlagen (M 1).

1
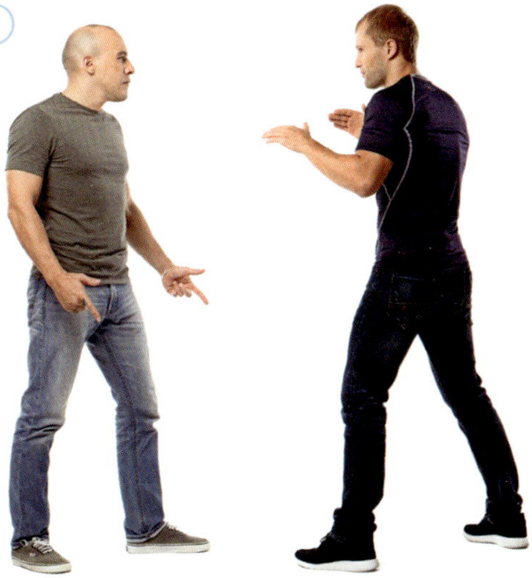

2
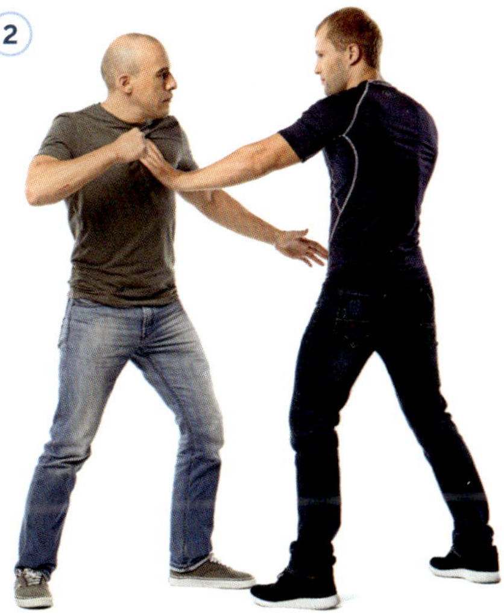

3
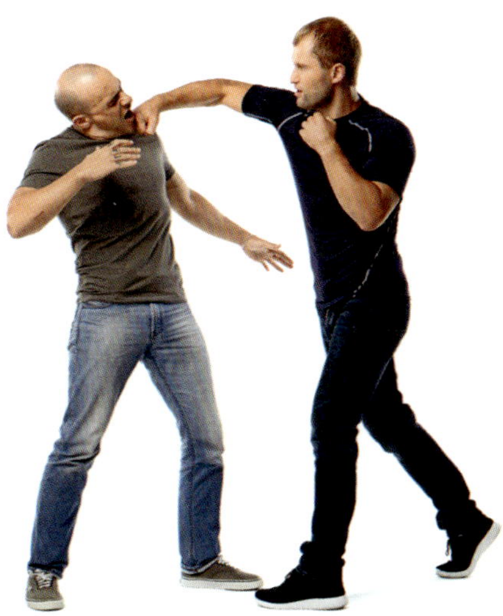

BEISPIEL 2: POSITIONIEREN ODER FINTE (M 3/M 4), DANN ATTACKIEREN

1. Du stehst vor dem gefährlichen Aggressor mit vorzeigenden Handflächen.
2. Mache eine Handkralle (Seite 64) als Finte (M 4) mit der vorderen Hand ins Gesicht oder stoppe ihn mit der Kralle, wenn er auf dich zukommt (M 3). Alternativ sind Handballenstoß oder Gerade (Seite 61/63) möglich. Bei der Ausführung als Finte ist schnelle Ausführung entscheidend, nicht hartes Treffen.
3. Nun kannst du mit einer K.o.-Technik folgen, auf dem Foto 3 wird ein kraftvoller Tritt von unten genutzt (Seite 88), den der Gegner nicht kommen sieht. Du kannst alternativ auch mit einer Schlag-, Ellbogen- oder Knietechnik von der hinteren Körperseite attackieren (Seite 61–62/63/65/67/75/76/80/83). Erreichst du das gewünschte Ziel nicht, dann kämpfe weiter oder renne in Sicherheit.

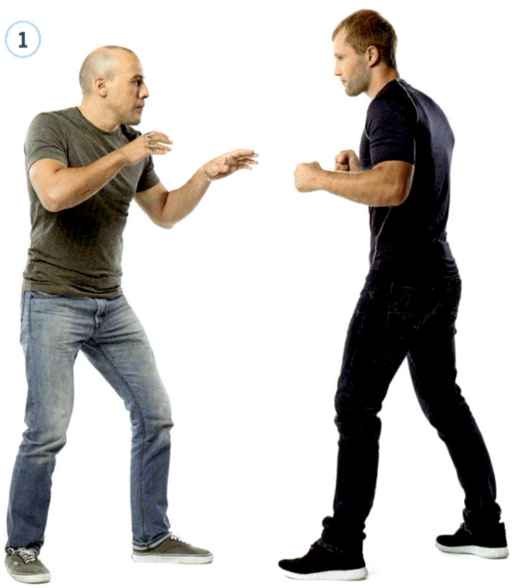

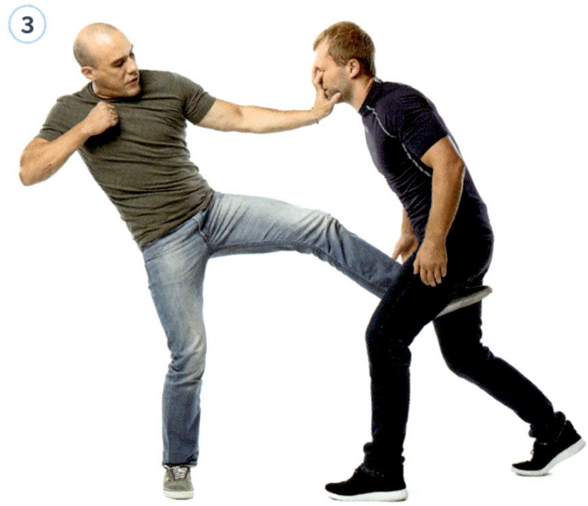

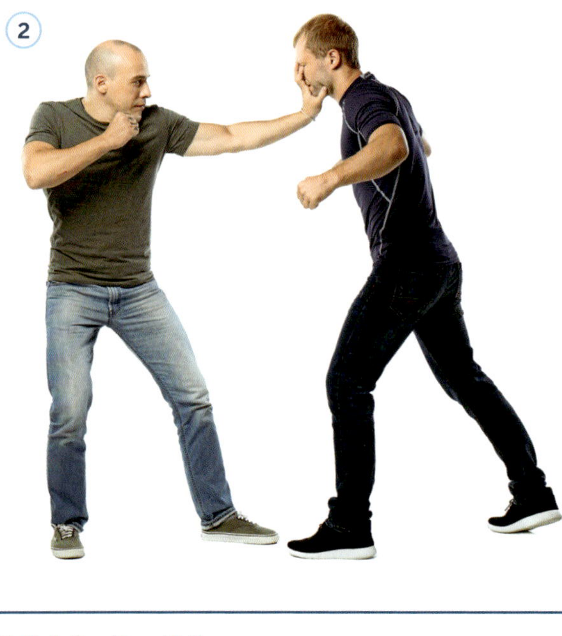

BEISPIEL 3: TÄUSCHUNGSFRAGE (M 5), DANN ATTACKIEREN

1. Du stehst in der Fence vor dem gefährlichen Aggressor. Stelle ihm eine Frage wie »Was willst du von mir?« oder »Was wollen Sie von mir?« (M5). Hebe dabei deine Hände seitlich hoch, um mit der Geste den fragenden Eindruck deutlicher zu machen und zudem deine Hände in Position zu bringen.
2. Du hast den Eindruck, dass er gleich angreift. Schlage explosiv mit beiden Händen auf seine Ohren (Seite 70).
3. Greife weiter an, wozu hier der Hinterkopf gegriffen wird, um den Gegner zu kontrollieren und wirkungsvolle Kniestöße anzubringen (Seite 84–85).

1

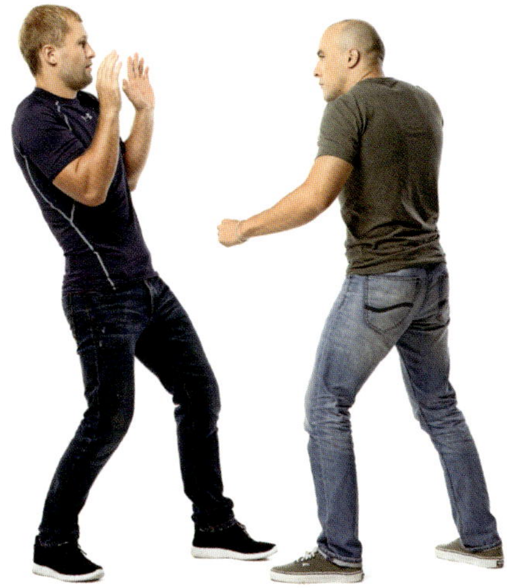

2

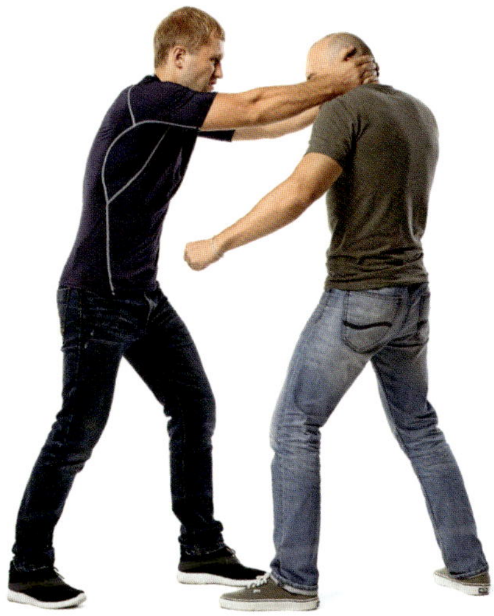

3

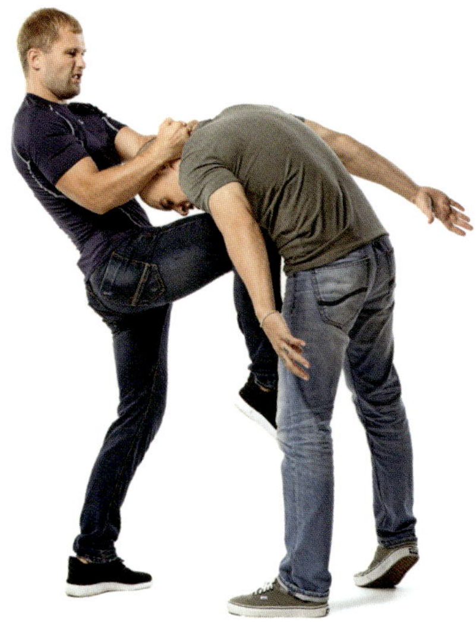

1

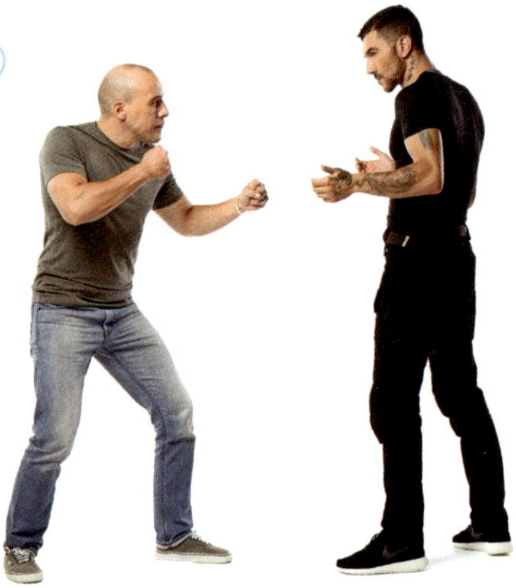

2

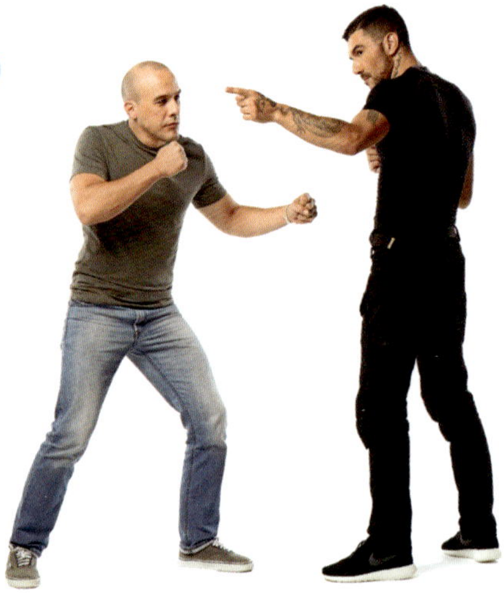

BEISPIEL 4: WEGZEIGEN VON SCHLAGHAND (M 6), DANN ATTACKIEREN

1. Du stehst vor dem Aggressor mit unauffälliger Schutzhaltung, zeigst also keine Angriffsabsicht.

2. Zeige von deiner Schlaghand weg, hier nach links oben, und frage ihn etwas, was zur Situation passen kann wie »Dein/Ihr Freund dort hinten ruft dich.« (M 6).

3.–4. Schlage aus dem »toten Winkel« mit aller Kraft als K.o.-Schlag z. B. einen Seithaken, Handballenstoß, Gerade oder Hammerfaust (Seite 67/61–62/63/65), seitlich zum Kiefer oder Kinn. Falls der Gegner danach noch eine Gefahr darstellt, dann folge mit weiteren Techniken, z. B. Ellbogen- oder Kniestoß (Seite 75/76/81/83–85/86).

Variante: Du kannst auch etwas von der Schlaghand weg nach unten werfen oder einfach nur seitlich zeigen und etwas Passendes oder Verwirrendes rufen, z. B. »Achtung«, um ihn abzulenken. Teste mit Partner, welches Vorgehen dir überzeugend gelingt.

3

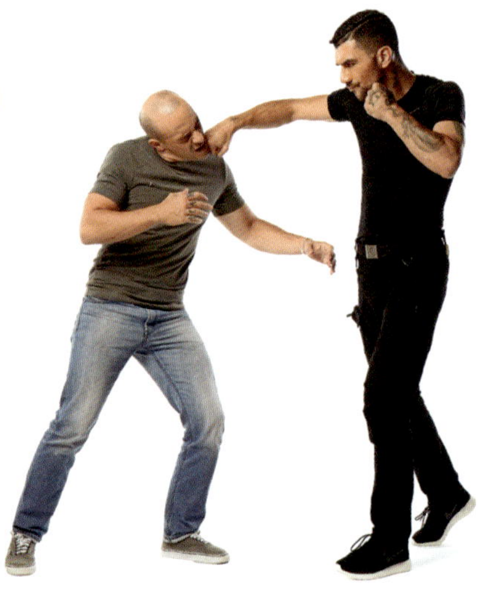

4

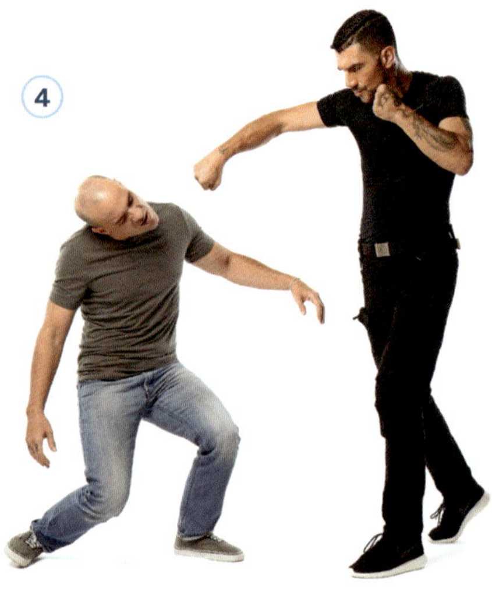

BEISPIEL 5: HUSTEN SIMULIEREN (M 6), DANN ATTACKIEREN

1. Du stehst vor einem Aggressor und signalisierst keine Kampfabsicht.
2. Simuliere, dass du Husten musst und drehe dich zu deiner Schlaghand. Du musst dabei den Überblick bewahren, also genau wissen wie und wo der Gegner steht.
3. Schlage von dort überraschend an Kinn oder Kiefer, z.B. hintere Gerade, Hammerfaust oder Seithaken (Seite 63/65/67). Attackiere den Gegner solange weiter, bis er keine Gefahr mehr darstellt; du kannst z.B. mit Ellbogen- oder Knietechniken (Seite 75/76/83–85/86) folgen.

Hinweis: Dieses Vorgehen kann gut funktionieren, da der Gegner normalerweise nicht damit rechnet. aber es gibt keine Sicherheit für den Erfolg. Er könnte dich direkt attackieren oder sich seitlich bewegen und dein Angriff verfehlt ihn.

1

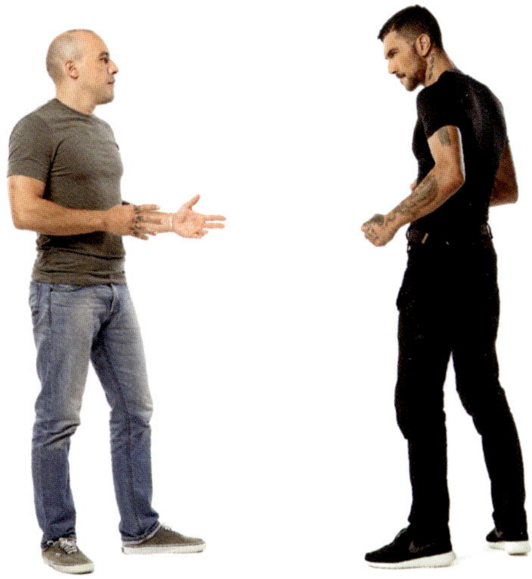

2

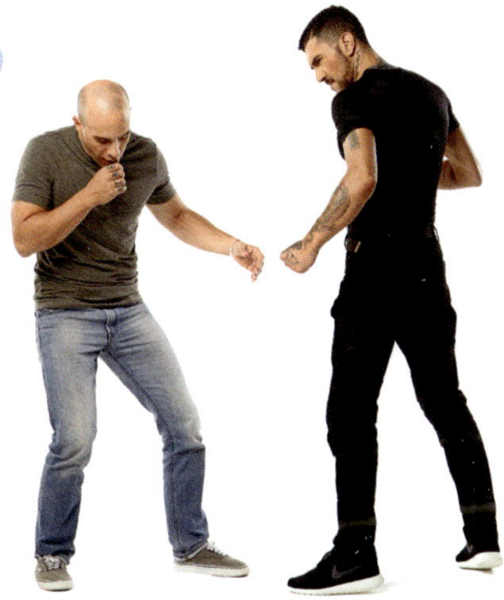

3

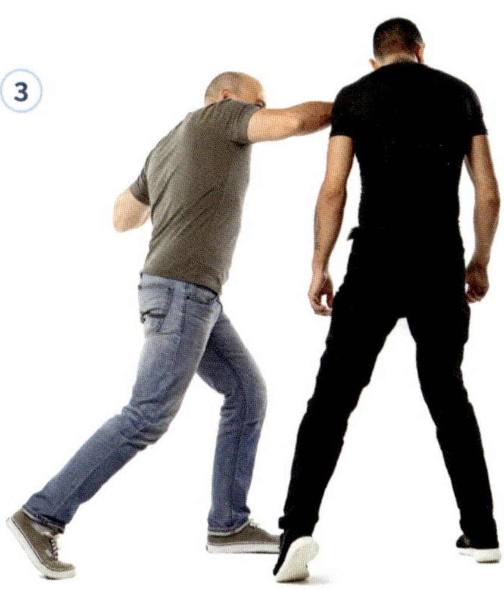

1

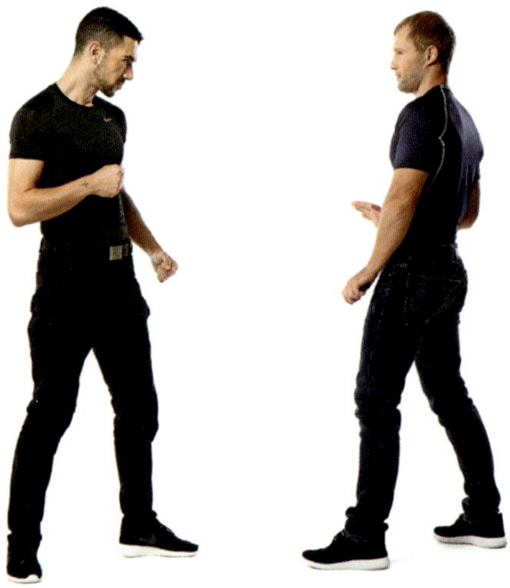

2

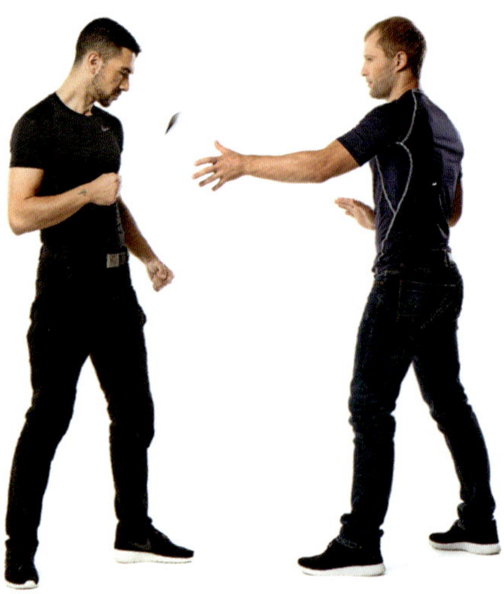

BEISPIEL 6: VOR DIE BRUST WERFEN (M 6), DANN ATTACKE

1. Du stehst vor einem Aggressor und signalisierst keine Kampfabsicht.
2. Lenke ihn ab, indem du ihm einen oder mehrere Gegenstände, z. B. Geldmünzen oder Bonbons, vor die Brust, an die Beine oder vor die Füße wirfst. Dies ist die Vorbereitung, um danach seinen Kopf anzugreifen. Auch Handy oder Geldbörse sind zwar als Wurfgegenstände möglich, aber nutze sie besser nur im Notfall, wenn nicht anderes greifbar ist, aufgrund des Wertverlustes und enthaltener persönlicher Daten.
3. Schlage überraschend und kraftvoll z. B. eine hintere Gerade oder einen Seithaken (Seite 63/67) an Kinn beziehungsweise Kiefer. Nutze deine beste Technik dazu.
4. Stellt der Gegner noch eine Gefahr dar, dann kannst du ihn greifen, runterdrücken und einen Kniestoß (Seite 85–86) anbringen. Als Option sind Ellbogentechniken gut geeignet (Seite 75/76/81).

Hinweis: Du kannst alternativ zum Kopf werfen, um dann den Genitalbereich oder das Kniegelenk zu attackieren. Teste mit unterschiedlichen Partnern, welches Vorgehen dir überzeugend gelingt.

3

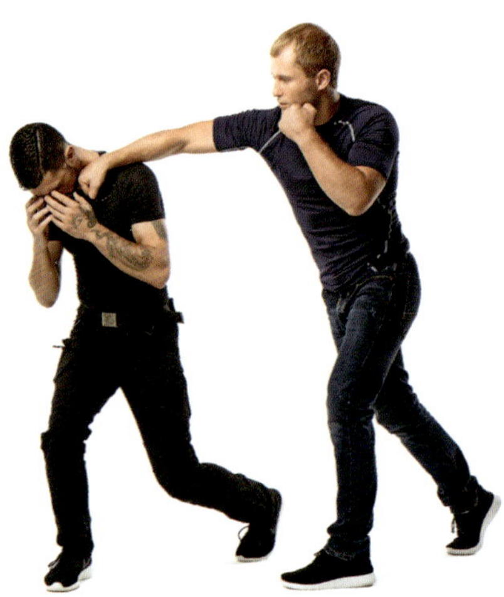

4

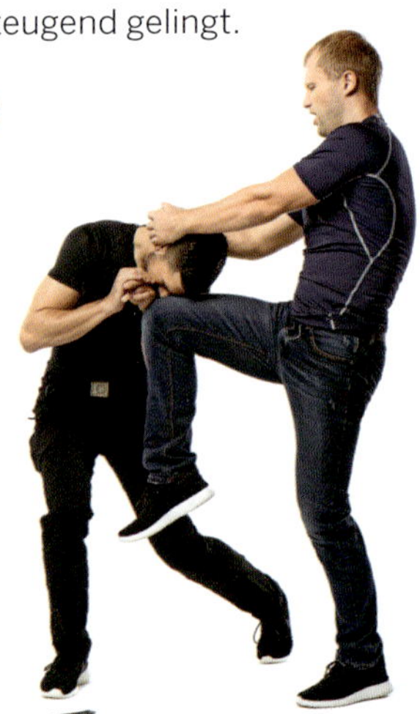

GESCHÜTZTES VORSTOßEN

Solange du die Kontrolle in einer Ernstfallsituation hast, gibt es die Möglichkeit, vorzugehen und in den Gegner hineinzustoßen, hier als »Geschütztes Vorstoßen« bezeichnet. So überbrückst du effektiv die Distanz und kannst das Geschehen übernehmen. Diese Vorbewegung auf den Gegner zu ist ein wichtiges Kampfverhalten, denn du kannst ihn brutal treffen und möglicherweise direkt ein K.o. erzielen, zumindest bist du in einer hervorragenden Position für deine Folgetechniken.

Es gibt folgende Einsatzmöglichkeiten für das geschützte Vorgehen: Du kannst es als Präventivangriff aus deiner Fence (Schutzhaltung, Seite 40–48) heraus einsetzen. Es ist zudem möglich, wenn der Gegner zu einer Attacke ansetzt, du stößt dann sehr wirkungsvoll gegen den vorkommenden Gegner. Dies lässt sich gut gegen eine Angriffstechnik von der Seite oder von oben einsetzen. Auch bei einigen Waffenangriffen ist diese Vorgehensweise effektiv, beispielsweise gegen einen diagonalen Schlagangriff mit einem Stock von außen oben kannst du gegen seinen Kopf oder Körper stoßen, vorausgesetzt, du siehst den Angriff frühzeitig und stehst nahe genug, um schnell heranzukommen. Wenn du hingegen bei einem solchen Angriff in mittlerer Distanz bleibst, dann bekommst du die gegnerische Waffe mit voller Wirkung ab, zumindest auf deine Schutzhaltung. Bewegst du dich als Schutzaktion nach hinten, dann agierst du passiv, und bekommst möglicherweise den folgenden Schlag ab. Es sei denn, du weichst nach hinten aus, sodass seine seitlich kommende Waffe ihr Ziel verfehlt, und springst dann direkt vor und greifst den Gegner an. Als weitere Option kannst du das geschützte Vorgehen nach einem Schutzreflex gegen einen überraschenden Angriff des Gegners einsetzen.

Wichtig ist beim Vorgehen, explosiv vorzusteppen und dein Gewicht nach vorne zu bringen. Bei recht naher Distanz genügt schon ein Schritt mit dem vorderen Fuß gerade vor; bei weiterer Distanz kannst du den hinteren Fuß nachziehen. Ziel ist ein sofortiger Wechsel der Kampfdistanz, damit der Gegner die Handlungskontrolle verliert. Entscheidend dabei ist dein Mindset »Vorgehen«. Du musst sofort gerade vorsteppen, jegliches Zögern oder Ausweichen zur Seite ist zu vermeiden, denn sonst funktioniert es nicht. Du musst mit diesem Mindset trainieren, sodass es sich zu instinktivem Verhalten entwickelt.

Manchen Männern fällt es zuerst schwer, das explosive Vorstoßen in den Gegner durchzuführen, doch mit genügend Übung kann es jeder erlernen und Szenario-Training hilft dabei. Im Kampf sollst du nicht denken: »Der Gegner macht das, also muss ich das machen«. Vielmehr sollst du deine Kampfintuition so entwickelt haben, dass wenn du z. B. eine Technik zum Kopf von außen wahrnimmst, dann sofort nach vorne steppst und deinen Ellbogen vor bewegst, sodass der Gegner eine harte Stoßwirkung abbekommt. Auch Folgetechniken sollen intuitiv erfolgen, abhängig von der Position des Gegners.

Ich stelle hier das Vorstoßen mit Ellbogen vor, da dies sehr effektiv ist. Dies kann bei vielen Angriffsverhalten des Gegners genutzt werden. Es gibt noch weitere Verfahren z. B. das Vorgehen mit beiden hochgehobenen Unterarmen oder eine vordere Handtechnik wie Handballenstoß, Gerade oder Handkralle (Seite 61/63/64). Das grundlegende System des Vorstoßens, um die Handlung zu übernehmen, ist dasselbe.

Technik

Mit dieser Kampfaktion überbrückst du die Distanz, kannst das Kampfgeschehen übernehmen und zudem den Gegner wirkungsvoll treffen. Wenn möglich, beginne aus der Fence-Position mit angehobenen Händen (Seite 40–48), entweder als Präventivangriff oder als direkten Konter, um vor der gegnerischen Technik zu treffen. Falls der Gegner dich jedoch mit einem Schlag zum Kopf überrascht, dann wirst du als Schutzreflex die Arme hochziehen und musst sobald wie möglich aus dieser Armhaltung vorstoßen.

Die Technik ist mit dem vorderen Ellbogen einfacher auszuführen, da du so schneller triffst und besser geschützt bist. Grundsätzlich ist das Vorgehen auch mit dem hinteren Ellbogen möglich. Ziele können Gesicht, Kinn, Kehlkopf, Brust oder Schulter sein.

Als Technik kannst du einen Aufwärtsellbogen (Seite 80) nutzen oder einen Speer-Ellbogen (Seite 81). Beide Techniken werden leicht angepasst, damit weniger Gefahr besteht, vom Gegner getroffen zu werden. Ich bevorzuge den modifizierten Aufwärtsellbogen, wobei nur ein minimales Ausholen von unten erfolgt, da sich so gut ins Gesicht stoßen lässt. Du kannst alternativ den Speer-Ellbogen nutzen, allerdings ohne Ausholen nach hinten, sondern mit direktem Vorstoßen, minimal nach unten zum Körper. Die beiden Bewegungsabläufe werden sich durch die Modifikationen recht ähnlich, und entscheidender als die ausgewählte Technik, ist die explosive Vorwärtsbewegung.

1. Beobachte den Gegner in der Fence. Auf Bild 1 (Seite 67) beginnt er mit einem Seithaken.
2. Drücke dich mit hinterem Fuß ab. Beim Vorbewegen bringst du die Arme in Position und zwar den vorderen Ellbogen vor und die hintere Hand deckt dein Gesicht. Ziehe das Kinn leicht zur Brust. Biete nur minimale Trefferfläche am Kopf, dazu sind auch die Schultern angehoben. Präsentiere dem Gegner möglichst nur den Ellbogen, denn trifft er diesen hart, kann er sich an seiner Faust verletzen.
3. Ramme deinen vorderen Ellbogen tief ins Ziel hinein, wobei du dein Gewicht vor bewegst. Attackiere den Gegner weiter, am besten mit der hinteren Körperseite z. B. mit einem kreisenden Ellbogen und/oder Kniestoß (Seite 75/83–85/86).

1

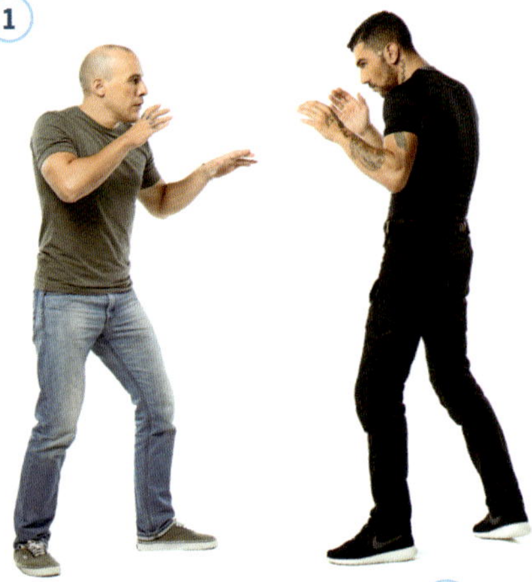

3

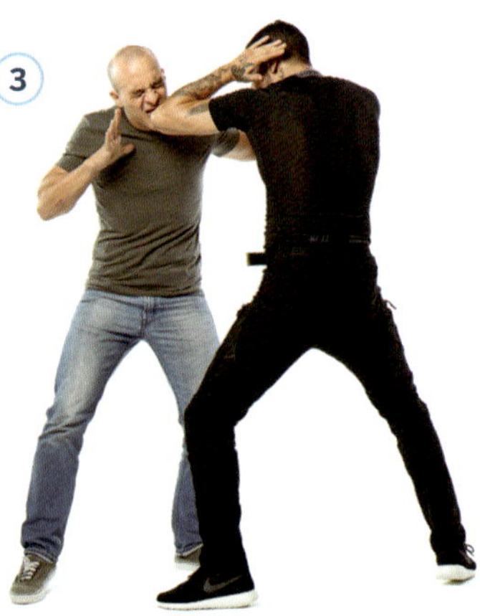

2

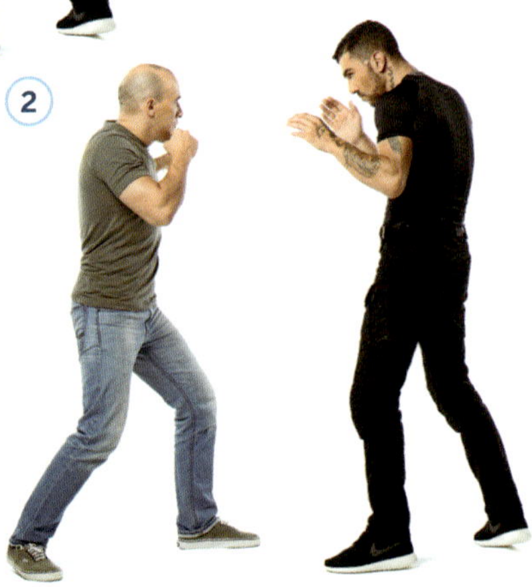

Das Vorstoßen gegen einen Angriff von außen.

Vorstoßen nach Schutzreflex

Das Vorgehen aus einer kontrollierten Kampfsituation ist am einfachsten. Es gibt aber Situationen, in denen der Gegner überraschend angreift. Wichtig ist es, nach der Schutzaktion so schnell wie möglich in den eigenen Angriff überzugehen.

1.–2. Wenn der Gegner dich überrascht und schnell zu deinem Kopf schlägt, ist der natürliche Reflex die Arme als Schutz hochzureißen. Wirst du von mehreren Schlägen attackiert, bedecke deinen Kopf mit deinen Armen und Händen, schaue zwischen den Unterarmen hindurch, um eine Lücke im Angriff des Gegners zu finden.

3. Sobald sich eine Lücke ergibt, steppe vor und ramme deinen vorderen Ellbogen in ihn.

4.–5. Übernimm das Kampfgeschehen und folge mit Ellbogen- und/oder Kniestoß.

Hinweis: Das geschützte Vorstoßen mit dem Ellbogen in den Gegner benötigt wenig Platz, kann also überall, auch in der Kneipe, gut eingesetzt werden. Allerdings ist es bei einigen Angriffstechniken von vorn wie einer Geraden (Seite 63) recht schwierig anzubringen und gegen einen Vorwärtstritt (Seite 90) ist es gar nicht möglich.

Der Ellbogeneinsatz ist sehr effektiv und lässt sich gut aus dem Kopfschutzreflex heraus einsetzen, da die Unterarme schon oben sind. Falls dies jedoch nicht gut für dich funktioniert, dann kannst du das Vorgehen mit einer anderen Technik ausführen, z. B. mit Handballenstoß oder Gerade von vorn (Seite 61/63). Hast du allerdings die Arme zuvor hängend, bekommst du sie möglicherweise nicht schnell genug hoch und bist dann schon entscheidend getroffen. Das Einnehmen einer Fence-Haltung (Seite 40–48) ermöglicht also auch den Schutzreflex.

1
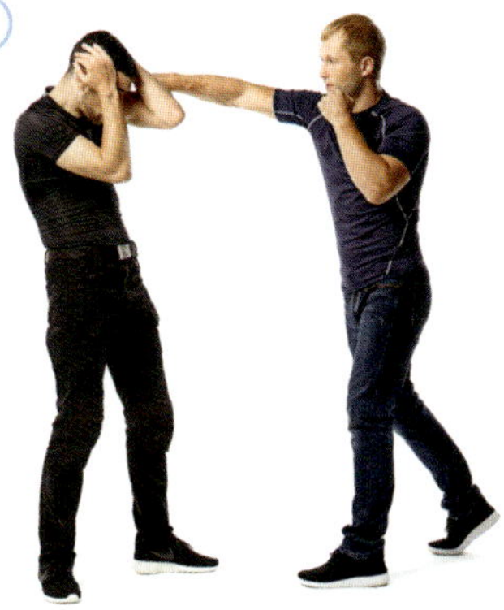

2
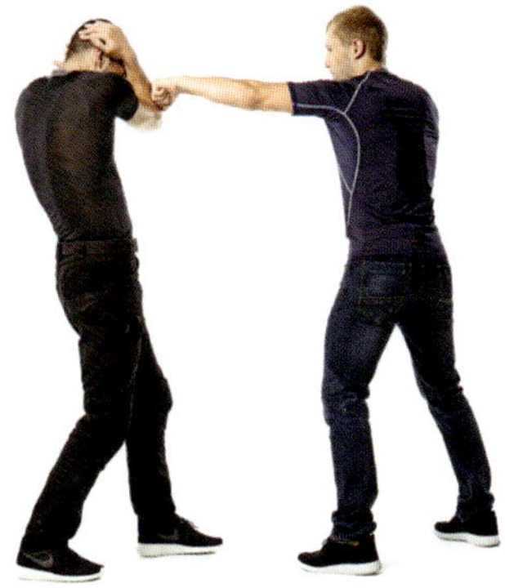

3
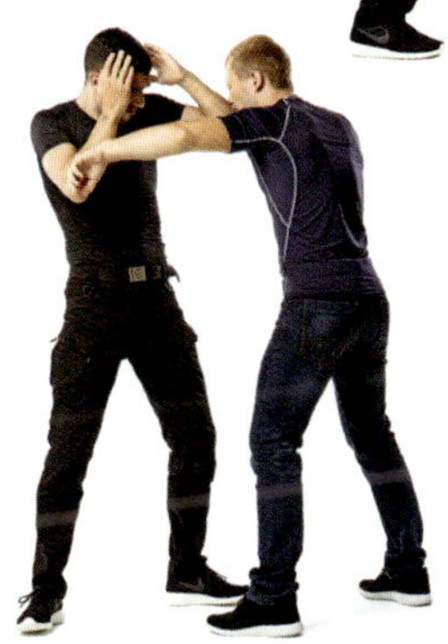

4
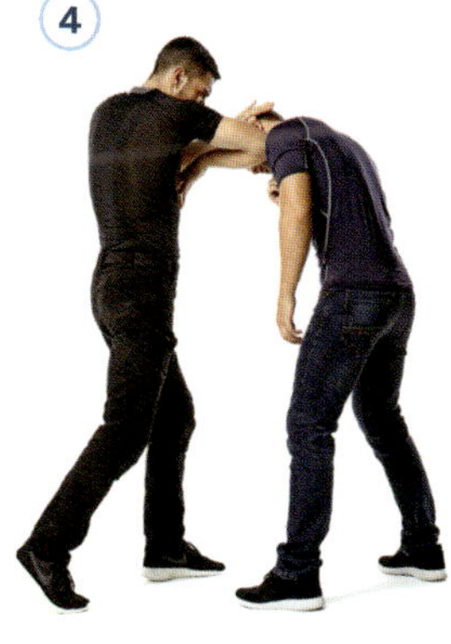

5
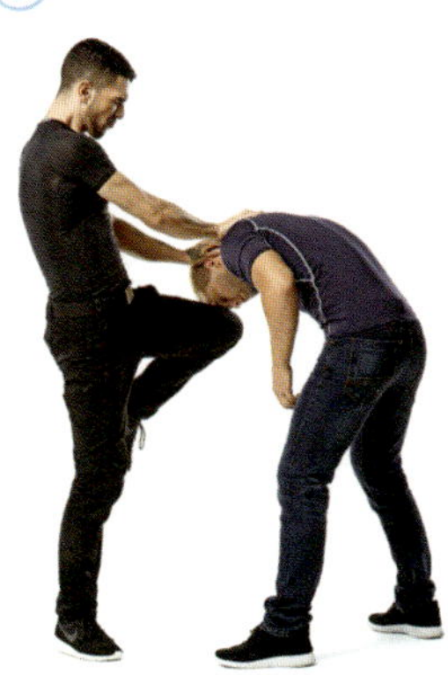

Schutzreflex gegen überraschenden Angriff, gefolgt von vorstoßendem Angriff mit Aufwärtsellbogen, dann kreisender Ellbogen und Kniestoß.

KAMPFTAKTIKEN IM DISTANZKAMPF

Im Selbstschutz ist es das Ziel, aufmerksam zu sein, um gefährliche Situationen zu vermeiden. Kommt es zum Kontakt mit dem Aggressor, dann versuche den Ernstfall im Gespräch oder durch Grenzenziehen zu verhindern. Ist der Kampf jedoch unvermeidlich, dann ist die beste Option, dass du den Gegner mit Kampftechniken zuerst attackierst (Präventivangriff, Seite 117–128). Es gibt jedoch auch Kampfsituationen, in denen dich ein Schläger aus der Distanz zuerst angreift und du dich schützen musst. Hier werden solche Kampftaktiken vorgestellt. Innerhalb der Taktiken sind Optionen angeboten, da dir manche Techniken besser als andere liegen werden. Zudem musst du bedenken, dass du dich dem Ernstfall angemessen verhalten musst. Das Attackieren von Hals, Genick, Kehlkopf oder Augen ist nur in einer lebensgefährlichen Situation akzeptabel. Teste die Möglichkeiten und wähle für dein Kampfrepertoire, was sich für dich eignet.

Trainiere deine Auswahl an Kampftaktiken regelmäßig mit unterschiedlichen Partnern. Wenn du eine Kampftaktik übst, dann lasse den Partner mindestens zehn Mal hintereinander angreifen, und zwar fokussiert mit Timing, bevor ihr die Positionen wechselt. Wichtig ist es, sich eine Ernstfallsituation zu visualisieren und konzentriert zu trainieren. So gelingt es, die Techniken zu verinnerlichen und sie dann im Ernstfall einzusetzen. Allerdings muss die Härte im Training reduziert werden und ist auch abhängig von der vorhandenen Schutzausrüstung. Zusätzlich ist es sinnvoll, einen Selbstverteidigungskurs zu absolvieren. Umso mehr du mit unterschiedlichen Partnern übst und dein Bewusstsein für Ernstfallsituationen schärfst, desto besser wirst du vorbereitet und handlungsfähig sein.

Hier werden die Schutzaktionen gegen Bewegungen beschrieben, die Schläger häufig nutzen, um die Distanz zu überbrücken.

- Kampftaktik gegen geraden Schlag oder Greifen
- Kampftaktik gegen Schlag von außen
- Kampftaktik gegen Kick von außen
- Kampftaktik gegen stoßenden Tritt von vorn
- Kampftaktik gegen Tritt von unten
- Kampftaktik gegen Kniestoß aus der Distanz
- Kampftaktik gegen Vorspringen mit Greifen

INFO

Wir üben diese Kampftaktiken um Verhaltensmuster einzustudieren, d. h. instinktives Kampfverhalten. Solche Aktionen gibt es im Ernstfall und durch das Üben bist du schneller handlungsfähig. Deshalb lohnt das Training, auch wenn der Ernstfall sich nicht identisch darstellen wird.

Den Distanzkampf führst du aus einer Kampfstellung. Da die Kampfsituation eindeutig ist, kannst du mit offenen Händen agieren oder in der Vollkontaktstellung mit geschlossenen Fäusten, falls dies deiner Intuition besser entsprechen sollte, da du es möglicherweise im Vollkontakttraining oft geübt hast. Es mag zwar in einem Gerichtsprozess besser aussehen, wenn du eine abwehrende Handhaltung hast, also zum Gegner geöffnete Handflächen, aber ist es eindeutig, dass du Kämpfen musst, dann nutze, was für dich am besten funktioniert.

Kampftaktik gegen geraden Schlag oder Greifen

Attackiert dich der Gegner mit einem geraden Schlag, dann kannst du den Schlag mit der gegenüberliegenden Hand nach innen unten leiten. Auch einen geraden Greifversuch kannst du entsprechend wegleiten. Folge in direkter Bewegung mit einem Tritt von unten. Nutze das Bein, mit dem du das Ziel auf direktem Weg erreichst.

Manchmal greift der Gegner zu schnell an und du musst in Schutzhaltung gehen (Seite 101). Wichtig ist, dass du stabil stehst und durch die Unterarme seine Aktionen im Auge hast. Sobald wie möglich konterst du, beispielsweise kannst du nach ein oder zwei geblockten Schlägen direkt mit dem Tritt von unten folgen.

Wegleiten, dann Tritt

1. Du stehst in Kampfstellung und der Gegner setzt zu einer kraftvollen Geraden (Seite 63) an, gleich ob mit vorderer oder hinterer Faust.
2. Leite den Schlag mit deiner gegenüberliegenden Hand nach innen unten. Mache nur eine kleine leitende Bewegung, wobei du die Schulter etwas mitdrehst.
3. Folge umgehend mit einem Tritt von unten innen in seine Genitalien. Du kannst mit Spann oder Fußspitze treten (Seite 88). Steht er mit linken Bein vorne, dann trittst du mit dem linken Bein; und umgekehrt. Falls er danach noch eine Gefahr darstellt, dann ramme den Ellbogen gegen seinen Kopf (Seite 75/80) oder nutze Handtechniken (Seite 61–62/63/67).

Variante: Als Option kannst du einen Vorwärtstritt zu Kniegelenk oder Genitalien nutzen (Seite 90/91). In einer Rauferei kannst du den Gegner am Bauch zurücktreten oder du leitest den Schlag weg und folgst mit einer Geraden (Seite 63) mit der anderen Hand.

1

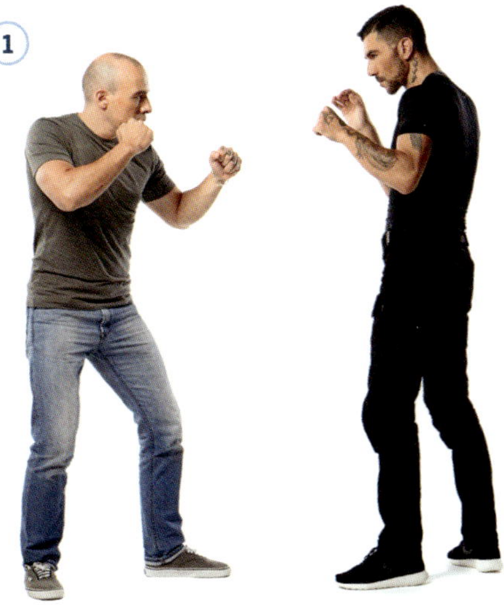

2

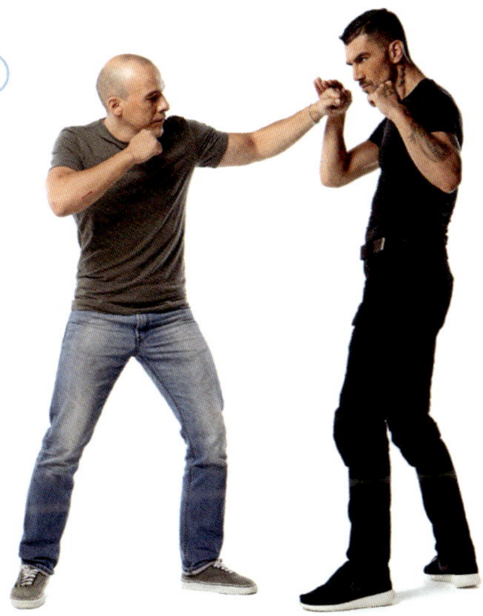

3

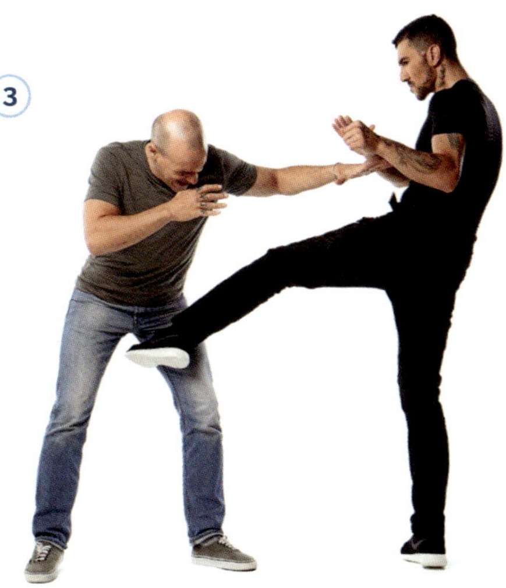

1

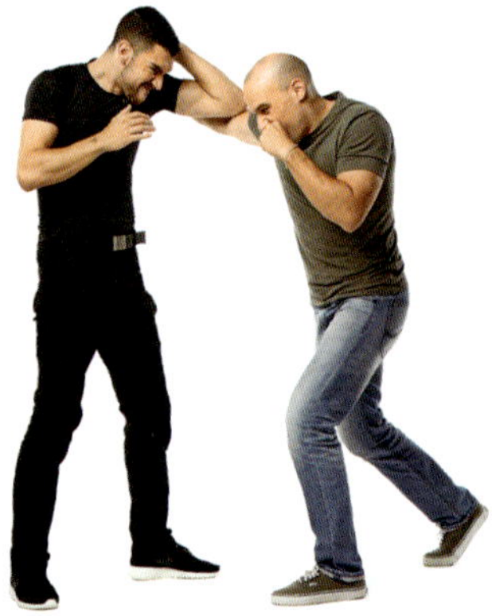

2

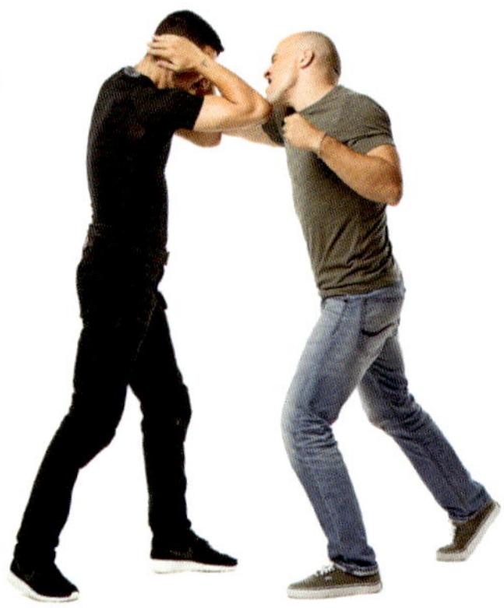

3

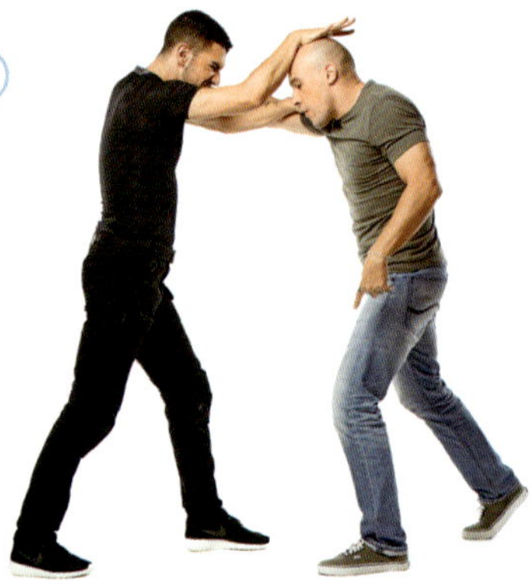

4

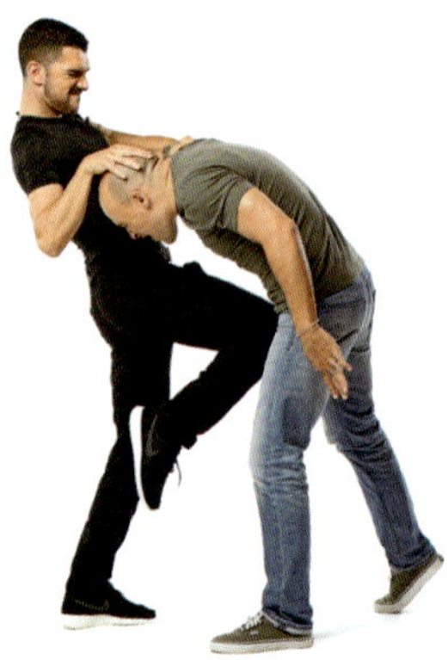

Verteidigung gegen Schlag von außen

Im Ernstfall kommt es recht häufig vor, dass ein Gegner von außen mit Ohrfeige (Schelle) oder Seithaken attackiert. Meistens schlägt er mit seiner kräftigen Hand, welche oft die rechte ist, einmal oder mehrmals zu. Er kann aber auch abwechselnd mit links und rechts schlagen. Am einfachsten gelingt die Verteidigung, indem du den jeweils gegenüberliegenden Arm hochnimmst. Kontere umgehend mit der anderen Körperseite. Wenn du einen rechten Schlag mit dem linken Arm geblockt hast, folgst du mit einer Technik mit der rechten Körperseite.

Block, dann Aufwärtsellbogen

1. Der Gegner greift mit Seithaken oder Schelle (Seite 67/68) an. Blocke den Schlag, indem du den gegenüberliegenden Arm hochnimmst, die Hand legst du in den Nacken. Dein Stand ist stabil, mit beiden Füßen gleichmäßig belastet.

2. Folge mit einem Aufwärtsellbogen zum Kinn (Seite 80) mit dem anderen Arm. Effektive Alternativen sind Handballenstoß, Gerade, Hammerfaust, kreisender Ellbogen oder vorstoßender Ellbogen (Seite 61–62/63/65/75/81).

3.–4. Stellt er noch eine Gefahr dar, dann greife ihn am Kopf, ziehe ihn heran und ramme dein Knie in seinen Unterleib (Seite 83–84).

Variante: Eine effektive Option für den Block ist das direkte Vorstoßen (Seite 129–130). Als weitere Option kannst du den Angreifer mit einem stoßenden Vorwärtstritt (Seite 90/91) zu Knie oder Genitalien stoppen.

Verteidigung gegen Kick von außen

Der Gegner kann einen Kick von außen zu Oberschenkel, Körper oder Kopf einsetzen, wobei hohe Kicks in der Selbstverteidigung selten vorkommen. Du kannst den Kick zu Oberschenkel oder Körper mit Schienbein oder Fußsohle blocken. Der Block mit dem Schienbein ist schnell und deshalb auch gegen einen geübten Kicker einsetzbar, allerdings musst du Schmerzen beim Aufprall einstecken. Nach der Schutzaktion kontere umgehend, wozu sich eine Technik mit der äußeren Körperseite anbietet. Auch ein Ellbogenstoß ist möglich, wenn du dabei schnell vorwärts gehst.

Block, dann Gerade

1. Du befindest dich in Kampfdistanz und der Gegner setzt zu einem runden Kick (Seite 89) mit dem rechten Bein an. Blocke den Kick mit dem gegenüberliegenden Schienbein oder mit der Fußsohle.

2.–3. Stelle dein Blockbein vorne ab und folge mit Gerade oder Handballenstoß (Seite 63/61–62) von hinten. Effektive Optionen sind z. B. Hammerfaust, Seithaken oder Ellbogenstoß (Seite 65/67/75/80).

4. Besteht noch eine Gefahr, dann folge mit einem Kniestoß (Seite 83–85).

Variante: Du kannst alternativ zum Block den Gegner mit einem schnellen Vorwärtstritt (Seite 90/91) stoppen, zu Körper, Standbein oder Kickbein ausgeführt. Stelle das Trittbein vorne ab und kontere kraftvoll von hinten.

1

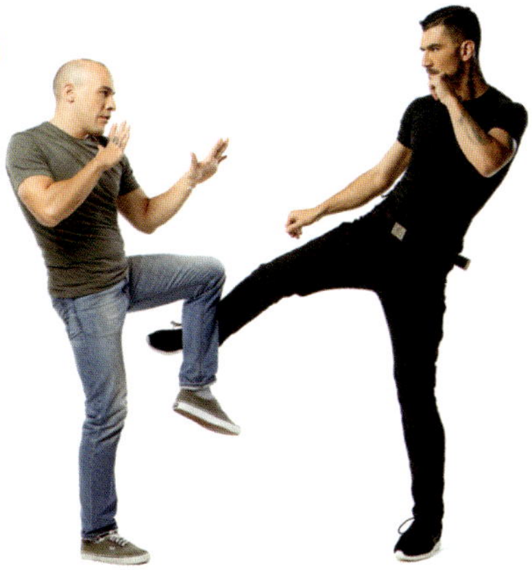

2

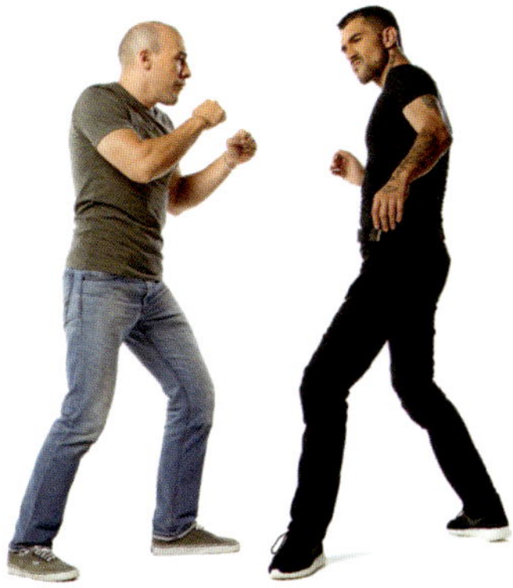

3

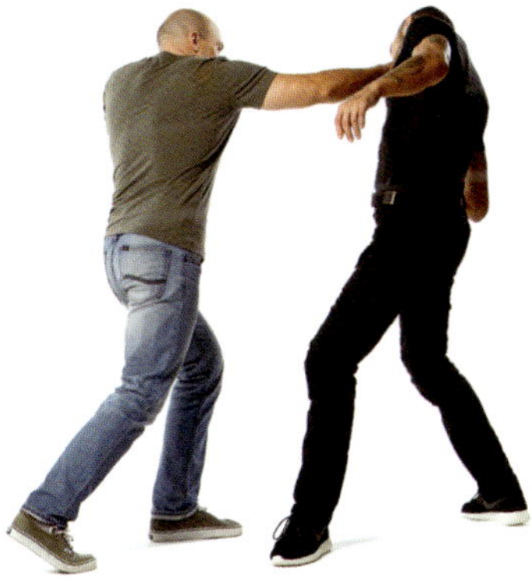

4

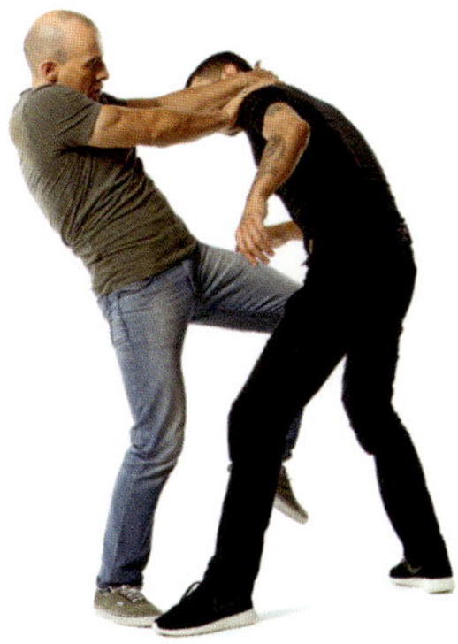

1

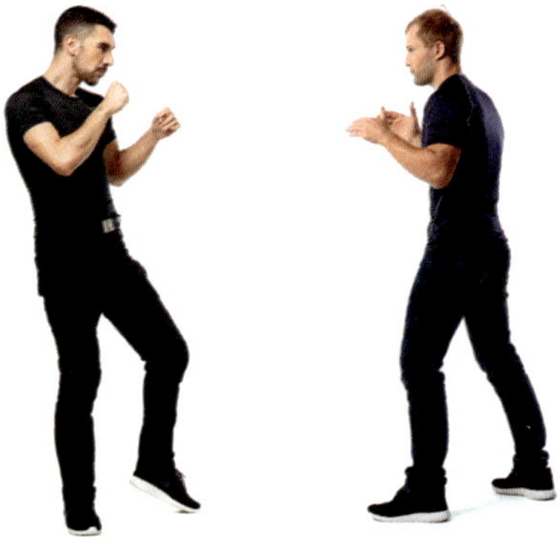

2

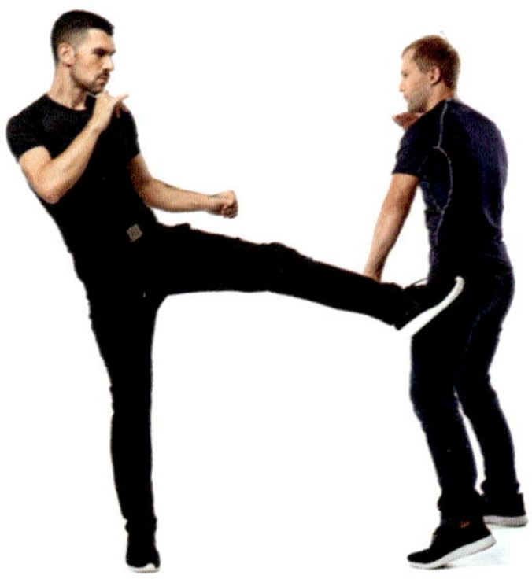

3

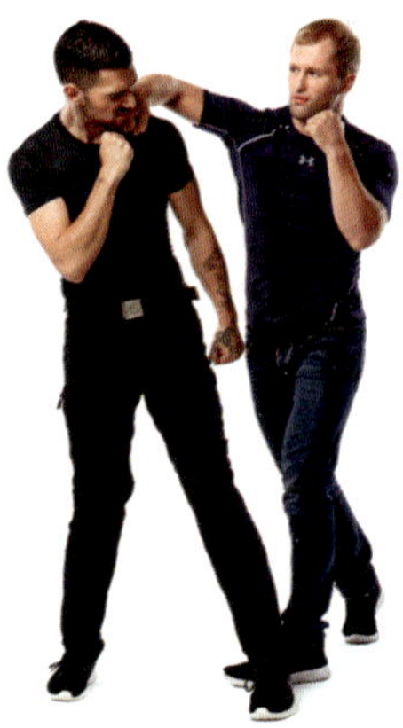

4

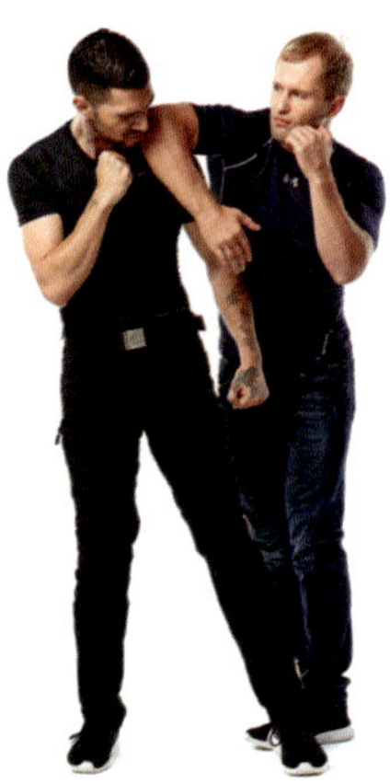

Verteidigung gegen Tritt von vorne

Der stoßende Vorwärtstritt wird in Kampfsituationen recht häufig eingesetzt. Leite den Tritt aus der Trittrichtung, einen rechten Tritt nach rechts und einen linken Tritt nach links. Es ist gleich welchen Unterarm du nutzt. Wenn möglich, kombiniere die Abwehr mit einem Schritt nach außen weg. Folge mit einer Technik mit der äußeren Körperseite.

Kommt der Tritt jedoch zu schnell, dann halte die Unterarme schützend vor dem Körper und mache kurz vor dem Auftreffen ein Schritt nach außen oder hinten, damit du weniger Trittwirkung abbekommst.

Wegleiten, dann Seithaken

1. Du stehst in der Selbstschutzstellung. Der Gegner setzt zu einem Vorwärtstritt (Seite 90) mit dem rechten Bein an.
2. Leite den Vorwärtstritt nach innen weg. Mache dabei einen Schritt nach außen. Mit der freien Hand schützt du deinen Kopf.
3. Folge mit einem Seithaken mit der äußeren Hand (Seite 67). Effektive Alternativen sind z. B. Handballenstoß, Gerade oder Hammerfaust (Seite 61/63/65), auch ein Beinkick ist möglich (Seite 89).
4. Stellt der Gegner noch eine Gefahr dar, dann nutze einen kreisenden Ellbogen (Seite 75). Als Option greifst du ihn und rammst dein Knie in seinen Körper (Seite 83–85).

Hinweis: Du leitest das gegnerische Bein in einer gleichmäßigen Bewegung nach außen; halte es nicht fest.

Verteidigung gegen Tritt von unten

Ein Tritt von unten zu den Genitalien kannst du blocken, indem du von oben auf sein ausführendes Bein trittst. Entscheide instinktiv, welches Bein du nutzt. Stelle das Blockbein vorne ab und folge mit einer Technik von der hinteren Körperseite.

Block, dann kreisender Ellbogen

1. Du stehst in der Schutzstellung. Der Gegner setzt zu einem Tritt in die Genitalien (Seite 88) an.
2. Blocke mit der Fußsohle, wozu den Fuß nach außen gedreht hast. Versuche möglichst den Übergang von Spann zu Schienbein bei ihm zu treffen.
3. Stelle das Trittbein vorne ab und folge mit einem kreisenden Ellbogen (Seite 75) von hinten. Effektive Optionen sind Handballenstoß, Gerade, Hammerfaust oder Aufwärtsellbogen (Seite 61–62/63/65/80).
4. Stellt der Gegner noch eine Gefahr dar, dann folge mit einem Kniestoß (Seite 83–85/86).

Variante: Du kannst den Tritt des Gegners auch durch einen Seitkick auf sein Trittbein verhindern. Dazu bietet sich dem gegnerischen Tritt gegenüberliegende Bein an. Als weitere Option kannst du frontal gegen das Knie seines Standbeins treten, sodass er nach hinten fällt. Zudem kannst du mit deinem nach innen gezogenen Schienbein blocken. Teste die Möglichkeiten und wähle, was dir gut gelingt.

1

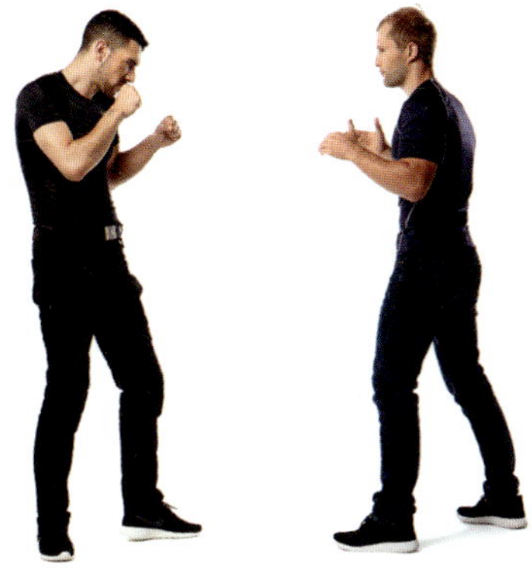

2

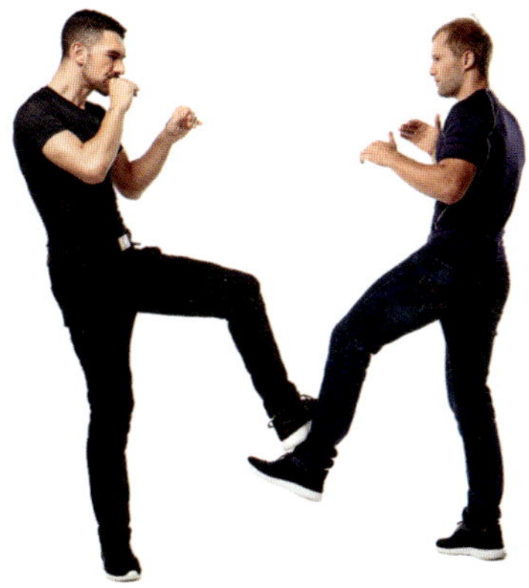

3

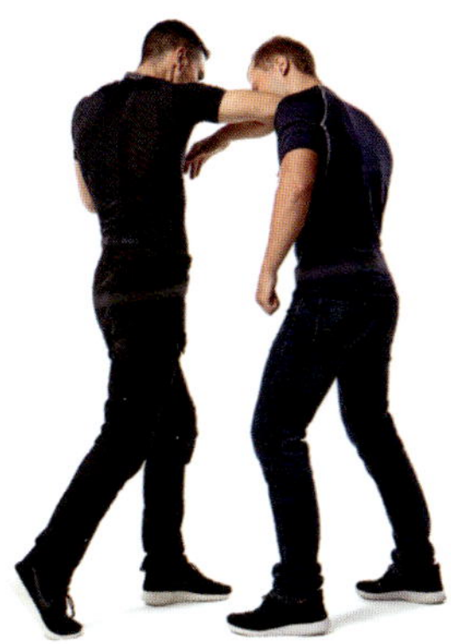

4

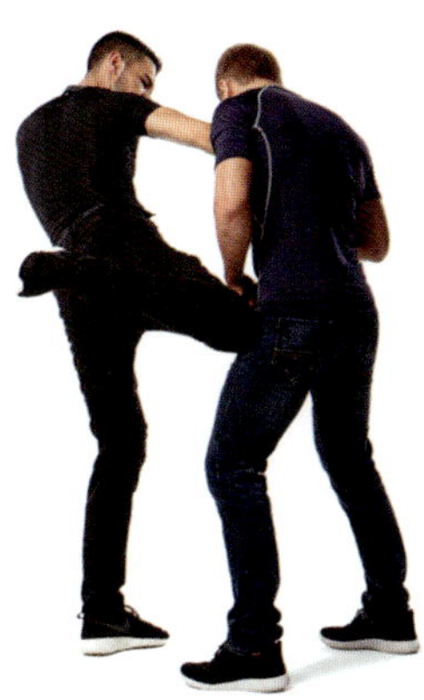

1

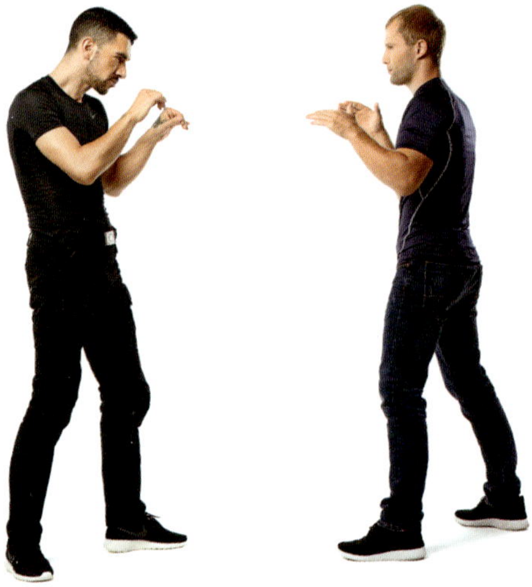

2

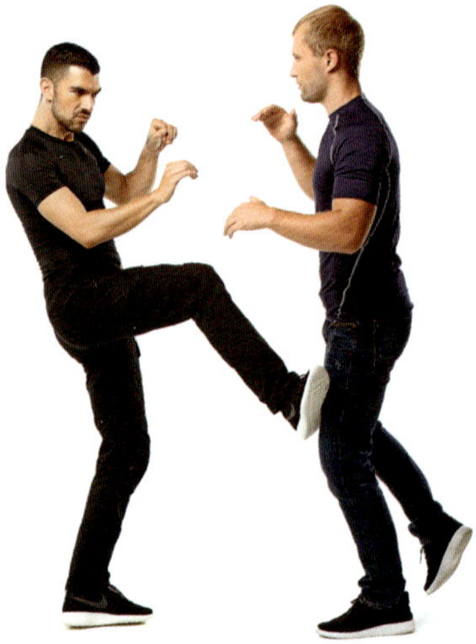

3

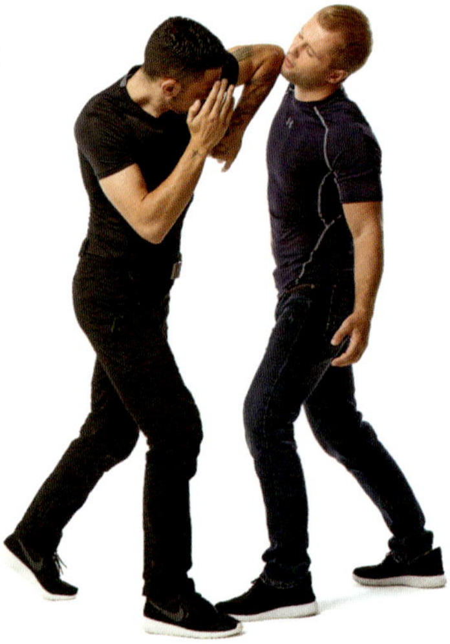

Verteidigung gegen Kniestoß aus der Distanz

Greift der Gegner mit einem Kniestoß aus der Distanz an und du erkennst den Ansatz frühzeitig, dann kannst du ihm mit einem schnellen Vorwärtstritt zu Standbein oder Genitalien stoppen. Folge kraftvoll mit Handtechnik, Beinkick, Ellbogen- oder Kniestoß. Was du einsetzt, hängt davon ab wie der Gegner nach deinem Tritt steht, welche Körperstelle also gut erreichbar ist. Wenn du einige Zeit übst, dann wirst du instinktiv agieren.

Vorwärtstritt, dann kreisender Ellbogen

1. Der Gegner setzt zu einem Kniestoß aus der Distanz (Seite 83) an.
2. Verteidige dich mit einem schnellen Vorwärtstritt (Seite 91) zum Knie des Standbeins. Halte dabei den Fuß leicht nach außen gedreht, damit du nicht am Ziel abrutschst.
3. Stelle den Fuß vorne ab und folge mit einem kreisenden Ellbogen (Seite 75) von hinten. Als Alternative kannst du Hand-, andere Ellbogen- oder Knietechniken oder Beinkick (Seite 61/63/67/80/81/89) einsetzen.
4. Besteht noch Gefahr, dann kannst du mit einem Kniestoß (Seite 83–85/86) folgen.

Variante: Der Sprung zurück ist auch ein gutes Schutzverhalten. Versuche dabei den Kniestoß mit der gegenüberliegenden Hand von außen nach innen wegzuleiten, sodass dann sein Rücken etwas zu dir zeigt. Springe dann wieder vor und folge mit einer kraftvollen Technik.

Verteidigung gegen Vorspringen und Greifen

Wenn der Gegner zum Greifen vorspringt, senkt sich sein Kopf. Wie weit ist davon abhängig, ob er dich an Oberkörper, Hüften oder Beinen greifen will. Der Weg zu seinem Kopf zwischen seinen Armen hindurch ist frei. Treffe ihn hart mit einer geraden Handtechnik oder einem Vorwärtstritt. Auch eine gerade Ellbogen- oder Knietechnik ist möglich, erfordert jedoch mehr Übung, um sie mit dem richtigen Timing einzusetzen.

Handballenstoß, dann Kniestoß

1. Du stehst dem Gegner in der Selbstschutzstellung gegenüber. Er springt vor, um dich mit beiden Händen zu greifen.
2. Stoppe ihn mit einem kraftvollem Handballenstoß zum Kinn (Seite 61–62), von hinten ausgeführt. Als Alternative kannst du Gerade, Ellbogenstoß oder Vorwärtstritt (Seite 63/80/81/90/91) nutzen.
3. Falls er weiterhin eine Gefahr darstellt, dann greife seinen Kopf und ramme dein Knie in seinen Körper (Seite 83–85) oder nutze einen Ellbogenstoß (Seite 75).

Variante: Es gibt die Option, dass du die vorgestreckten Unterarme gegen den Gegner rammst und gleichzeitig mit Füßen und Gesäß nach hinten springst, und dann dein Gewicht nutzt, um ihn nach unten zu drücken. Teste im Training die verschiedenen Varianten für Stopp- und Folgetechnik und wähle, was dir leichtfällt.

1

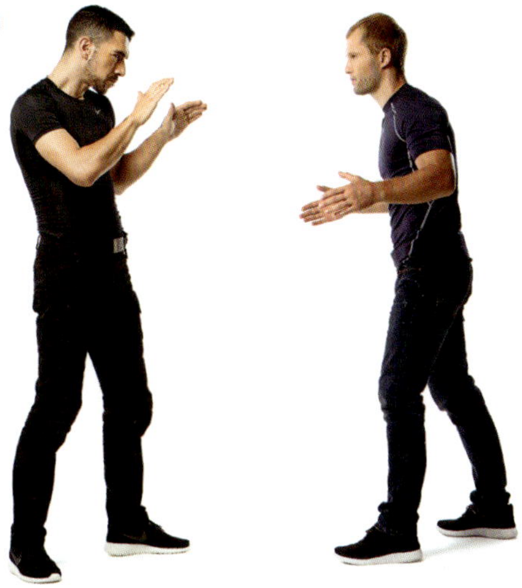

2

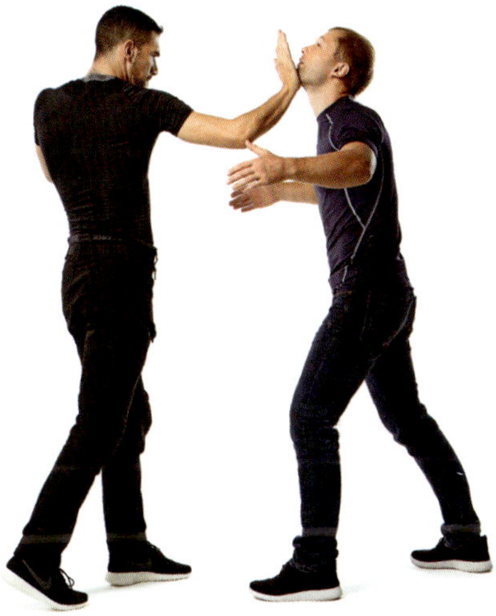

3

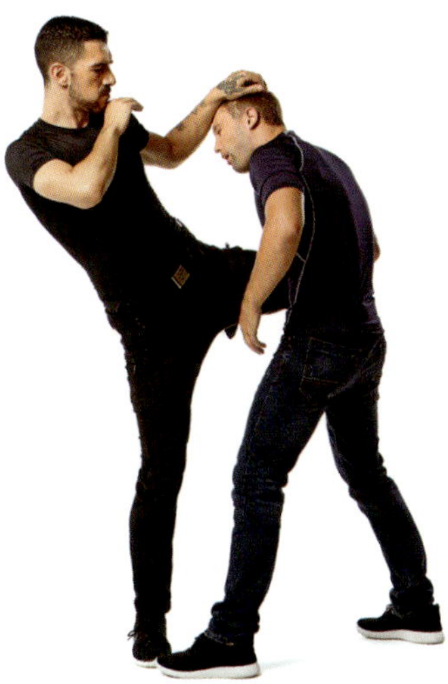

KAMPFTAKTIKEN GEGEN HIEBWAFFEN

Als Hiebwaffen können viele Gegenstände eingesetzt werden, z. B. stabiler Stock, Teleskopschlagstock, Baseball-Schläger, Billardstock, Spazierstock, Schraubenschlüssel, Hammer, Beil oder Bierflasche mit Griff am Flaschenhals. Es ist schwer, gegen einen Gegner mit einer Hiebwaffe zu kämpfen, denn kleine Fehler im Bewegungsablauf haben große Konsequenzen. Deshalb ist das Vermeiden des Kampfes immer die erste Option.

Musst du aber kämpfen, dann nutzt du am besten selbst eine Waffe z. B. Reizgas-Spray. Kannst du den Kampf weder vermeiden noch dich bewaffnen, dann kämpfe brutal und kompromisslos. Du darfst nicht zögern, denn wirst du von der Waffe hart getroffen, dann kann der Kampf schon entschieden sein.

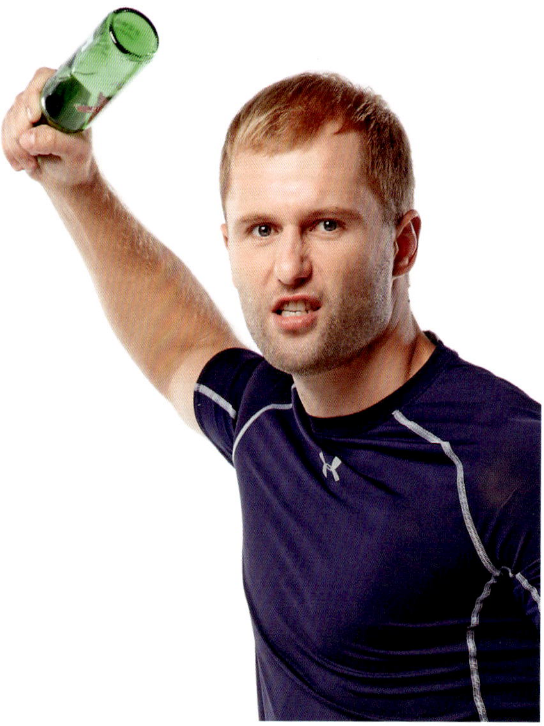

Der Gegner hat zumeist ein Ende der Waffe in einer oder beiden Händen. Es gibt zwar die Möglichkeit bei einem langen Stock mittig zu greifen, dies wird aber selten genutzt. Der Angriff mit der Hiebwaffe erfolgt von außen zur anderen Seite oder von oben nach unten. Auch ein Rückschlagen ist möglich, wenn der Gegner mit einem seitlichen Schlag das Ziel verfehlt hat.

Eine lange Waffe kann zudem vorstechend eingesetzt werden, dies ist aber eher eine Verteidigungsposition. Falls der Gegner so vorgehen sollte, dann kannst du den Stock mit der gegenüberliegenden Hand wegleiten und zwar möglichst so, dass der Gegner dann etwas mit dem Rücken zu dir steht. Also wenn er die rechte Körperseite beim Stoßen vorne hat, dann leite den Stock nach rechts. Nach dem Wegleiten musst du dann sofort vorgehen und ihn attackieren, um das Geschehen zu übernehmen. Falls seine Waffe allerdings vorne spitz ist, dann nutze das Vorgehen gegen Stichwaffen (Seite 153–154), denn ein Wegleiten könnte zu schweren Verletzungen an Hand und Unterarm führen.

Der Vorteil von Hiebwaffen liegt in ihrer Reichweite, wobei das vordere Ende am gefährlichsten ist. Im Gegensatz zu Schlagtechniken kannst du eine Hiebwaffe nicht in der Selbstschutzstellung blocken, da das Auftreffen zu hart wäre. Du musst den Angriff zunichtemachen, indem du den Gegner wegtrittst, ausweichst oder schnell vorgehst. Das explosive Vorgehen mit dem Ellbogen in den Gegner rammend (nicht gegen die Waffe) ist sehr effektiv, setzt allerdings schnelle Ausführung voraus. Du musst dein Vorgehen vielfach mit unterschiedlichen Partnern trainieren, da es nicht einfach ist, das schnelle Vorgehen zu erlernen.

Hier werden die Prinzipien und einige beispielhafte Vorgehensweisen vorgestellt. Auf den Bildern sieht das einfach aus, was aber in der Realität nicht so ist und keine falsche Sicherheit vortäuschen darf. Im Ernstfall besteht keine Sicherheit, dass deine trainierte Vorgehensweise wie geplant funktioniert. Im Simulationstraining kannst du feststellen, wie unterschiedlich die Partner attackieren und ausholen, was den Kampf so schwermacht.

Beispiele gegen Hiebwaffe von außen oder oben

Der Gegner greift mit einer Hiebwaffe an, die er anhebt, um seitlich, diagonal oder von oben zu schlagen. Du kannst ihn wegtreten, vorstoßen oder dich zurücklehnen, um danach vorzustoßen. Du musst dein Vorgehen so einstudieren, dass du es schnell automatisch einsetzt, denn nur dann hast du gegen den Angriff überhaupt eine Chance.

VORWÄRTSTRITT UND FLIEHEN

Kommt der Gegner aus der Distanz auf dich zu und holt mit Hiebwaffe weit aus, kannst du ihn mit einem kraftvollen Vorwärtstritt wegtreten, um dann in Sicherheit zu fliehen. Dieses Vorgehen setzt voraus, dass du ein guter Kicker bist und den Angriff frühzeitig erkennst.

1

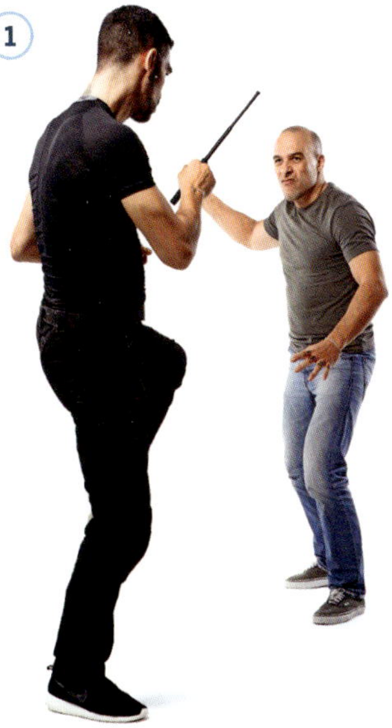

2

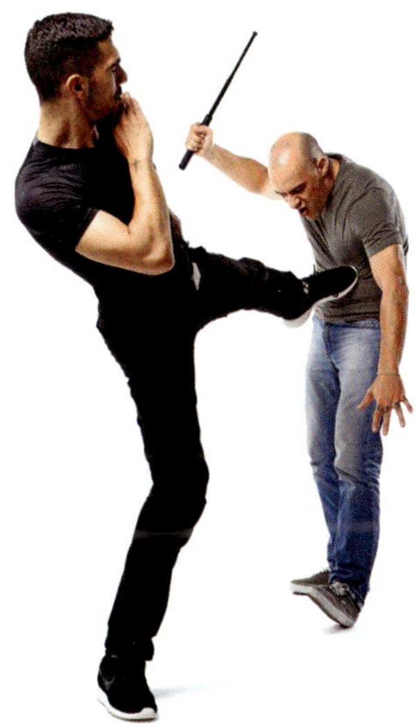

3

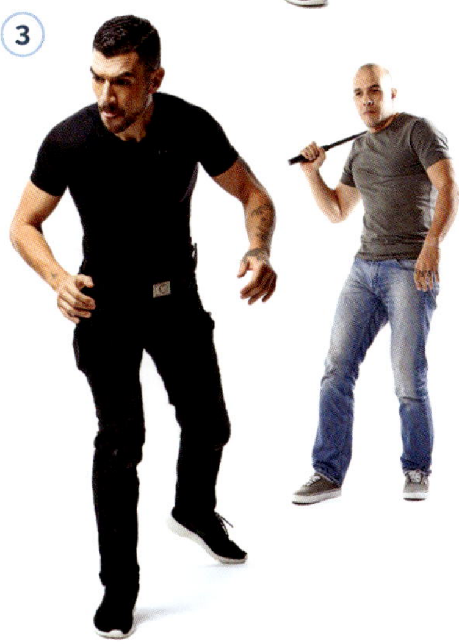

Stoppen mit kraftvollen Vorwärtstritt zum Körper und Wegrennen.

VORWÄRTSTRITT UND ANGRIFFSTECHNIK

Kommt der Gegner schnell auf dich zu und holt dabei mit der Hiebwaffe aus, dann kannst du den Gegner mit einem schnellen Vorwärtstritt in der Bewegung stoppen. Dieser kann zu seinem vorderen Knie, zu Genitalien oder Körper erfolgen. Wichtig ist, dass du direkt mit Angriffstechniken folgst und dazu vorgehst. Du musst ihn ohne Unterbrechung hart attackieren, bis er kampfunfähig ist. Wie du auch agierst, es muss ohne Zögern passieren. Du darfst hingegen nicht warten, bis der Gegner sich sammelt und dann erneut angreift, denn dann wird er vorsichtiger sein und sich nicht leicht treffen lassen.

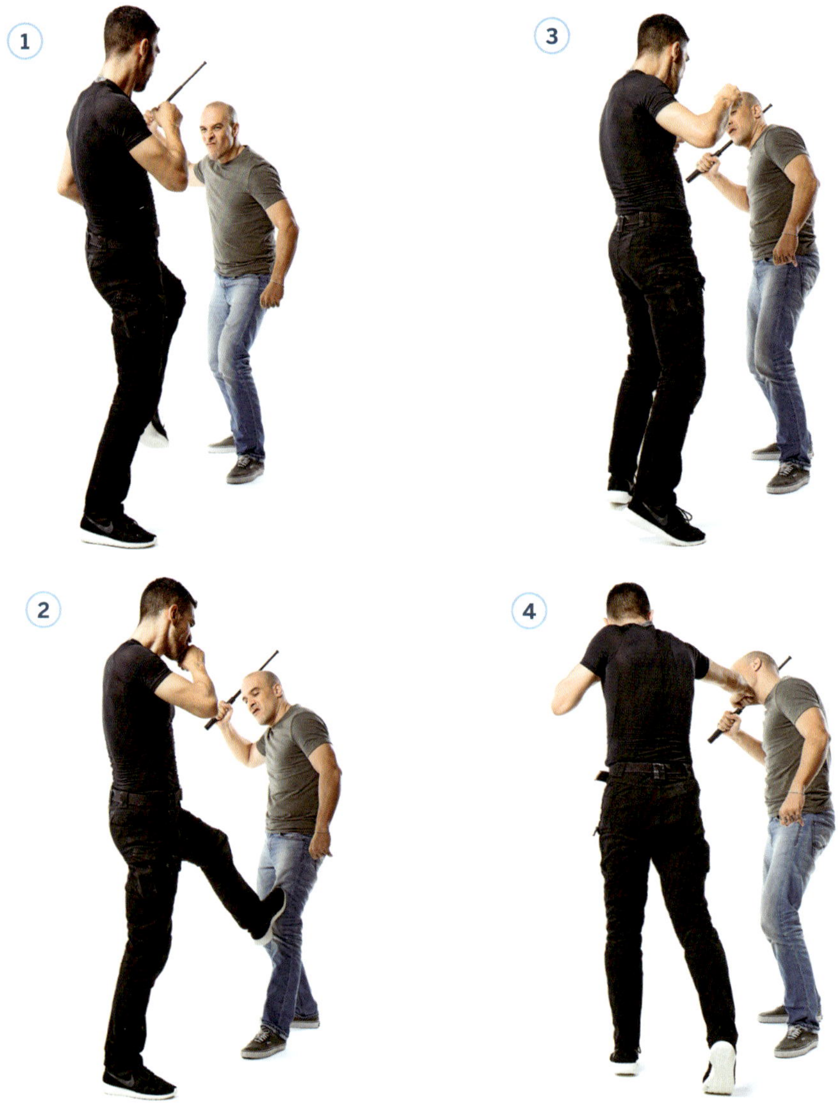

Stoppen mit Vorwärtstritt zum Knie des Standbeins. Das Trittbein vorne abstellen und mit kraftvoller Geraden von hinten als K.o.-Schlag folgen.

VORSTOẞEN

Eine sehr effektive Vorgehensweise ist, dass du vorgehst und dabei in den Gegner hineinstößt. So kommst du aus dem Radius der Waffe, sie verliert ihren Nutzen und zudem triffst du den Gegner hart. Wenn er ausholt, dann machst du einen Schritt gerade vor und rammst deinen Ellbogen oder Unterarm zu Kopf oder Schlagarm, nicht hingegen gegen die Waffe. Hier wird das Vorstoßen mit dem vorderen Ellbogen gezeigt (Seite 129–130). Als Option kannst du mit beiden Unterarmen vorstoßen oder den hinteren Arm vornehmen. Einige Trainer unterrichten, gegen die haltende Hand beziehungsweise Hände mit der Unterarminnenseite(n) zu blocken. Welches Vorgehen du auch wählst, du musst sofort mit weiteren Techniken folgen. Du musst schnell sein, denn wenn du zögernd agierst, dann trifft seine Waffe bereits.

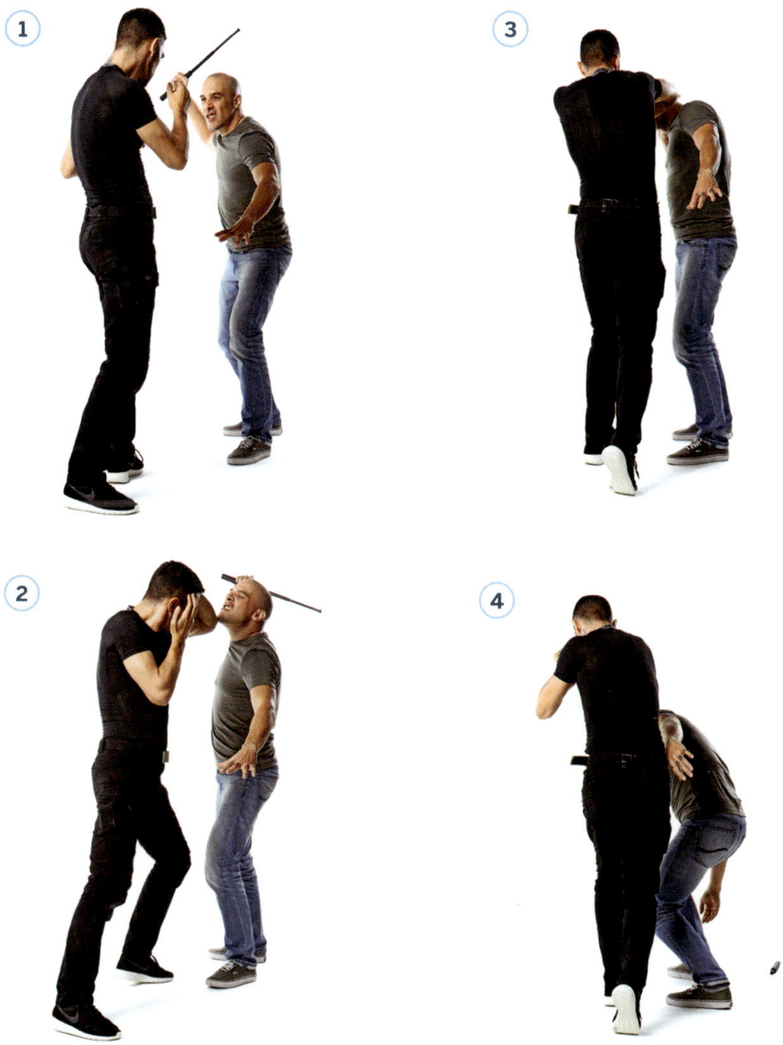

Vorstoßen mit dem vorderen Ellbogen gegen einen Hiebwaffenangriff von außen oben. Sofort folgt der kreisende Ellbogen von hinten als K.o.-Technik.

1

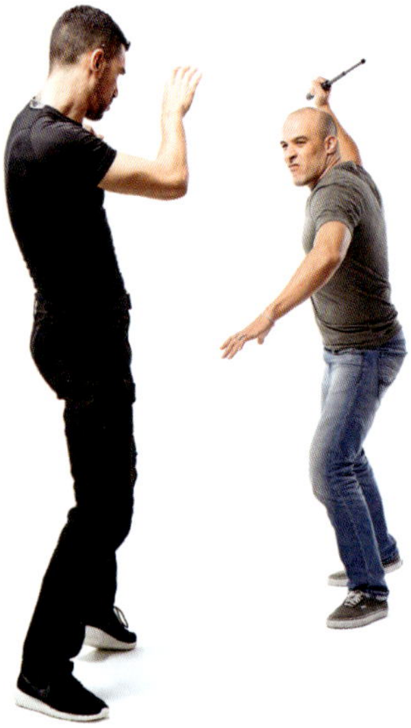

ZURÜCKLEHNEN, DANN VORSTOSSEN

Zu dieser Situation (Vorstoßen gegen Rückschlag) kann es kommen, wenn der Gegner kraftvoll von der Seite ausholt und du zum Schutz schnell zurück springst beziehungsweise dich zurücklehnst, sodass seine Waffe dich verfehlt. Der Schwung lässt den Gegner zur anderen Seite kommen. Nun musst du schnell vorstoßen, bevor er seinen Rückschlag ausführen kann.

Dieses Vorgehen ist möglich gegen einen Stockangriff mit einem Arm, z. B Teleskopstab, wenn er kraftvoll seitlich geschlagen wird, ebenso wenn der Schlag mit zwei Armen wie beim Baseballschläger geführt wird. Nach dem Ausweichen bewegst du dich vor und rammst gegen seinen Schlagarm oder seine Kopfrückseite mit deinem Ellbogen oder Unterarm. Am brutalsten ist der Aufwärtsellbogenstoß von hinten gegen das Genick. Attackiere den Gegner weiter, bis er keine Gefahr mehr darstellt.

Hinweis: Meist erfolgt eine Kombination aus Schritt zurück und zurücklehnen. Übe dieses Vorgehen vielfach mit einem eher weichen Trainingsgerät, das schnell geschwungen wird. Zum Genick darfst du im Training nicht kontern, da dies schwer zu kontrollieren ist und den Partner dauerhaft verletzen könnte.

2

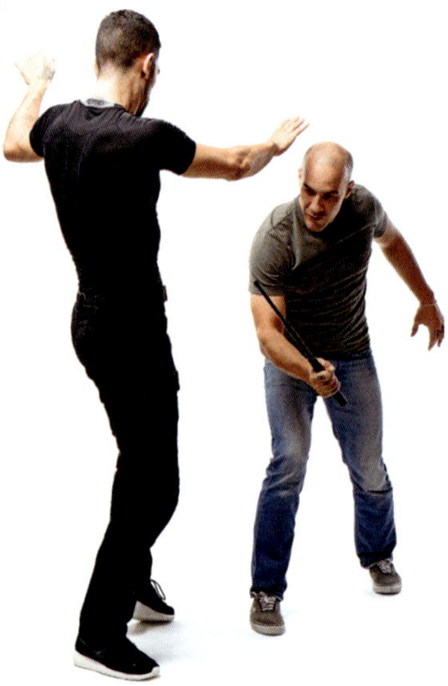

3

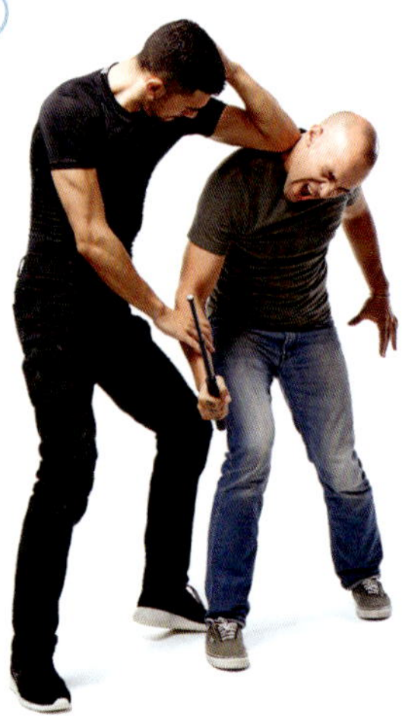

Ausweichen durch Zurücklehnen mit Schritt zurück. Dann erfolgt das Vorstoßen gegen den Hinterkopf oder zur Armaußenseite. Stellt der Gegner noch eine Gefahr dar, dann attackiere ihn aus der Nähe weiter.

KAMPFTAKTIKEN GEGEN STICHWAFFEN

In den Medien wird immer häufiger von Angriffen mit Messern und anderen Stichwaffen berichtet, was auch den Wunsch nach Schutztechniken vergrößert. Grundsätzlich werden unter Stichwaffen alle Messer verstanden, sowie Gegenstände des Alltags, die stechenden und/oder schneidenden Einsatz ermöglichen z. B. Küchenmesser, Schraubenzieher, abgebrochener Glasbehälter und spitzer Stift.

Der Angriff mit einem Messer oder ähnlicher Stichwaffe ist sehr gefährlich und du darfst ihn niemals unterschätzen. Der Gegner kann aus verschiedenen Winkeln angreifen und sofort seine Position verändern. Er kann antäuschen und aus einem anderen Angriffswinkel zustechen. Aus Abwehraktionen resultieren schnell Verletzungen an den Händen und Unterarmen, möglicherweise wird die Funktion der Hände dauerhaft beeinträchtigt. Du musst dir klar sein, dass du wahrscheinlich verletzt wirst, wenn du gegen einen Gegner kämpfst, der eine Stichwaffe nutzt. Du könntest sogar schwer verletzt werden bis hin zur Todesfolge. Deshalb gilt: kommt ein Gegner aus der Distanz mit einem Messer in der Hand auf dich zu, dann ist es am besten zu fliehen.

Ist deine Flucht jedoch nicht möglich, dann ziehe eine eigene Waffe z. B. Reizgas oder bringe einen Gegenstand z. B. einen langen stabilen Stock zwischen dich und ihn, um ihn wegzuhalten und auf Hilfe zu warten. Wenn diese Optionen allerdings nicht bestehen, dann musst du ihn schnellstmöglich kampfunfähig machen, was sehr schwer ist. Je länger der Kampf dauert, umso wahrscheinlicher wirst du verletzt. Du darfst nicht darüber nachdenken, sondern musst aggressiv attackieren, bis der Gegner keine Gefahr mehr darstellt. Wirst du dabei von der Waffe getroffen, merkst du das möglicherweise gar nicht während der Kampfsituation, sondern erst danach.

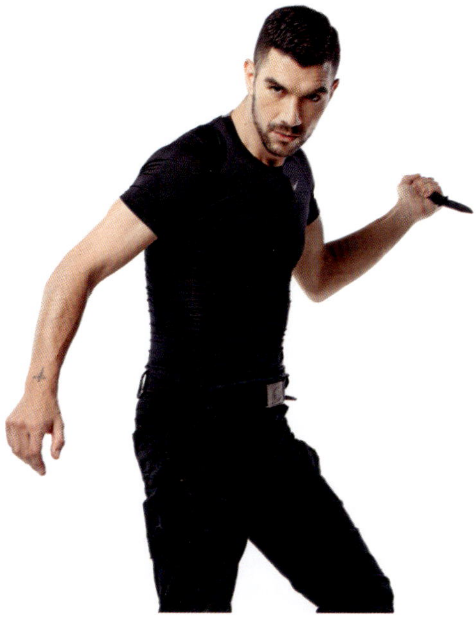

Flucht ist die beste Option bei einem mit Messer bewaffneten Gegner.

Hier werden die Prinzipien und einige Vorgehensweisen vorgestellt. Du musst dein gewähltes Vorgehen mit unterschiedlichen Partnern üben. Die Konsequenzen bei zögerlichem Vorgehen sind groß, denn trifft dich die Stichwaffe mehrfach, dann ist der Kampf wahrscheinlich entschieden. Auf den Bildern sieht das Vorgehen einfach aus, was aber nicht die Realität darstellt und keine falsche Sicherheit vortäuschen darf. Im Ernstfall besteht keine Sicherheit, dass deine trainierte Vorgehensweise wie geplant funktioniert. Du kannst die Effektivität deines Vorgehens nur durch vielfaches Training entwickeln.

Hintergründe

Beim Schutz vor einer Messerattacke sind die unterschiedlichen Situationen zu beachten, bei denen die Waffe eingesetzt werden kann. Eigentlich wird davon ausgegangen, dass ein Gegner, der mit der Waffe zustechen will, seine Waffe solange wie möglich verbirgt, um dann überraschend anzugreifen. Zeigt der Gegner hingegen das Messer, will er eher nicht stechen, sondern vielmehr drohen, um eine Beute zu erzielen, oder einschüchtern. Es gibt jedoch keine Sicherheit für den Ernstfall, d.h. die Situation kann sich anders darstellen und entwickeln.

Wenn ein Räuber mit der Waffe droht, um eine Beute zu erzielen, dann werfe ihm die Gegenstände zu oder werfe sie vor dich auf den Boden. Kämpfe nur dann, wenn der Gegner nicht mit der Beute zufrieden ist und er dich verletzten will.

Es gibt auch die Möglichkeit, dass ein Straßenschläger ein Messer als Abschreckung zieht, beispielsweise nachdem du ihn zuvor vor seiner Gang zu Boden geschlagen hast. Er will dich eigentlich nur einschüchtern, um seinen Status vor seiner Gang wiederherzustellen. Hier kann es genügen, dass du klein beigibst und einfach wegrennst oder dich kontrolliert zurückziehst. Er hat dann sein Gesicht scheinbar gewahrt und du kommst lebend aus der Situation. Führe keinen Egokampf gegen ein Messer. Wenn du hingegen nicht klein beigibst, setzt er vielleicht das Messer noch ein, ohne es eigentlich geplant zu haben. Auch besteht die Gefahr, dass es später zu Racheaktionen kommt, wenn du ihn vor seiner Gang besiegst.

Ist es offensichtlich, dass dich ein Gegner mit einem Messer attackieren will, dann besteht eine Tötungsabsicht. Hier gibt es keine Kompromisse mehr, wenn du nicht fliehen kannst, dann du musst ihn so schnell wie möglich kampfunfähig machen. Gegebenenfalls besteht die Chance auf Hilfe, dann kannst du versuchen, ihn mit einem Gegenstand wegzuhalten.

Allerdings, wenn er dich schwer verletzen oder gar töten will, dann wird er möglicherweise sein Messer zuerst verdeckt halten, z.B. hinter seinem Bein. Zudem kann er versuchen, dich zu täuschen, um dann überraschend zuzustechen. Auch ein Messerangriff aus einem Hinterhalt ist möglich, beispielsweise nachdem du Ärger in der Kneipe gehabt hast, der scheinbar gelöst war, wartet der Gegner bewaffnet auf dich und attackiert dann überraschend. Nur anhand von Aufmerksamkeit und durch dein Bauchgefühl kannst du eine solche Gefahr überhaupt erkennen und Schutzmaßnahmen ergreifen.

Training

Ein Angriff mit einer Stichwaffe insbesondere einem Messer ist schnell und nicht planbar, sofort kann eine schwere Verletzungen eintreten. Die Abwehr ist schwer, auch gegen einen im Messerkampf ungeübten Gegner. Falls er sogar im Messerkampf trainiert ist, dann ist deine Chance sehr gering, dich in einem Kampf zu behaupten.

In YouTube-Filmen wird oftmals gezeigt, wie der Angreifer in Slow-Motion agiert und nach dem Stich den Messerarm gestreckt hält. Dies hat nichts mit der Realität zu tun, vielmehr kann der Gegner vielfach schnell zustechen und aus unterschiedlichen Winkeln angreifen. Zudem kann er auch seinen anderen Arm einsetzen.

Es gibt keine Sicherheit, sondern nur Prinzipien, mit denen du die Wahrscheinlichkeit erhöhen kannst, im Kampf zu bestehen. Vermeide jeden Trainer, der behauptet, dass ein Messerkampf einfach zu lösen wäre und er dafür die optimalen Techniken vermittelt.

Ein Messerangriff verursacht großen mentalen Stress. Feinmotorische Abwehrbewegungen sind nicht möglich. Du musst ein Schutzvorgehen trainieren, was auch unter großem Stress durchführbar ist. Es gilt dabei, so schnell wie möglich in den Angriff überzugehen und das

Geschehen zu übernehmen. Denn solange du dich auf das Abwehren konzentrierst, umso mehr wirst du gestochen und geschnitten und schnell kann der entscheidende Treffer erfolgt sein. Du musst so brutal vorgehen, dass du den Gegner mental überraschst und er die Kampfkontrolle verliert. Du darfst dich auch von einer Verletzung nicht bremsen lassen.

Halte die Auswahl an Schutzmaßnahmen möglichst gering, da zu viele Möglichkeiten dein Handeln verzögern. Du benötigst eine vorstoßende Aktion, um an den Gegner heran zu kommen und den Einsatz seiner Waffe zu verhindern. Übe mit Stresssimulationen, damit du Timing und Schnelligkeit für deine Aktion erlernst.

Denke immer daran, dass die Realität sehr von den einstudierten Szenarien abweicht. Eine Messerabwehr mag im Training gut funktionieren, aber im Ernstfall kann es sich ganz anders verhalten. Du darfst Messer und generell Waffenkampf niemals unterschätzen, du kannst schwer verletzt und sogar getötet werden.

Teste dein Vorgehen gegen einen Partner mit Gummimesser. Allerdings ist auch dies nur bedingt hilfreich, da nicht sehr realistisch. Zudem kannst du deine Schutzaktion nicht vollständig durchziehen, da du den Partner sonst verletzen würdest. Die Trainingstests dienen dazu, ein Gefühl dafür zu bekommen, wie schnell alles ist und dass du getroffen wirst.

In diesem Buch geht es um deinen Schutz bei einem Messerangriff. Grundsätzlich ist das Vorgehen sehr schwer und kann nicht durch Lesen eines Buches erlernt werden. Es können nur die Grundprinzipien vorgestellt werden. Ein Messerkampf, also ein Kampf zwischen zwei Männern mit Messern, wird im Buch nicht vorgestellt. Willst du dich im Messerschutz weiterbilden beziehungsweise Messerkampf erlernen, dann belege einen Kurs bei einem erfahrenen Messerkampftrainer. Es ist durchaus für deinen Selbstschutz förderlich, wenn du im Kurs übst, mit der Waffe umzugehen.

Schutzprinzipien gegen Stichwaffenangriff

Ein Messerangreifer will einschüchtern, rauben, verletzen oder gar töten. Hier werden die Prinzipien bei einer Messerbedrohung vorgestellt.

1. SITUATION VERLASSEN

Den besten Schutz hast du, wenn du aus der gefährlichen Situation fliehst. Du kannst z. B. zu einer sicheren Lokalität rennen, die gut besucht ist. Auch kontrolliertes Zurückziehen kann eine Option sein, womit gemeint ist, dass du dich vom Gegner wegbewegst, z. B. in die Gaststätte hinter dir. Du musst ihn dabei immer im Augenwinkel haben, sodass er nicht überraschend angreifen kann. Falls er doch schnell vorkommt, hast du am besten etwas in der Hand, was du dazwischen bringen kannst.

2. WAFFE ODER GEGENSTAND NUTZEN

Besteht keine Fluchtmöglichkeit und der Gegner kommt mit der Stichwaffe auf dich zu, dann kannst du eine Waffe mit größerer Reichweite einsetzen. Ein Reizspray ist gut geeignet, vorausgesetzt, du kannst es schnell erreichen. Auch ein stabiler Stab oder Stock z. B. Billardstock ist eine effektive Bewaffnung, die helfen kann, ihn wegzuhalten und zu attackieren. Mit einem Schlagstock kannst du beispielsweise die Messerhand attackieren, wenn er sie in vorstechender Position hebt. Weiterhin kannst du eine Bierflasche oder ein großes Glas einsetzen, besser so, als gar nicht bewaffnet.

Alternativ kannst du kleine, harte Alltagsgegenstände z. B. einen Stein in sein Gesicht werfen. Hast du nichts greifbar, dann suche schnell die nahe Umgebung ab. Direkt nach dem Wurf kannst du fliehen oder ihn attackieren.

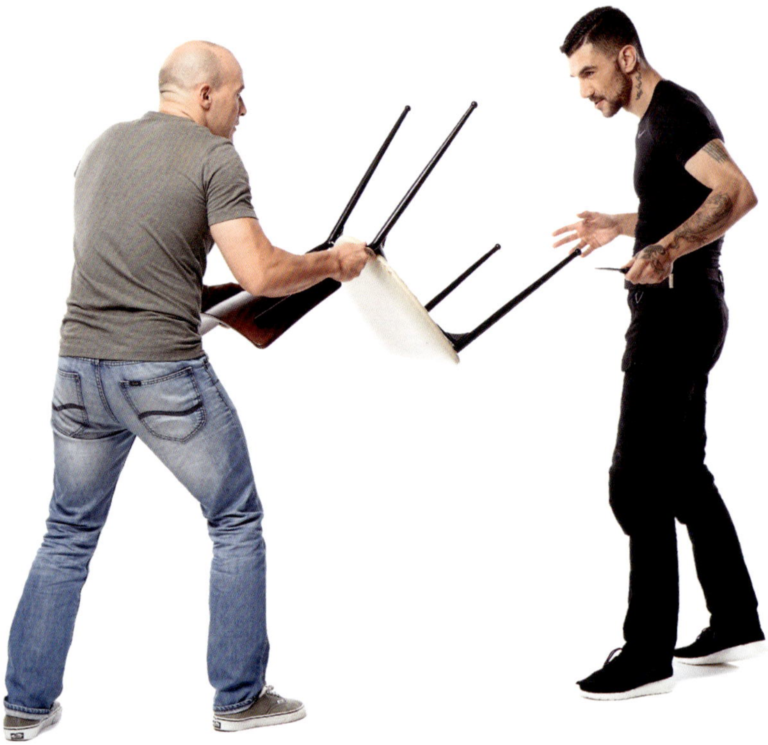

Weghalten mit Stuhl.

Du kannst einen Gegenstand nutzen, um den Gegner wegzuhalten und auf Hilfe zu warten. Beispielsweise kannst du einen Stuhl zwischen dich und ihn halten und, wenn er versucht vorzukommen, stößt du zu. Auch eine stabile Tasche oder Aktenkoffer können dich vor einem Messer schützen. Ob dies längere Zeit funktioniert, hängt sehr vom Vorgehen des Gegners sowie deinem Schutzgegenstand ab. Ist allerdings keine kurzfristige Hilfe zu erwarten, dann blocke mit dem Gegenstand und gehe sofort selbst zum Angriff über.

Als weitere Option kannst du eine stabile Jacke oder einen Mantel einsetzen, z. B. als großes Tuch vor die Messerhand halten oder ihm überwerfen, um dann wegzurennen beziehungsweise überraschend zu attackieren.

Wenn du einen Gürtel mit harter Schnalle hast und dieser sich schnell aus der Hose ziehen lässt, dann kannst du den Gürtel um dich schwingen und auf den Gegner schlagen.

3. BEDROHUNG AUSSCHALTEN

Wenn die vorherigen Maßnahmen nicht durchführbar sind, dann musst du die Bedrohung unbewaffnet ausschalten. Dies ist allerdings nur möglich, wenn du die Bedrohung überhaupt rechtzeitig wahrnimmst.

Wenn ein Gegner vor dir steht und noch kein Messer in der Hand hat, musst du Distanz bewahren und seine Hände beobachten, um schnell agieren zu können. Sobald du den Eindruck hast, dass er gleich ein Messer ziehen wird, dann attackiere umgehend präventiv. Du kannst ihn direkt attackieren und dies fortführen, bis er keine Gefahr mehr darstellt. Alternativ kannst du seine Zughand fixieren und ihn attackieren, z. B. kannst du mit der gegenüberliegenden Hand fassen und dann mit der anderen Körperseite angreifen. Oder du kannst ihn wegtreten, was leichter ist, wenn er aus etwas Distanz auf dich zukommt.

1

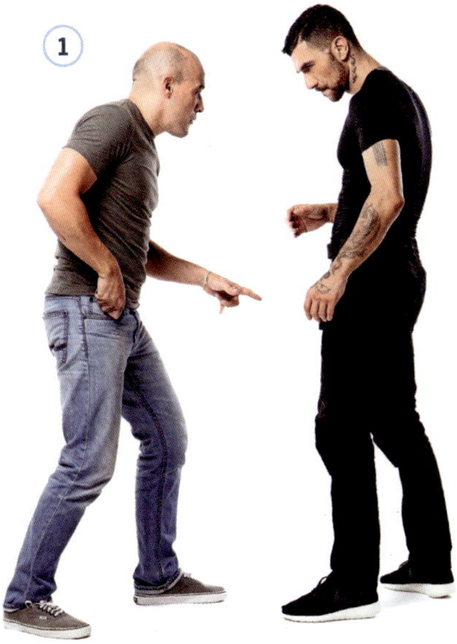

2

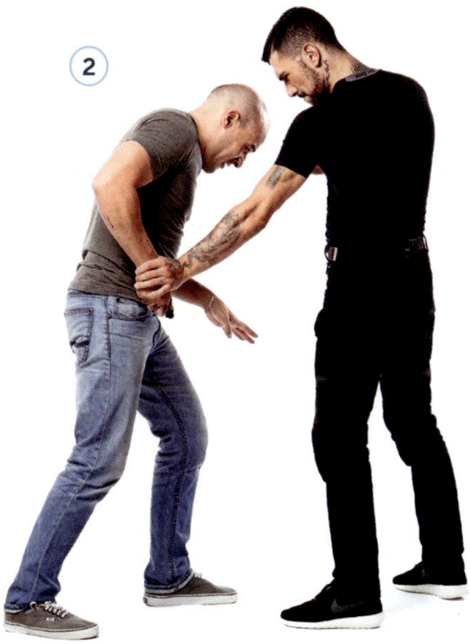

3

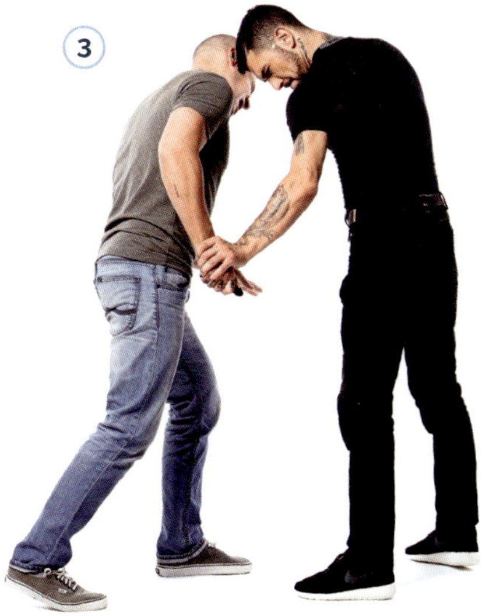

4

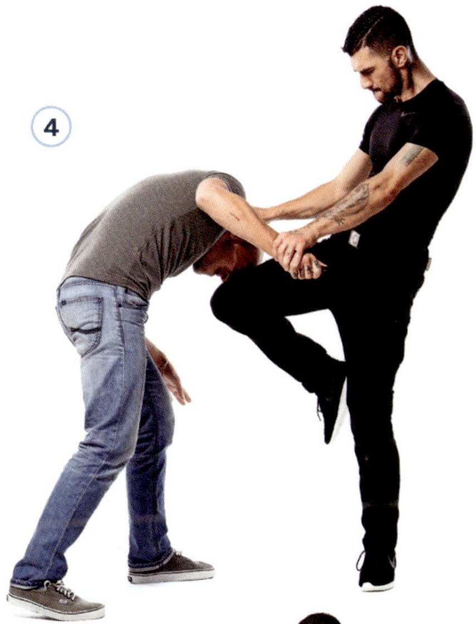

5

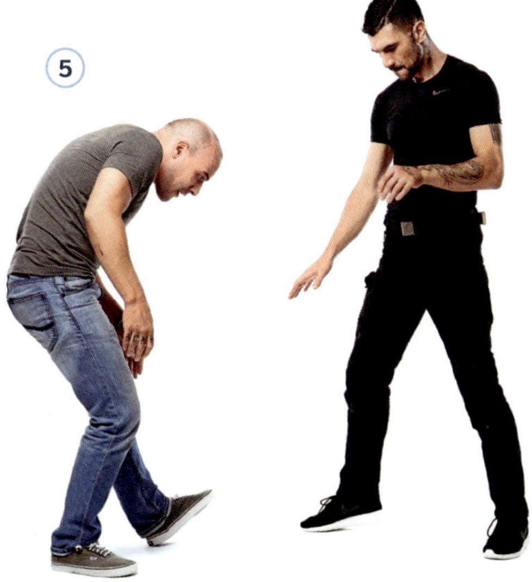

Das Fixieren der Zughand mit direkt folgendem Ellbogenstoß. Der benommene Gegner wird schnell am Hinterkopf gegriffen und mit Kniestoß kampfunfähig gemacht.

Hat er das Messer jedoch bereits in der Hand, dann ist die Situation viel gefährlicher. Du kannst versuchen, ihn zu täuschen beziehungsweise abzulenken und dazu kleine harte Gegenstände wie Geldmünzen oder Glas in sein Gesicht werfen, um ihn dann an einer anderen Körperstelle, z.B. Kick in Genitalien, überraschend zu attackieren. Befindet sich der Gegner in der Vorwärtsbewegung, dann musst du mit dem Wurf deutlich Wirkung erzielen, um ihn zu stoppen. Der Gegenstand muss schwer und hart genug sein, sonst prallt er wahrscheinlich nur ab. Du kannst auch den Geldbeutel zum Werfen nutzen (wenn er ihn sowieso verlangt); natürlich ist das Ärgernis über den Verlust größer, wenn Personalausweis und Kreditkarte(n) enthalten sind. Ebenso kannst du mit dem Stuhl hoch stechend attackieren, um dann überraschend in die Genitalien zu treten. Als weitere Option kannst du ihm eine Jacke oder Zeitung überwerfen und dann tief attackieren. Allerdings besteht die Gefahr, dass du dich bei deiner folgenden Attacke in sein Messer hineinbewegst. Es gibt keine Garantie im Ernstfall, dass irgendetwas wie geplant funktioniert.

1

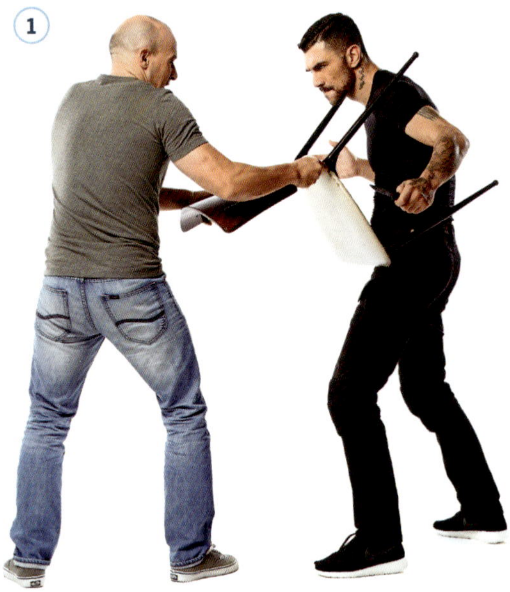

2

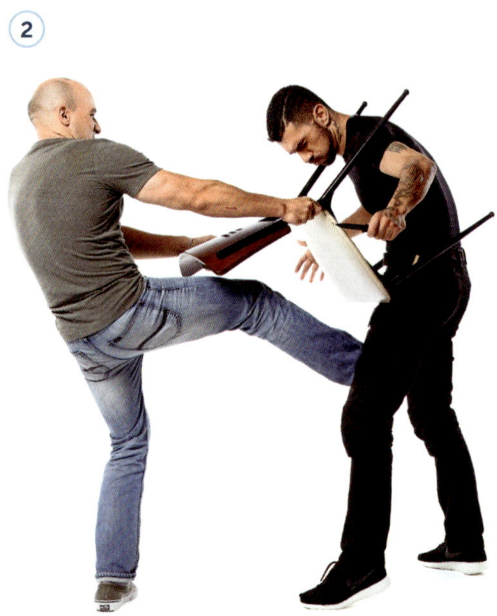

Das Weghalten mit Stuhl, gefolgt von einem Genitaltritt.

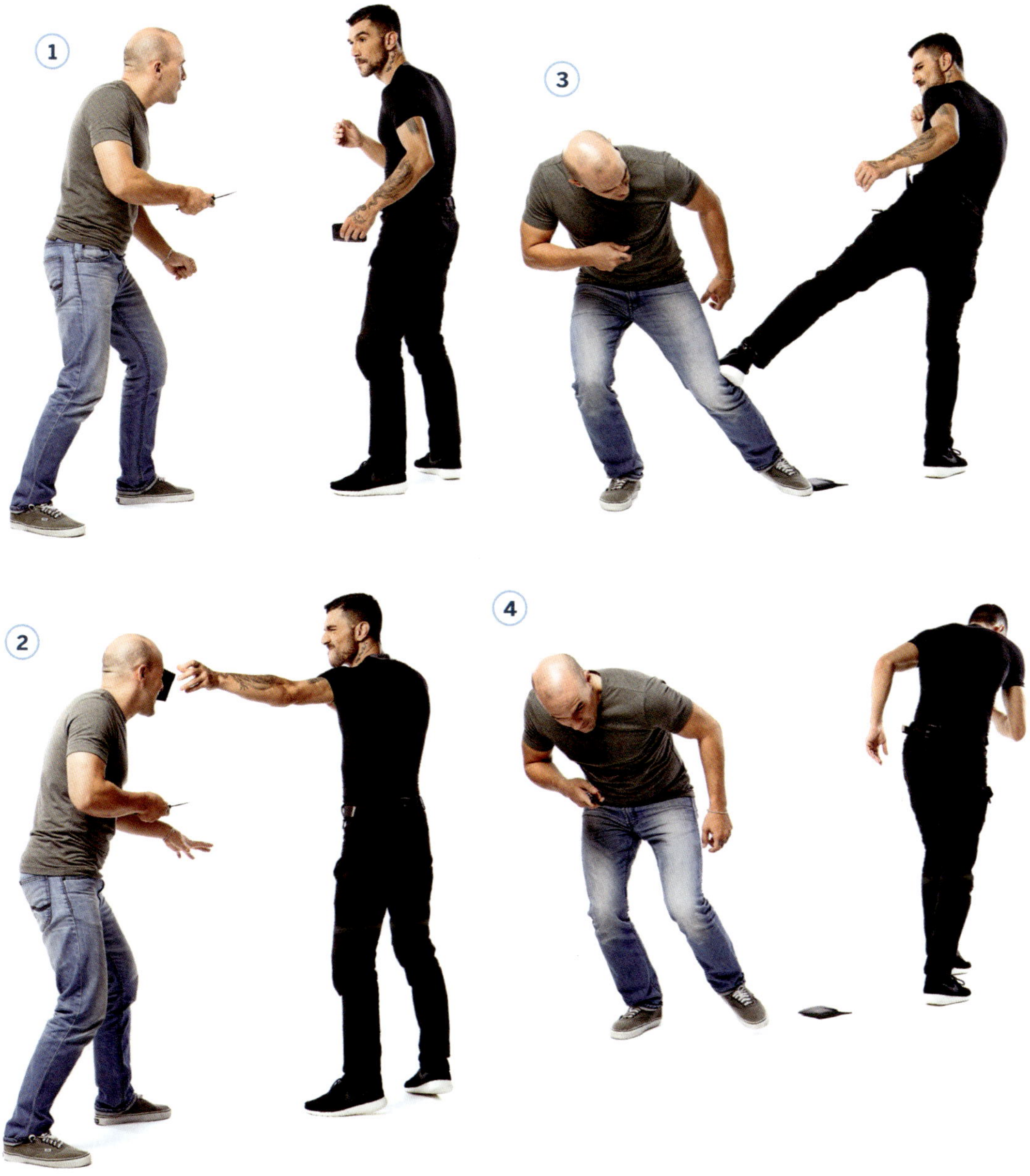

Wirf ihm einen Gegenstand ins Gesicht (hier wird der Geldbeutel genutzt). Sofort kannst du mit Knietritt folgen, um dann eine bessere Möglichkeit zum Wegrennen zu schaffen.

Du kannst den bewaffneten Gegner mit einem Vorwärtstritt (Seite 90) weghalten, um dann zu fliehen oder zur Attacke überzugehen. Trete nicht hoch, denn der Gegner könnte in dein Trittbein stechen. Wenn er das Messer in vorstechender Haltung hat, dann kann ein Knietritt (Seite 91) besser geeignet sein. Am einfachsten gelingt der Vorwärtstritt, wenn er von oben stechend angreift (»Eispickel«-Griff, wie hier gezeigt). Nach dem Tritt fliehst du am besten direkt in Sicherheit. Musst du allerdings kämpfen, z. B. weil kein Fluchtweg vorhanden ist, dann kannst du kraftvoll mit Gerade oder Handballenstoß (Seite 63/61–62) folgen und ihn ausknocken. Falls du das allerdings verzögert machst, dann könntest du in sein Messer hineinlaufen. Damit generell das Verteidigen mit Vorwärtstritt gelingt, sind Schnelligkeit, Kraft und das richtige Timing notwendig, also viel Übung.

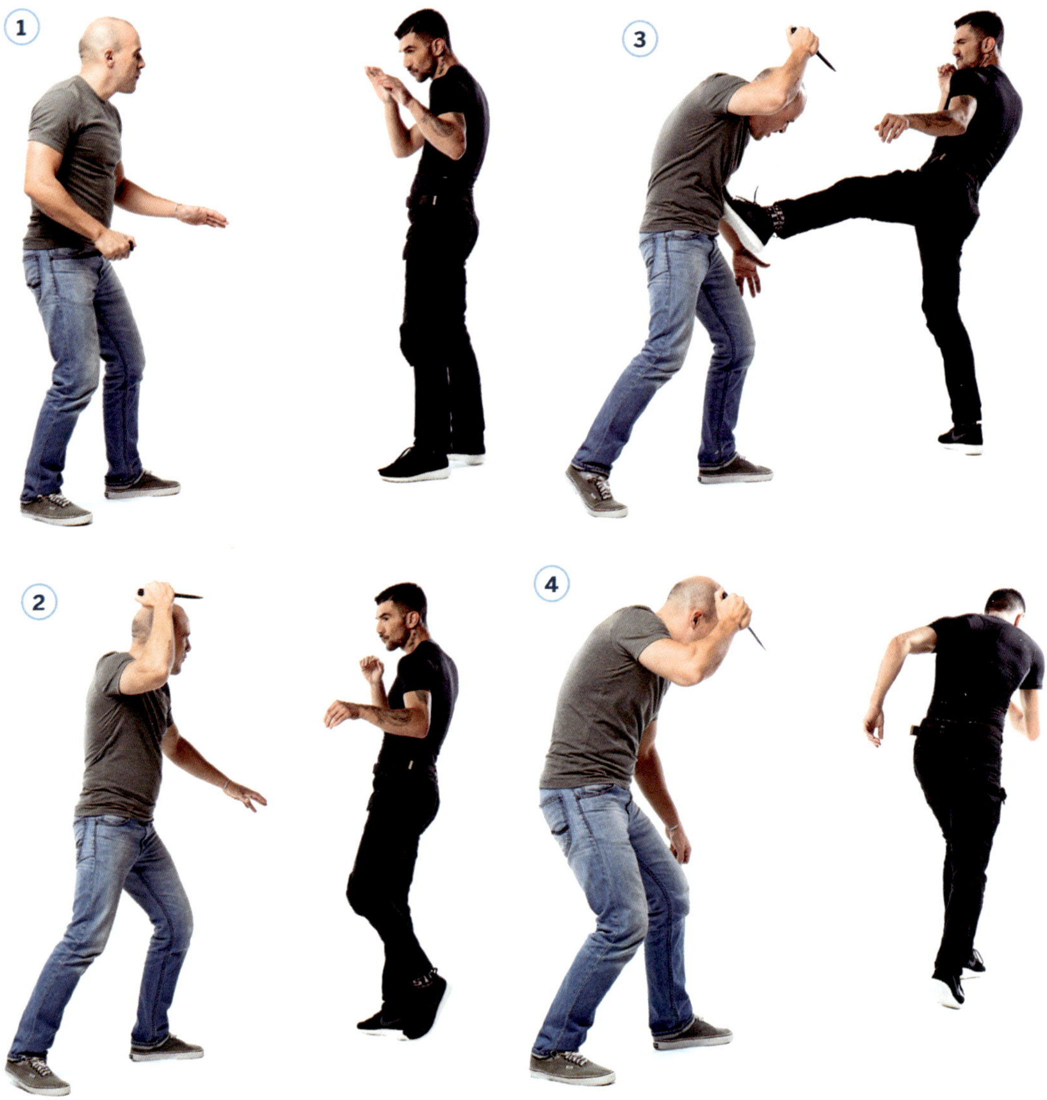

Du kannst den Gegner mit einem Vorwärtstritt wegtreten und dann sofort nach hinten wegrennen.

INFO

Es hat keinen Sinn einen sauberen Kampfsport-Block für jede Angriffsmöglichkeit zu üben, da ein realer Kampf zu schnell ist und sich verändert. Generell sollst du dich nicht nur auf das Verteidigen konzentrieren. Fliehe in Sicherheit, oder aber du musst so schnell wie möglich das Kampfgeschehen übernehmen und den Gegner aus naher Distanz kampfunfähig machen. Du wirst wahrscheinlich verletzt werden und musst das hinnehmen. Du hast etwas besseren Schutz, wenn du dir etwas um den Arm wickeln kannst oder zumindest eine dicke Lederjacke trägst.

Es gibt einige Methoden an den Gegner ranzugehen, was auch von Messerhaltung und Angriffswinkel abhängig ist, und zudem kann er den Winkel schnell verändern. Gehe so gut wie möglich geschützt vor, blocke beziehungsweise leite seinen Arm weg, um nah heran und aus dem Messerweg heraus zu kommen. Dann musst du sofort weiter attackieren, bis der Gegner kampfunfähig ist. Beim Blocken drehe die Arminnenseite zu dir, da diese noch mehr als die Außenseite verletzlich ist. Wenn möglich, versuche seine Messerhand zu neutralisieren. Gehe nicht zurück und gib ihm keine Möglichkeit, erneut anzugreifen.

Alle Informationen und Hinweise lesen sich einfach, aber es ist sehr schwer sich gegen eine Messerattacke zu schützen. Deshalb zeige ich hier keine solchen Bilder. Gestellte Bildfolgen dürfen keine falsche Sicherheit vortäuschen, Stichwaffen sind viel zu gefährlich. Du hast keine Gewissheit, dass deine trainierte Vorgehensweise wie geplant funktioniert. Du brauchst nur etwas zu zögerlich zu agieren oder der Gegner täuscht dich mit seinem Angriff, und schon kannst du von der Waffe getroffen sein. Vielfaches Üben, damit dir die Ausführung explosiv und mit gutem Timing gelingt, kann die Wahrscheinlichkeit erhöhen, dich vor einem Messer zu schützen. Das Verteidigen gegen Schläge und Tritte hingegen ist nicht gleich gefährlich, da du von leichteren Treffern keine so große Wirkung erfährst, wie bei einem Messerangriff.

Willst du dein Selbstschutztraining intensiv gestalten und auch Schutz gegen Messerangriffe üben, dann musst du einen Kurs bei einem erfahrenen Messertrainer besuchen.

Vorgehensweisen gegen Stichwaffenangriff

Die folgenden Waffenhaltungen und Angriffsverhalten sind recht häufig und es lohnt sich, sie unterscheiden zu können. Es gibt mehr Haltungen wie z. B. die Eispickelhaltung aus unterschiedlichen Winkeln. Zudem ist zu beachten, dass der Gegner schnell die Handposition beziehungsweise den Angriffswinkel verändern kann.

Es wird hier nicht auf die vielen Möglichkeiten eingegangen, bei denen der Gegner das Messer beziehungsweise die Stichwaffe nahe an deinem Körper als Bedrohung hält, z. B. vor dir oder sogar an deiner Kehle. Das Schützen durch Wegschlagen sieht recht einfach aus, klappt im Training auch oft gut, was einen falschen Eindruck vermitteln kann. Denn u. a. reagiert der Körper aufgrund der großen Angst und des Adrenalinausstoßes im Ernstfall nicht wie erwünscht. Bedroht dich der Gegner mit dem Messer an deinem Körper, dann ist wahrscheinlich, dass er dich ausrauben will – gib ihm die Wertgegenstände beziehungsweise wirf sie ihm zu. Will er dich jedoch woanders hinbekommen, dann musst du brutal agieren, der Ausgangssituation entsprechend.

Stechen nach vorne von unten

Bei dieser Waffenhaltung zeigt die Messerspitze gerade nach vorn oder in naher Distanz von unten nach oben. Es ist sehr schwer, sich gegen solche Angriffe zu schützen.

Falls der Gegner weit genug weg ist und recht hoch angreift, dann bietet sich ein Vorwärtstritt an, um ihn zu stoppen, und dann weiter zu attackieren oder zu fliehen.

Es wird recht häufig empfohlen, mit dem gegenüberliegenden Unterarm gegen den Unterarm des Gegners zu blocken, wobei die Handfläche zu deinem Körper gedreht ist, um die Arminnenseite zu schützen. Gleichzeitig musst du mit der Hüfte zurückspringen und deinen Körper zurückziehen, um dich vor dem Messer zu schützen. Sofort danach gilt es, brutal nach vorne zu attackieren, z.B. mit der anderen Hand, gefolgt von einem Kniestoß. Problematisch ist daran, dass der Gegner täuschen kann und dann mehrfach sticht. Er muss sich beim Stich vorbewegen, denn täuscht er nur an, dann funktioniert das Vorgehen nicht.

Schneidender Vorhandangriff

Bei dieser Haltung zeigt die Messerspitze nach außen und der Gegner versucht schneidend zu agieren. Falls du den Angriff frühzeitig erkennst, kannst du einen schnellen Vorwärtstritt zu Bein oder Unterkörper einsetzen, um den Gegner aus der Balance zu bringen. Attackiere ihn dann sofort weiter oder fliehe in Sicherheit. Befindest du dich in naher Distanz, dann kannst du explosiv blockend vorstoßen, um aus der Distanz der Waffe zu kommen, und ihn sofort in naher Distanz kampfunfähig machen.

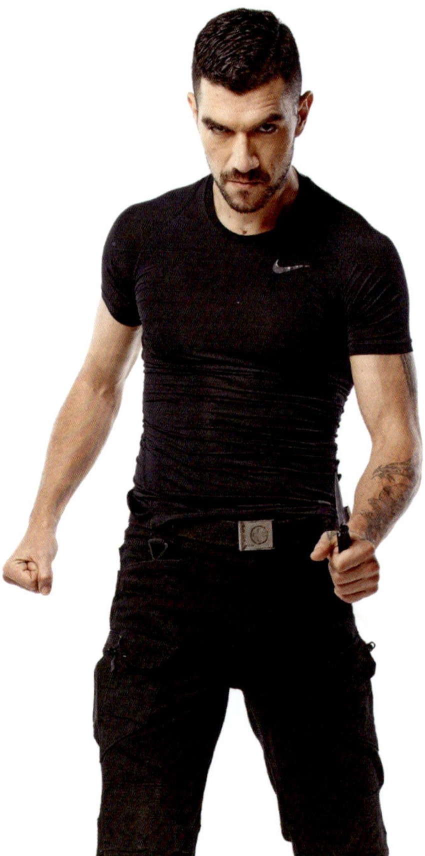

Die vorstechende Haltung.

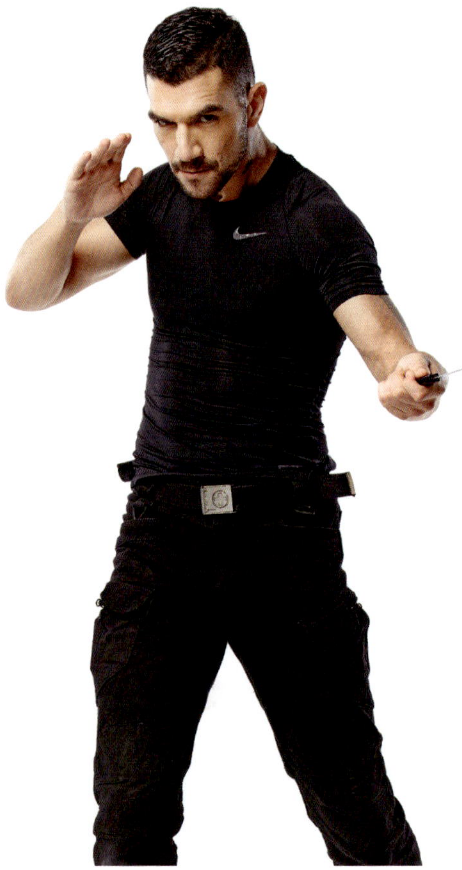

Die Vorhandhaltung.

Schneidender Rückhandangriff

Hat dich der Gegner mit einer schneidenden Vorhandattacke verpasst, dann bewegt er den Arm schneidend zurück. Dies kann sich ergeben, wenn du dich gegen den ersten Vorhandangriff schützt, indem du zurückspringst und/ oder dich zurücklehnst, sodass die Waffe ihr Ziel verfehlt. Er befindet sich dann leicht mit dem Rücken zu dir und du bringst die Arme vor und rammst nach vorne gegen Messerarm, Kopf oder Genick. (Dies ist aber nur möglich, wenn er durchzieht und nicht nur antäuscht.) Sofort attackierst du weiter in naher Distanz bis er kampfunfähig ist. Wenn du schnell genug agierst, bleibt die Waffe hinter dir und stellt dann keine Gefahr dar. Als Option kann auch ein Vorwärtstritt möglich sein, gefolgt von weiteren Attacken oder Wegrennen.

Stechen von oben (Eispickel/Dolchhaltung)

Mit diesem Angriff wird die Situation beschrieben, in welcher der Gegner von oben oder außen oben stechend angreift, auch als Eispickel-Angriff bezeichnet. Das Messer zeigt mit der Spitze von oben nach unten. Diese Angriffshaltung ist nicht so häufig, aber sie ist möglich. Zudem ist zu beachten, dass der Gegner schnell seinen Angriffswinkel ändern kann. Du kannst den Gegner mit einem Vorwärtstritt stoppen und ihn sofort weiter attackieren, bis er kampfunfähig ist, oder du fliehst in Sicherheit. Alternativ ist ein Genitaltritt möglich. Als weitere Option kannst du vorgehen, deinen Ellbogen gegen ihn rammen und ihn dann aus der Nähe kampfunfähig machen. Machst du das allerdings zu langsam und zögernd, dann läufst du in das Messer hinein.

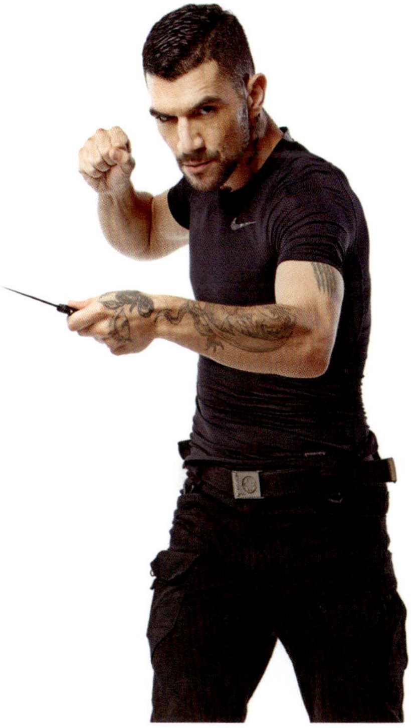

Die Rückhandhaltung.

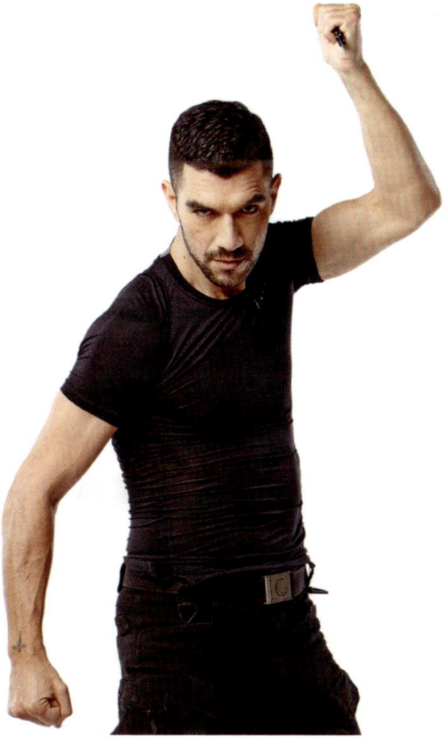

Die von oben stechende Haltung (Eispickel).

KAMPF GEGEN MEHRERE GEGNER

Kampfsportfilme zeigen oftmals Szenen, bei denen Gegner hintereinander angreifen, sodass sie der Hauptdarsteller nacheinander besiegen kann. Dies entspricht nicht der Realität. Die Gegner können zeitgleich aus unterschiedlichen Winkeln angreifen, möglicherweise siehst du einen Angriff gar nicht. Noch dazu können sie Stich- und Schlagwaffen nutzen, beispielsweise dir in der Kneipe ein Glas oder eine Flasche überhauen.

Der einzige sichere Schutz besteht darin, eine solche gefährliche Situation zu umgehen, wozu deine Aufmerksamkeit entscheidend ist (Seite 216–218). Wenn du eine gefährliche Gruppe entdeckst, dann gehe kein unnötiges Risiko ein und versuche der Gruppe auszuweichen. Kommst du in Gefahr, dann fliehe an einen sicheren Ort mit vielen Menschen. Ist dies nicht möglich, dann musst du im Gespräch versuchen, den Ernstfall abzuwenden. Falls du jedoch kämpfen musst, dann greife zuerst an. Am besten schaffst du dir durch deinen Angriff einen Fluchtweg und rennst direkt folgend los. Muss du den Kampf fortführen, dann kämpfe brutal und attackiere die verletzlichen Körperstellen, bis die Gefahr vollständig beseitigt ist.

Oft beginnt eine Situation mit mehreren Aggressoren mit einem Dialog, in dem sie sich positionieren und das Opfer demütigen wollen, bevor sie losschlagen. Während des Dialogs musst du die Übersicht bewahren, alle Gegner im Blickfeld behalten und genügend Abstand sicherstellen. Im besten Fall kannst du im Dialog den Ernstfall abwenden, indem du ihnen den Eindruck vermittelst, dass du eigentlich »einer von ihnen und ganz cool bist«. Ob eine solche Möglichkeit besteht, ist situationsabhängig. Generell gilt, umso länger die Dialogphase dauert, desto gefährlicher wird sie für dich. Bewegt sich einer der Aggressoren zur Seite, dann versuche dich etwas mitzubewegen, damit du sie weiterhin alle im Blick hast. Du darfst nicht zulassen, dass er aus deinem Blickfeld gerät, denn sonst hast du schnell verloren. Zudem besteht bei längerem Gesprächsverlauf die Gefahr, dass jemand von hinten attackiert, den du gar nicht bemerkt hast.

Für die Gegner dient eine solche Situation manchmal ihrer Unterhaltung, das macht sie aber nicht weniger gefährlich, da die Aggressionsbereitschaft sehr hoch sein kann. Für dich kann die Situation lebensgefährlich sein. Bei einer Gruppe ist zu beobachten, dass viele auf den Wortführer achten. Wenn du diesen so explosiv und brutal attackierst, dass er bewusstlos auf den Boden fällt, dann schreckt dies manchmal andere ab und sie verlieren ihr Kampfinteresse, aber das kannst du nicht einplanen.

Du musst als erstes angreifen und zwar überraschend. Auch Flanking (Seite 121–122) kann zur Anwendung kommen, um einen Fluchtweg zu schaffen. Wenn du hingegen in die passive Verteidigungsposition kommst, also zuerst getroffen wirst, dann hast du wahrscheinlich bald verloren. Der Einsatz einer Waffe beziehungsweise eines harten Alltagsgegenstandes kann eine Option für dich sein, wenn das Greifen dir nicht den Überraschungsmoment nimmt. Du kannst deinen Angriff mit einem lauten Schrei verbinden, wenn dies deinem Naturell entspricht, da dies die Aggressoren verwirren kann.

Bei zwei Gegnern kann sich die Situation so darstellen, dass dich einer von vorn laut verbal bedrängt und der andere zur Seite ausweicht, um aus deinem Blickfeld zu verschwinden, und dann unentdeckt anzugreifen. Du musst versuchen, mit deiner Fence beide zu kontrollieren.

1

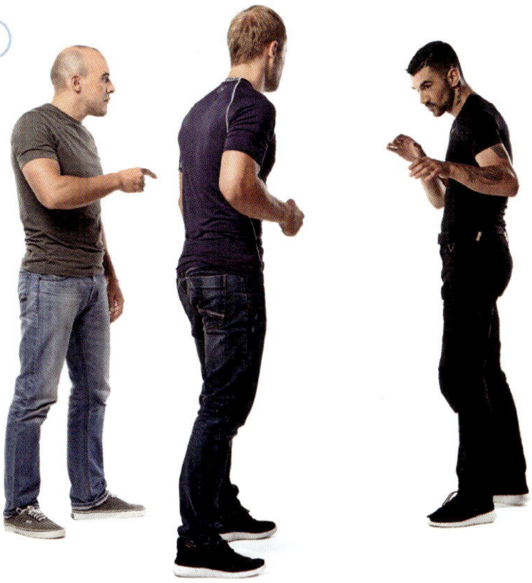

2

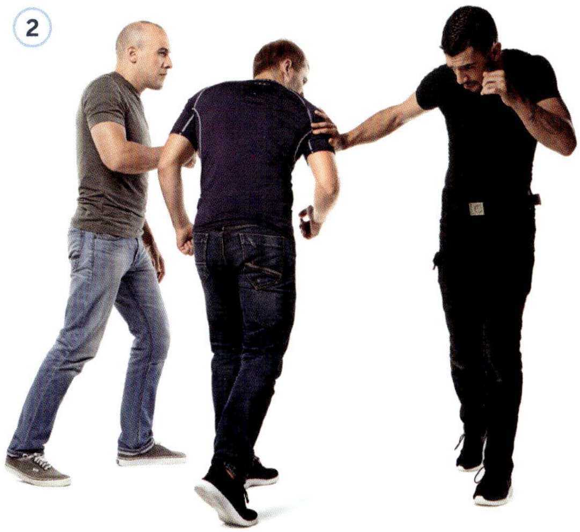

Hier wird Flanking als Fluchtvorbereitung gezeigt. Es erfolgt ein Ausweichen nach links vorne und der linke Gegner wird nach rechts geschoben, und dann sofort losgerannt.

3

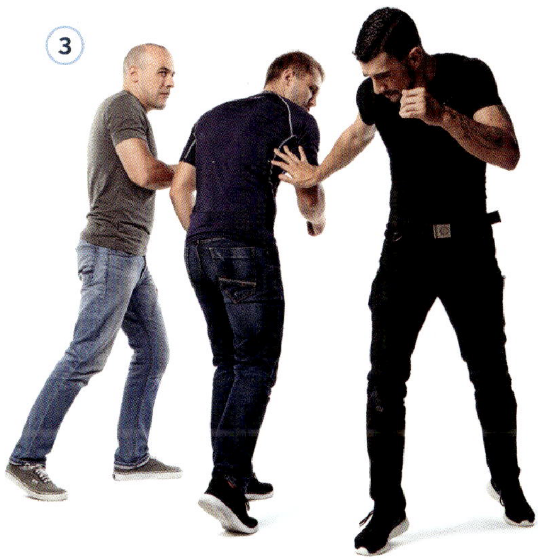

Wenn sich die Situation so entwickelt, dass du kämpfen musst, also möglichst präventiv aus der Fence heraus, dann attackiere den dir näherstehenden Gegner. Attackiere ihn brutal, z. B. mit einem explosiven Handballenstoß von unten zum Kinn (Seite 62). Zudem kannst du versuchen, ihn vor den anderen Gegner als Schutzschild zu ziehen. Wenn du ihn schnell kampfunfähig machst, kann sein, dass der andere geschockt ist und den Kampf nicht fortführen will.

Wirst du von drei oder noch mehr Gegnern attackiert, und sie gehen effektiv vor, d. h. einer versperrt dir von vorne den Fluchtweg und die anderen weichen gezielt nach links und rechts aus, dann wären sie ganz schnell aus deinem Sichtfeld. Entdeckst du ihr Vorhaben, dann musst du sofort aktiv werden und präventiv attackieren. Umso länger du zögerst, desto wahrscheinlicher wirst du verlieren. Attackiere explosiv die verletzlichsten Körperstellen des vor dir stehenden Aggressors und fliehe in Sicherheit. Ist die Flucht jedoch nicht möglich, dann attackiere fortlaufend brutal weiter, bis niemand mehr eine Gefahr darstellt. Wenn möglich agiere so, dass du den jeweils aktuellen Gegner zwischen dich und die anderen Gegner ziehst, was aber schwierig sein kann.

Übe das Verhalten gegen mehrere Aggressoren möglichst im Szenariotraining in einem Selbstverteidigungsverein. Allerdings stellt sich in einigen Vereinen ein solches Szenariotraining unrealistisch dar; die Partner agieren langsam und nacheinander. Du musst dich immer wieder daran erinnern, dass der Ernstfall sich nie wie das Training darstellt und dass dein kompromissloses Mindset im Kampf entscheidend ist.

1

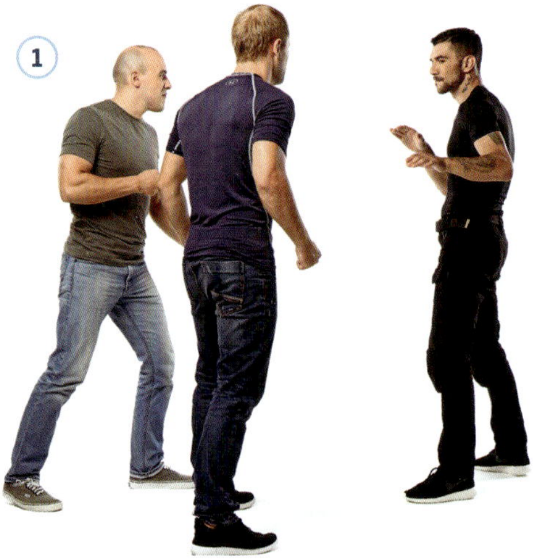

2

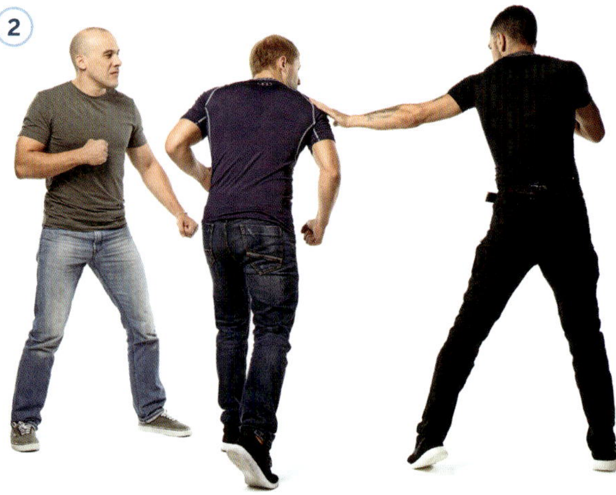

3

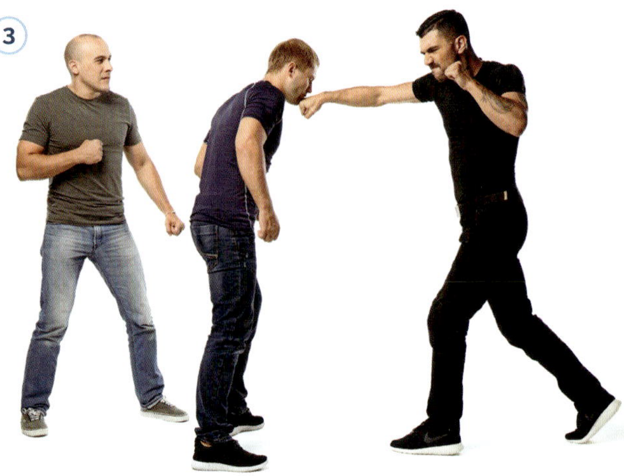

4

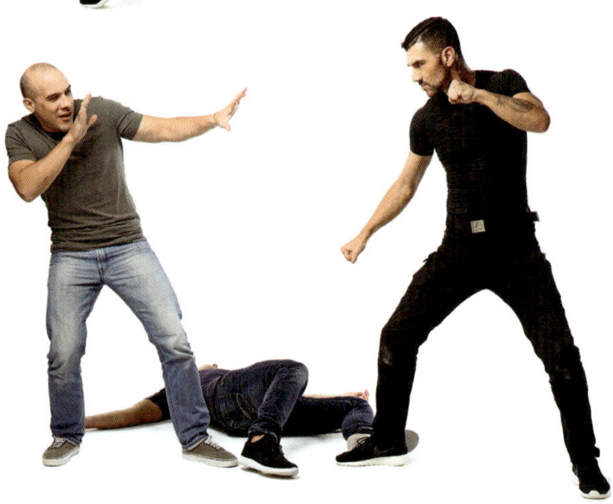

Versuche zwei Gegner in der Fence zu kontrollieren. Hier erfolgt ein Seitschritt mit Positionieren des Gegners (Flanking), um einen K.o.-Schlag anzubringen. Nun wende dich dem zweiten Gegner zu. Dieser signalisiert hier, dass er nicht mehr kämpfen will.

1

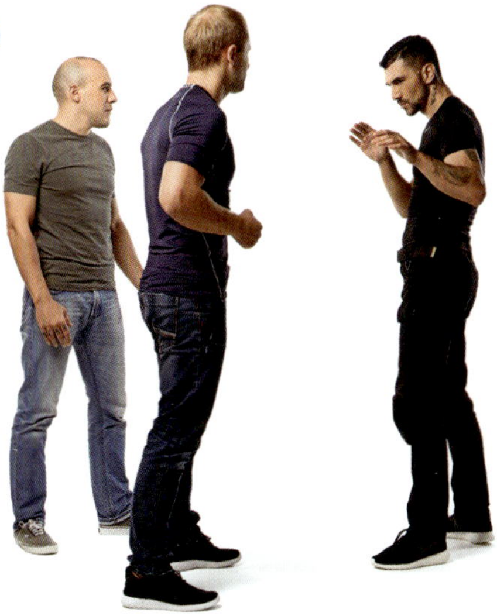

2

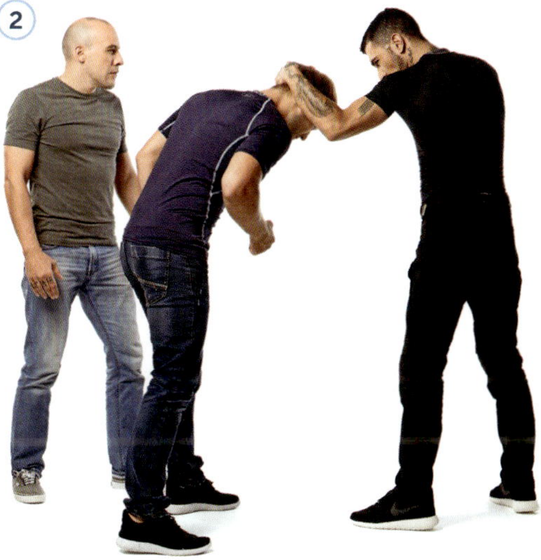

3

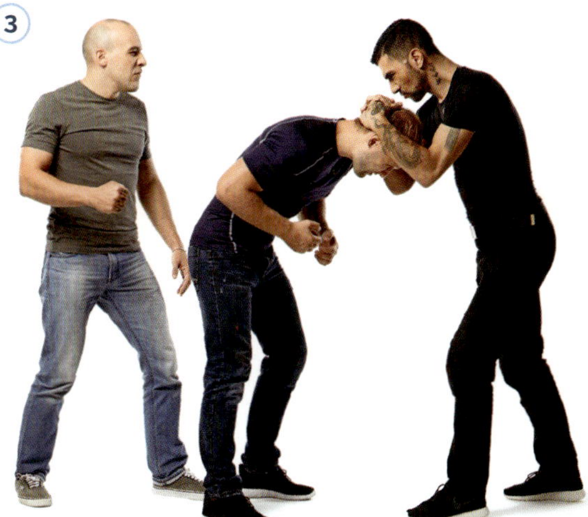

4

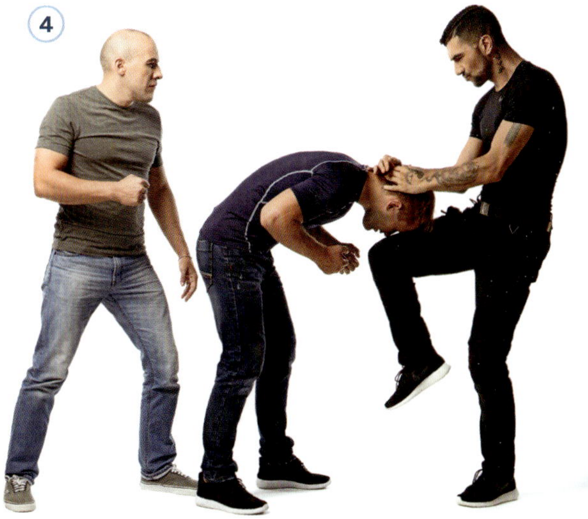

5

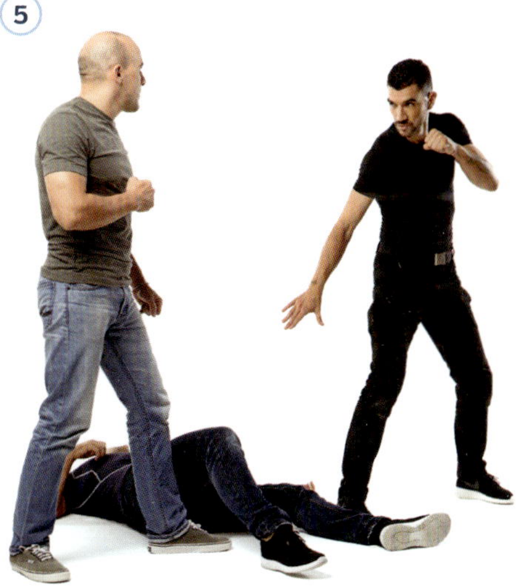

Hier wird der vordere Gegner schnell gegriffen (zuerst mit dem vorderen Arm, dann schnell mit dem hinteren), und im Thai-Clinch vor den zweiten Gegner als Schutzschild gezogen. Nach einem harten Kniestoß, kann der Kampf mit dem zweiten Gegner aufgenommen werden.

TEIL 5
BEFREIUNGSTECHNIKEN

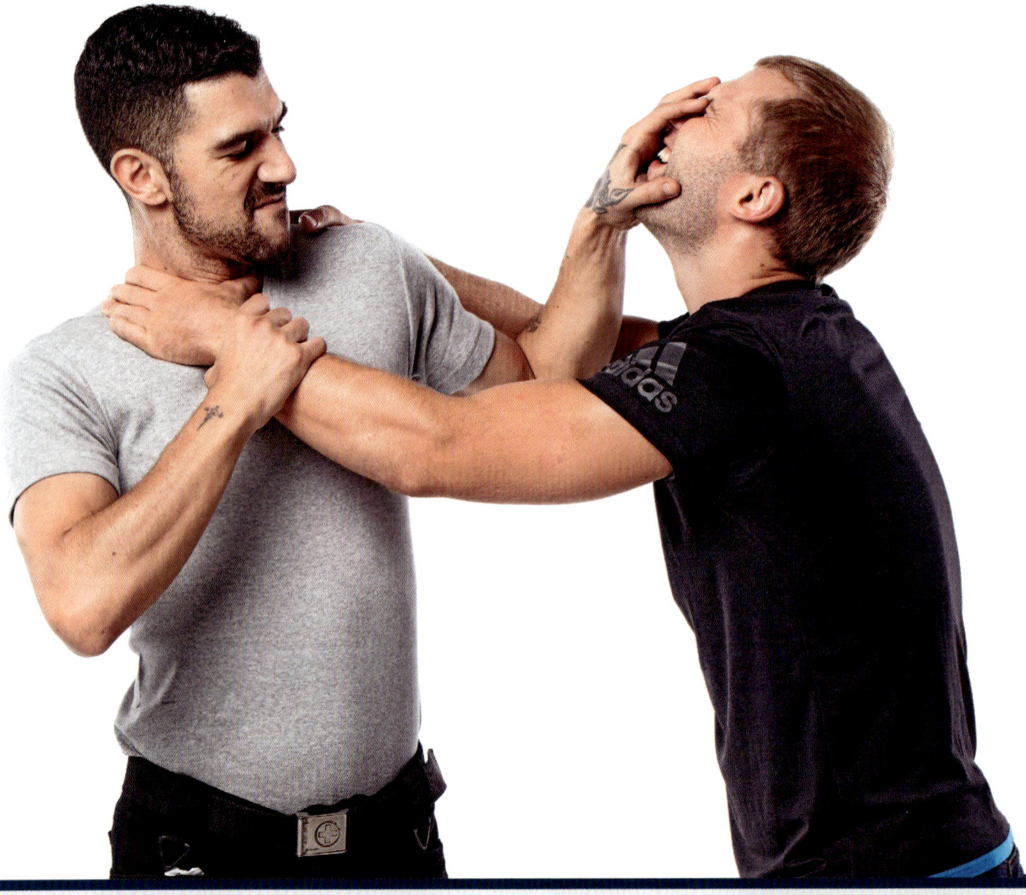

GRUNDLAGEN

Ist der Kampf nicht zu vermeiden, dann vergrößerst du deine Chancen, indem du den Gegner zuerst triffst. Dieser Präventivangriff einschließlich der dafür notwendigen rechtlichen Voraussetzungen ist im vorherigen Abschnitt beschrieben. Manchmal attackiert der Gegner jedoch überraschend und so schnell, dass es ihm gelingt, dich zu fassen oder auf den Boden zu bringen. Du musst dich schnellstmöglich aus einer solchen Lage befreien und wieder Abstand zu ihm einnehmen, damit er dich nicht aus naher Distanz attackieren kann. Du musst dich beim Einsatz der Befreiungstechniken dem Ernstfall angemessen verhalten. Hier werden Techniken vorgestellt, die sehr wirkungsvoll sind. Allerdings sind diese nicht in jedem Fall verhältnismäßig. Das Attackieren von Hals, Augen, Kehlkopf und Genick ist nur in einer lebensgefährlichen Situation angemessen.

Der Kampf ist nicht statisch

Die Kampfaktionen im Ernstfall sind schnell und der/die Gegner bewegen sich durchgehend, sodass keine Situation lange bestehen bleibt. Zudem ist der Gegner nicht kalkulierbar: Körpergröße, Umfang, Kraft, Mindset, Erfahrung und Können sind unterschiedlich. Deshalb gibt es keine optimalen Techniken und vor allem keine Garantien für den Ernstfall. Um dich im Ernstfall zu behaupten, musst du kompromisslos mit deinen besten Körperwaffen und all deiner Kraft kämpfen.

Das Training von Befreiungstechniken aus schlechten Kampfpositionen hat den Zweck, dass du solche Positionen kennenlernst, damit du, falls du in eine solche Situation gerätst, nicht vollkommen überrascht und aufgrund einer andauernden »Schockstarre« kampfunfähig bist. Du lernst Handlungsmuster kennen, die du im Optimalfall abrufen kannst, zumindest trainierst du deine Kampfinstinkte. Es wird beispielsweise »Verteidigung gegen Griff beider Handgelenke von vorn« unter der Voraussetzung gezeigt, dass der Gegner gerade im Moment greift oder dich in dieser Position für kurze Zeit festhält. Nur dann funktioniert das gezeigte Vorgehen. Wenn er dich aber heranzieht, zur Seite reißt oder nach vorne drückt, stellt sich die Situation wieder anders dar und ein anderes Vorgehen wird notwendig. Oder es wird ein Vorgehen gezeigt, um sich aus dem »Schwitzkasten« zu befreien. Es kann aber sein, dass du dann so gehalten wirst, dass du mit der inneren Hand nicht über seinen Kopf greifen kannst, um ihn dann durch Überstreckung nach hinten zu ziehen. Vielleicht ist sein Körper zu voluminös oder er drückt dich bereits zu sehr nach vorn. Es lohnt sich trotzdem, das Vorgehen zu üben, da es recht häufig funktioniert. Und wenn nicht, dann attackiere Körperstellen, die sich im Kampf anbieten.

Du darfst die dargestellten Techniken also nicht missverstehen. Die Darstellungen sollen nicht bedeuten, dass wenn der Gegner den Angriff A macht, du genau die Schutzaktion B machen musst und dann den Kampf gewonnen hast. Du kannst niemals einen realen Kampf vorhersehen, wie der Gegner attackiert, wie er beispielsweise seinen Würgegriff anlegt und welche Folgeaktionen er einsetzt. Da also Kämpfe sehr unterschiedlich und schnell sind, ist letztlich immer dein kompromissloses Kampf-Mindset entscheidend.

Training

Hier werden Befreiungstechniken aus den Griffen und Positionen vorgestellt, die recht häufig in Kämpfen auftreten. Die Auswahl kann niemals vollständig sein, denn es gibt unzählige Möglichkeiten. Jeder Kampfstil hat gute Befreiungstechniken, die du dort üben kannst, am besten mit Simulationstraining. Zudem sind nicht alle Vorgehensarten für jeden Mann gleich gut geeignet, beispielsweise sind recht viele Männer gehemmt, einen Kopfstoß auszuführen. Teste die Möglichkeiten und wähle solche Techniken für dein Kampfrepertoire, die für dich einfach auszuführen sind.

Mache dir bewusst, dass deine Techniken funktionieren können, aber wenn nicht, dann musst du deine Aktion anpassen, z. B. eine verletzliche Körperstelle attackieren, die sich direkt ungeschützt vor dir befindet. Wenn du beispielsweise einem geübten Ringer im Bodenkampf brutal in den Hals beißt, das Ohrläppchen abbeißt oder bewusst sein Augapfel mit dem Daumen eindrückst, wird dies eine sehr starke Wirkung erzielen und sein jahrelang geübter Bodenkampf stellt sich plötzlich ganz anders dar – aber gewonnen hast du auch dann noch nicht. Dies sind alles keine Optionen in einer Rauferei, sondern nur dann, wenn du in Lebensgefahr kämpfst.

Übe deine Auswahl mit unterschiedlichen Partnern. So gelingt es, die Techniken zu verinnerlichen und sie dann im Ernstfall instinktiv einzusetzen. Falls du beim Training merkst, dass ein Vorgehen nicht zu deinen Kampfinstinkten passt, sich von dir also nur schlecht ausführen lässt, dann wähle ein alternatives

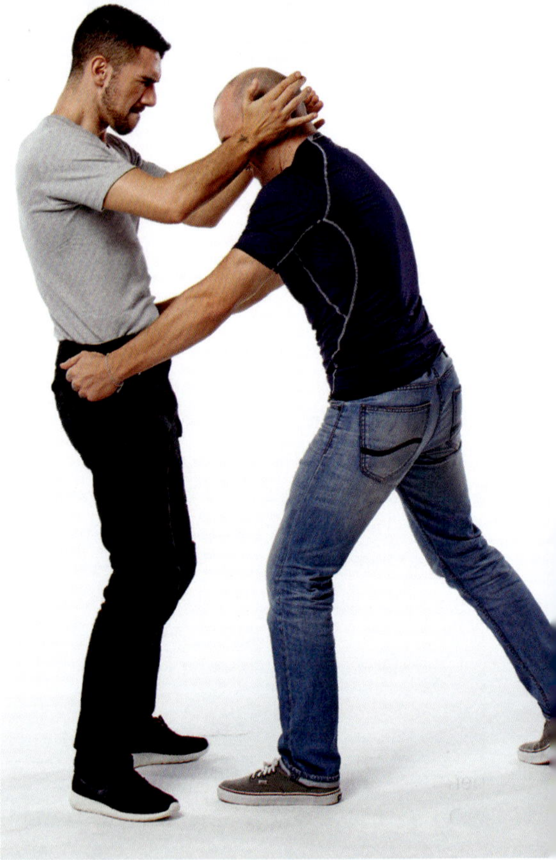

Befreie dich schnellstmöglich aus einem Haltegriff und gehe wieder auf Distanz.

Vorgehen. Entweder aus den genannten Alternativen oder aus anderen Quellen. Auf YouTube findest du leicht zahlreiche Befreiungstechniken für alle möglichen Griffe. Zusätzlich ist es sinnvoll, einen Selbstverteidigungskurs zu absolvieren, denn umso mehr du mit unterschiedlichen Partnern übst und dein Bewusstsein für Ernstfallsituationen schärfst, desto besser wirst du vorbereitet und handlungsfähig sein.

VERTEIDIGUNG GEGEN GREIFEN UND FESTHALTEN

Es gibt zahlreiche Möglichkeiten wie der Gegner dich greifen und festhalten kann, z. B. an Handgelenk, Kleidung, Ohren und Haaren. Dabei ist seine Absicht nicht offensichtlich und somit auch nicht, welche Befreiungstechnik angemessen ist. Es kann beispielsweise ein Griff am Handgelenk bei einem hitzigen Wortwechsel erfolgen, ohne dass eine Verletzungsabsicht besteht. Er kann dich aber auch mit links greifen, um dich zu kontrollieren, und dann mit der rechten Hand einen harten Schlag anbringen. Grundsätzlich hast du das Recht, dich zu befreien. Du darfst jedoch nur die sehr empfindlichen Körperstellen wie Augen, Kehlkopf, Hals oder Genick attackieren, wenn du dich in einer lebensbedrohlichen Situation befindest.

Du kannst zuerst eine Ablenkungstechnik ausführen, auch Schocktechnik bezeichnet, um beim Gegner einen Schmerzreflex zu erzielen. Kannst du dich danach noch nicht befreien, dann attackiere ihn weiter, bis es dir gelingt. Befindest du dich in einer sehr bedrohlichen Situation, dann musst du Kampftechniken solange anbringen, bis der Gegner kampfunfähig ist oder du fliehen kannst.

Hier werden Befreiungen gegen folgende Angriffe gezeigt:

1. Verteidigung gegen Griff eines Handgelenks von vorn
2. Verteidigung gegen Griff beider Handgelenke von vorn
3. Verteidigung gegen einhändigen Kleidergriff von vorn
4. Verteidigung gegen beidhändigen Kleidergriff von vorn
5. Verteidigung gegen einhändigen Kleidergriff von hinten
6. Verteidigung gegen Haarziehen von vorn

INFO Hebeltechniken

Du kannst dich aus einem einhändigen Griff befreien, indem du Daumen oder Finger des Aggressors entgegen der Bewegungsrichtung reißt. Dies wird von einigen Trainern empfohlen. Im Ernstfall schlägt ein gewaltbereiter Gegner aber möglicherweise direkt mit der anderen Hand hart zu.

Es gibt Hebeltechniken mit denen die Befreiung gelingen kann und die ermöglichen, den Gegner zu fixieren. Allerdings bestehen die Hebel aus vielen Bewegungsschritten, die alle perfekt ausgeführt werden müssen, damit der Einsatz im Ernstfall gelingt. Deshalb musst du Hebeltechniken ausführlich unter Aufsicht eines Trainers üben, um eine Chance im Ernstfall zu haben – und auch dann gelingen sie oftmals nicht. Hier stelle ich aus diesen Gründen keine Hebeltechniken vor, sondern schnelle effektive Techniken, die du dir auch im selbstständigen Training mit einem Partner aneignen kannst.

1 Verteidigung gegen Griff eines Handgelenks von vorn

Greift dich der Gegner am Handgelenk, dann achte auf eine stabile Standposition, damit er dich nicht leicht weg- oder heranziehen kann. Attackiere ihn sofort mit der freien Hand. Als Option schützt du mit der freien Hand deinen Kopf, denn möglicherweise greift er dich mit einer Hand und schlägt dann mit der anderen Hand zu, und nutzt Tritt oder Kniestoß als Schocktechnik. Entweder lässt er nach deiner Technik bereits los oder du kannst nun die Hand aus seinem Griff herausreißen. Wähle die Stelle zwischen Daumen und Fingerspitzen, da es dort am einfachsten ist, den Griff zu durchbrechen.

Handballenstoß, dann lösen

1. Der Gegner greift dich am gegenüberliegenden Handgelenk. Nimm einen stabilen Stand ein, wozu du die Knie etwas beugen kannst.
2. Führe einen Tritt zu Knie oder Schienbein aus (Seite 91). Alternativen sind Handballenstoß, Gerade, Handkralle, Schelle oder Aufwärtsellbogen (Seite 61–62/63/64/68/80). Auch möglich sind Beinkick und Kniestoß zu den Genitalien (Seite 89/83). Bei wenig Gefahr ist der Handkantenschlag (Seite 72) auf seinen Greifarm eine Option.
3. Nach der Schocktechnik reißt du deine Hand nach oben aus dem Griff. Liegt eine gefährliche Situation vor, dann attackiere weiter z. B. mit Ellbogenstoß (Seite 75) oder einer Handtechnik (Seite 61/63/65/67).

1

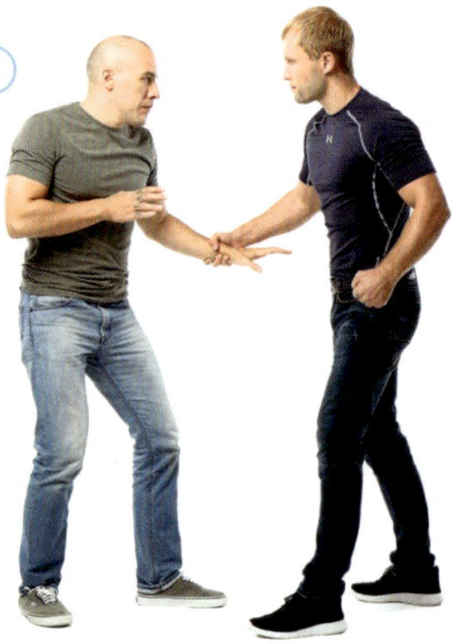

3

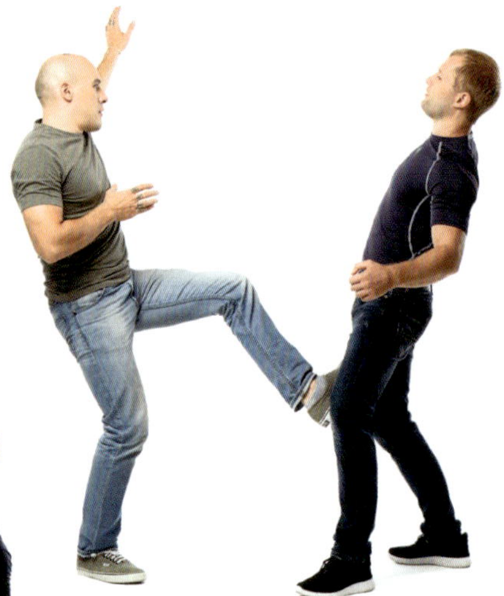

2

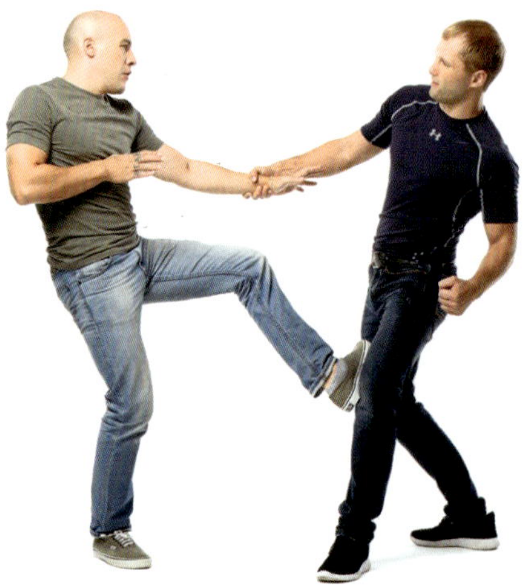

2 Verteidigung gegen Griff beider Handgelenke von vorn

Um sich aus einem beidhändigen Handgelenksgriff zu befreien, kannst du eine Schocktechnik mit dem Bein einsetzen, damit der Gegner seinen Griff löst oder zumindest lockert und du die Hände rausreißen kannst. Diese Verteidigungsaktion setzt voraus, dass er dich noch nicht heranzieht. Ansonsten gehe schnell auf ihn zu, schneller als er zieht, und bringe instinktiv eine Aktion an wie ein Kopfstoß ins Gesicht.

Kniestoß, dann Lösen

1. Greift dich der Gegner an beiden Unterarmen, dann achte auf stabilen Stand.
2. Ramme dein Knie oder trete in seinen Unterleib (Seite 83/88). Alternativ kannst du zu Knie oder Schienbein treten (Seite 91), mit leicht nach außen gedrehtem Fuß.
3. Nach der Schocktechnik reißt du deine Hände nach oben aus dem Griff.
4. Befindest du dich noch in Gefahr, dann folge mit beidhändigem Ohrenschlag, Handballenstoß, Gerade, Seithaken oder Ellbogenstoß (Seite 70/61–62/63/67/75/80).

1

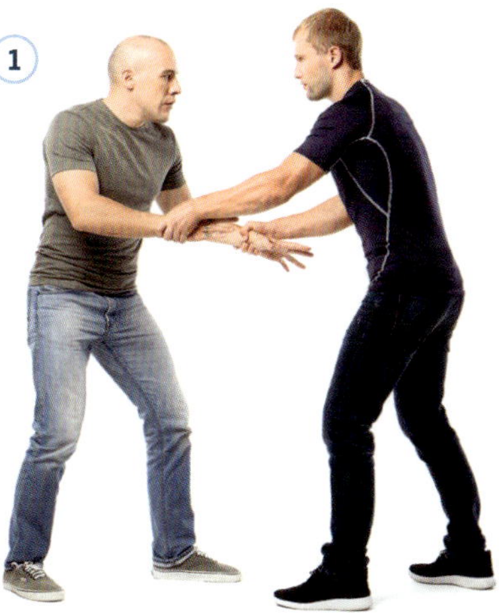

2

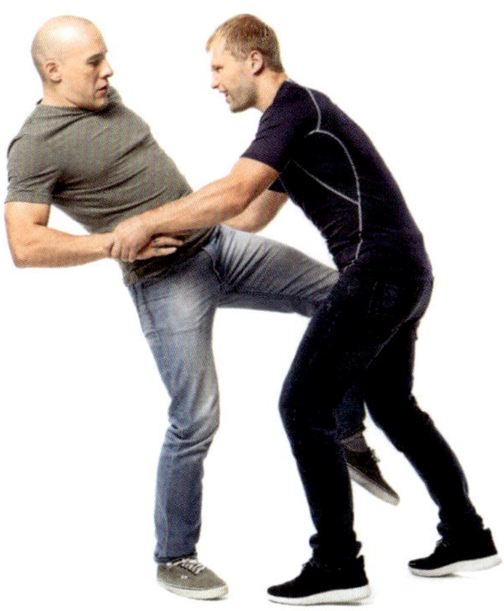

3

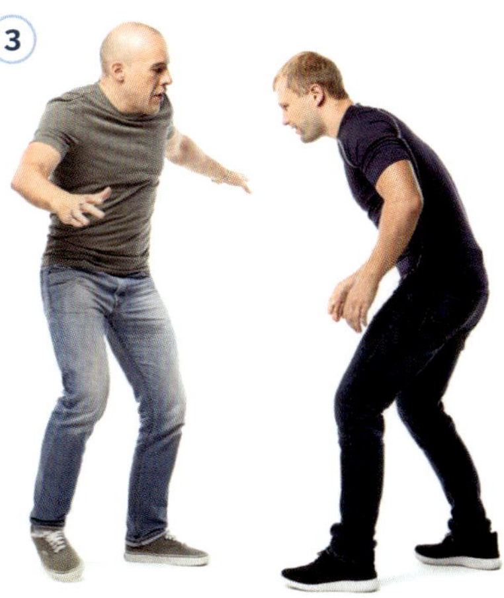

4

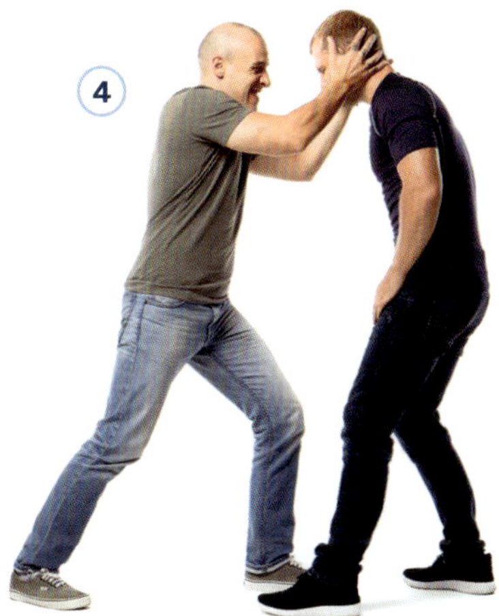

3 Verteidigung gegen einhändigen Kleidergriff von vorn

Bei diesem Angriff ist die Absicht des Gegners nicht eindeutig. Er kann dich mit einer Hand aus einem Dominanzverhalten heraus greifen, ebenso zur Vorbereitung einer Technik mit dem anderen Arm. Du kannst ihn direkt attackieren oder zuerst seinen Arm fassen beziehungsweise nach außen wegschlagen. Wenn du eine Armtechnik nutzt, dann attackiere ihn mit dem Arm, der seiner freien Hand gegenüber ist. Wichtig ist schnelle Ausführung auf ein nahes Ziel wie Kinn oder Kiefer, denn er kann dich mit dem freien Arm attackieren. Du kannst auch eine Beintechnik einsetzen.

Aufwärtsellbogen, dann Kniestoß

1. Der Gegner packt dich an deinem Hemd.
2. Du kannst ihn mit dem gegenüberliegenden Arm festhalten, wozu du in Schaufelhaltung von außen seinen Unterarm fasst, oder seinen Greifarm nach außen schlägst; beides ist jedoch nicht zwingend.
3. Attackiere ihn mit einem Aufwärtsellbogen, (Seite 80) wobei du die Bewegung nach vorne machst, anstatt von weit unten auszuholen. Alternativen sind Handballenstoß, Gerade, Seithaken, Schelle, vorstoßender Ellbogen, Kniestoß oder ein Tritt zum Knie (Seite 61–62/63/67/68/81/83/91). Bei wenig Gefahr ist der Handkantenschlag (Seite 72) auf seinen Greifarm eine Option.
4. Liegt eine gefährliche Situation vor, dann greife ihn mit dem Stoßarm diagonal am Hals, ziehe ihn heran und ramme dein Knie in seinen Unterkörper (Seite 83/86). Falls noch notwendig, attackiere ihn weiter.

1

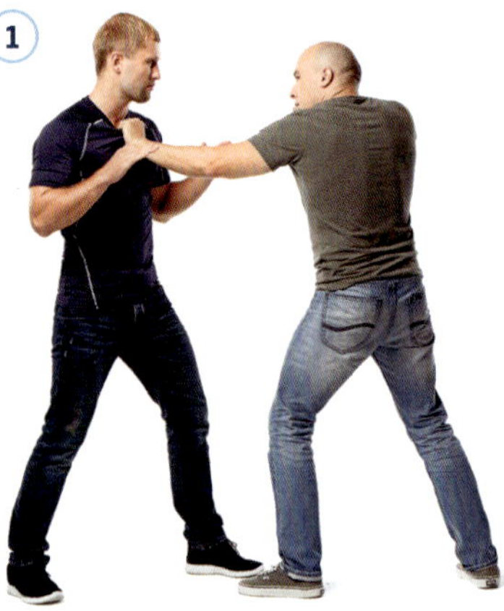

4

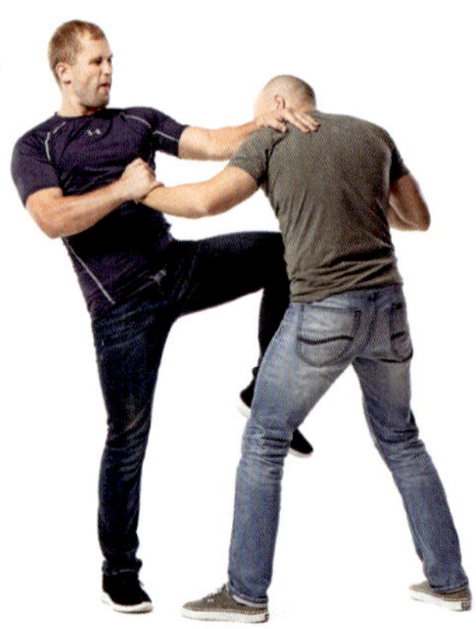

2

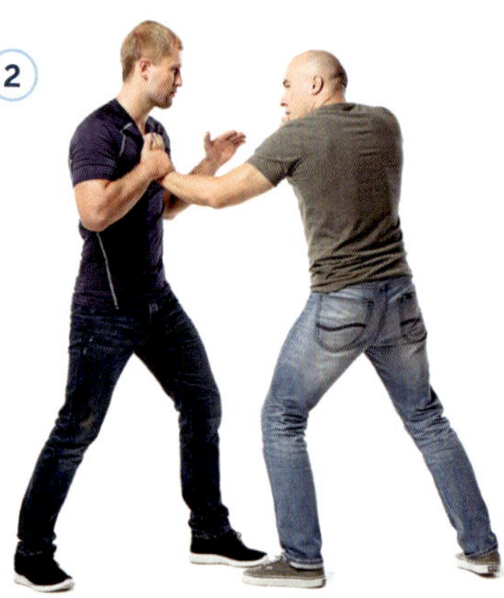

3

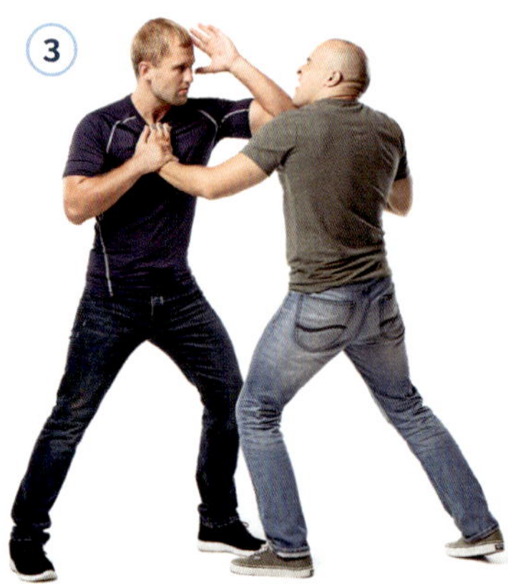

4 Verteidigung gegen beidhändigen Kleidergriff von vorn

Der Gegner ist bei dieser Griffposition sehr nahe. Die Situation kann sehr ernst sein, denn er kann dich heranziehen und dir seinen Kopf ins Gesicht rammen. Es könnte aber auch sein, dass er nur seine Dominanz zeigen will, ohne Absicht dich ernsthaft zu verletzen. Gleich welches Ziel er hat, du hast das Recht dich zu befreien und eine dazu angemessene Handlung vorzunehmen. Bei großer Gefahr kannst du beidhändig auf die Ohren schlagen oder seine Augen attackieren.

Schätzt du die Situation als wenig gefährlich ein, dann kannst du seine Handgelenke greifen, zu seinem Schienbein oder Knie treten und dann seinen Griff wegreißen. Als weitere Option kannst du mit einem Unterarm seine Arme runter blocken und mit dem anderen Arm eine Ellbogenstoß einsetzen.

1

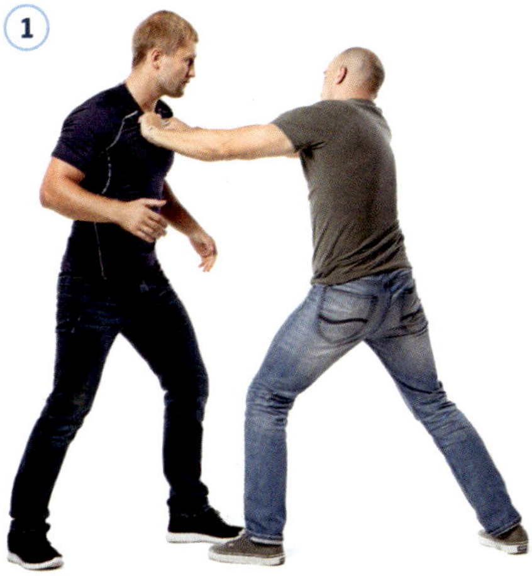

2

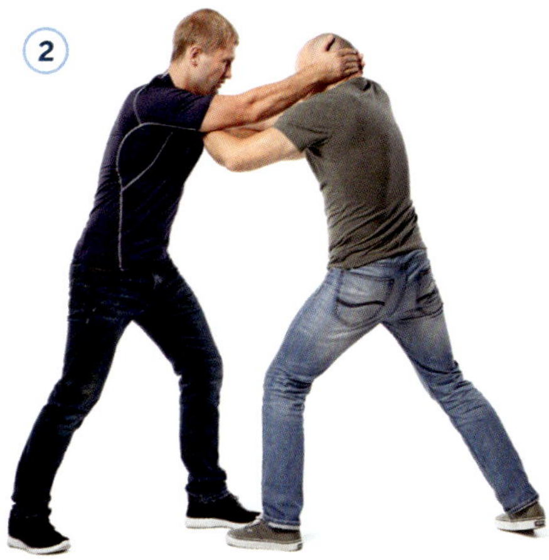

3

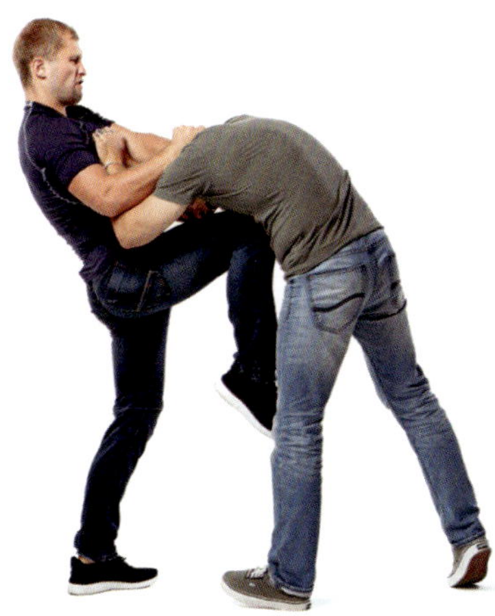

Beidhändiger Ohrenschlag, dann greifen und Kniestoß

1. Der Gegner greift dich mit beiden Händen. Achte auf einen stabilen Stand.
2. Schlage von außen mit beiden Händen auf seine Ohren (Seite 70) oder greife von außen seinen Kopf und drücke ihm gleichzeitig die Daumen in die Augen (Seite 52). Dies gibt dir die Möglichkeit seinen Kopf zu kontrollieren, falls er zum Kopfstoß ausholt.
3. Greife ihn am Hinterkopf, ziehe ihn heran und ramme dein Knie kraftvoll in seinen Unterleib (Seite 84), solange bis er kampfunfähig ist.

Variante: Als Option für Greifen und Kniestoß kannst du einen Kopfhebel einsetzen.

5 Verteidigung gegen einhändigen Kleidergriff von hinten

1

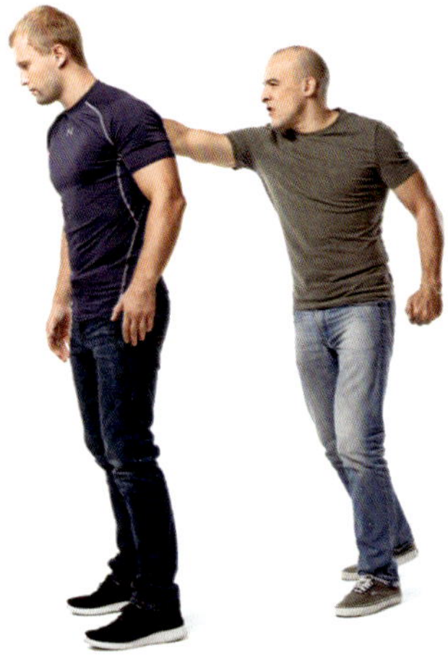

2

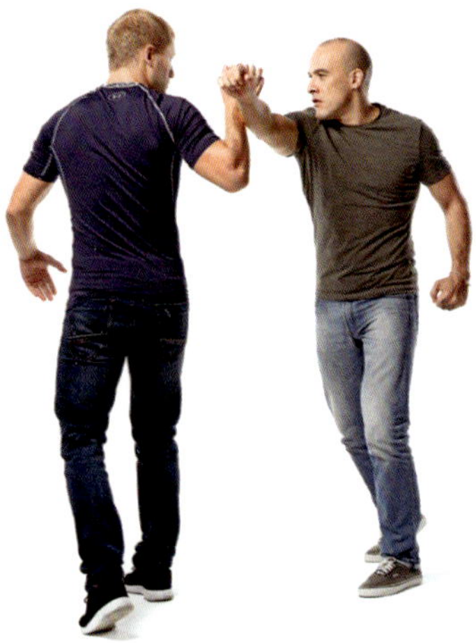

3

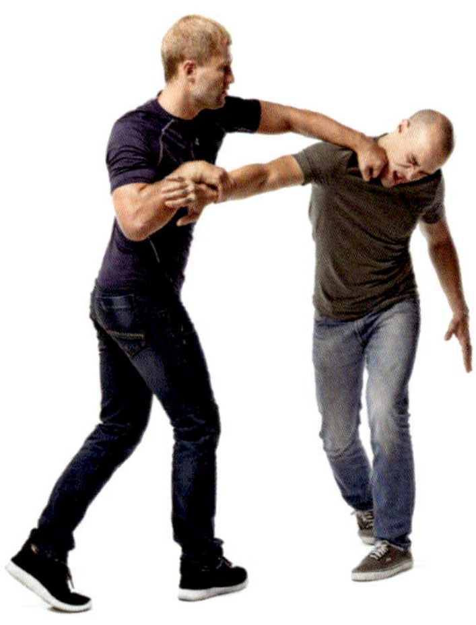

Hält dich der Gegner von hinten einarmig an der Kleidung, dann drehe dich ruckartig zu ihm. Dabei wird sich der Griff lösen, zumindest lockern, vorausgesetzt, du drehst dich explosiv. Du kannst dich zur Außenseite oder Innenseite seines haltenden Armes drehen. Wenn du dich zur Außenseite drehst, dann blocke seinen Arm von dir weg, sodass er in eine ungünstige Position kommt. Drehst du dich zur Innenseite, dann ist der Weg zu ihm auch ohne Block frei, allerdings kann er dich auf der Innenbahn attackieren.

Als Option kannst du auch mit dem Ellbogen direkt zurückstoßen, entweder von unten nach oben oder von außen zum Kinn oder Kiefer.

Drehung, dann Seithaken

1. Der Gegner greift dich mit einer Hand von hinten an der Kleidung.
2. Drehe dich explosiv zum Gegner hin. Dabei kannst du mit dem Unterarm seinen Greifarm wegblocken.
3. Folge mit einem kraftvollen Schlag (Seite 67) zum Kiefer. Alternativ eignen sich andere Hand- oder Ellbogentechniken (Seite 61/63/65/75/76). Stellt der Gegner noch eine Gefahr dar, dann folge mit Kniestoß oder Tritt in den Unterleib (Seite 83/88).

Hinweis: Beim Seithaken wird mit den vorderen beiden Knöcheln getroffen (Auf den Fotos sieht das durch die Kopfbewegung missverständlich aus.) Es wird die Drehung zur Außenseite gezeigt. Dabei wird nach dem Block der Arm kontrolliert, was jedoch nicht zwingend ist. Teste, was für dich am besten funktioniert.

6 Verteidigung gegen Haarziehen von vorn

Zieht dich der Gegner an den Haaren mit einer oder beiden Händen, dann reduziere die Zugwirkung, indem du auf seinen Griff presst. Hast du allerdings lange Haare und der Gegner zieht mit Griff weit vom Kopf entfernt, dann funktioniert es nicht. Wirst du gezogen, bewege dich in Zugrichtung mit. Attackiere schnell zu Knie oder Unterleib. Durch die Schocktechnik wird er den Griff lösen oder zumindest lockern, sodass du dich befreien kannst.

Auch wenn du von hinten an den Haaren gezogen wirst, kannst du eine Hand auf seine Zughand pressen. Zieht er mit einer Hand, dann kannst du dich direkt umdrehen und mit dem äußeren Arm eine seitliche Ellbogentechnik anbringen. Zieht er mit beiden Händen, dann setze zuerst eine Schocktechnik zum Lösen ein, z.B. Ellbogenstoß nach hinten, bevor du dich drehst und ihn weiter attackierst.

Druck auf Griffhand, dann Tritt von unten zum Unterleib

1. Der Gegner greift deine Haare und zieht daran.
2. Drücke fest auf seinen Griff. Wenn du mit einer Hand drückst, dann nutze die andere Hand für eine Kopfdeckung. Alternativ kannst du direkt attackieren.
3. Trete in seinen Unterleib oder gegen sein Knie (Seite 88/91). Als Option kannst du dein Knie in seinen Unterleib rammen (Seite 83). Reiße sofort folgend seinen Arm von deinem Kopf. Schätzt du die Situation als gefährlich ein, dann attackiere weiter mit Hand- oder Ellbogentechniken (Seite 65/67/75/76/80).

1

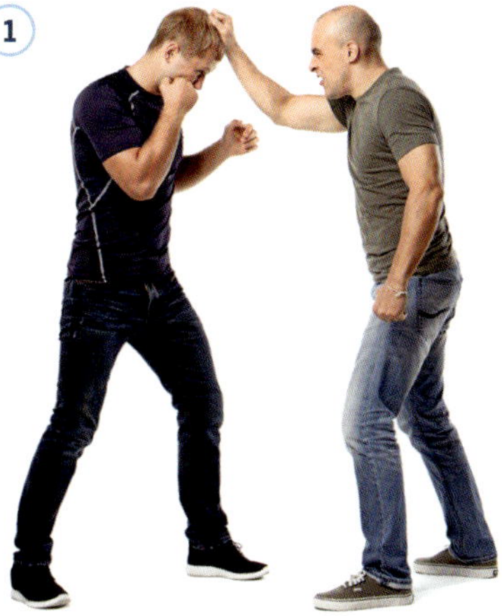

2

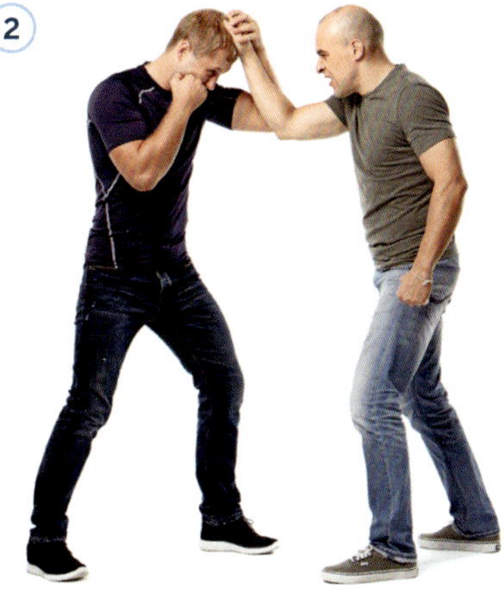

3

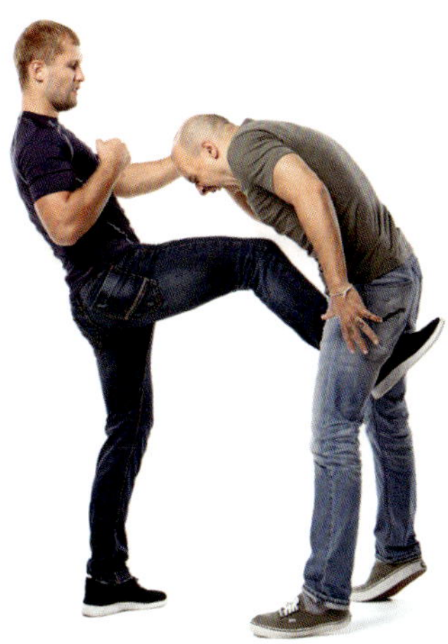

VERTEIDIGUNG GEGEN UMKLAMMERUNG

Umklammerungen sind von vorn und von hinten möglich. Du musst dich schnellstmöglich befreien und Abstand gewinnen. Der Gegner wendet eine Umklammerung von vorn an, wenn er davon überzeugt ist, kräftiger als du zu sein. Dies kann eine sehr ernste Situation sein, z.B. kann er dich von vorn klammern, um dich auf den Boden zu schleudern und dann brutal zu attackieren.

Auch bei einer körperlichen Auseinandersetzung wird diese Technik eingesetzt. Der Gegner kann dich in dem eskalierenden Streit umklammern, hochheben und zur Seite zu werfen, mit der Absicht seine körperliche Überlegenheit zu demonstrieren.

Eine Umklammerung von hinten ist noch gefährlicher, da du den Gegner nicht sehen und dich somit schlecht verteidigen kannst. Wenn du in eine Gewaltgruppe gerätst, ist eine beliebte Vorgehensweise, dass ein oder zwei Gegner von hinten halten, sodass sich das Opfer gegen den Schläger von vorn nicht verteidigen kann.

Hier werden Befreiungen gegen folgende Angriffe gezeigt:

7. Verteidigung gegen Umklammerung von vorn unter den Armen

8. Verteidigung gegen Umklammerung von vorn über den Armen

9. Verteidigung gegen Umklammerung von hinten unter den Armen

10. Verteidigung gegen Umklammerung von hinten über den Armen

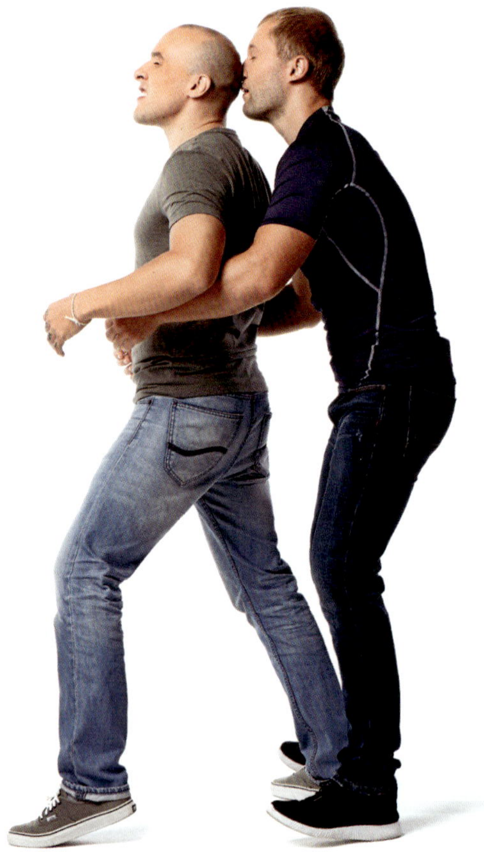

Wenn dich der Gegner von hinten klammern will, kannst du ihm deinen Hinterkopf ins Gesicht rammen.

7 Verteidigung gegen Umklammerung von vorn unter den Armen

Klammert dich der Gegner von vorn unter den Armen, dann kannst du ihn mit Händen, Ellbogen, Kopf oder Knie attackieren. Allerdings sind Augen, Kehlkopf, Hals und Genick nur in einer lebensbedrohlichen Situation mögliche Ziele.

Wenn er dich bereits hochhebt, ist der beidseitige Ohrenschlag sowie Augenstechen mit Daumen oder Fingern sehr effektiv, vorausgesetzt, es ist der Situation angemessen.

Beidseitiger Ohrenschlag, dann Kniestoß

1. Der Gegner kommt vor, um zu klammern oder umklammert dich bereits unter deinen Armen.
2. Schlage mit beiden Händen kraftvoll von außen auf die Ohrenmitte (Seite 70). Alternativ bieten sich Kopfstoß (Seite 95–96) oder Kniestoß zum Unterleib an (Seite 83).
3. Behalte den Griff am Kopf bei, du kannst etwas weiter hinten greifen. Durch die Schlagwirkung wird er gestoppt und sein Griff löst oder lockert sich zumindest.
4. Ziehe den Gegner heran und ramme dann dein Knie in seinen Unterleib (Seite 84–85). Alternativ sind Handtechniken oder Ellbogentechniken (Seite 62/65/67/72/75/80) einsetzbar.

1

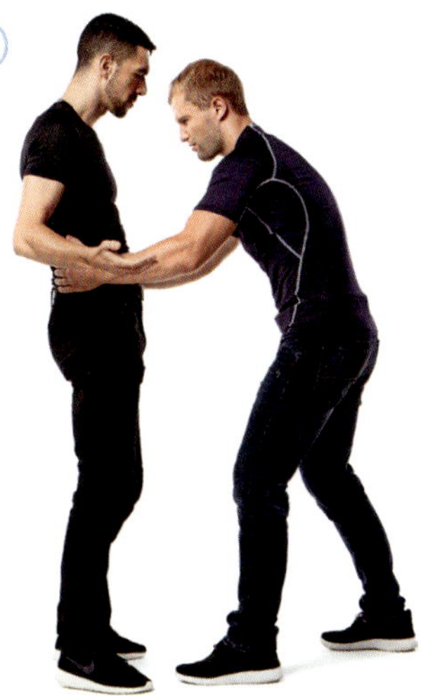

2

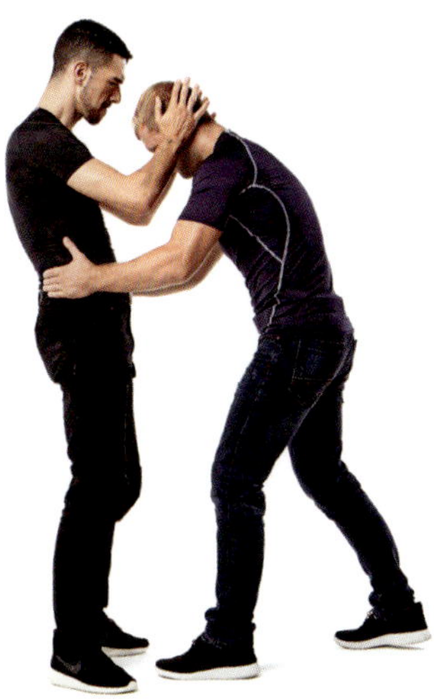

3

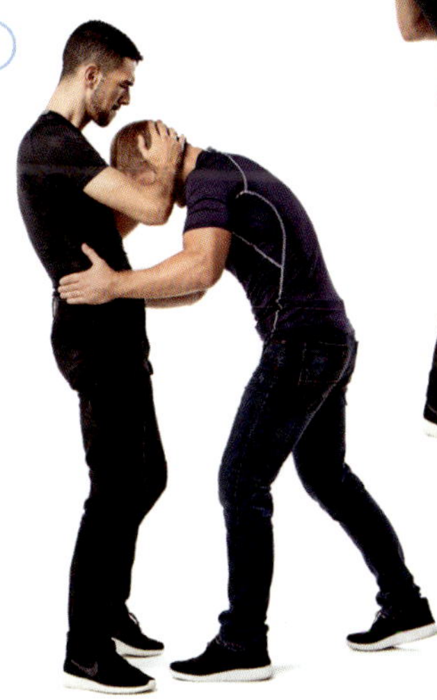

4

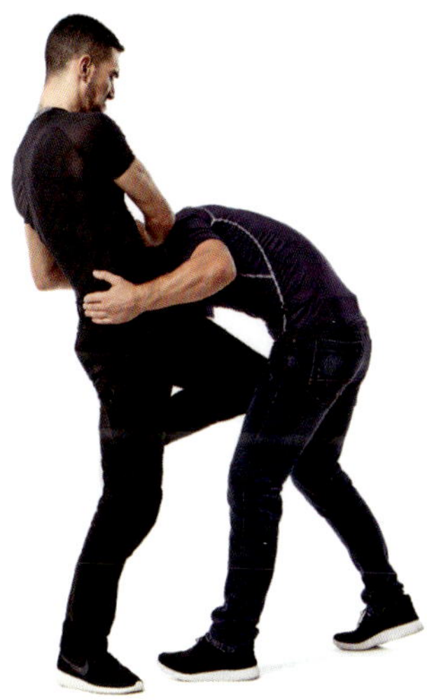

8 Verteidigung gegen Umklammerung von vorn über den Armen

Legt der Gegner den Griff über deine Arme an, dann bist du mit den Händen eingeschränkt, kannst dich aber mit einem Kopfstoß verteidigen. Auch kannst du im Ernstfall in Ohr, Gesicht und in Lebensgefahr auch in den Hals beißen. Als Alternative bieten sich die Genitalien als Ziel an, die du mit Kniestoß, Faustschlag oder Reißen von unten attackieren kannst.

Wenn es ihm gelingt, dich schnell hochzuheben, dann attackiere ihn mit vielen Kniestößen oder Tritten in Richtung Genitalbereich. Als Option kannst du Kopfstoß oder Beißen einsetzen. Attackiere solange, bis er dich vor Schmerzen loslässt.

Kopfstoß, dann Kniestoß

1. Der Gegner kommt vor und greift über deine Arme. Ziehe dein Kinn etwas zur Brust, sodass der Kehlkopf geschützt ist.
2. Du kannst mit dem Kopf leicht nach hinten ausholen, um Vorspannung zu erzielen.
3. Ramme deinen Kopf seitlich zum Kopf oder frontal auf seine Nase (Seite 95–96). Solltest du nicht hart genug treffen, dann mache weitere Kopfstöße ins Gesicht oder beiße ihn.
4. Stelle erst ein Bein etwas zurück, und ramme es dann mit dem Knie in seinen Unterleib (Seite 83/86). Als Option kannst du Ellbogenstöße (Seite 75/76/80/81) oder einen Kopfhebel anbringen. Fahre mit Kniestößen oder anderen Techniken fort, bis er kampfunfähig ist.

1

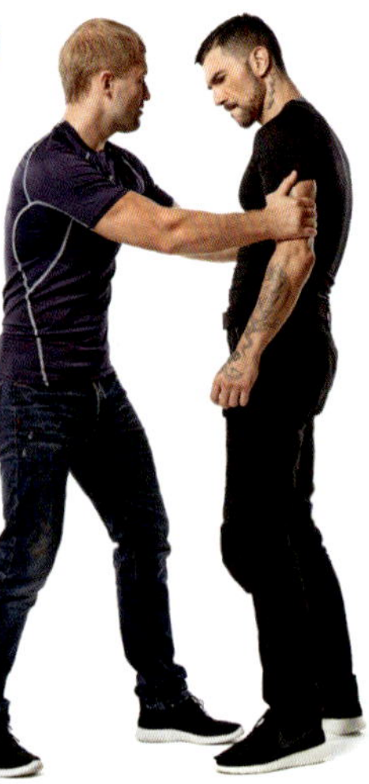

2

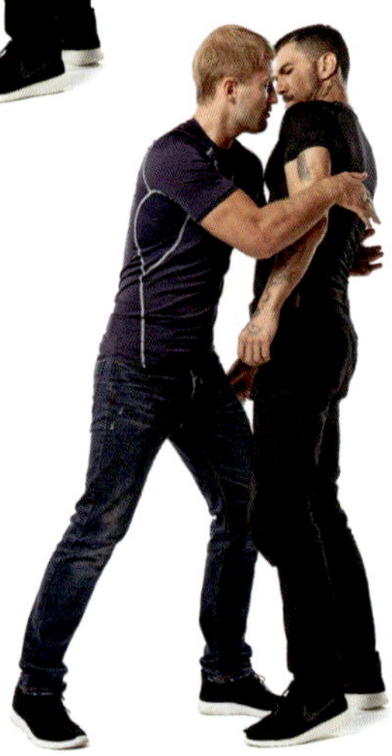

3

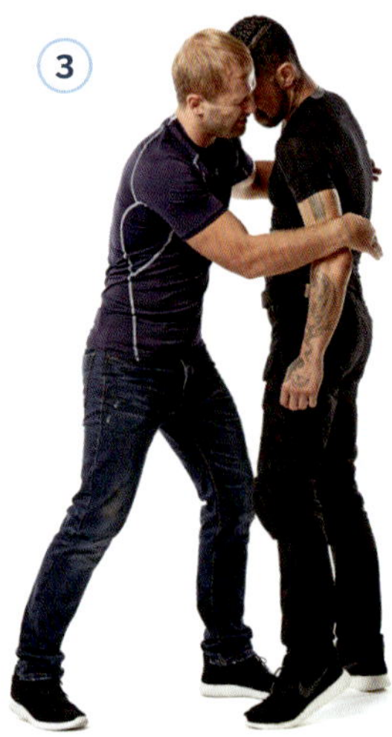

4

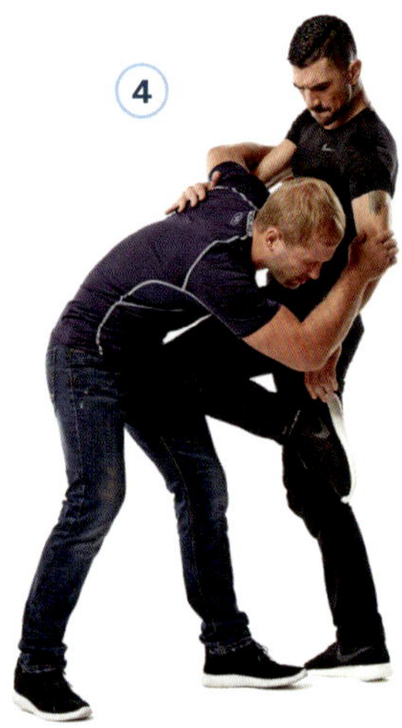

9 Verteidigung gegen Umklammerung von hinten unter den Armen

Wenn der Gegner dich von hinten fest greift, kann er dich kontrollieren und deine Luftzufuhr durch festes Drücken einschränken. Zuerst musst du seinen Griff lockern, z.B. durch Attackieren seiner Genitalien. Trägst du Schuhe mit harter Sohle, dann kannst du auf seinen Spann stampfen. Vorausgesetzt, dass er seinen Kopf nicht an deinen Rücken presst, kannst du mit dem Kopf nach hinten stoßen. Als weitere Option kannst du mit dem Ellbogen von außen oder von unten nach hinten stoßen. Zuvor kannst du mit den Fingernägeln seinen Unterarm aufreißen, falls er dich an sich presst.

Hebt dich der Gegner von hinten hoch, dann trete mit der Ferse nach hinten in Richtung Genitalien oder Knie oder stoße mit dem Kopf nach hinten.

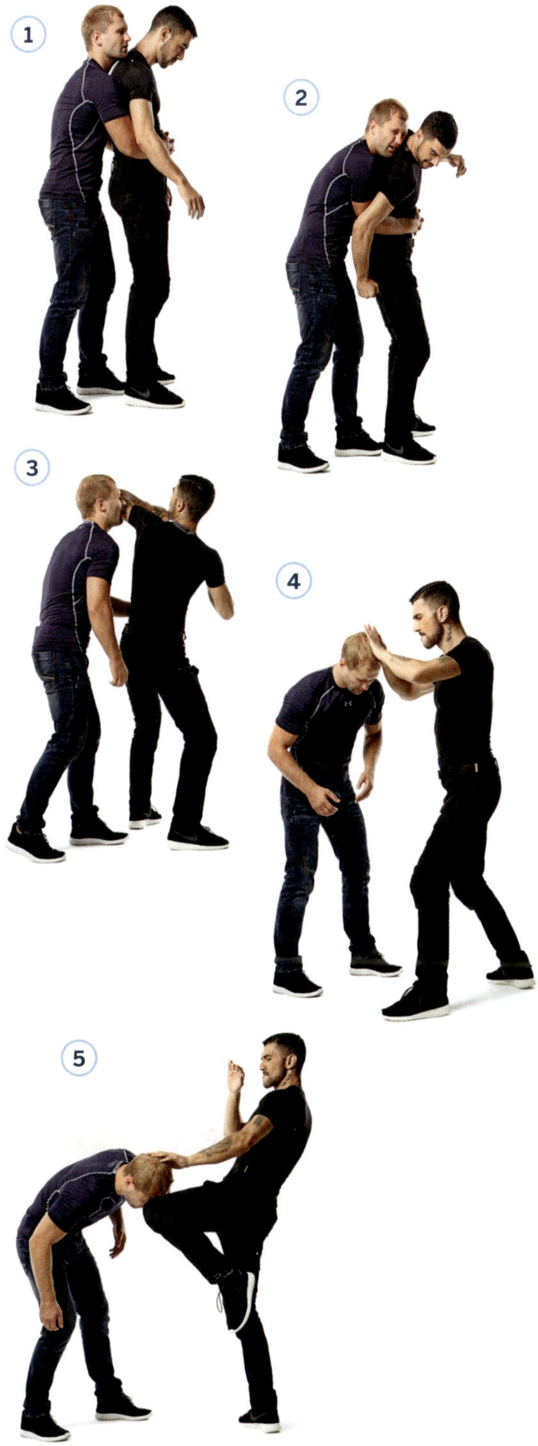

Genitalschlag, Ellbogenstoß, dann Drehung

1. Um mit der Hand die Genitalien zu attackieren, musst du dir Platz schaffen. Mache ein Schritt nach außen, schiebe die Hüften nach außen oder stelle ein Bein nach vorne.

2. Attackiere seine Genitalien durch eine kraftvolle Hammerfaust nach hinten (Seite 66) oder durch Quetschen und Reißen am Hodensack bis er den Griff lockert.

3. Drehe deinen Oberkörper etwas zu dieser Seite, um Schwung zu holen. Folge mit einem Ellbogenstoß von außen (Seite 78) mit dem anderen Arm. Löst er seinen Griff noch nicht, dann folge mit weiteren Stößen.

4.–5. Drehe dich schnell frontal zu ihm. Stellt er noch eine Gefahr dar, dann greife ihn und folge mit einem Kniestoß (Seite 83–85). Auch Hand- und Ellbogentechniken (Seite 61–62/65/67/75/80) sind möglich.

10 Verteidigung gegen Umklammerung von hinten über den Armen

Gegen eine Umklammerung von hinten über den Armen kannst du den Kopf zurückstoßen. Als Option kannst du den Genitalbereich attackieren, wozu du dir zuerst Platz schaffen musst, indem du die Hüften nach außen schiebst oder ein Bein nach vorne nimmst. Abhängig davon, wo der Griff angelegt ist, kannst du auch in Ober- oder Unterarm beißen. Das Stampfen auf den Vorderfuß ist möglich, wenn er dich noch nicht hochgehoben hat.

1

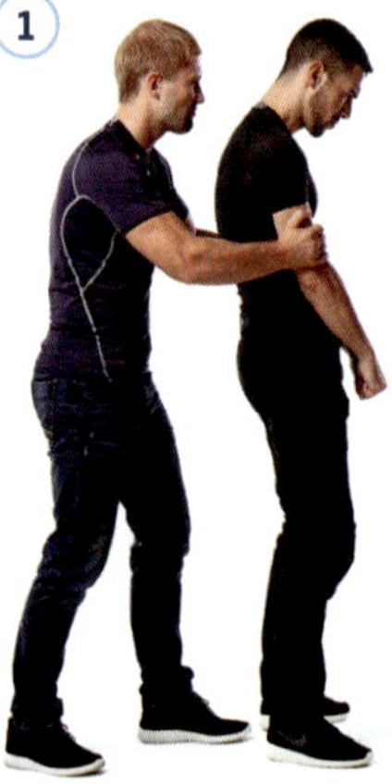

2

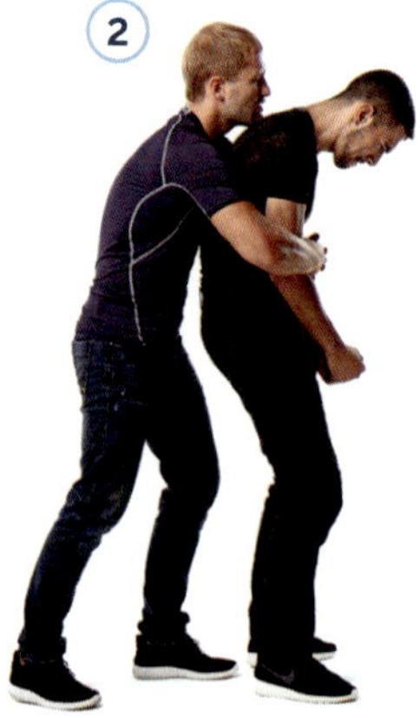

Hebt dich der Gegner von hinten hoch, dann trete mit der Ferse nach hinten in Richtung Genitalien oder Knie oder stoße mit dem Kopf nach hinten.

Kopfstoß nach hinten, Drehung, dann seitlicher Ellbogenstoß

1. Der Gegner legt seinen Griff von hinten über deine Arme an.
2. Bewege den Kopf vor, um Vorspannung aufzubauen.
3. Stoße explosiv mit dem Hinterkopf nach hinten (Seite 97). Ziel ist es, das Nasenbein zu treffen, was sich aufgrund der fehlenden Sicht schlecht planen lässt. Auch Kinn oder Wange sind effektive Ziele, die Stirn hingegen nicht, da sie sehr hart ist. Trifft der erste Stoß noch nicht hart genug, dann stoße weiter. Alternativ kannst du nach hinten in die Genitalien schlagen (Seite 66) und daran reißen.
4. Sobald er seinen Griff löst, drehst du dich schnell frontal zum Gegner.
5. Folge mit einem seitlichen Ellbogenstoß zum Kiefer (Seite 75/76). Optionen sind Hand- oder Knietechniken (Seite 65/67/83–86).

3

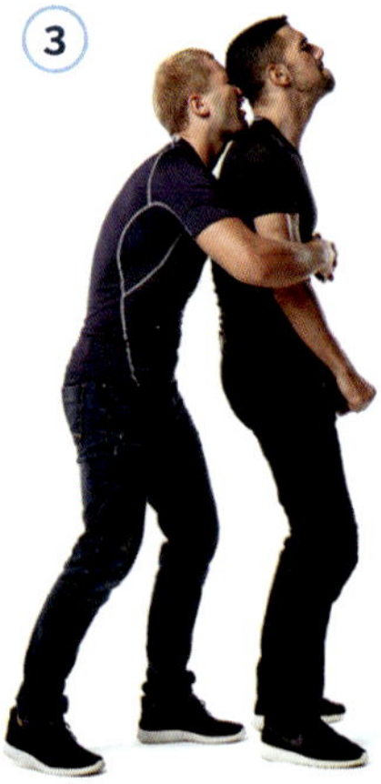

4

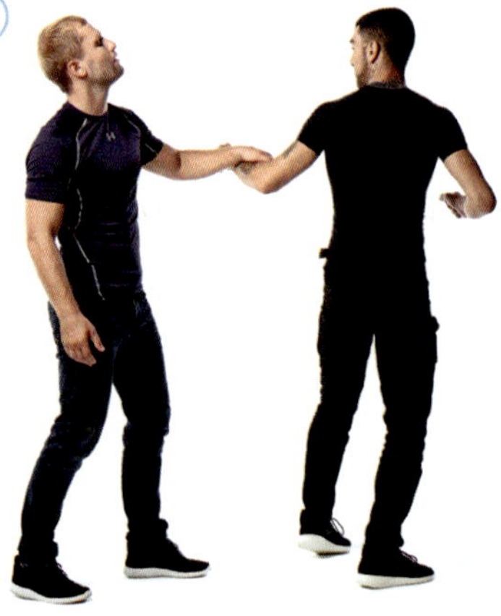

5

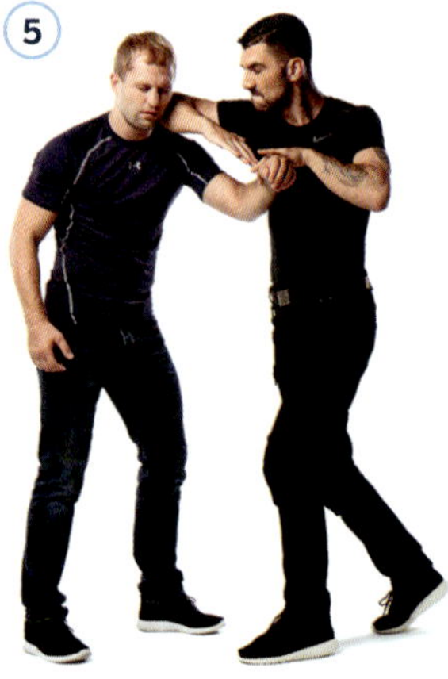

VERTEIDIGUNG GEGEN WÜRGEGRIFF

Ein gezielter Würgeangriff auf den Kehlkopf ist lebensgefährlich, da die Luftzufuhr unterbunden wird. Bereits nach wenigen Sekunden folgt Atemnot, dann Bewusstlosigkeit und schließlich Tod, falls der Gegner nicht aufhört. Auch das Würgen am Hals ist lebensgefährlich. Wirst du gewürgt, dann hast du nur wenige Sekunden für deine Verteidigung, bevor du ohnmächtig wirst. Aufgrund dieser Gefahr ist bei einem Würgeangriff davon auszugehen, dass der Gegner dich nicht schonen wird, du musst schnell und kompromisslos seinen Griff lösen.

Eine Ausnahme kann eine Rauferei darstellen, wenn der Würgegriff nicht mit aller Härte und Konsequenz angesetzt wird, was häufiger bei Jugendlichen vorkommt. In einem solchen Fall wird das Opfer eher gehalten und nicht kraftvoll seine Luft abgedrückt.

Aus einem Würgegriff musst du dich schnellstmöglich befreien. Attackiere ein empfindliches Ziel, dass du auf direktem Weg erreichen kannst. Die Technik muss wirkungsvoll treffen, damit der Gegner sofort seinen Griff löst oder zumindest deutlich lockert. Folge mit weiteren Techniken, bis der Gegner kampfunfähig ist. Übe die verschiedenen Vorgehensweisen intensiv mit einem Trainingspartner. Dabei können die Techniken zwar nur angedeutet werden, trotzdem hilft es dir, im Ernstfall sofort handlungsfähig zu sein und automatisch die richtige Aktion durchzuführen.

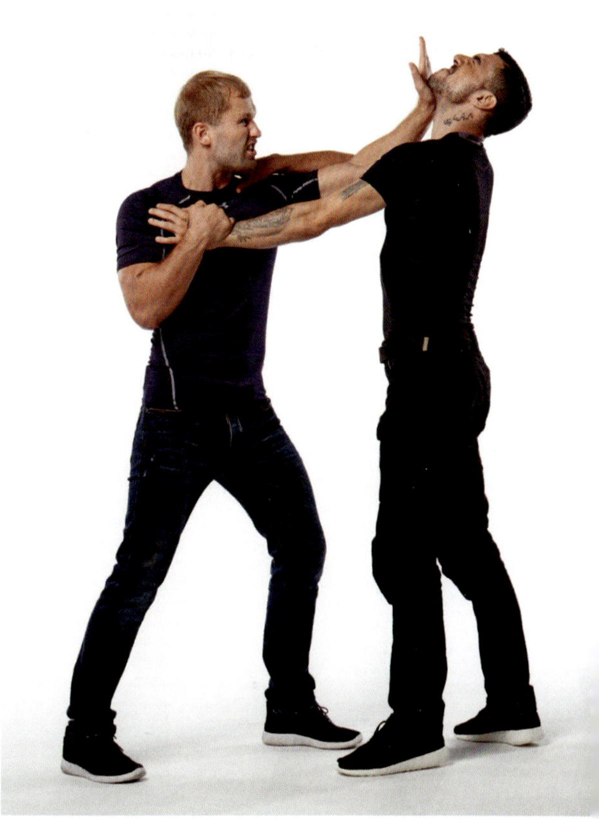

Wird der Würgegriff am Hals oder Kehlkopf kraftvoll eingesetzt, agiere schnell und brutal um dich zu schützen.

Hier werden Befreiungen gegen folgende Würgeangriffe gezeigt:

11. Verteidigung gegen einhändigen Würgegriff von vorn

12. Verteidigung gegen beidhändigen Würgegriff von vorn

13. Verteidigung gegen einarmigen Würgegriff von hinten

14. Verteidigung gegen beidhändigen Würgegriff von hinten

15. Verteidigung gegen beidhändigen Würgegriff von der Seite

16. Verteidigung gegen Würgegriff von der Seite (Schwitzkasten)

11 Verteidigung gegen einhändigen Würgegriff von vorn

1

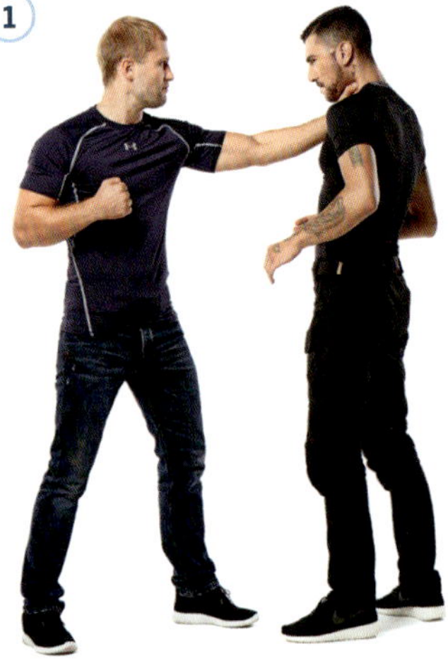

2

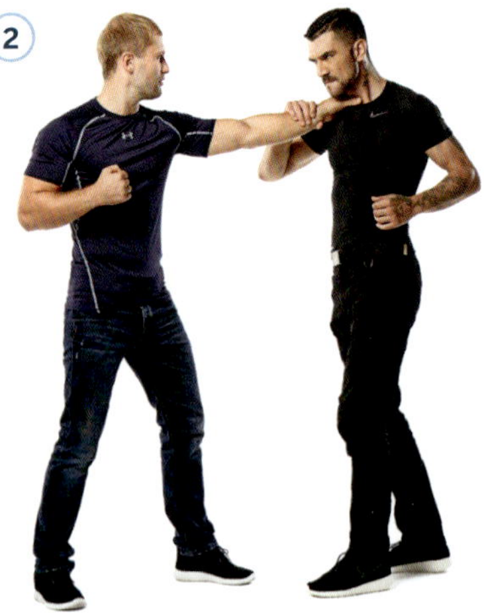

3

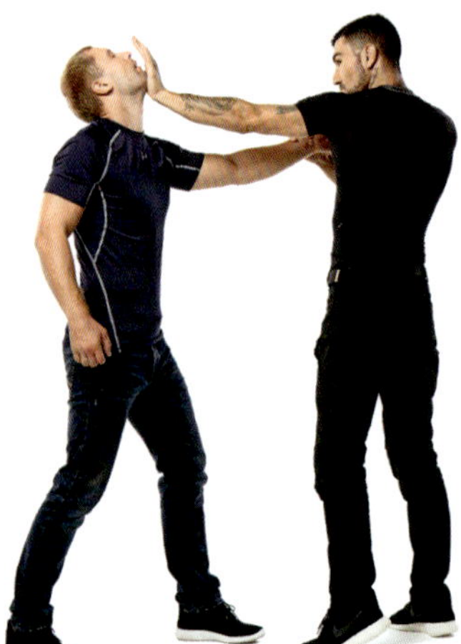

Wenn der Gegner einen einhändigen Würgegriff kraftvoll ausführt, dann besteht Lebensgefahr. Zudem kann er dich gleich mit der hinteren Hand attackieren. Schütze zuerst deinen Kehlkopf, indem du das Kinn etwas runter ziehst und die Schultern hoch. Bringe deine äußere Hand von außen an seinen Unterarm und attackiere ihn dann mit deinem Arm durch Schlag oder Ellbogenstoß, wobei du mit der anderen Hand seinen Griff wegreißt. Als Option kannst du den Gegner direkt zu einer verletzlichen Körperstelle attackieren.

Falls dich der Gegner nicht mit absoluter Härte würgt und somit keine Lebensgefahr besteht, kannst du zum Kiefer schlagen oder deine Fingernägel in seine Haut an der Griffhand rammen, damit er den Griff lockert und du dich befreien kannst.

Handballenstoß und Wegreißen

1. Der Gegner würgt dich mit einer Hand von vorn.
2. Spanne die Halsmuskulatur an und ziehe die Schultern hoch. Bringe deine äußere Hand in Schaufelform von außen an seinen Greifarm. Der Daumen kann mitgreifen, muss aber nicht.
3. Mache einen Handballenstoß (Seite 61–62) mit der freien Hand und reiße dabei mit der anderen Hand seinen Greifarm von dir weg. Als Option kannst du Gerade, Handkralle, Seithaken oder beidseitigen Ohrenschlag einsetzen (Seite 63/64/67/70). Stellt der Gegner noch eine Gefahr dar, dann stoße den Ellbogen gegen seinen Kopf oder das Knie in seinen Unterleib (Seite 75/80/83–84).

12 Verteidigung gegen beidhändigen Würgegriff von vorn

Wenn dich der Gegner mit beiden Händen würgt, ist die Situation äußerst gefährlich, da er mit zwei Händen kraftvoll drücken kann. Du kannst eine Hand von außen an sein Handgelenk bringen, und ihn dann mit der anderen Hand schlagen, wobei du mit der Greifhand seinen Arm wegreißt. Einige Kämpfer bevorzugen es jedoch, den Gegner direkt zu attackieren.

Alternativ kannst du den Griff nach unten schlagen und mit dem anderen Arm einen Aufwärtsellbogen anbringen. Als weitere Option kannst du einen Arm nach oben bringen und ihn dann mit seitlicher Drehung nach unten stoßen, wodurch du den Griff löst. Stoße von dort mit dem Ellbogen zurück.

Handballenstoß und Wegreißen

1. Der Gegner würgt mit beiden Händen von vorn. Spanne die Halsmuskulatur an und ziehe die Schultern hoch.
2. Bringe eine Hand in Schaufelform an seinen gegenüberliegenden Unterarm und die andere Hand in innere Schlagposition.
3. Schlage einen Handballenstoß von unten zum Kinn (Seite 62) und reiße gleichzeitig mit der anderen Hand seinen Griff weg. Als Schlagoption kannst du eine Gerade oder eine Handkralle zu den Augen nutzen (Seite 63/64). Du kannst mit Ellbogenstoß, Kniestoß oder Tritt in den Unterleib folgen (Seite 75/80/83–84/88).

1

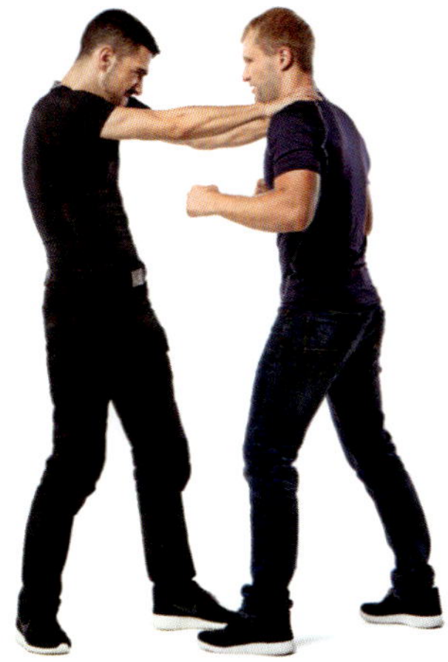

2

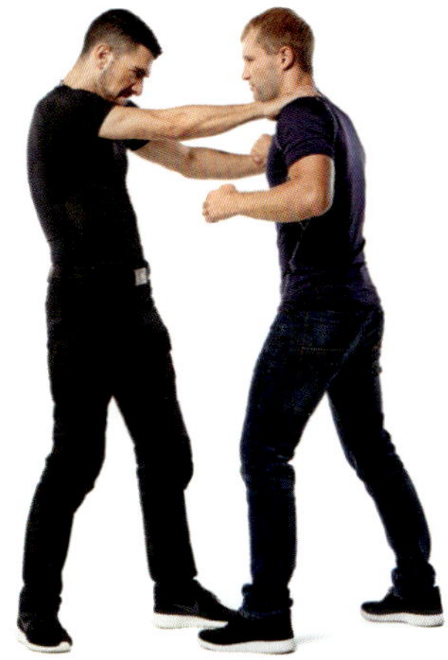

3

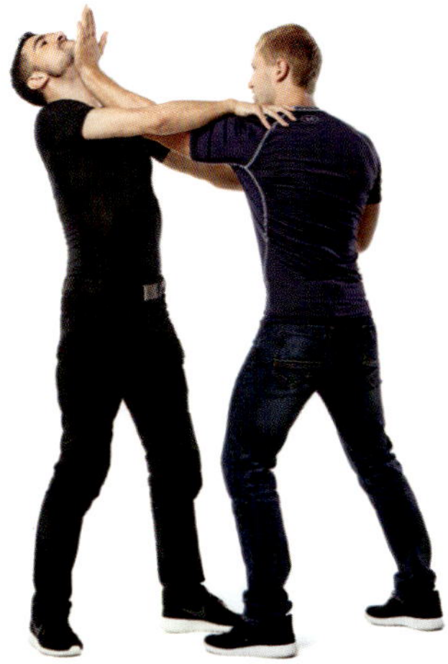

Arm hochnehmen und Ellbogenstoß

Hier wird die Technik für Rechtshänder gezeigt. Ist jedoch links deine stärkere Seite, dann führe die Bewegung entsprechend seitenverkehrt aus.

1

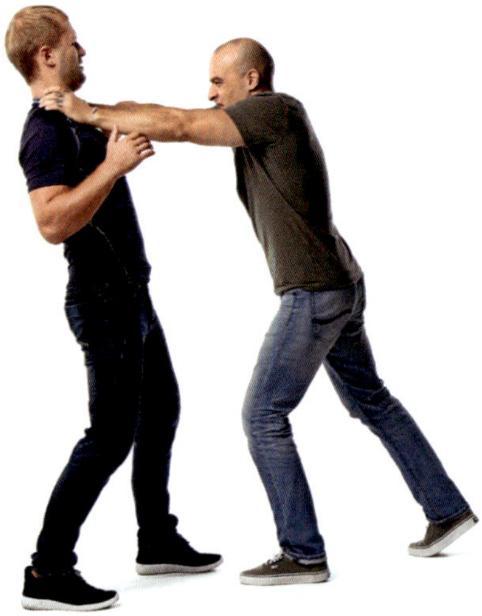

2

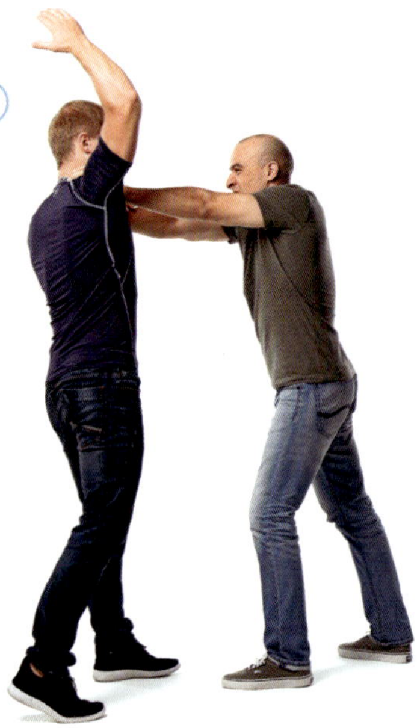

1. Schütze deinen Kehlkopf vor dem Würgegriff durch runterziehen des Kinns und hochziehen der Schultern.
2. Bringe schnell deinen rechten Arm hoch, sodass der Arm nahe der Schulter ist.
3. Drehe dich explosiv nach links und stoße dabei den rechten Unterarm auf die Armbeugen des Gegners. Dadurch löst sich sein Griff. Du kannst, musst aber nicht, etwas in die Knie gehen, um dein Gewicht in den Stoß zu bringen.
4. Attackiere direkt aus dieser Position mit einem Rückwärtsellbogen (Seite 79) zum Gesicht, wozu du dein Gewicht einsetzt. Falls der Gegner noch eine Gefahr darstellt, dann folge mit Ellbogen- oder Kniestoß (Seite 80/81/83–85/86).

Hinweis: Einige Trainer greifen bei dem Beispiel mit der linken Hand in Schaufelform zuerst das linke Handgelenk, andere das äußere Handgelenk. Beides ist möglich, aber nicht notwendig.

Ein erfahrener Kämpfer kann darauf reagieren, wenn du den Arm hochnimmst – es gibt keine Sicherheiten in der Selbstverteidigung. Meistens klappt das Vorgehen gut, du musst es regelmäßig üben.

3

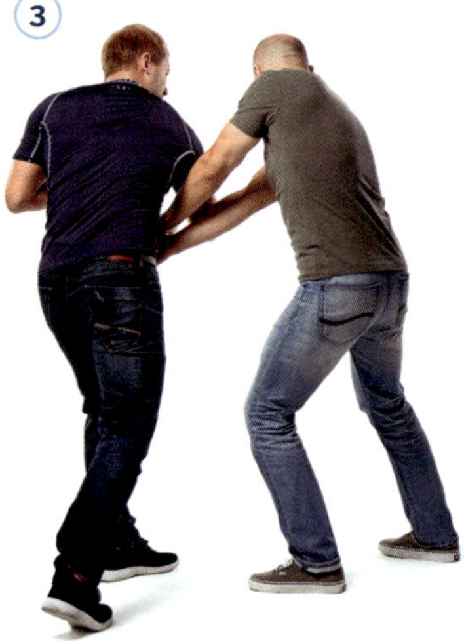

4

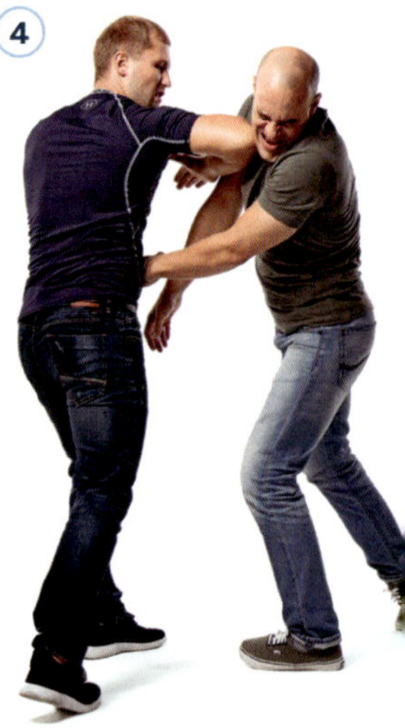

13 Verteidigung gegen einarmigen Würgegriff von hinten

Wenn dich der Gegner mit einem einarmigen Würgegriff von hinten überrascht, dann musst du schnell agieren, da du von einem kraftvollen Griff bald bewusstlos wirst. Der Griff kann auch eingesetzt werden, um jemanden nach hinten wegzuziehen und in Rückenlage zu bringen. Es ist eine sehr schwer zu verteidigende Position. Du musst zuerst deine Luftzufuhr sichern, indem du dein Kinn vor seinen Arm bekommst. Dann gilt es den Arm wegzureißen, was mit einer Schockaktion wie Ellbogenstoß nach hinten unterstützt werden kann. Drehe dich so schnell wie möglich frontal zum Gegner und attackiere weiter.

Falls der Gegner seinen Griff noch nicht festangelegt hat, dann kannst du direkt mit Ellbogen oder Kopf nach hinten stoßen.

1

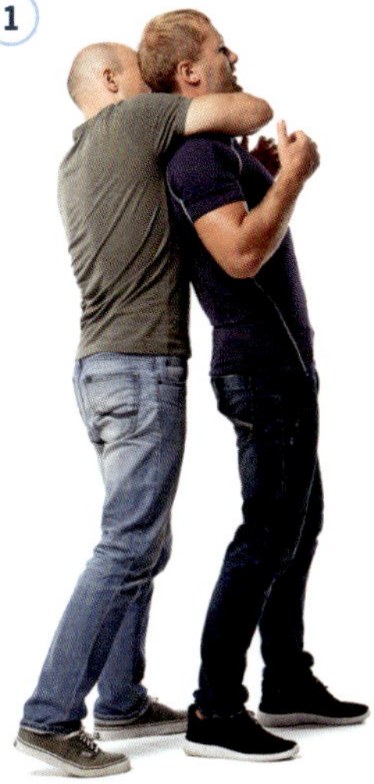

2

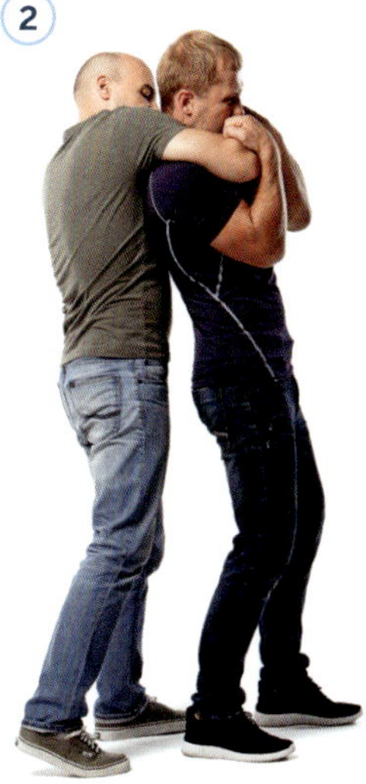

3

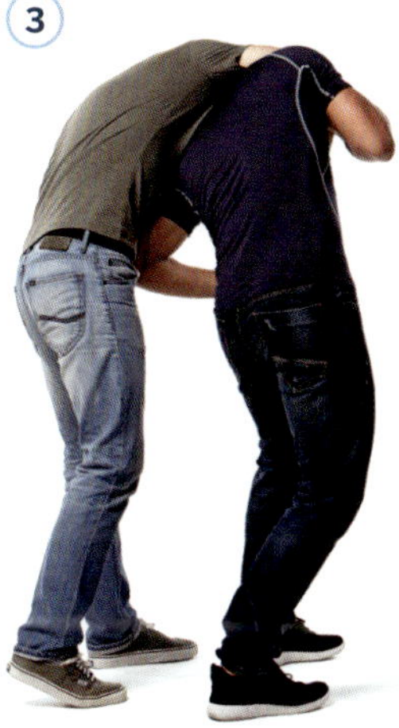

4

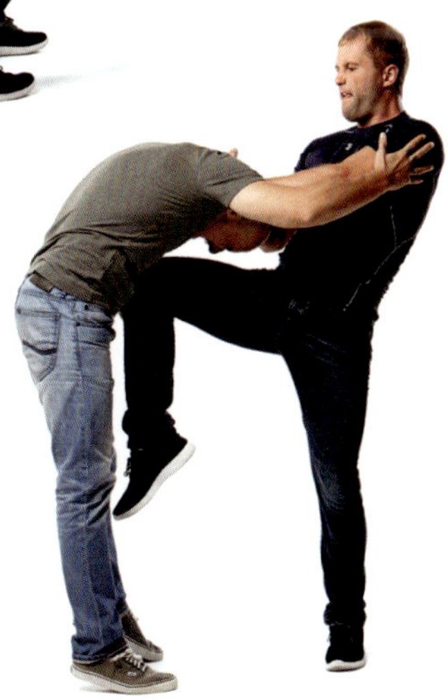

Ellbogenstoß nach hinten, Drehung, dann Kniestoß

1. Gegen den Angriff schützt du dich sofort durch Hochziehen der Schultern.
2. Bringe dein Kinn zwischen Arm und Hals, möglichst in der Ellbogenmulde. Drücke dazu seinen Arm runter, was du unterstützen kannst, indem du deine Fingernägel in den würgenden Unterarm rammst.
3. Hole aus und ramme den Ellbogen nach hinten zu Magen, Solarplexus oder Kinn. Alternativ attackierst du mit der Hand seine Genitalien (Seite 77/66), wozu du zum Platz schaffen deine Hüfte zur Seite schieben kannst.
4. Reiße seinen Arm weg und drehe dich in die Richtung des Gegners (in der Bildserie erfolgt die Drehung entgegen dem Uhrzeigersinn). Wenn möglich, greife seinen Kopf, um ihn heranzuziehen. Ramme dein Knie in den Gegner (Seite 83–85). Optional kannst du Hand- oder Ellbogentechniken (Seite 61–62/65/67/75/80) einsetzen.

14 Verteidigung gegen beidhändigen Würgegriff von hinten

Greift der Gegner mit einem beidhändigen Würgegriff von hinten an, dann kannst du kein empfindliches Körperziel sehen und bist innerhalb kurzer Zeit bewusstlos. Schütze dich sofort, indem du deine Schultern hochziehst und die Halsmuskulatur anspannst. Schaffe dir Platz und ramme deinen Ellbogen nach hinten oder attackiere den Unterleib. Drehe dich schnell frontal zu ihm und kämpfe weiter.

1

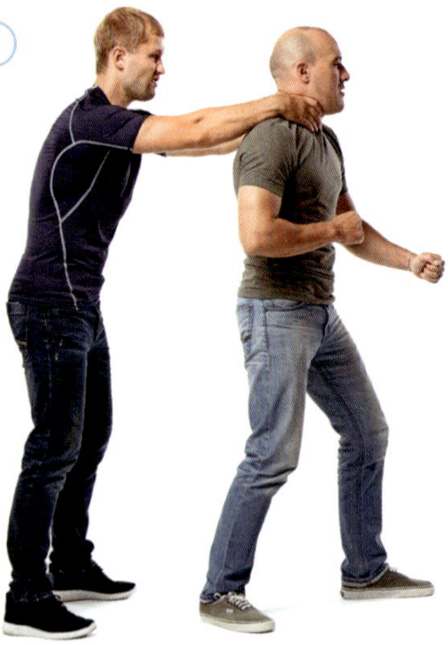

Alternativ rammst du die Fingernägel in seine Handrücken und reißt seine Finger nach hinten weg. Als weitere Option streckst du einen Arm möglichst nahe dem Kopf nach oben und drehst dich dann schnell zum Gegner, wobei dein Arm seine Arme wegdrückt.

Hammerfaust zurück, Ellbogenstoß, dann Drehung

1. Schütze dich durch Anspannen der Halsmuskulatur und Hochziehen der Schultern.
2. Mache einen Schritt zur Seite oder schiebe die Hüfte zur Seite, um Platz zu bekommen. Hole aus und schlage nach hinten in seine Genitalien (Seite 66). Zusätzlich kannst du am Hodensack reißen.
3. Stoße den Ellbogen der anderen Seite zurück (Seite 77–78), entweder von außen seitlich zum Kopf oder gerade nach hinten, bis er den Griff löst.
4. Drehe dich frontal zu ihm, drücke seinen Kopf runter und ramme dein Knie dagegen (Seite 84–85). Optional kannst du Hand- oder Ellbogentechniken (Seite 62/67/75/80) einsetzen.

2

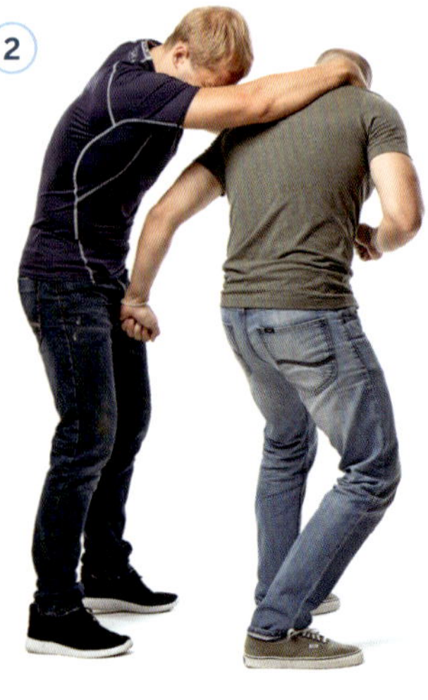

3

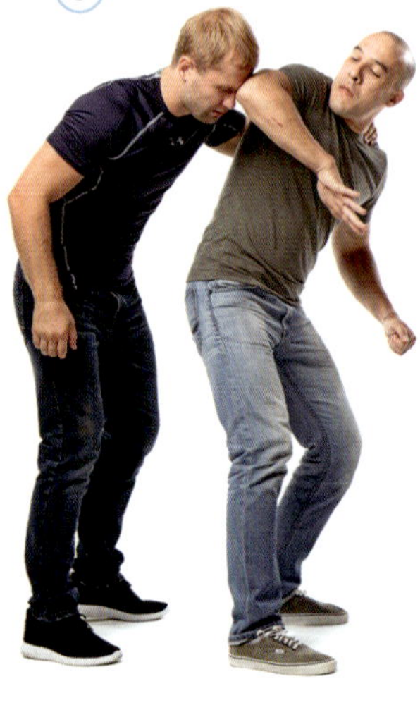

4

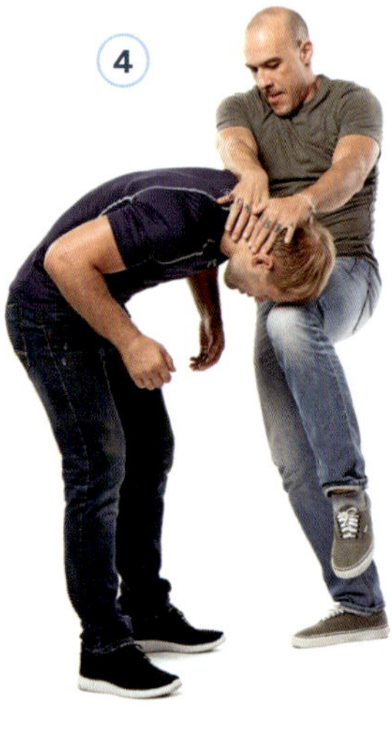

1

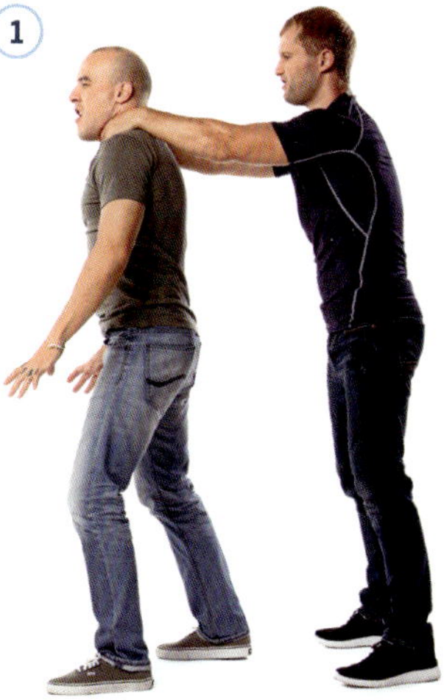

2

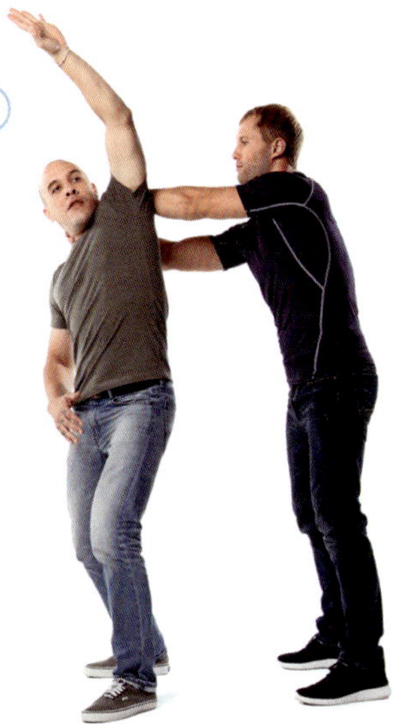

Arm hochnehmen, Drehung und Ellbogenstoß

1. Der Gegner würgt dich mit beiden Händen von hinten. Spanne die Halsmuskulatur an und ziehe die Schultern hoch.
2. Drehe dein Gesicht zu einer Seite und strecke den Arm dieser Seite schnell gerade hoch.
3. Drehe dich explosiv und kraftvoll zum Gegner und zwar zu der Seite, auf der du den Arm oben hast. Stoße dabei deinen Arm oder Ellbogen nach unten und löse so den gegnerischen Griff. Dabei stellst du den Fuß der gleichen Körperseite vor.
4. Folge mit dem einem kreisenden oder seitlichen Ellbogen (Seite 75/76) von hinten. Effektive Optionen sind Handtechniken (Seite 65/67).
5. Stellt der Gegner noch eine Gefahr dar, dann nutze einen Kniestoß (Seite 83–85/86).

Hinweis: Meistens klappt das Vorgehen, wenn du es explosiv anbringst. Ein erfahrener Kämpfer könnte reagieren, wenn du den Arm hochnimmst, und dich zur Seite schleudern, den Fußfeger nutzen oder sein Knie in deinen Rücken rammen.

3

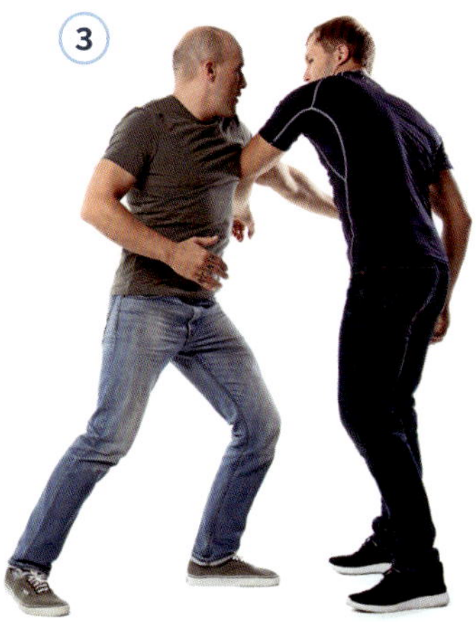

4

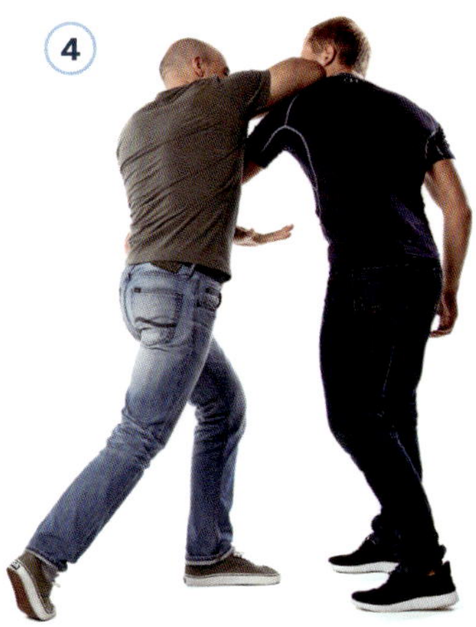

5

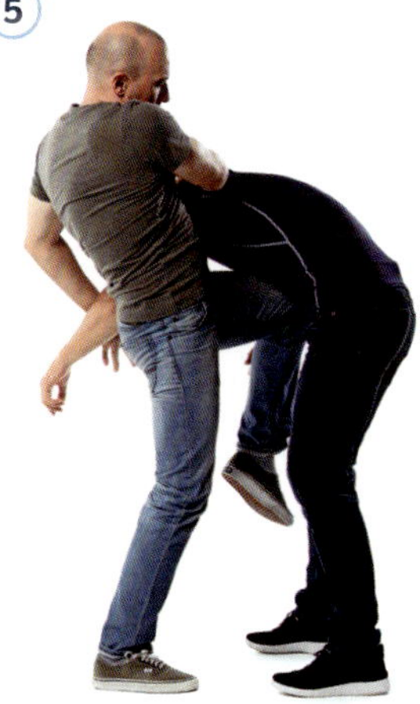

15 Verteidigung gegen beidhändigen Würgegriff von der Seite

Attackiert der Gegner von der Seite mit einem beidhändigen Würgegriff, dann musst du dich zuerst orientieren, um ein Angriffsziel zu finden, bist aber innerhalb kurzer Zeit bewusstlos. Schütze zuerst deinen Hals. Attackiere mit rückstoßendem Ellbogen oder Genitalschlag, gleichzeitig reißt du seine vordere Hand weg. Dann drehst du dich zu ihm und kämpfst in frontaler Position weiter.

Greift ein Gegner mit einem einhändigen Würgegriff von der Seite an, wobei die Hand von vorne greift, dann kannst du genauso wie hier beschrieben agieren oder dich direkt zu ihm drehen und eine verletzliche Körperstelle attackieren.

Rückwärtsellbogen, Drehung und kreisender Ellbogen

Hier erfolgt der Angriff von rechts. Gegen einen Angriff von links, agiere seitenverdreht.

1. Spanne die Halsmuskulatur an und ziehe die Schultern hoch. Bringe deine äußere Hand nach oben innen in Schaufelform über sein Handgelenk.
2. Zum Schwungholen drehst du dich etwas vom Gegner weg. Dabei kannst du schon anfangen sein Handgelenk wegzureißen.
3. Ramme deinen inneren Ellbogen von unten zu seinem Kinn (Seite 77–79) und reiße sein Handgelenk am Körper entlang weg. Alternativ kannst du mit der inneren Hand von unten gegen die Genitalien schlagen (Seite 66).
4. Drehe dich zum Gegner und folge mit einem kreisenden Ellbogen von hinten (Seite 75). Als Option ramme dein Knie in seinen Unterkörper (Seite 83–84), oder nutze Handtechniken (Seite 65/67/72).

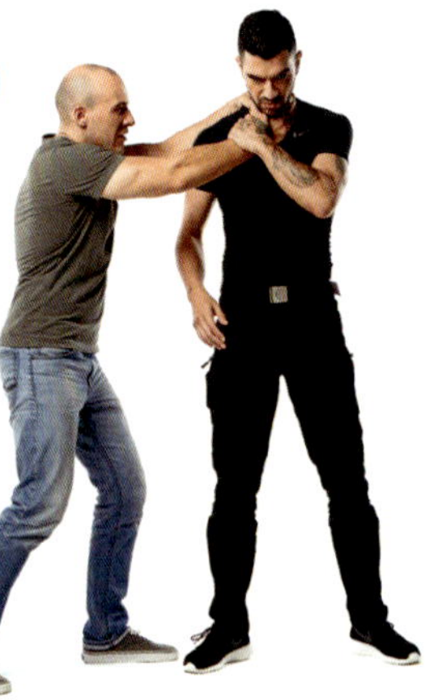

1

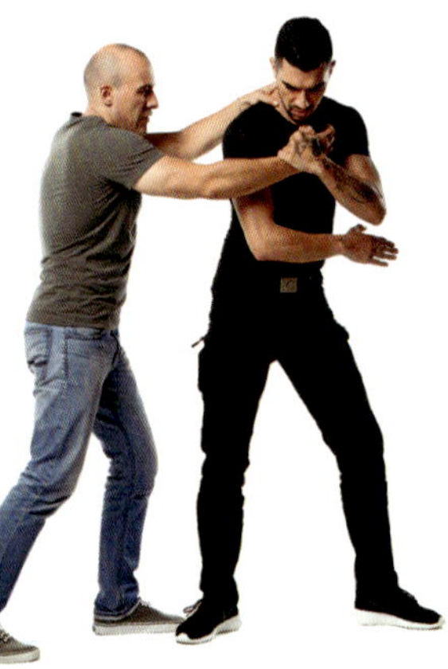

2

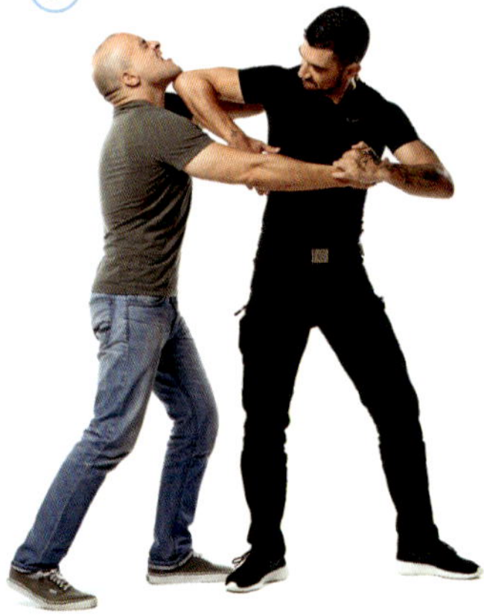

3

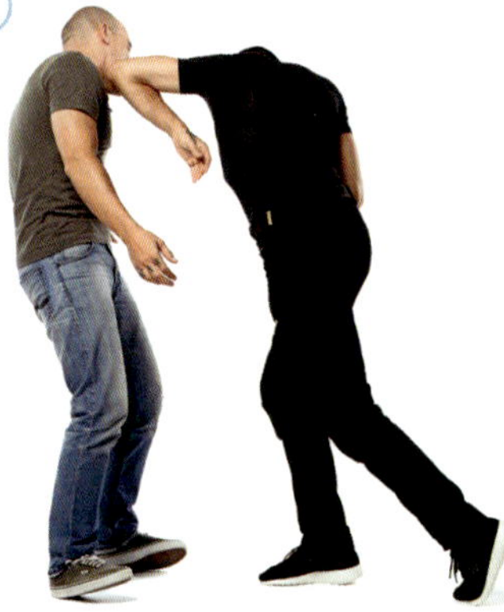

4

16 Verteidigung gegen Würgegriff von der Seite (Schwitzkasten)

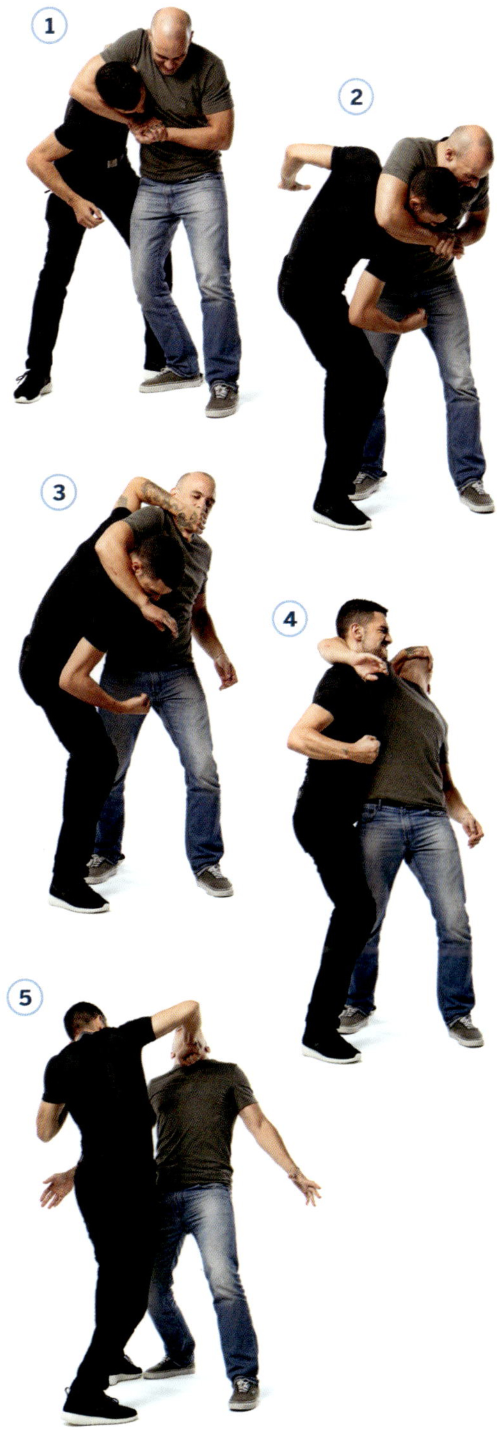

Mit dem Würgegriff von der Seite (Schwitzkasten) kann der Gegner die Luft abdrücken. Er kann dich damit auch positionieren für Schläge mit der anderen Faust. Zudem kann er dich mit dem Griff nach vorne zu Boden drücken. Schütze zuerst Kehlkopf und Gesicht durch Kopfdrehung. Du kannst das äußere Bein vorstellen, um näher zu kommen und deine Position zu stabilisieren, falls er dich vordrücken will. Attackiere nun seine Genitalien mit der äußeren Hand. Greife schnell mit der inneren Hand über seinen Kopf, um ihn nach hinten zu reißen. Falls du nicht über seinen Kopf kommst, dann reiße am Hodensack, bis er den Griff lockert und du dich rausdrehen und ihn wegstoßen kannst.

Falls er im Moment gerade den Griff anlegen will, dann kannst du ihn kraftvoll mit beiden Händen wegstoßen und zu Angriff oder Flucht übergehen. Stehen deine Beine vor seinen, dann siehe die Befreiung aus einarmigem Würgegriff von hinten (Seite 179).

Genitalschlag, dann nach hinten reißen

1. Der Gegner attackiert dich mit einem seitlichem Würgegriff und hat die Beine vor dir. Ziehe die Schultern hoch, das Kinn an und drehe den Kopf ein.
2. Du kannst das äußere Bein vorstellen. Schlage die äußere Faust in seine Genitalien.
3. Greife mit der inneren Hand über seinen Kopf, möglichst so, dass du die Finger unter seine Nase oder in die Nasenlöcher bekommst. Alternativ kannst du die Haare greifen.
4. Reiße seinen Kopf nach hinten, wodurch sich sein Kopf nach hinten mitbewegt.
5. In großer Gefahr kannst du einen Handballenstoß zum Kinn (Seite 62) folgen. In Lebensgefahr ist auch ein Schlag zum Kehlkopf (wie hier gezeigt) möglich.

SCHUTZ AM BODEN

Eine Bodensituation auf der Straße ist nicht mit dem technisch anspruchsvollen Bodenkampf im Kampfsport vergleichbar, denn es gibt weder Fairness noch Regeln. Es werden verletzliche Körperstellen attackiert, die im Sport verboten sind. Schon beim Fallen auf einen harten Untergrund besteht Verletzungsgefahr. Im Kampfverlauf kann ein zuerst unterlegener Gegner das Geschehen übernehmen und vom Boden besteht dann keine Fluchtmöglichkeit. Zudem

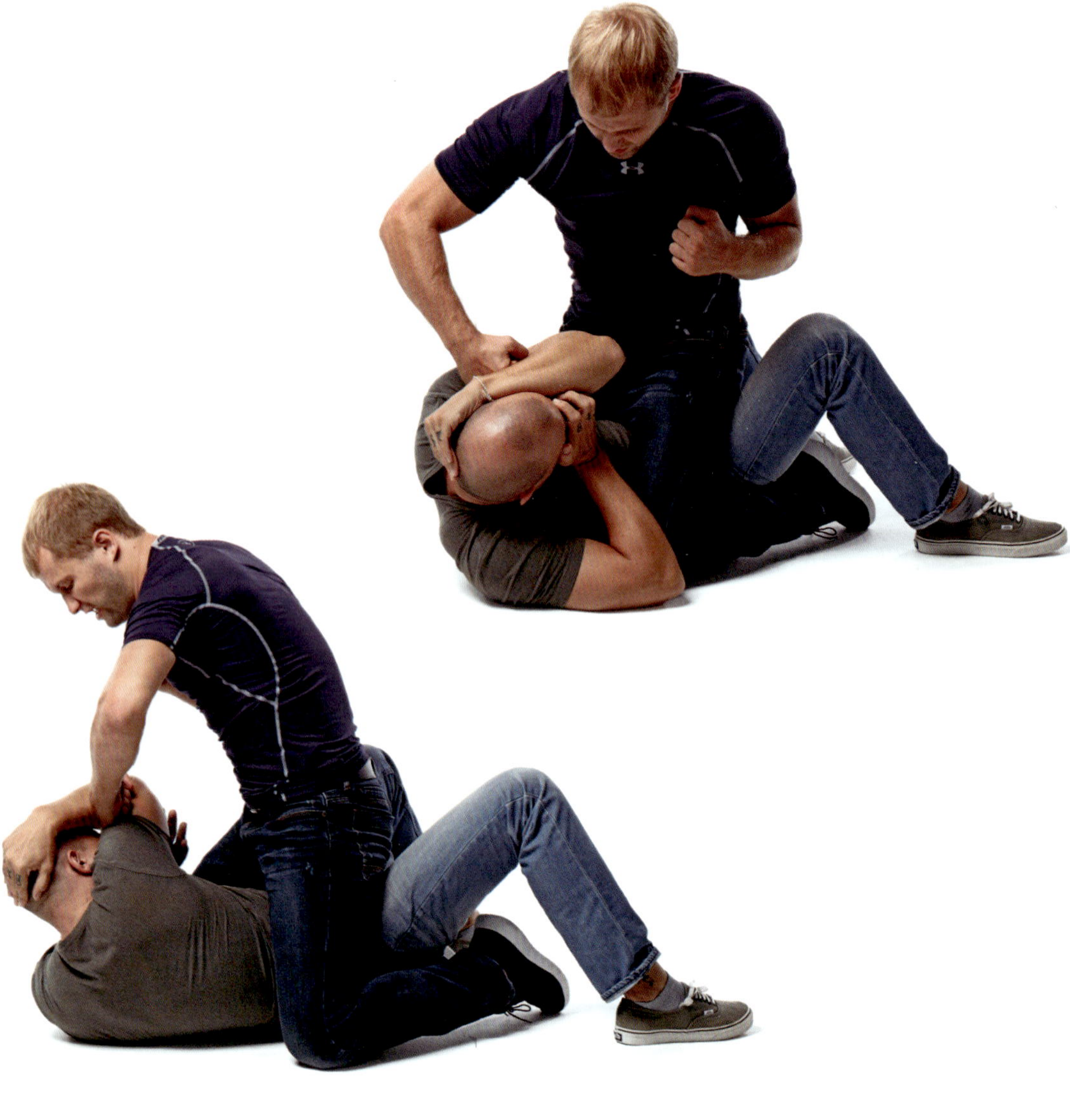

Achte auf deine Kopfdeckung und nutze Konter zu nahen verletzlichen Körperstellen.

kann der Gegner ein Messer ziehen und es können weitere Gegner in das Geschehen eingreifen, die du während dem Kampf am Boden gar nicht siehst. Vermeide im Ernstfall möglichst den Boden und falls du doch fällst, dann versuche schnell wieder in die Standposition zu kommen.

Musst du allerdings in Bodenlage kämpfen, dann attackiere kompromisslos die direkt erreichbaren ungeschützten Körperstellen. Du darfst nicht in Panik geraten, selbst wenn sich der Gegner als geübt im Bodenkampf erweist. Mit brutalem Vorgehen gegen verletzliche Körperstellen kannst du dich trotzdem behaupten. Kopfstöße und Attackieren der Genitalien sowie in Lebensgefahr gezielte Stiche in die Augen und Attackieren von Hals und Kehlkopf sind möglich. Selbst wenn er dich im Griff hat, kannst du dich mit Beißen in nahe Körperstellen noch befreien. Denn wenn du ihn brutal in den Hals beißt, ist sein Kampftraining hinfällig. Allerdings kann der Gegner dich genauso brutal attackieren oder er ist so schnell, dass er dich sofort besiegt hat.

Auch in einer körperlichen Auseinandersetzung, bei der keine Tötungsabsicht besteht, kann es zum Bodenkampf kommen. In einer solchen Situation kannst du die unteren Rippen oder Genitalien attackieren, auch Handballenstöße zu Kinn und Brustkorb sind möglich. Hals, Kehlkopf und Augen sind dann keine angemessenen Ziele.

Kontrolliert dich der Gegner in Bodenlage, indem er deine Hände auf den Boden drückt, dann konzentriere dich. Sobald er eine Hand löst, um dich zu schlagen, dann attackiere ihn brutal mit der frei gewordenen Hand. Attackiere fortlaufend, bis er sich aufgrund seiner Schmerzen ausweichend zur Seite rollt und sich so eine Fluchtmöglichkeit ergibt.

Wenn du stolperst oder auf den Rücken fällst, aber noch Abstand zum Gegner hast, kannst du ihn mit Tritten zum Kniegelenk von dir weghalten. Ziehe dein Bein an, und wenn er vorkommt, trete kraftvoll zum Knie. Stehe schnell wieder auf, um im Stand weiterzukämpfen oder zu fliehen.

Du musst dich auch auf die schlechte Kampfposition vorbereiten, dass du auf den Boden gefallen bist und der Gegner vor dir steht. Du kannst so üben, dass der Partner eine große Kickpratze in Kniehöhe hebt und du für einige Zeit in der Position bleibst und immer trittst, wenn er vorkommt. Bewegt er sich zur Seite, dann drehe dich mit, die Füße zeigen immer zu ihm. Springe dann schnell vom Boden in die Standposition zurück.

Willst du Bodenkampf umfassend erlernen, dann musst du zumindest einige Monate lang in einem Verein mit der entsprechenden Ausrichtung trainieren. Auf den folgenden Seiten werden einige wichtige Prinzipien beschrieben, um dich auch ohne intensives Vereinstraining am Boden behaupten zu können; Training mit Partner wird vorausgesetzt.

17. Verteidigung im Distanzkampf am Boden

18. Verteidigung in Rückenlage gegen vorkommenden Gegner

19. Verteidigung in Rückenlage gegen Gegner im Reitsitz

17 Verteidigung im Distanzkampf am Boden

1

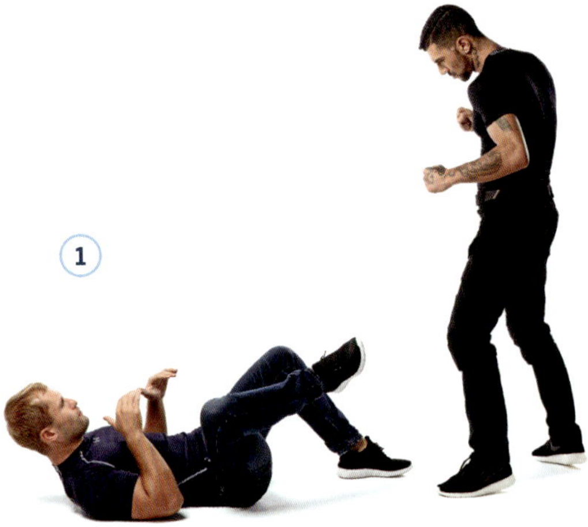

Fällst du auf den Boden, dann drehe dich auf den Rücken, sodass deine Füße zum Gegner zeigen, und ziehe dein stärkeres Bein an. Nutze eine Stützposition, die schnelles Drehen am Boden ermöglicht. Versucht er zur Seite zu gehen, um deinen Beinen auszuweichen, dann drehe dich mit, sodass deine Füße weiter in seine Richtung zeigen. Trete zum Knie, wenn er sich vorbewegt.

Versucht er sich auf dich zu schmeißen, dann ist auch der Tritt in die Genitalien ein gutes Ziel. Ansonsten ist der Tritt zu hoch und der Gegner könnte deinen Fuß fangen.

2

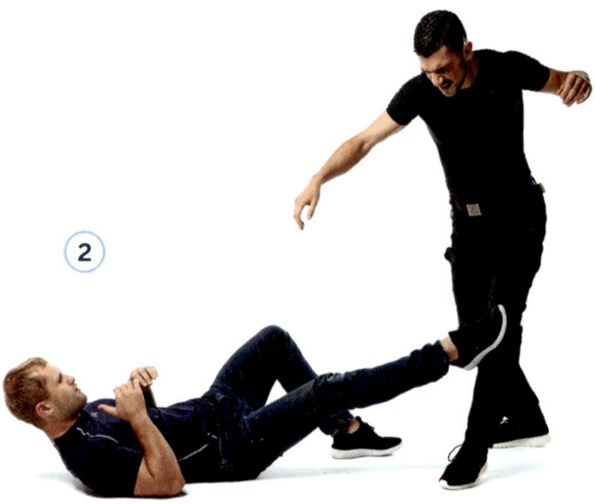

Knietritt, dann Aufstehen

1. Fällst du auf den Boden, dann nimm schnell eine stabile Position ein. Du kannst dich in leichter Rückenlage mit den Händen oder Ellbogen abstützen oder die Hände in Kampfposition halten. Ziehe ein Bein an, den Fuß zum Gegner zeigend und etwas nach außen gedreht.
2. Kommt der Gegner vor, dann trete kraftvoll zu seiner Kniescheibe. Du musst gezielt treten. Bringe die Hüfte ein, wozu du kurz das Gesäß etwas anheben kannst. Ziehe das Bein sofort wieder an. So bald wie möglich, springst du hoch in die Standposition zurück. Kämpfe weiter oder fliehe in Sicherheit.

18 Verteidigung in Rückenlage gegen vorkommenden Gegner

Wenn du auf dem Rücken liegst und es dem Gegner gelingt, an deinen Beinen vorbeizukommen und er versucht, nun auf dich drauf zu kommen, dann kannst du ihn in die Bewegung hinein effektiv zum Kopf attackieren. Deine Technik kann er durch die Vorwärtsbewegung schlecht verteidigen. Allerdings ist das Timing nicht einfach und du musst wahrscheinlich mehrfach attackieren. Falls sein Kopf schwer erreichbar ist, dann attackiere andere ungeschützte Körperstellen, z.B. die Genitalien. Sobald der Gegner wirkungsvoll getroffen ausweicht, ziehst du ein Bein an, um ihn wegzutreten und danach schnell aufzustehen.

Handkralle, dann Wegtreten

1. Der Gegner versucht von vorne oder von der Seite auf dich zu kommen. Halte ihn weg mit Handkralle oder Handballenstoß (Seite 64/61), wenn nötig mehrfach.
2. Ziehe das Knie der anderen Körperseite an und bringe den Fuß zwischen dich und ihn.
3. Trete ihn kraftvoll zu Körper oder Gesicht von dir weg.
4. Springe schnell auf und kämpfe im Stand weiter oder fliehe in Sicherheit.

1

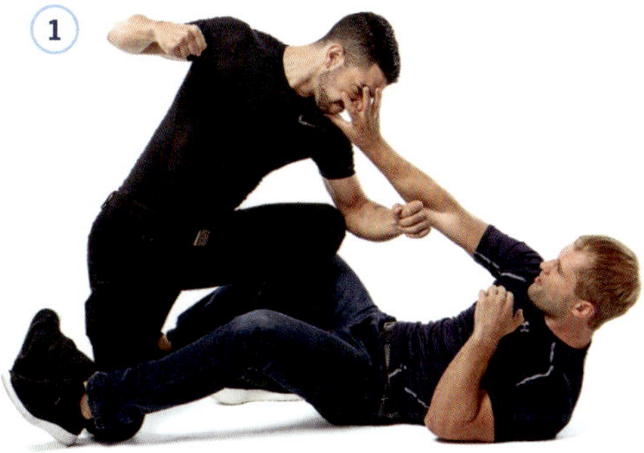

2

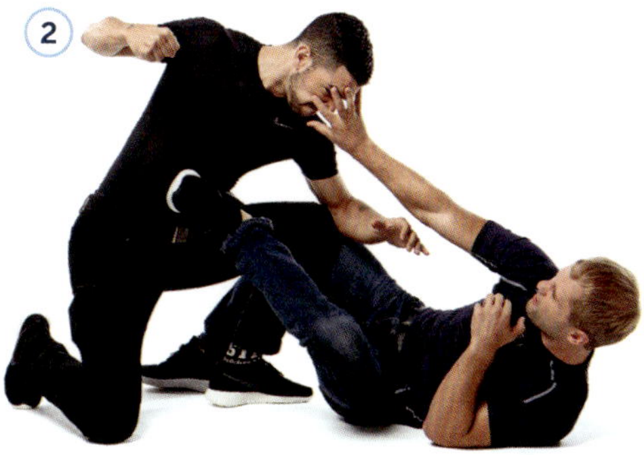

3

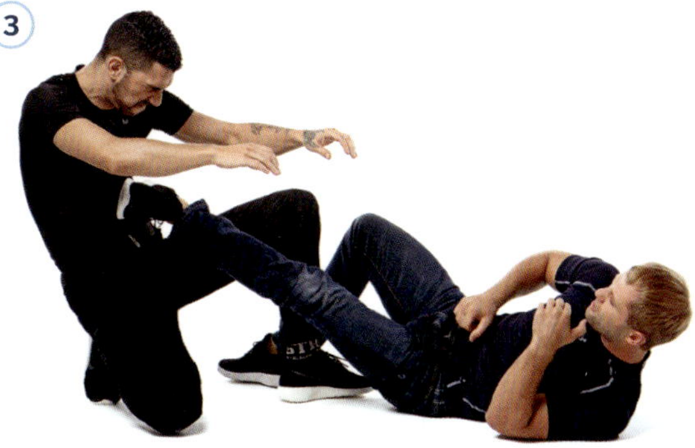

4

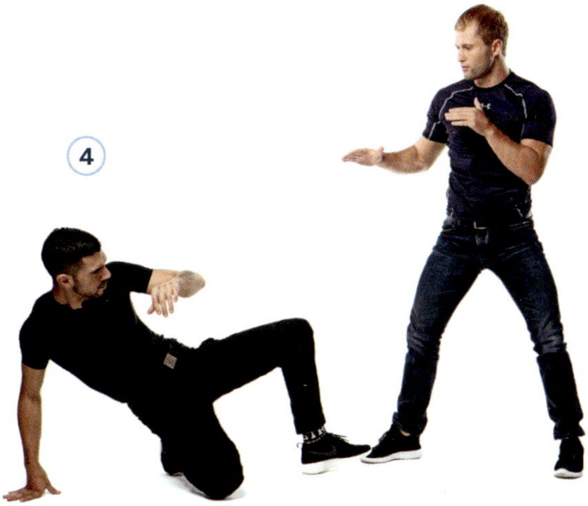

19 Verteidigung in Rückenlage gegen Gegner in Reitsitz

Eine dominante Position, die am Boden recht häufig auftritt, ist die Mount Position (Reitsitz). Damit ist gemeint, dass ein Kämpfer auf dem Bauch des anderen Kämpfers sitzt. Im Gegensatz zur Verteidigung eines Angreifers zwischen den Beinen, kannst du einen Gegner, der in der Mount-Position ist, kaum wegtreten. Wenn er in diese Position gelangt, dann kann er von oben sehr wirkungsvoll mit Händen und Ellbogen deinen Kopf attackieren. Du kannst dich schlecht verteidigen und wenn dein Hinterkopf auf den Boden knallt, bist du schnell bewusstlos. Zudem kann er versuchen, dich zu würgen. Deshalb ist es wichtig, das Schutzvorgehen in dieser Position zu trainieren.

Schütze zuerst deinen Kopf, indem du die Ellbogen zusammenziehst. Halte den Oberkörper etwas angehoben und das Kinn angezogen. Bewege deine Arme in dieser Schutzhaltung hin und her, um dich gegen alle Angriffe verteidigen zu können. Du musst dabei zwischen den Armen hindurch den Gegner im Blick behalten, um blocken und kontern zu können. Kämpfe mit und attackiere verletzliche Körperstellen. Du kannst deinen Ellbogen vorrammen, je nachdem wie er positioniert ist, beispielsweise in die Genitalien. Oder du nutzt einen Handballenstoß zum Kinn; bei großer Gefahr sind auch Schlag zum Kehlkopf oder Handkralle zu den Augen möglich. Wenn du mit einer Hand schlägst, dann decke mit der anderen Hand dein Gesicht ab. Zudem kannst du die Ohren attackieren und, wenn sein Kopf sehr nahe ist, in Nase oder Hals beißen.

Setze schnell zum Abwerfen an, was einfacher ist, wenn du etwas Trefferwirkung beim Gegner erzielt hast. Es bietet sich das »Hüfthochstoßen«/»Beckenbuckeln« an, auch als »Upa« bekannt. Dabei wird das Becken hoch in Richtung Kopf gedrückt, um den Gegner abzuwerfen. Der Gegner sollte sich in der Nähe deines Beckens befinden, damit diese Technik erfolgreich ist. Achte darauf, dass der Gegner nicht weit vorrutscht, was du mit den Ellbogen gegen seine Knie verhindern kannst. Durch das Hüftanheben fällt er vor und muss sich mit den Händen stützen. Du kannst es direkt vor zu einer Seite probieren, was allerdings schwierig ist. Fällt der Gegner gerade vor, dann kannst du ihn an einer erreichbaren verletzlichen Körperstelle weiter attackieren. Du kannst ihn z. B. in die Rippen schlagen oder den Ellbogen in sein Gesicht rammen. Auch Beißen in seinen Körper oder zur Halsseite kann eine Option in einem gefährlichen Kampf sein. Schleudere danach den Gegner seitlich von dir runter. Stehe schnell auf und attackiere ihn im Stand weiter oder nimm die Fluchtmöglichkeit wahr.

Als Option kannst du versuchen, ihn mit den Händen heranzuziehen. Als Vorbereitung kannst du einen Hüftstoß einsetzen, sodass er vorfällt, was aber nicht notwendig ist, wenn er bereits nah ist. Du kannst kurz attackieren, bevor du ihn zur Seite wirfst. Bei großer Gefahr, aber nicht in einer Rangelei, ist auch ein Kopfhebel einsetzbar, nachdem du den Gegner herangezogen hast.

Hüftstoß/Beckenbuckeln, dann Abwerfen

1. Du liegst auf dem Rücken und der Gegner sitzt auf dir. Halte deinen Oberkörper etwas angehoben und schütze dein Gesicht mit den Unterarmen. Mache Körperbewegungen seitlich hin und her, damit du kein statisches Ziel bist, und schütze dich so vor Schlägen.
2. Ramme deinen Ellbogen in ein direkt erreichbares Ziel (Seite 80). Als Option sind Handballenstoß, Handkralle (Seite 61–62/64), Schlag zum Kehlkopf oder Attacke in die Genitalien möglich.

3. Spätestens nun musst du deine Füße weit angezogen aufstellen. Drücke das Becken explosiv mit aller Kraft vom Boden nach vorn oben gerichtet ab, sodass der Gegner mit dem Oberkörper vorfällt.
4. Durch das Vorfallen muss er sich mit den Händen abstützen. Attackiere ihn weiter z. B. mit einem Schlag in die Rippen. Er soll aufgrund der Schmerzen seitlich ausweichen, sodass er seine Kontrolle und sein Gleichgewicht verliert.

5.–6. Du kannst zusätzlich seinen Kopf seitlich drücken. Stelle deinen äußeren Fuß weiter seitlich zu dir. Schleudere den Gegner mit Hüftstoß zur Seite und rolle auf ihn drauf.

7. Attackiere ihn effektiv in der neuen Position. Stehe dann schnell auf, um im Stand weiter zu kämpfen oder in Sicherheit zu fliehen.

1

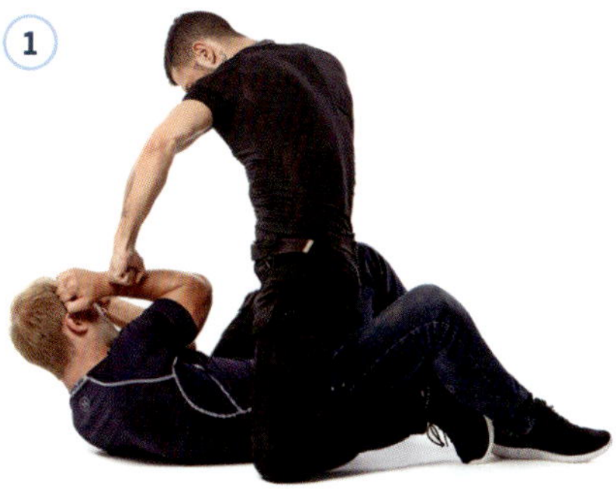

2

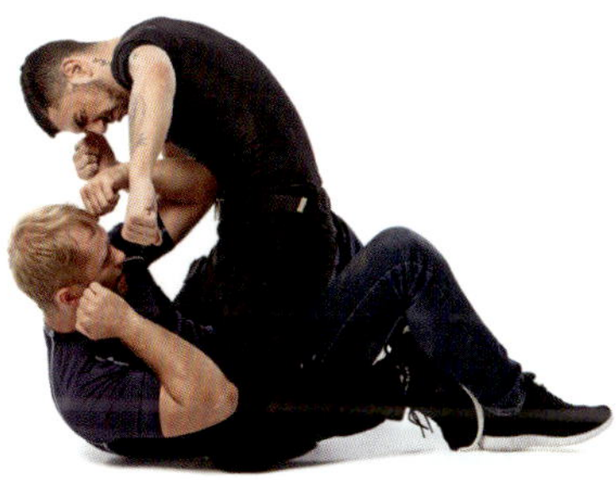

3

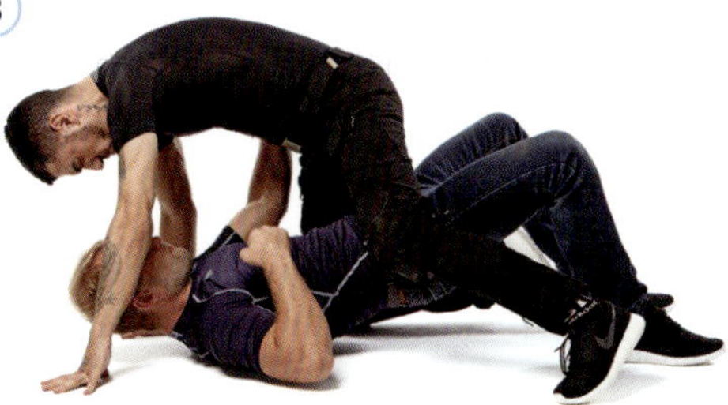

4

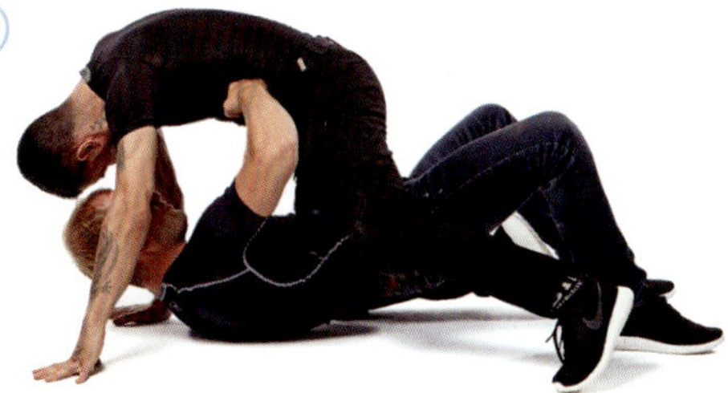

5

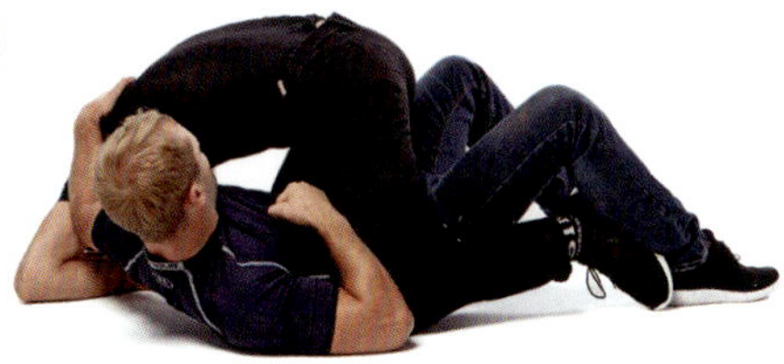

6

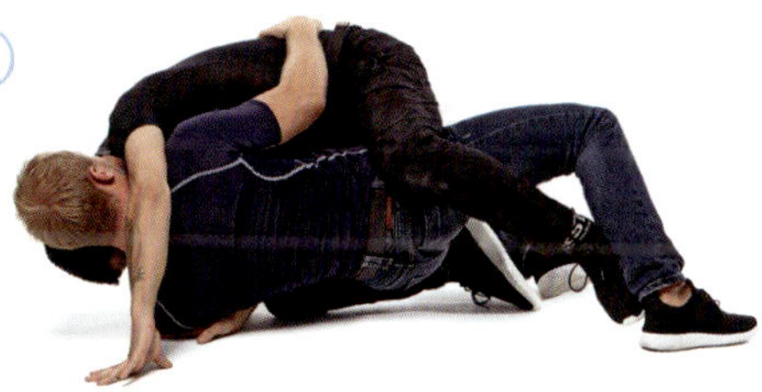

7

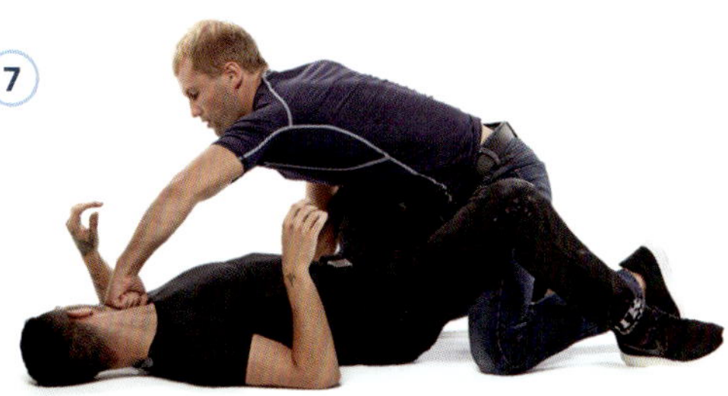

Heranziehen, dann Kopfhebel

Dieses Vorgehen kannst du in verschiedenen Positionen in Rückenlage anwenden.

1. Du befindest dich in Rückenlage und der Gegner attackiert dich von oben. Wehre die Schläge mit den Unterarmen ab und attackiere zurück. Stelle deine Füße auf und mache einen Hüftstoß, damit der Gegner vorfällt. Ist er mit dem Oberkörper bereits nahe, ist dies nicht notwendig.

2. Ziehe den Gegner ruckartig am Nacken heran.

3. Setze einen Handballen an seine Kinnseite, die andere Hand ist an seinem Nacken.

4.–5. Drehe seinen Kopf ruckartig zur Seite, wodurch sich sein Körper mit dreht und er zur Seite fällt. Du bewegst dich dabei mit.

6. Du kommst auf die obere Position und attackierst ihn wirkungsvoll. Stehe dann schnell auf und kämpfe im Stand oder flüchte in Sicherheit.

Hinweis: Beim Kopfhebel besteht große Verletzungsgefahr. Deute dies im Training nur an und übe das Vorgehen nur unter Aufsicht eines Trainers.

1

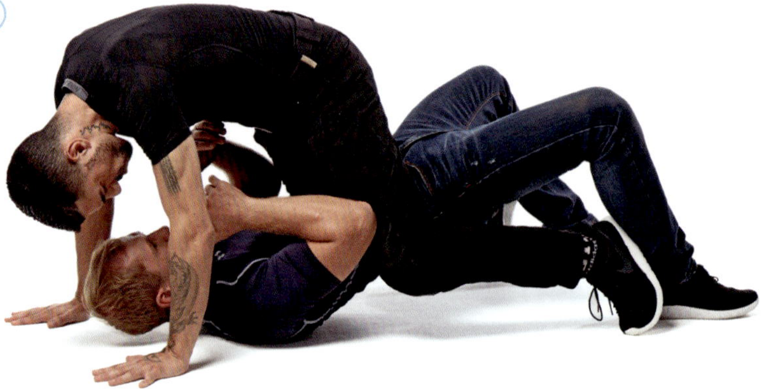

2

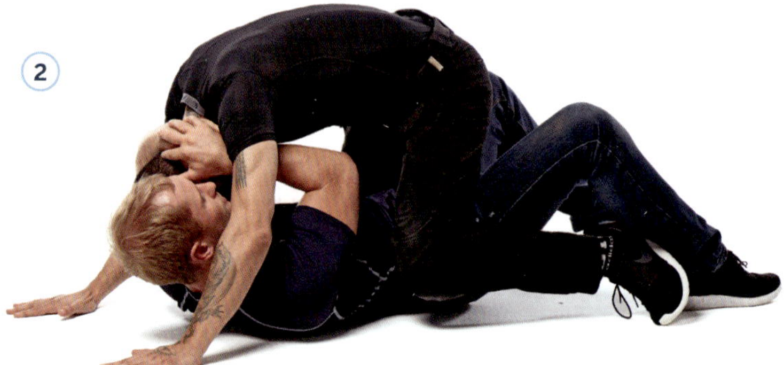

3

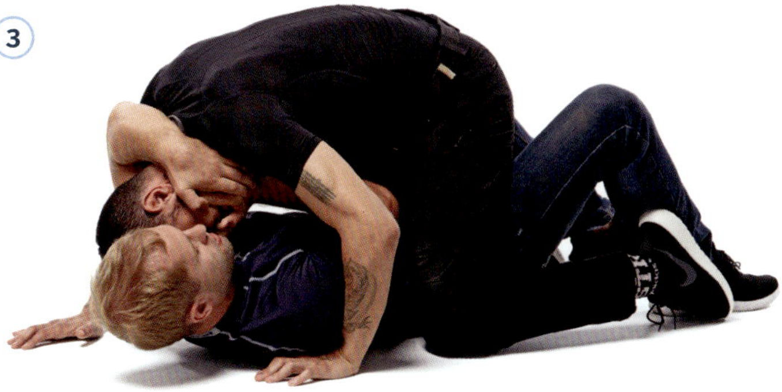

4

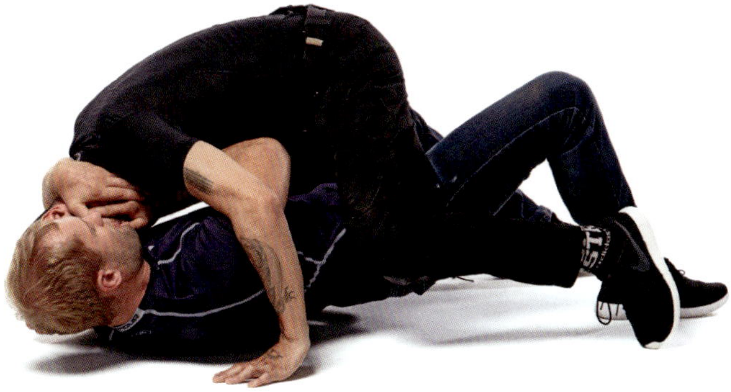

5

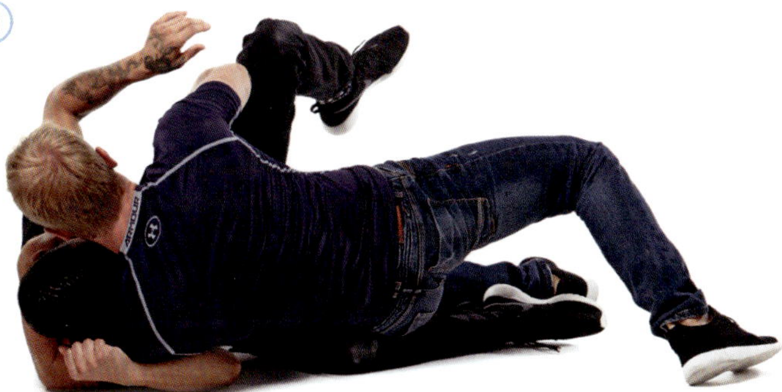

6

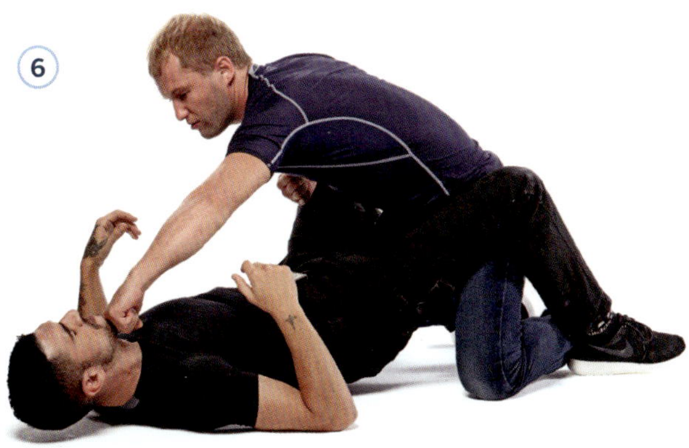

TEIL 6
SELBSTSCHUTZ MIT WAFFEN UND GEGENSTÄNDEN

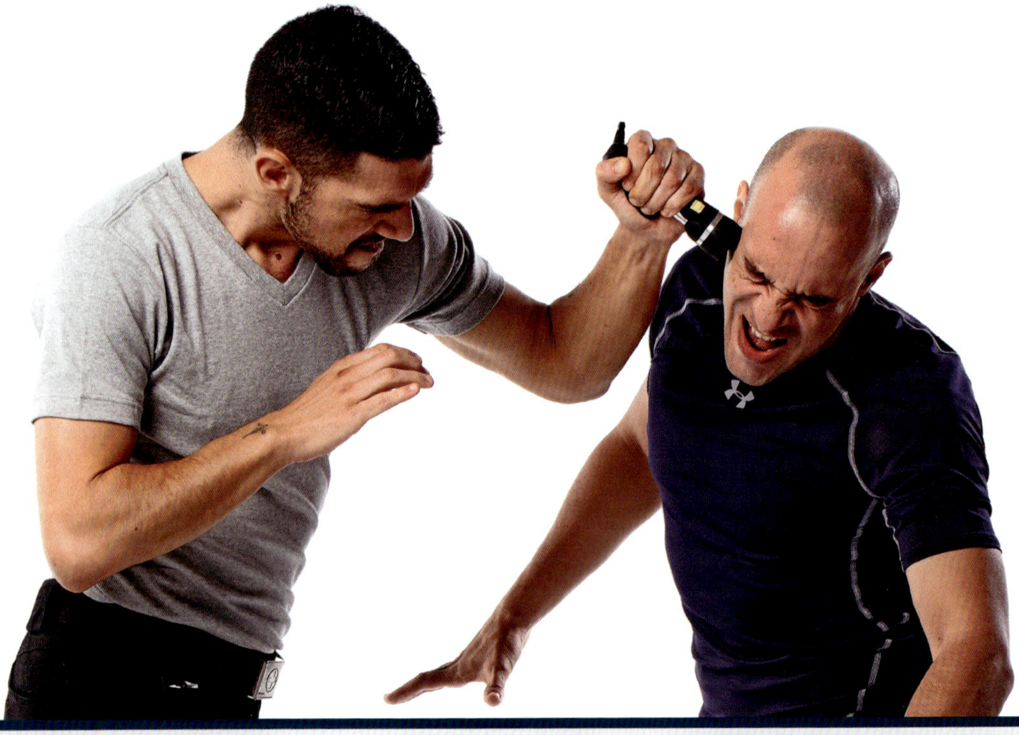

HINTERGRÜNDE

Nachdem in den letzten Jahren in Deutschland die Gefährdungslage deutlich zugenommen hat, suchen viele Männer nach Möglichkeiten sich, ihre Familie und Freunde besser zu schützen. Waffen können den Schutz unterstützen. Allerdings schränken die deutschen Waffengesetze bei der Auswahl einer legalen Waffe deutlich ein. Informiere dich über die Möglichkeiten und prüfe, wenn du eine Waffe in Erwägung ziehst, ob sich diese tatsächlich für deine Zwecke eignet. Auch mit Alltagsgegenständen kannst du dich im Ernstfall schützen und die Chancen vergrößern, dich zu behaupten. Im Notfall kannst du alles nutzen, was greifbar ist. Du kannst beispielsweise Stein, Flasche oder Aschenbecher dem Gegner ins Gesicht werfen oder schlagen. Zudem kann dich das Greifen einer Waffe oder eines Gegenstandes in Kampfbereitschaft versetzen. Dies hilft einigen Männern, ihr Mindset auf den Kampf einzustellen.

Entscheidend ist, dass die Waffe beziehungsweise der Alltagsgegenstand schnell greifbar ist. Ein Reizgas-Spray verborgen in deiner Sporttasche ist kaum hilfreich. Es muss also so angebracht sein, dass du es in Gefahr schnell in der Hand hast und einsatzbereit nutzen kannst. Wirst du jedoch aus dem Hinterhalt direkt angegriffen, nutzt die beste Bewaffnung nichts, sondern nur schnelles Schützen und Übergehen in den Angriff.

Bezüglich bewaffneter Kämpfe sind einige Dinge im Vorfeld zu beachten, damit der Sachverhalt vor Gericht nicht zu Gunsten des Gegners ausgelegt wird. Verdeutliche dir zuerst den rechtlichen Sachverhalt. Bei einer Waffe oder einem Alltagsgegenstand ist zu unterscheiden, wann dich dieser Gegenstand schützen soll: Wenn du ein Volksfest besuchst, joggen gehst oder abends alleine auf einer dunklen Straße unterwegs bist? Oder soll dich der Gegenstand in der eigenen Wohnung schützen? Bedenke, du darfst keine Waffe mitnehmen, die verboten ist beziehungsweise für die du nicht die notwendige Genehmigung besitzt. Führst du beispielsweise einen Schlagring oder ein nicht erlaubtes Messer mit und setzt diese Waffe zur Verteidigung ein, führt dies vor Gericht zu großen Problemen. Nimmst du ein gefährliches Haushaltsgerät wie einen Hammer mit, dann musst du auch dies vor Gericht begründen können, was schwer sein kann. Zudem darfst du von Polizisten beim Mitführen einer unerlaubten Waffe kein Verständnis erwarten.

In deinem Zuhause stellt sich der Sachverhalt etwas anders dar. Vom Gesetzgeber gebilligte Waffen sowie Alltagsgegenstände kannst du an verschiedenen Positionen lagern und dich damit bei einem Überfall schützen. Ergreife den Gegenstand nur, wenn eine sehr gefährliche Situation vorliegt und du bereit bist, sie tatsächlich einzusetzen. Einem Räuber gibst du besser die verlangten Wertgegenstände, wenn sich die Situation so bereinigen lässt.

Im Waffeneinsatz musst du geübt sein. Die Waffe kann versagen, sie kann dir aus der Hand fallen oder der Gegner kann sie dir abnehmen und gegen dich verwenden. Möglicherweise kannst du sie nicht schnell genug erreichen, da du sie im Rucksack verstaut hast. Der Angreifer kann dich zudem einfacher überwältigen, wenn du auf das Suchen der Waffe konzentrierst bist und die greifende Hand nicht zur Verteidigung nutzen kannst. Mit Reizgas kannst du das Ziel verfehlen, die Wirkung kann zu gering sein oder du bekommst selbst eine große Menge ab. Du darfst dich also nicht nur auf die Waffe verlassen, denn geht irgendetwas schief, bist du hilflos. Gleiches gilt auch für Alltagsgegenstände, die du zum Selbstschutz nutzen möchtest.

Die Waffe kann eine Ergänzung zum Selbstschutz sein. Du musst dich aber mit allen Schritten des Selbstschutzes und auch den Kampftechniken vertraut machen. Denn in vielen Situationen ist eine Waffe nicht verfügbar und du kannst dich dann nur mit solchen Kampftechniken schützen, die du mit deinem Körper ausführst.

Grundlegend ist: Du sollst in Deutschland keine illegale Waffe besitzen, mitführen und einsetzen. Ansonsten entwickelt sich ein Gerichtsprozess sehr leicht zu deinen Ungunsten. Falls du Fragen hast, welche Waffen für den Selbstschutz legal sind und welche sich für dich anbieten, ebenso wie bei Fragen zum Schutz mit Alltagsgegenständen, dann kannst du bei der zuständigen Polizeidienststelle nachfragen.

GESETZLICHE AUSGANGSLAGE

Zum Selbstschutz gehört es, dass du die gesetzliche Ausgangslage kennst, also auch über das Waffengesetz (WaffG) informiert bist. Denn kommt es nach einem Ernstfall zu einem Prozess, muss du dich auch darin behaupten können.

Das Waffengesetz reglementiert den Umgang mit Waffen. Das Tragen und Nutzen von scharfen Waffen setzt den Besitz eines Waffenscheins voraus, den nur wenige Menschen erhalten. Eine Alternative ist der kleine Waffenschein, da er unter bestimmten Auflagen berechtigt, Schreckschuss-, Reizstoff- und Signalwaffen (SRS-Waffen) mit sich zu führen. Die Berechtigung gilt nur für solche SRS-Waffen, die ein Zulassungszeichen von der Physikalisch-Technischen Bundesanstalt (PTB) haben. Alle anderen Waffen gelten als scharfe Waffen; diese sind auch bei Besitz

INFO Kämpfen mit Waffen und Alltagsgegenständen

Das Mitführen einer Waffe setzt voraus, dass die Waffe zulässig ist und du im Umgang geübt bist. Auch das Mitführen von Alltagsgegenständen musst du begründen können. Lasse dich niemals zum Gebrauch einer Waffe oder eines Alltagsgegenstandes verleiten. Der Einsatz ist die letzte Option, wenn es keine Möglichkeit mehr gibt, dem Kampf auszuweichen. Dies kann nur den letzten Schritt des Selbstschutzes, also den Kampf, effektiver machen. Es gibt keine Sicherheit, dass der Einsatz nach Plan verläuft. Jegliche Form der Vermeidung ist die bessere Wahl. Musst du jedoch die Waffe oder den Gegenstand einsetzen, dann mache dies konsequent und ohne zu zögern.

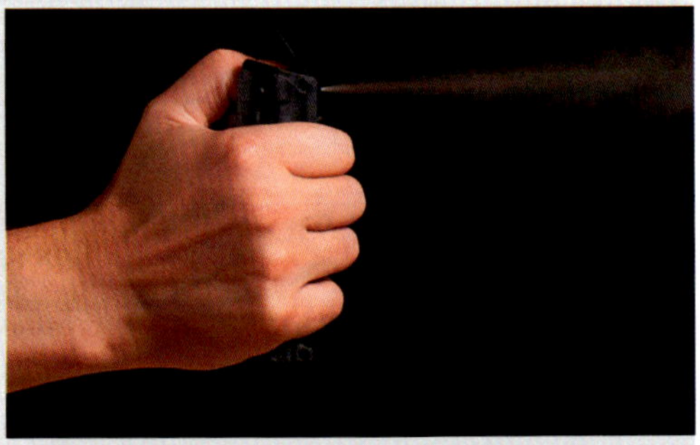

Der Einsatz einer Waffe ist die letzte Option, wenn der Kampf nicht vermeidbar ist.

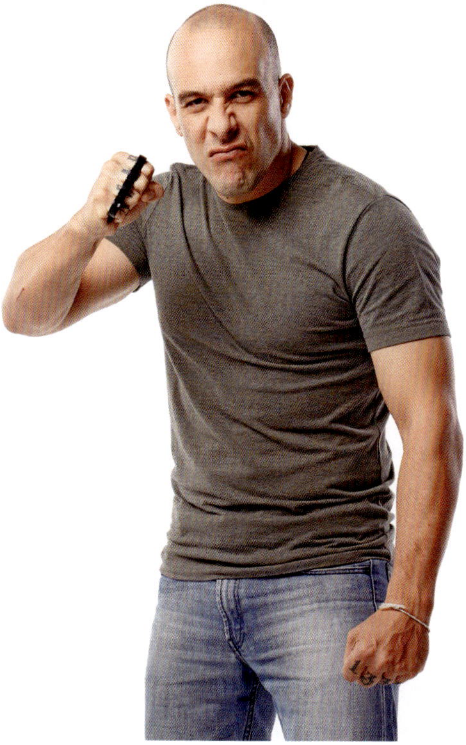

Schlagringe sind verboten, der Gegner könnte aber damit angreifen.

des kleinen Waffenscheins verboten. In deinem Zuhause ist für den Besitz und die Aufbewahrung von SRS-Waffen kein kleiner Waffenschein notwendig.

In einem Gerichtsprozess kann der Einsatz einer Waffe den Eindruck erwecken, dass du unverhältnismäßig agiert hast oder sogar der Angreifer bist. Wenn du eine Waffe mitführst und einsetzt, ist schnell die Grenze zwischen Verteidigung, Angriff und Überreaktion überschritten. Du kannst verurteilt werden, obwohl du als Verteidiger agiert hast. Wenn möglich, suche nach dem Kampf nach Zeugen, um zu verhindern, dass der Gegner vor Gericht den Sachverhalt falsch darstellt und dich sogar auf Schadensanspruch verklagt.

Es gibt nicht viele Waffen, die für das Mitführen in der Öffentlichkeit aufgrund der Gesetzeslage empfehlenswert sind. Zudem bestehen beim Einsatz einer Waffe einige Risiken, deshalb darfst du dich nicht nur auf die Waffe verlassen.

Der kleine Waffenschein

Der kleine Waffenschein liefert die Erlaubnis, eine Schreckschuss-, Reizstoff- und Signalwaffe (SRS-Waffe) mitzuführen, die von der Physikalisch-Technischen Bundesanstalt (PTB) zugelassen ist und deren Siegel (PTB-Zeichen) trägt. Du darfst die SRS-Waffe ohne Genehmigung zuhause aufbewahren. Um sie in der Öffentlichkeit mitzuführen, benötigst du den kleinen Waffenschein, ansonsten begehst du eine Straftat.

Eine Schreckschusswaffe ohne PTB-Kennzeichen hingegen gilt als scharfe Schusswaffe und du darfst diese auch als Besitzer des kleinen Waffenscheins weder mitführen noch daheim aufbewahren.

Der kleine Waffenschein genehmigt Waffen mitzuführen, die als sogenannte »freie Waffen« gekennzeichnet sind (10 Abs. 4 Satz 4 WaffG). Führst du eine solche Waffe mit, dann musst du den kleinen Waffenschein bei dir haben, diesen bei Nachfrage dem Polizisten zeigen und dich mit Personalausweis ausweisen. Es sind einige Einschränkungen zu beachten: Du musst die Waffe verdecken, d. h. sie darf nicht aus deiner Kleidung herausschauen. Verboten ist es, die Waffe bei einer öffentlichen Veranstaltung und Versammlung mitzuführen, das Tragen ist also u. a. in Kino, Diskothek, auf Märkten, Volksfesten, Fußballspielen und Demonstrationen verboten.

Beachte zudem, dass du die Waffe nur im Notwehrfall einsetzen darfst. Allerdings ist nicht immer eindeutig, wann ein Notwehrfall vorliegt. Nutzt du jedoch die Waffe ungerechtfertigt, dann droht eine Strafe wegen gefährlicher Körperverletzung oder versuchter gefährlicher Körperverletzung.

Voraussetzungen und Kosten

Du kannst den kleinen Waffenschein erhalten, wenn du mindestens 18 Jahre alt bist, einen festen Wohnsitz hast und bei dir Zuverlässigkeit und persönliche Eignung angenommen werden. Nicht genehmigt wird der Schein, wenn der Beantragende einschlägig vorbestraft ist, ein Verfahren läuft, Probleme mit Alkohol oder Drogen bestehen oder er Mitglied einer verbotenen Organisation beziehungsweise verfassungswidrig erklärten Partei ist (§§ 5, 6 WaffG).

Bezüglich der Aufbewahrung musst du sicherstellen, dass keine unberechtigte Person, insbesondere kein Minderjähriger, Zugriff auf die Waffe hat. Waffe und Munition sind gegebenenfalls getrennt aufzubewahren.

In den Bundesländern sind unterschiedliche Behörden für die Ausstellung des kleinen Waffenscheins zuständig. Auch die Kosten und die Bearbeitungszeit sind nicht einheitlich geregelt. Die Kosten liegen zwischen 30 und 150 Euro und die Ausstellung dauert meistens zwei bis vier Wochen. Die für deinen Wohnort zuständige Waffenbehörde kannst du im Ordnungsamt oder bei der nächsten Polizeidienststelle erfragen.

Tipps zur Auswahl einer Waffe

Folgende Fragen können dir helfen, wenn du überlegst, ob sich eine bestimmte Waffe für deinen Selbstschutz eignet.

- **Darf ich die Waffe überhaupt nutzen?**

Im Waffengesetz ist geregelt, welche Waffe du für deine Verteidigung einsetzen darfst. Du kannst Waffen mit PTB-Prüfzeichen im eigenen Heim und auf dem eigenen Grundstück zur Verteidigung nutzen. Wenn du jedoch solche Waffen in der Öffentlichkeit mitführst, dann benötigst du den kleinen Waffenschein und musst zudem weitere Einschränkungen beachten. Generell sind für dich Waffen ohne PTB-Zeichen verboten. Du darfst keine Waffe bei dir haben, die nicht durch das Waffengesetz abgedeckt ist. Tragen und Einsatz einer verbotenen Waffe kann zu ernsthaften Problemen führen. Falls du weitere Fragen hast, dann kannst du die für deinen Wohnort zuständige Polizeidienststelle kontaktieren.

- **Bin ich bereit, die Waffe im Ernstfall einzusetzen?**

Manche Männer sind gehemmt, eine bestimmte Waffe einzusetzen. Visualisiere dir eine Ernstfallsituation und überlege dir, ob du die mögliche Selbstschutzwaffe ohne Zögern einsetzen würdest. Wenn du dir dies vorstellen kannst, dann gilt es weiterhin, den Einsatz mit dieser Waffe zu üben. Du musst zudem Selbstschutztraining ohne Waffen machen, denn möglicherweise kannst du die Waffe im Ernstfall nicht schnell gut einsetzen oder lässt sie fallen. Du darfst dir keine Sicherheit suggerieren, nur weil du eine Waffe in deiner Tasche mitführst.

- **Kann ich die Waffe sicher aufbewahren?**

Deine Waffe darf keine Gefahr für Minderjährige und Schutzbefohlene darstellen. Du musst die Waffe so aufbewahren können, dass Kinder sie auf keinen Fall erreichen können. Du kannst in deinem Heim mehrere Waffen an unterschiedlichen Orten aufbewahren, falls dir dies ein besseres Sicherheitsgefühl gibt. Allerdings muss jeder Aufbewahrungsort sicher vor Minderjährigen sein und darf sich nur schwer finden lassen; ansonsten könnte auch ein Einbrecher die Waffe gegen dich einsetzen.

- **Kann ich die Waffe im Ernstfall schnell erreichen und nutzen?**

Eine Ernstfallsituation führt zu großer Anspannung, sodass dein motorisches Feingefühl minimiert ist. Zudem wird der Gegner wahrscheinlich sehr schnell agieren. Deine Waffe nutzt dir nichts, wenn du sie nicht schnell erreichen und in Bereitschaft bringen kannst, beispielsweise weil du sie im Rucksack verstaut hast. Im Ernst-

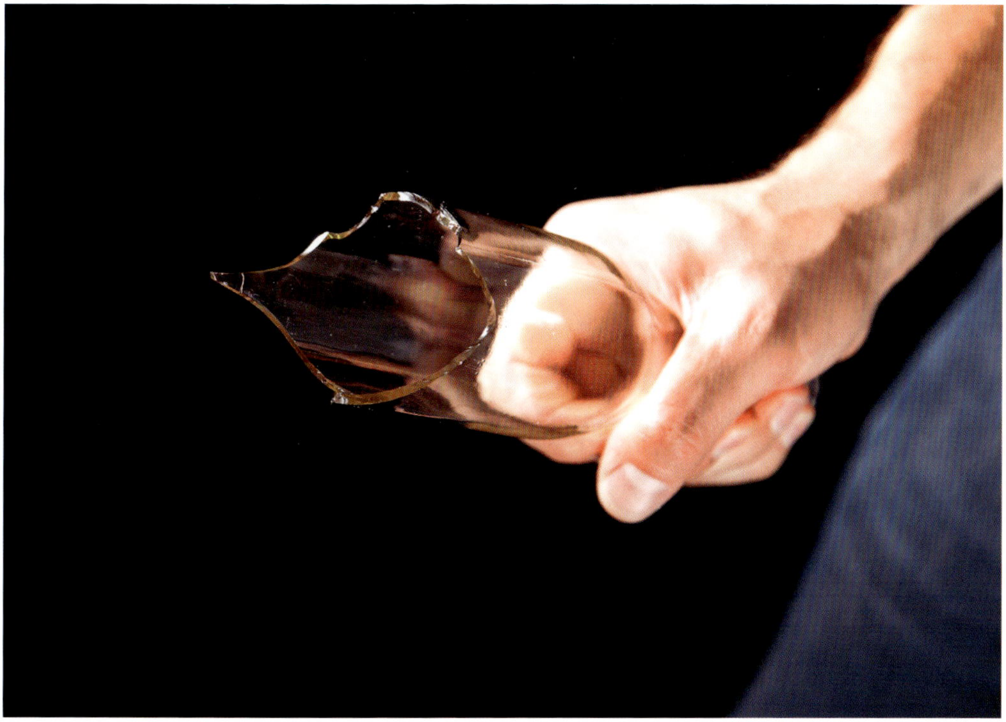

Wenn du eine Flasche aufschlägst und diese vor dem Gegner hältst, musst du auch bereit sein, damit zu kämpfen; denn der Gegner könnte dich mit aller Härte angreifen.

fall musst du dich auf den Gegner konzentrieren und ihn beobachten, nicht hingegen auf das Suchen und gegebenenfalls Öffnen der Waffe.

INFO Stresssimulation

Das Waffengreifen unter Stress, mit minimiertem motorischem Feingefühl, kannst du simulieren. Verstaue die Waffe so, wie du sie auch in der Realität an dir tragen wirst. Nun machst du eine große körperliche Anstrengung, bei der du deinen Puls schnell intensiv erhöhst, um eine Extremsituation zu simulieren. Du kannst beispielsweise Bergsprints oder Burpees, d. h. eine fortlaufende Kombination aus in die Hocke-gehen, Liegestütz und Hochspringen, machen, bis zur völligen körperlichen Erschöpfung. Sobald der Zustand erreicht ist, ziehst du schnell deine Waffe und bringst sie in Einsatzbereitschaft. Am besten gibt dir dein Trainingspartner die Befehle »Start«, »Stopp« und »Waffe ziehen«.

Bin ich im Einsatz der Waffe geübt?

Ein Ernstfall bewirkt hohen Stress und du musst deshalb einfache, geübte Bewegungen durchführen. Bist du hingegen unsicher mit der Waffennutzung und agierst zögernd, dann kann der Gegner die Distanz überwinden und dich überwältigen. Bei Überforderung lässt du möglicherweise sogar die Waffe fallen. Deshalb gilt: Führe nur eine Waffe mit, deren Einsatz du geübt hast.

Du kannst den Einsatz aller möglichen Selbstschutzwaffen üben. Es gibt Selbstverteidigungskurse mit erfahrenen Trainern, in denen beispielsweise der Einsatz von erlaubten Messern und Stöcken trainiert wird. Ziehst du eine solche Waffe in Erwägung, dann besuche ein solches Training. Der Kursleiter muss auch zu rechtlichen Fragen und Grauzonen in der Gesetzgebung informieren können.

SELBSTSCHUTZ MIT WAFFEN

Hier werden einige populäre Waffen diskutiert. Vor dem Kauf einer Waffe empfehle ich dir ein Fachgeschäft aufzusuchen, um dich dort ausführlich beraten zu lassen. Du solltest keine Waffe aufgrund von Produktbewertungen im Internet kaufen, sondern diese in der Hand haben. Auch Elektroschocker, Messer und Schlagstock sind in der Diskussion aufgelistet, von denen ich in der Öffentlichkeit in Deutschland aufgrund der Gesetzeslage eher abrate. Wenn du Messer beziehungsweise Schlagstock als für dich geeignete Waffen betrachtest, dann rate ich dir die Gesetzeslage sehr genau zu studieren und dich somit rechtlich abzusichern. Auch gilt es, das Einsetzen der Waffen in einem Kurs mit einem erfahrenen Selbstverteidigungstrainer zu üben. Ziehe keine verbotene Waffe in Erwägung.

Akustische Geräte

Du kannst ein akustisches Gerät nutzen, mit dem ein Schutzalarm oder Warnsignal ausgelöst wird. Dies dient dazu, Aufmerksamkeit zu erzeugen und Hilfe zu alarmieren. Andere Menschen werden durch das auffallende Signal alarmiert und können zu Hilfe eilen. Da sich für den Gegner das Risiko erhöht gefasst zu werden, lässt er möglicherweise von dir ab und flieht, oder ist zumindest von seiner Tat abgelenkt und du kannst überraschend attackieren. Auch bei einem Raubüberfall im eignen Heim kann ein sehr lautes Gerät die Nachbarn informieren, dass du Hilfe benötigst.

Wichtig ist, dass der Alarm laut und auffällig ist. Klingt er hingegen wie ein typischer Autoalarm, den viele Menschen schon häufig gehört haben, kann es sein, dass niemand darauf reagiert.

Die Alarmgeräte sind meistens von kleiner Größe. Es ist eine Sicherheitsschlaufe angebracht, durch deren Zug ein Bolzen gelöst wird und somit das laute Warnsignal aktiviert wird. Es gibt mit Schlüsselanhängern gekoppelte Geräte. Andere Geräte lassen sich durch Knopfdruck aktivieren; auch werden Geräte mit Gürtelclip angeboten.

Du musst ein Gerät erwerben, was sehr laut und schwierig abzustellen ist. Dies gilt es, zu

INFO Waffen zur Selbstverteidigung

Die Waffen sind alphabetisch geordnet. Diese Anordnung stellt keine Aussage zur Wirksamkeit dar.

- Akustische Geräte
- Elektroschocker
- Gaspistole und Gasrevolver/Schreckschusswaffen
- Kubotan-Stick/Selbstverteidigungsstick
- Messer
- Reizstoff-Sprühgeräte (CS-Gas und Pfeffer-Spray)
- Schlagstock/Gummiknüppel

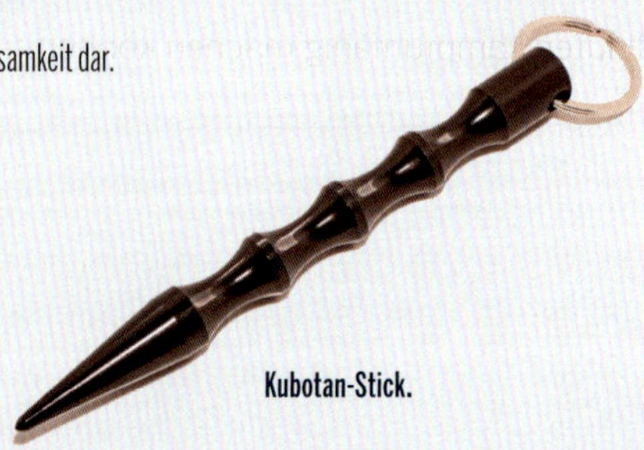

Kubotan-Stick.

testen. Decke das Gerät beim Testen mit einem großen Kissen ab. Es ist wichtig, dass du die Funktionsfähigkeit regelmäßig überprüfst. Wähle am besten ein Gerät mit zwei Lautsprechern, damit der Lautsprecher nicht komplett verdeckt ist, falls das Gerät auf den Boden fällt.

Ein Alarmgerät ist eine ergänzende Maßnahme des Selbstschutzes. Es liefert keine Sicherheit dafür, dass der Gegner abstoppt oder jemand zu Hilfe herbeieilt. Du musst deshalb nach dem Aktivieren des Alarms weiterhin aktiv sein, d.h. du musst fliehen oder kämpfen. Zudem ist problematisch, dass ein technischer Defekt vorliegen kann, die Signaldauer begrenzt ist oder dass das Gerät einfach zu leise ist.

Trotz der aufgezählten Einschränkungen kann es sinnvoll sein, ein solches Gerät mitzuführen oder einem Familienmitglied zu geben. Auch zuhause kann das Gerät eine Option sein, was von Wohnung und Umgebung abhängig ist. Kaufe das Gerät am besten im Fachhandel und verlange nach einem Gerät, mit lange anhaltendem, sehr lautem Warnsignal, das sich schwer abstellen lässt. Solche Schutzalarmgeräte sind schon bereits für 10 bis 20 Euro erhältlich.

Elektroschocker

Mit dem Elektroschockgerät wird ein Stromschlag beim Gegner ausgelöst. Der Stromschlag führt zu Schmerzen und Muskelkrämpfen, die ihn einige Sekunden bis hin zu einigen Minuten kampfunfähig machen können.

Es sind Geräte mit unterschiedlichen Voltstärken verfügbar. In Deutschland sind nur Elektroschocker mit PTB-Zeichen erlaubt, die allerdings keine sonderlich starke Wirkung erzielen. Manche Gegner können den Stromschlag aushalten beziehungsweise erholen sich sehr schnell wieder, und führen umgehend ihren Angriff fort. Du musst bei den zulässigen Geräten nahe am Gegner stehen und eine empfindliche Stelle erreichen, die nicht durch dicke Kleidung geschützt ist. Außerdem benötigst du genügend Zeit, um die Waffe herauszuholen, in Bereitschaft zu bringen und abzufeuern.

Ich rate aufgrund dieser Einschränkungen eher davon ab, in Deutschland einen Elektroschocker als Verteidigungswaffe zu nutzen. Im Ausland kann sich die Situation anders darstellen und ein Schockgerät lohnend sein. Es sind beispielsweise in den USA sehr wirkungsstarke Schocker verfügbar, die auch aus der Distanz abgefeuert werden können. Solche Schockgeräte sind in Deutschland jedoch verboten.

Gaspistole und Gasrevolver/ Schreckschusswaffen

Bei einer Schreckschusswaffe mit Reizgasmunition wird mit einem Knall das Reizgas abgefeuert, um den Verbrecher zu stoppen. Dies bietet eine legale Möglichkeit, um sich zu schützen. Wenn du den Kauf in Erwägung ziehst, dann sind einige grundlegende Überlegungen anzustellen und Voraussetzungen zu erfüllen.

Generell ist nur eine solche Schreckschusswaffe zulässig, die ein PTB-Prüfsiegel erhalten hat. Liegt das Siegel nicht vor, dann gilt sie als scharfe Waffe und ist verboten. Eine zulässige Schreckschusswaffe darfst du daheim aufbewahren und im Ernstfall nach vorheriger Warnung abfeuern. Du darfst die Waffe allerdings nur außerhalb deines Zuhauses mitführen, wenn du den kleinen Waffenschein erworben hast und zudem sind einige weitere Bedingungen zu beachten (Seite 195–197). Du musst den kleinen Waffenschein und deinen Personalausweis immer mitführen und dem Polizeibeamten vorlegen, wenn er danach verlangt.

Du kannst zwischen Gasrevolver und Gaspistole wählen. Der Revolver besitzt eine Trommel mit normalerweise 6 Schuss, die Pistole besitzt ein Magazin mit maximal 15 Schuss. Die Schussanzahl ist nicht das entscheidende Auswahlkriterium, da im Ernstfall kaum viele Schüsse abgegeben werden. Anzumerken ist, dass ein Revolver weniger anfällig für Ladehemmung ist. Ziehst du in Erwägung, eine Gaswaffe zu kaufen, dann lasse dich von einem Fachhändler ausführlich beraten. Bespreche mit ihm die Munition, die Aufbewahrung und die Pflege der Waffe und nimm die Waffe in die Hand.

Du darfst eine Schreckschusswaffe nicht unterschätzen, sie ist sehr gefährlich. Als Schussfolge können bleibende Schäden an Augen und Gehör beim Gegner sein; aus naher Distanz ist auch Todesfolge möglich. Du musst dir der großen Verantwortung bewusst sein, wenn du eine Waffe besitzt. Du darfst die Waffe niemals ziehen und einsetzen, wenn deine Wahrnehmung beeinträchtigt ist z.B. durch Alkohol, Drogen oder starke Medikamente. Übergebe die Waffe im geladenen Zustand niemals an andere Menschen. Lagere die Waffe immer so, dass Kinder sie nicht erreichen können und sie somit zu keiner Gefahr für diese wird.

Eine Schreckschusswaffe kann dein persönliches Sicherheitsgefühl stärken, wenn du alleine auf einem gefährlichen Weg unterwegs bist ebenso wie Zuhause. Allerdings kann sich eine Konfliktsituation verschärfen, wenn du die Waffe zeigst, der Gegner könnte eine scharfe Waffe ziehen. Auch musst du dir darüber im Klaren sein, wann du die Waffe überhaupt einsetzen darfst. Schießt du beispielsweise schnell aus Sorge auf eine vorlaute Jugendgruppe, kann dies vor Gericht als Überreaktion eingeschätzt werden und du wirst verurteilt. Zudem können Zeugen dich bei Waffeneinsatz fälschlicherweise als Täter beschreiben, sodass der Sachverhalt vor Gericht zu deinen Ungunsten ausgelegt wird.

Eine Waffe musst du so am Körper tragen, dass sie nicht sichtbar ist. Trotzdem musst du sie im Ernstfall schnell greifen können. Auch ist beim Abschuss auf die geeignete Distanz zu achten, denn wenn der Abstand zu groß ist, verpufft das Gas. Ist der Gegner jedoch bereits sehr nahe zu dir, dann können schwerwiegende Schäden bis bin zum Tod möglich sein. Weiterhin besteht die Gefahr, insbesondere bei Gegenwind, dass du selbst deutliche Gaswirkung abbekommst.

Visualisiere dir Szenarien, die den Einsatz der Waffe rechtfertigen würden. Überlege dir, wie du dich dann verhalten kannst. Wenn du eine Waffe ziehst, musst du bereit sein, diese einzusetzen. Mache dich mit der Gaswaffe vertraut und teste sie. In einem sicht- und lärmgeschützten Garten, kannst du ein Papier aufhängen und darauf schießen. Simuliere eine Stresssituation, indem du deinen Puls hochtreibst (Seite 197). Ziehe dann die Waffe und schieße schnell auf das Ziel. Wichtig ist zudem, dass du die Waffe regelmäßig säuberst, damit die Funktionalität sichergestellt bleibt.

Kubotan-Stick/Selbstverteidigungs-Stick

Der Kubotan-Stick ist ein dünner und kurzer Stab, etwa 15 Zentimeter lang, der in der Öffentlichkeit mitgeführt werden darf. Der Stab, auch als Selbstverteidigungs-Stick oder SV-Stick bezeichnet, wird meistens aus Aluminium hergestellt, aber auch Modelle aus Metall oder Holz sind verfügbar. Ein Ende des Stabes ist angespitzt und wird eingesetzt, das andere Ende bietet oftmals die Möglichkeit einen Schlüssel zu befestigen oder alternativ ist der Stab als Kugelschreiber produziert. Damit der Stab stabil in der Hand liegt und nicht herausrutscht, ist ein Wellengriff in der Stabmitte eingearbeitet. Im Handel ist der Stick für 5–20 EUR verfügbar.

Du kannst den Kubotan entweder zum Stechen (Stichwaffe) nutzen oder ihn in der Hand halten, um die Faust beim Schlagen zu stabilisieren (Schlagwaffe). Als Stichwaffe kannst du Nervenpunkte und schmerzende Stellen attackieren, beispielsweise zur Schultermitte stechen, um dem Gegner große Schmerzen zufügen, ohne ihn ernsthaft zu verletzen. Auch hier musst du verhältnismäßig agieren, denn stechen z.B. zu Organen, Hals, Kehlkopf und Genick kann weitreichende Folgen bis hin zum Tod haben.

Wenn du einen Kubotan mitführen willst, dann visualisiere dir im Vorfeld Einsatzszenarien und wie du ihn dann verhältnismäßig nutzen kannst. Wie alle anderen Waffen musst du auch den Einsatz üben, wozu du fest gegen Schlagpolster, Pratzen, Medizinball oder Boxsack stechen kannst, vorausgesetzt, das Trainingsgerät ist stabil verarbeitet. Dazu kannst du dir Ziele mit Tape markieren. Beim Training am Partner kannst du das Stechen nur andeuten, da es sonst zu schmerzhaft und gefährlich für ihn ist. Möchtest du dein Wissen über das Attackieren von Nervenpunkte erweitern, findest du unter dem Stichworten »Nervenpunkte und Kubotan« zahlreiche YouTube-Videos.

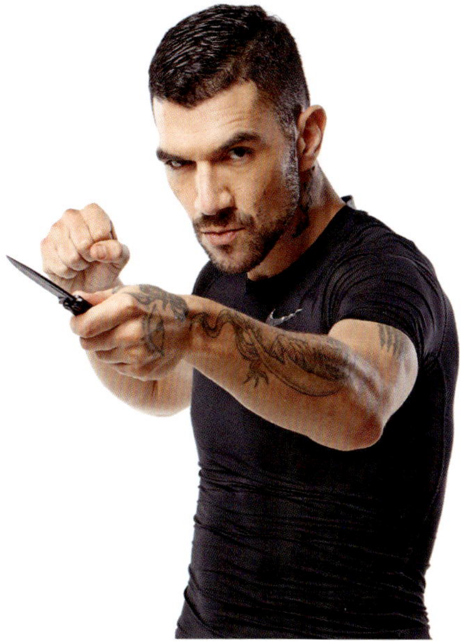

Messer sind extrem gefährlich. Lerne Messerkampf nur bei einem erfahrenen Trainer.

Messer

Ein Messer ist eine sehr gefährliche Waffe und aus einem Kampf damit können schwere Verletzungen bis hin zum Tod resultieren. Zudem kann das Ziehen eines Messers den Gegner veranlassen, selbst ein Messer oder eine andere gefährliche Waffe zu ziehen.

Bedenke, wenn du ein Messer im Kampf einsetzt, könnte die Situation vor Gericht zu deinen Ungunsten ausgelegt werden. Du musst vor Gericht darstellen, dass du in Notwehr gehandelt hast, was bei einem Messereinsatz schwierig ist. Bestätigen Zeugen, dass der Gegner unbewaffnet war, dann wird es schwer deine Notwehr zu vermitteln. Zudem kannst du, auch wenn du ein eigentlich erlaubtes Messer mitführst, bei einer Polizeikontrolle Schwierigkeiten bekommen, falls der Polizist die Waffe falsch erkennt und einzieht.

Für viele Männer besteht eine große Hemmschwelle, ein Messer in jemanden zu stechen; und das ist gut so. Du musst dir im Vorfeld die Frage beantworten, ob du bereit bist, mit dem Messer zuzustechen und dadurch den Gegner schwer bis lebensgefährlich zu verletzen. Du darfst im Ernstfall auf keinen Fall ein Messer ziehen und dann ins Zögern geraten. Bei einer schwerwiegenden Bedrohung im eigenen Heim kann ein scharfes Küchenmesser zum Selbstschutz genutzt werden. Überlege dir auch dazu vorab, ob es für dich in Betracht kommt.

Es besteht die Möglichkeit, ein Taschenmesser ungeöffnet als Druckverstärker zu Nervenpunkten und schmerzenden Körperstellen einzusetzen oder es in der geschlossenen Faust als Fauststabilisator zu nutzen.

Das Waffengesetz verbietet den Besitz von zahlreichen Messern, einige sind jedoch zulässig. Erwägst du ein Messer zum Selbstschutz, dann prüfe das Waffengesetz (WaffG) bezüglich des in Erwägung gezogen Messers; verbotene Messer sind für dich keine Option. Weiterhin ist die Gesetzgebung zum Mitführen von nicht verbotenen Messern zu beachten, denn da bestehen weitere Einschränkungen (§ 42a WaffG).

Wenn du ein Messer zum Selbstschutz in Erwägung ziehst, dann rate ich dir, einen Kurs bei einem erfahrenen Trainer zu besuchen. In dem Kurs sollten Messer vorgestellt werden, die laut Waffengesetz nicht verboten sind, und die Anwendung inklusive Ziehen geübt werden. Auch über das Mitführen und Lagern beziehungsweise Tragen des Messers muss diskutiert werden. Du kannst zuhause mit Partner keinen solchen Trainingseffekt erzeugen, sondern nur in einem guten Messertrainingskurs.

Hast du Fragen zu einem bestimmten Messer, dann kannst du dich an die zuständige Waffenbehörde in deiner Stadt oder das Bundeskriminalamt (BKA) wenden.

Reizstoff-Sprühgeräte (CS-Gas und Pfeffer-Spray)

Zahlreiche Männer kaufen für den Selbstschutz ein Reizgas-Sprühgerät wie CS-Gas oder Pfeffer-Spray. Das CS-Gas mit der offiziellen Zulassung vom Bundeskriminalamt gilt laut dem Waffenrecht nicht als Waffe. Bereits 14-Jährige dürfen ein solches CS-Gas-Sprühgerät erwerben, mit sich führen und im Ernstfall einsetzen. Das Gas ist allerdings nicht besonders stark, sodass einige Menschen den gesprühten Reiz aushalten und weiter attackieren können. Zudem ist das CS-Gas nicht zur Hundeabwehr geeignet.

Das Pfeffer-Spray ist deutlich wirkungsvoller. Ein solches Spray, wenn es von der Bundesanstalt geprüft und mit Siegel versehen ist, darfst du laut Gesetz mitführen. Allerdings darfst du es nur mit der Absicht mitführen, um dich vor einer Hundeattacke zu schützen. Befindest du dich in Lebensgefahr, dann musst du alles Mögliche unternehmen, um dein Leben zu schützen. Du kannst in diesem Fall auch auf das Pfeffer-Spray zurückgreifen, vorausgesetzt, du hast es nicht in dieser Absicht mitgeführt, sondern um dich vor dem Angriff eines gefährlichen Hundes zu schützen, was eine Grauzone in der Gesetzgebung darstellt. Wenn du alleine auf gefährlichen Wegen unterwegs bist, ist es durchaus ratsam, dass du ein Pfeffer-Spray mitführst.

Das Reizgas-Sprühgerät, gleich ob CS-Gas oder Pfeffer-Spray, bietet dir niemals eine vollständige Sicherheit. Der Gegner oder der Hund können die Distanz überbrücken, bevor du das Gerät in der Tasche oder am Gürtelclip erreichst hast und sprühen kannst, oder aber du lässt es fallen. Auch kann Gegenwind bestehen und du bekommst einen großen Teil des Sprühstoßes selbst ab. Du musst auf das Verfallsdatum achten, damit das Reizgas nicht bereits seine Wirksamkeit verloren hat. Führe kein benutztes Spray mit, da dieses möglicherweise kaum noch Wirkung erzielt.

Die Sprühgeräte besitzen unterschiedliche Sprühformen wie Nebel, Strahl oder Schaum und die Reichweiten sind verschieden. Es gibt Geräte, bei denen der Sprühstoß eine große Fläche bedeckt und demzufolge anfälliger bei Gegenwind ist, also die Gefahr größer ist, dass du selbst etwas abbekommst. Ebenso werden Sprays angeboten, die einen kleinen festen Strahl haben, der recht weit geht und wenig windanfällig ist, womit du dann aber leichter das Ziel verfehlst. Kauf nicht im Internet, sondern suche ein Fachgeschäft auf. Erkläre dem Verkäufer, wozu du es benötigst, und lass dich von ihm ausführlich beraten.

Es ist notwendig, dass du den Umgang mit dem Spray übst und ein Gefühl für das Sprayverhalten bekommst. Kaufe deshalb am besten zwei gleiche Sprühgeräte. Ein Spray nutzt du zum Üben und das unbenutzte Spray führst du als Ernstfallschutz mit. Du kannst ein Stück Papier im Freien in Kopfhöhe befestigen, z. B. an einem Baum. Übe das Gerät schnell herauszuziehen und zum Ziel zu sprühen. Dazu kannst du die Stresssimulation machen, um deinen Puls zu erhöhen (Seite 197), damit du mit verringerten motorischen Fähigkeiten übst. Nutze verschiedene Positionen und Distanzen zum Ziel, um dann zu ziehen und zu sprayen. Du musst das Gerät fest in der Hand haben und mit dem Daumen auf den Knopf drücken, damit es dir bei Nervosität nicht leicht aus der Hand fallen kann.

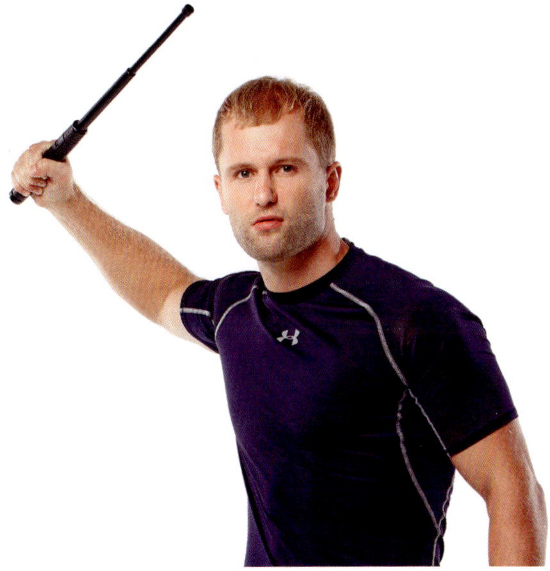

Informiere dich genau über die gesetzliche Ausgangslage, falls du einen Schlagstock in Erwägung ziehst.

Schlagstock/Gummiknüppel

Es gibt unterschiedliche Geräte, deren Einsatz als Schlagstock vorstellbar ist. Zumeist wird darunter der Teleskopschlagstock verstanden. Das ist ein Gerät, welches aus einem eingefahrenen Zustand auseinandergezogen werden kann beziehungsweise mit einer Schleuderbewegung vergrößert wird, wobei sich dann die einzelnen Segmente fixieren. Der Griff liegt gut in der Hand. Der Besitz eines Teleskopschlagstocks ist laut Waffengesetz nicht verboten, doch darf er normalerweise nicht in der Öffentlichkeit mitgeführt werden. Bezüglich des Mitführens im eingefahrenen Zustand gibt es Ausnahmen in der Gesetzgebung, wenn gewisse Voraussetzungen erfüllt sind. Dies ist eine sensible Thematik und kann im Rahmen dieses Buches nicht abgehandelt werden. Der Besitz im eigenen Heim ist erlaubt.

Stahlruten und Totschläger gelten laut Waffengesetz als verbotene Gegenstände. Federnde Stöcke mit Stahlkugel am Ende sind generell verboten sind, d. h. diese darfst du nicht besitzen, also auch nicht Zuhause lagern, und schon gar nicht mitführen.

Es ist immer das Waffengesetz zu beachten, wenn du einen Schlagstock zum Selbstschutz in Erwägung ziehst. Ich rate dir dann, einen Kurs zu besuchen, in dem mit Schlagstock intensiv geübt wird und die rechtliche Situation diskutiert wird. Hantierst du im Ernstfall ungeübt und zögernd mit dem Stock, dann kann der Gegner schon die Distanz überwunden und dich besiegt haben, oder er entwendet dir den Stock und nutzt ihn gegen dich. Es ist hingegen nicht ausreichend, nur locker mit Partner zuhause zu üben.

SELBSTSCHUTZ MIT ALLTAGS-GEGENSTÄNDEN

Wirst du von einem Gegner attackiert und ein stabiler Gegenstand ist greifbar, dann kannst du diesen nutzen, um dich zu schützen. Du kannst damit auf den Gegner schlagen, werfen oder ihn vor dich halten. Es gibt zahlreiche Möglichkeiten, je nachdem wo du dich gerade befindest. Auch beim Selbstschutz mit Alltagsgegenständen sind die Notwehr- und Waffengesetze zu beachten (Seite 194–195). Vermeide übertriebene Härte. Wenn du einem Betrunkenen auf einem Volksfest ein Bierglas auf den Kopf haust oder ihm deinen Schlüssel in Auge oder Hals rammst, dann wirst du verurteilt. Befindest du dich hingegen in Lebensgefahr, dann musst du mit aller Entschlossenheit vorgehen.

Beim Einsatz eines Gegenstandes unterwegs ist zu beachten, dass du möglicherweise vor Gericht erklären musst, warum du diesen überhaupt bei dir hattest. Dies kann beispielsweise bei einem Küchenmesser, Hammer oder Schraubenzieher sehr schwer werden, und du solltest solche Geräte normalerweise nicht mitführen. Denn holst du aus der Sporttasche einen Hammer heraus und nutzt diesen zum Selbstschutz, dann kann dies leicht zu deinen Ungunsten ausgelegt und du als der Aggressor eingeschätzt werden. Wirst du jedoch in deiner Wohnung attackiert, dann kannst du den Einsatz von gefährlichen Haushaltsgegenständen in Erwägung ziehen.

Auf den folgenden Seiten wird der Einsatz von Alltagsgegenständen zur Selbstverteidigung diskutiert. Dabei werden Gegenstände besprochen, die recht häufig greifbar sind. Hast du noch weitere Fragen zum Selbstschutz mit Alltagsgegenständen, kannst du bei der zuständigen Polizeidienststelle nachfragen.

INFO Alltagsgegenstände zur Selbstverteidigung

Die Gegenstände sind alphabetisch geordnet. Diese Auflistung stellt keine Aussage zur Wirksamkeit dar.

- Aktentasche und Rucksack
- Flasche und Glas
- Kleine, harte Gegenstände
- Kugelschreiber
- Regenschirm/langer Stock
- Schlüssel
- Taschenlampe
- Zeitung und Zeitschrift

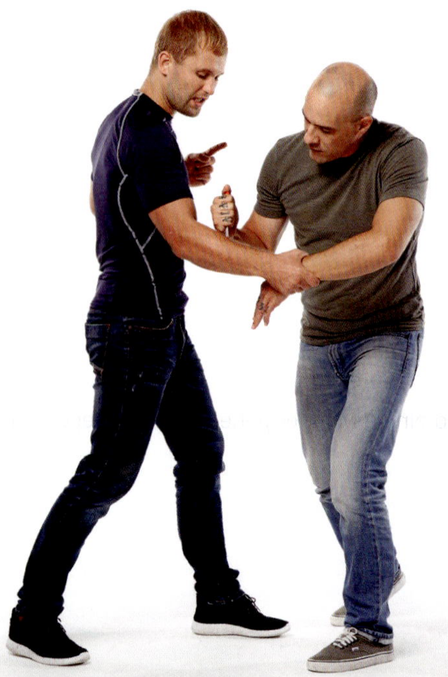

Der Einsatz des Kugelschreibers stechend zum Arm.

Aktentasche und Rucksack

Eine Tasche oder einen Rucksack kannst du vor deinen Körper halten, um Angriffsversuche des Gegners abzuhalten. Auch gegen einen Messerangriff kannst du dich so kurzzeitig schützen. Als Option schleuderst du dem Gegner den Gegenstand ins Gesicht, um ihn abzulenken, und trittst ihm sofort in die Genitalien oder rennst von ihm weg.

Du kannst auch eine Tasche oder einen Rucksack schwingend nutzen, um den Gegner auf Distanz zu halten und währenddessen nach Unterstützung schreien. Dies kann funktionieren, allerdings könnte der Gegner auch schnell eine Möglichkeit finden, dazwischen zu gehen und den Gegenstand zu greifen oder wegzudrücken. Wenn du dieses Vorgehen als Selbstschutz in Erwägung ziehst, dann teste, ob sich die Tasche oder der Sack gut schwingen lässt. Letztlich hängt es auch davon ab, wie der Gegenstand gefüllt ist. Ich rate normalerweise nicht zu diesem Vorgehen, unter gewissen Voraussetzungen kann es aber funktionieren.

Flasche und Glas

Musst du dich gegen einen gefährlichen Gegner schützen, dann kannst du eine Flasche oder ein Glas von oben auf ihn schlagen. Auch besteht die Möglichkeit, das Gefäß schnell aufzuschlagen und es als Stichwaffe zu nutzen. Allerdings sind einige Männer gehemmt, den Gegenstand so einzusetzen. Visualisiere dir eine Ernstfallsituation und überlege dir, ob für dich der Einsatz des Gegenstands als Hieb- oder Stichwaffe in Frage kommt. Ein solches Vorgehen ist vor Gericht keine Bagatelle und du kannst es nur in einer sehr gefährlichen Situation in Erwägung ziehen.

Das Aufschlagen gelingt einfacher am Flaschenhals beziehungsweise Glasrand als am Gefäßboden. Es muss im Ernstfall sehr schnell erfolgen und deshalb im Vorfeld einige Male geübt werden. Es setzt zudem voraus, dass noch genügend Reichweite zum Gegner vorhanden ist. Seine Absicht muss also schon klar sein, wenn er auf dich zukommt. Die Verwendung als Stichwaffe ist aufgrund der genannten Schwierigkeiten zumeist nicht sinnvoll.

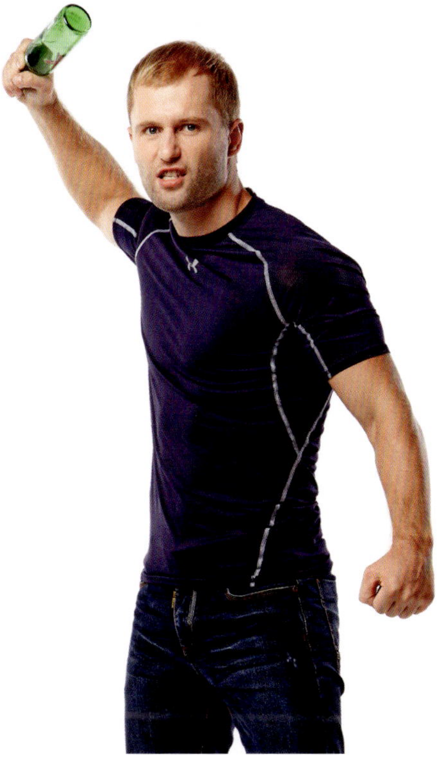

Eine Flasche ist auch als Hiebwaffe sehr gefährlich.

Kleine, harte Gegenstände

Auch kleine, harte Gegenstände wie Fotokamera, Handy oder Stein kannst du nutzen, um dich im Ernstfall zu schützen. Schätzt du die Situation als nicht lebensgefährlich ein, dann kannst du zu Hand, Arm oder Brust schlagen. Bist du in Lebensgefahr, dann kannst du auf alles schlagen, was direkt erreichbar ist wie Nasenbein,

Kopf, Kiefer, Schläfe, Hals, Augen, Hals oder Kehlkopf. Du musst dir bewusst sein, dass diese Ziele sehr wirkungsvoll und gefährlich für den Gegner sind.

Der Gegenstand wird ähnlich wie die Faust bei der Hammerfaust-Technik (Seite 65) gehalten und auf den Gegner geschlagen. Am besten legst du den Daumen auf das Ende des Gegenstands, dann ist die Position stabilisiert und er kann nicht aus der Hand rutschen. Auch diesen Einsatz solltest du üben gegen einen Gegenstand wie Boxsack, Maisbirne, Pratze oder dickes Sofapolster. So machst du dich damit vertraut und kannst im Ernstfall schneller und effektiver agieren.

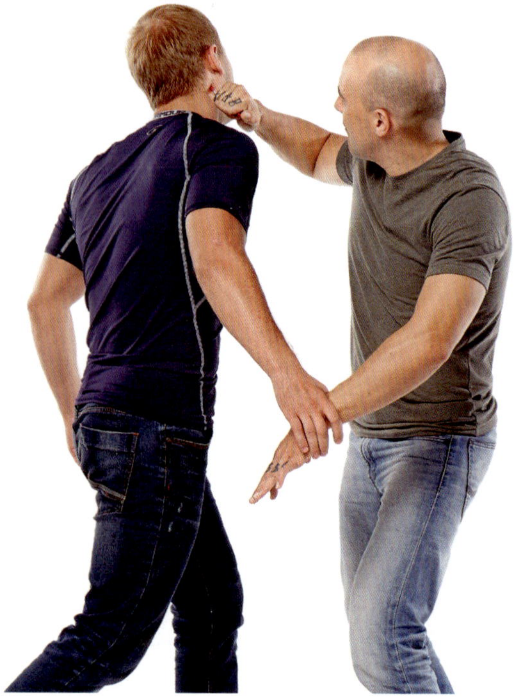

Der Einsatz des Kugelschreibers in Lebensgefahr stechend zum Hals.

Kugelschreiber

Du kannst einen Kugelschreiber mitführen und im Ernstfall wirkungsvoll einsetzen, wenn du schnell und überraschend agierst. Schätzt du die Situation als nicht lebensgefährlich ein, musst dich aber beispielsweise aus einem Haltegriff befreien, dann kannst du zu Handrücken, Arm oder Oberschenkel stechen. Bist du jedoch in Lebensgefahr dann sind auch Augen, Kehlkopf, Nacken und Hals mögliche Ziele, mit großer Gefahr für den Gegner. Recht leicht kann beispielsweise das Stechen zu dem Bereich unter dem Ohr tödliche Folgen haben.

Am besten hast du den Stift nach unten gerichtet fest in der Hand, entsprechend der Fausthaltung bei der Hammerfaust-Technik, und stichst von oben auf das Ziel. Deinen Daumen legst du auf den Druckkopf, wodurch der Kugelschreiber beim Stechen nicht aus deiner Hand rutschen kann. Als Option kannst du den Stift so halten, dass er mit der Spitze zwischen Daumen und Zeigefinger herausschaut. Dies ermöglicht es, nach vorne beispielsweise in Richtung Augen zu stechen, allerdings könnte der Stift beim Auftreffen auf Widerstand aus deiner Hand rutschen. Zudem besteht die Möglichkeit, den Kugelschreiber als Fauststabilisator zu nutzen, ihn also bei einem Faustschlag mittig in der Hand zu halten. So kannst du etwas härter schlagen und verringerst dein Verletzungsrisiko, da deine Faust besser stabilisiert ist.

Regenschirm/langer Stock

Mit einem langen Regenschirm, Spazierstock oder anderen langen stabilen Stock kannst du vorstechen, um den Gegner auf Distanz zu halten. Gleichzeitig kannst du andere Menschen mit Rufen auf deine Notlage aufmerksam machen. Ist dies dein Ziel, dann schrei so laut wie möglich, während du dich verteidigst. Musst du dich so gegen einen mit Messer bewaffneten Gegner verteidigen, dann renne bei der ersten Möglichkeit weg.

Um vorstechend zu kämpfen, nimmst du einen stabilen Stand ein. Den Stock hast du fest in beiden Händen, mit der Spitze in Richtung Gegner. Suche eine ungeschützte verwundbare Körperstelle und steche zu dieser, wenn der Gegner zum Angriff vorkommt. In einer gefährlichen Situation kannst du mit der Stockspitze Augen, Kehlkopf und Hals attackieren.

Einen harten und stabilen Stock kannst du auch seitlich oder von oben schlagend einsetzen. Bei einem langen Regenschirmstock ist dies jedoch wenig ratsam, da der Stock zumeist nicht hart genug ist und schnell bricht. Hast du beim Angriff den Regenschirm noch zusammengeschoben in der Hand, dann kannst du ihn auf sein Gesicht hauen oder auf ein Schlüsselbein oder in die Genitalien rammen.

Auch ein Billardstock lässt sich gut als Schutz einsetzen. Damit hast du eine deutlich bessere Chance, wenn du dich in der Kneipe gegen einen Gegner mit Flasche oder Glas schützen musst. Teste mit Partner, bei welcher Stockhaltung dir das Kämpfen gut gelingt.

Schlüssel

Wenn du beim Haus- oder Autoaufschließen attackiert wirst, dann kannst du den Schlüssel umgehend stechend einsetzen. Dann musst du den Schlüssel nicht mehr aus der Tasche ziehen, sondern kannst sofort zum Ziel stechen. Befindest du dich in einer lebensbedrohlichen Situation, was dann wahrscheinlich ist, kannst du am wirkungsvollsten stechend die leicht verletzlichen Körperstellen wie Augen, Hals und Kehlkopf attackieren. Ein- oder zweimal zu stechen und dann sofort wegrennen, ist ein sinnvolles Vorgehen. Oder aber du musst die Aktion fortführen, bis der Gegner kampfunfähig ist. Warte auf keinen Fall darauf, was eine einzelne Aktion bei dem Gegner für eine Wirkung erzielt.

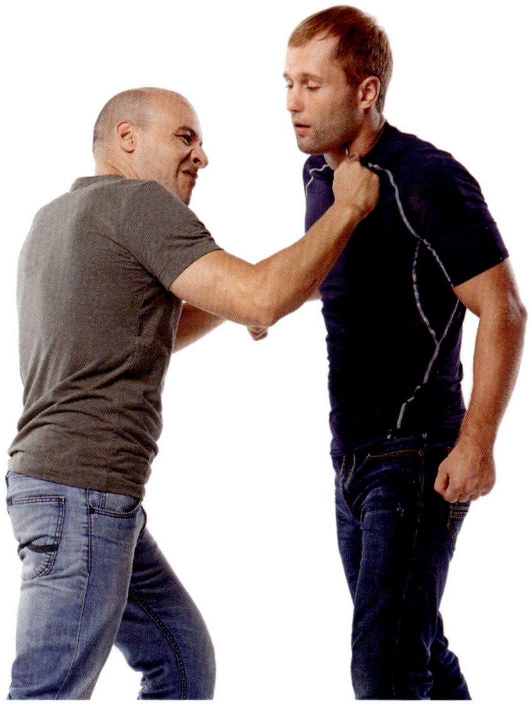

Nur in Lebensgefahr kannst du mit Schlüssel stechend den Hals attackieren.

Wenn du die Situation als nicht lebensbedrohlich einschätzt, dich aber trotzdem verteidigen musst, dann kannst du zu weichen Körperstellen wie Arminnenseite, Ellbogenbeuge, Handrücken oder Brustmuskel stechen. Zudem kannst du dem Verbrecher die Schlüsselkanten über das Gesicht kratzen.

Um den Schlüssel zum Stechen einzusetzen, halte die Schlüsselspitze zwischen Daumen und Zeigefinger fest. Als Option ist es möglich den Schlüssel zwischen Zeige- und Mittelfinger beziehungsweise Mittel- und Ringfinger zu halten, was aber etwas eigene Verletzungsgefahr beinhaltet. Die geeignete Haltung ist auch von der Größe des Schlüssels und des Schlüsselbunds abhängig, deshalb teste welche Haltung bei deinem Schlüssel geeignet ist. Es ist wichtig, dass du im Notfall nicht nachdenken musst, sondern sofort kampfbereit bist. Auch den Einsatz eines Schlüssels solltest du üben, am besten gegen einen stabilen, nachgebenden Gegenstand.

1

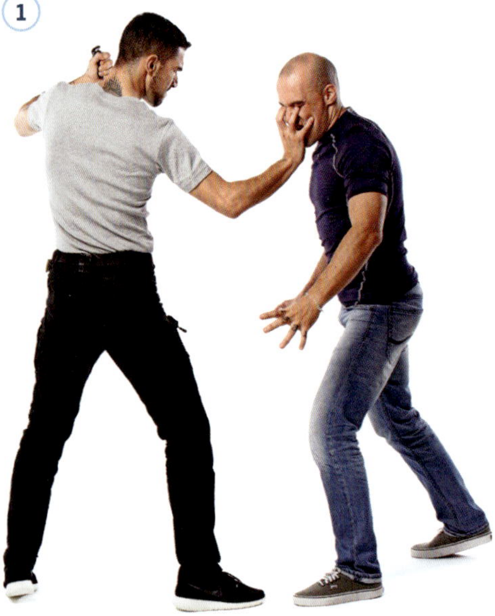

2

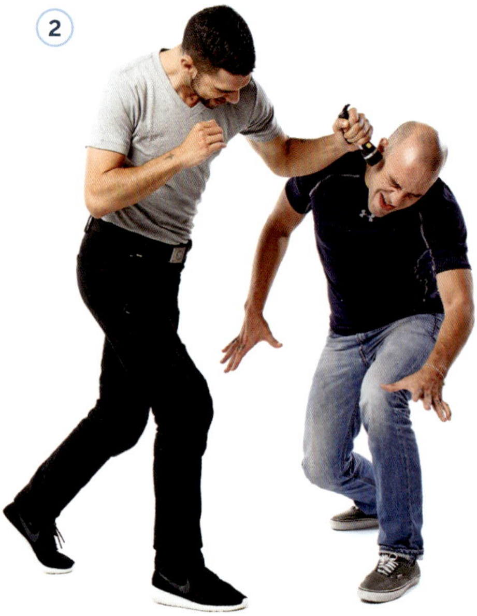

Hier erfolgt eine Handkralle als Vorbereitung und dann der kraftvolle Schlag mit der Taschenlampe.

Taschenlampe

Eine Taschenlampe solltest du generell im Auto mitführen, um sie bei einer Panne in Dunkelheit verfügbar zu haben. So kannst du das Mitführen im Auto auch leicht vor Gericht begründen, falls du die Lampe zum Selbstschutz einsetzen musst.

Du kannst die Taschenlampe nutzen, um wirkungsvoll auf den Gegner einzuschlagen. Eine dünne Taschenlampe kannst du alternativ in deiner Hand beim Schlagen halten, was die Faust stabilisiert. Zudem gibt es die Möglichkeit, sie als Druckverstärker auf eine empfindliche Körperstelle zu drücken.

Für den Selbstschutz gibt es auch speziell konzipierte Taschenlampen. Diese Lampen sind so hergestellt, dass sie stabil in der Hand liegen und du kannst sie wie einen Schlagstock einsetzen. Auch gibt es Lampen, die so starkes Licht ausstrahlen, dass du damit den Gegner blenden kannst. Außerdem gibt es kombinierte kleine Geräte, die wie eine kleine Taschenlampe leuchten und auch einen Alarmsignal auslösen können, wenn du die angebrachte Schlaufe ziehst.

Zeitung und Zeitschrift

Manche Trainer empfehlen eine Zeitung beziehungsweise Zeitschrift fest zusammen zu rollen und sie dann als Schlagwaffe einzusetzen. Grundsätzlich ist das Vorgehen zwar denkbar, doch es setzt voraus, dass du den Angriff frühzeitig erkennst, und somit Zeit hast, die Blätter sehr fest zusammenzurollen. Meistens wäre es bei einer solchen Zeitspanne möglich zu fliehen, was dem Kampf vorzuziehen ist, oder andere Tools zu greifen, die mehr Wirkung erzielen.

Eine Möglichkeit besteht darin, in naher Distanz dem Aggressor, die geöffnete Zeitung oder auch Zeitschrift schnell über das Gesicht zu stülpen, um ihn zu überraschen und ihm die Sicht zu versperren. Dann hast du die Optionen: Sofort wegrennen, schnelle Attacke und Wegrennen oder aber Attacke bis zur Kampfunfähigkeit des Gegners. Überlege dir das für dich geeignete Vorgehen und übe es mit Partner, bis es gut funktioniert. Theoretisch funktioniert immer alles, für den Ernstfall müssen deine Aktionen aber gut einstudiert sein.

1

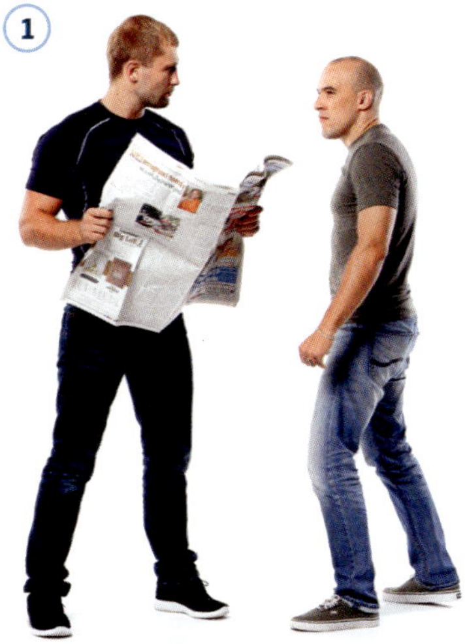

2

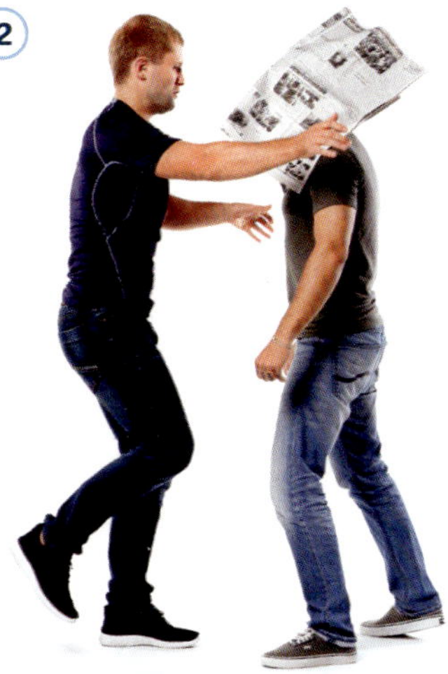

3

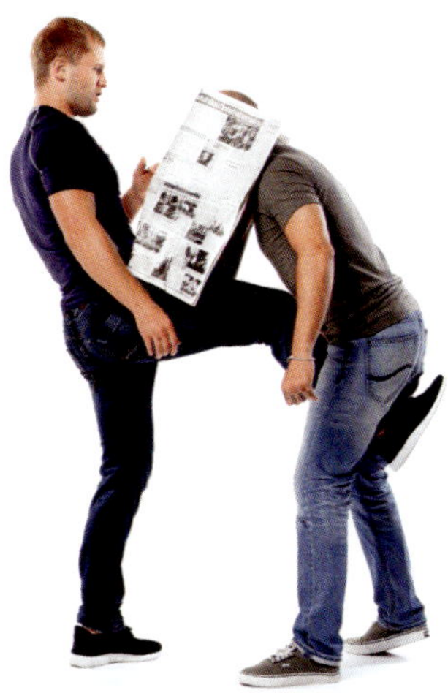

Mit der Zeitung bedecken und dann attackieren.

TEIL 7
SOLOTRAINING SELBSTSCHUTZ

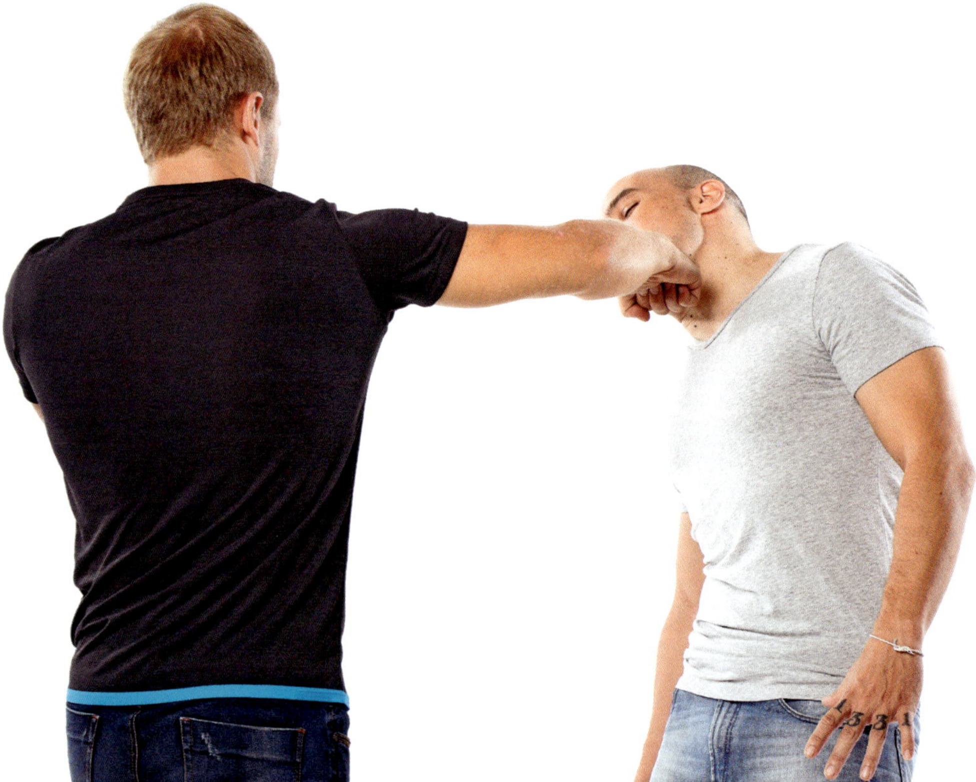

GRUNDLAGEN

In diesem Buch wird dir ein umfangreiches Konzept zum Selbstschutz vorgestellt. Im Trainingsteil werden zuerst Übungen beschrieben, mit denen du deine Aufmerksamkeit verbesserst. Diese helfen dir, eine gefährliche Situation bereits im Vorfeld zu erkennen, sodass du diese dann umgehen kannst. Weitere Übungen dienen dazu selbstbewusstes Erscheinen zu vermitteln, damit du als ein sogenanntes »hartes Ziel« auf potentielle Täter wirkst. Dies führt oftmals dazu, dass du aus deren Opferauswahl herausgenommen wirst. Danach sind Übungen enthalten, die helfen die Selbstbehauptung und das Grenzenziehen zu verbessern und somit Distanz zu einem Aggressor aufzubauen. Es sind Fallbeispiele von Gewalt vorgestellt, die dich anregen sollen, dich bereits im Vorfeld mit Gefahren zu beschäftigen und Lösungsansätze zu entwickeln, um schnell handlungsfähig zu sein. Du wirst zudem Übungen finden, um deine Kampffähigkeit im selbstständigen Training sowie im Partnertraining zu fördern. Wichtige Infos zum Verhalten nach einem Kampf findest du auf den Seiten 36–37 und wie du einen für dich geeigneten Selbstverteidigungskurs wählst auf den Seiten 248–250.

Umso mehr du dich mit Selbstschutz beschäftigst und dir mögliche Gefahren und deren Vermeidung verdeutlichst, desto weniger wirst du in Gefahr geraten. Falls doch Gewalt auftritt, denn vollständig lässt sich diese Gefahr nicht vermeiden, dann bist du durch das Kampftraining vorbereitet, um dich zu behaupten und die Gefahr abzuwenden.

TIPP

Kampftraining fördert auch deine Selbstsicherheit.

INFO So schützt du dich

Im Vorfeld: Du musst auf deine Umgebung achten, um Gefahren frühzeitig zu erkennen und umgehen zu können. Versuche dich als »hartes Ziel« zu zeigen.
Bei Kontakt mit dem Aggressor: Konzentriere dich und beruhige dich mit tiefem Atmen. Versuche den Konflikt im Gespräch zu lösen. Falls notwendig, mache dem Aggressor seine Grenzen deutlich.
Bei Gefahr: Bist du dir der Gefahr bewusst, dann mache diese öffentlich. Wenn möglich, bitte Menschen, dir zu helfen.
Im Kampf: Grundsätzlich ist es immer ratsam, die Gefahrensituation zu verlassen beziehungsweise aus dieser zu fliehen. Ein Kampf ist niemals planbar, du kannst verletzt werden oder verletzt den Gegner schwer und bekommst große Probleme vor Gericht. Auch Racheaktionen sind möglich. Manchmal ist der Kampf jedoch unvermeidlich, dann greife überraschend und zwar zuerst an (Präventivattacke). Kommst du in einen Hinterhalt und der Gegner greift dich zuerst an, dann gilt es so schnell wie möglich in den eigenen Angriff überzugehen. Agiere der Gefährlichkeit der Situation angemessen.
Nach dem Kampf: Du musst zuerst in Sicherheit kommen. Wenn möglich, bitte Zeugen um Kontaktdaten, und falls notwendig, kontaktiere deinen Anwalt und informiere die Polizei. Lasse dich unter Stress jedoch nicht zu einer Aussage verleiten.

ÜBUNGSGERÄTE UND SCHUTZAUSRÜSTUNG

Hier stelle ich einige Geräte sowie Schutzausrüstung vor, die du in deinem Kampftraining einsetzen kannst. Beabsichtigst du regelmäßig zuhause zu trainieren, dann lohnt es sich, Boxsack, Maisbirne und/oder Pratzen sowie Boxsackhandschuhe zu kaufen. Du benötigst Geräte, um Kraft zu entwickeln und zu lernen, die Muskulatur anzuspannen und die Gelenke beim Auftreten auf den Widerstand zu stabilisieren. Zudem macht es Spaß, an einem Gerät intensiv

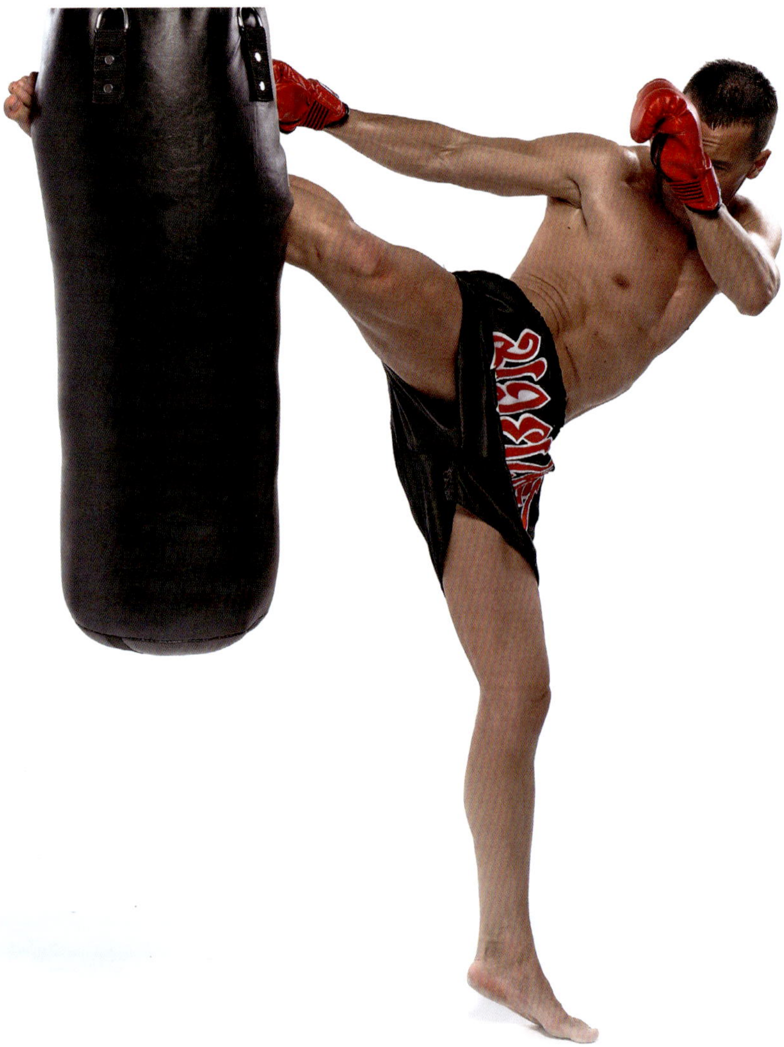

Trainiere am Boxsack kraftvoll und explosiv.

die Techniken zu trainieren. Zum Einstieg und ergänzend kannst du die Techniken auch in die Luft machen (Schattenboxen), dies ist aber kein Ersatz für das Training gegen Widerstand. Als Notlösung kannst du dir auch mal ein sehr dickes Sofa-Polster halten lassen und dagegen schlagen, stoßen und treten. Für das Training mit Partner ist der Einsatz von Schutzausrüstung sinnvoll, bei intensivem Training ist dies grundlegend. Auch kann dann ein Kopfschutz mit Gitter notwendig sein.

Wenn du Produkte kaufen willst, überlege dir, was du wirklich benötigst. Das Fehlen von Trainingsgeräten und Schutzausrüstung soll nicht als Ausrede dienen, um kein Selbstschutztraining auszuführen. Wähle ein solches Vorgehen, mit dem du dein Training durchführen kannst.

Boxsack

Das Boxsacktraining eignet sich hervorragend, um selbstständig Angriffstechniken zu üben. Durch das Training entwickelst du explosive, kraftvolle Techniken, förderst dein Timing für den Technikeinsatz und lernst zudem deinen Körper im richtigen Moment anzuspannen.

Für Einsteiger ist es empfehlenswert, einen bereits gefüllten Boxsack zu kaufen. Ein kleiner Sack in der Größe zwischen 80 und 100 Zentimeter mit Stoffresten gefüllt, kannst du bereits ab ca. 60 EUR in einem großen Kaufhaus erwerben. Ein längerer Sack ist etwas besser geeignet, denn dann kannst du Techniken zu Kopf und Unterkörper üben; ansonsten müsstest du den kurzen Sack umhängen. Fortgeschrittene nutzen möglichst einen schweren Sack, an dem sich Schlag-, Stoß- und Trittkraft besser entwickeln lassen. Einen großen gefüllten Sack aus Kunstleder kannst du im Kampfsporthandel für etwa 130 EUR beziehen; aus Leder gibt es den Sack ab ca. 200 EUR.

Maisbirne

Eine schwere Maisbirne lässt sich sehr gut für das Training von Hand- und Ellbogentechniken zum Kopf einsetzen. Die Birne ist meistens hart und du kannst dich darauf vorbereiten, in der Realität gegen den harten Kopf zu schlagen und zu stoßen. Du kannst so deine Technikauswahl überprüfen und verbessern. Zudem kannst du die Birne tief hängen, um Kniestöße und Kicktechniken zum Körper sowie den Tritt in die Genitalien zu üben. Ich empfehle dir eine bereits gefüllte Birne zu kaufen. Die Füllung der Birne darf nicht zu weich sein, denn eine Lücke kann recht leicht eine Handverletzung bei einer Schlagtechnik verursachen. Meistens werden im Handel gefüllte Maisbirnen mit einem Gewicht von etwa 15 Kilogramm verkauft, die mit zerkleinertem Gummimaterial gefüllt sind. Aus Kunstleder hergestellt werden diese ab ca. 80 EUR angeboten.

Boxsackhandschuhe

Viele Handtechniken in der Selbstverteidigung wie Handballenstoß (Seite 61–62) übst du ohne Schützer am Gerät. Wenn in deinem Gameplan auch Faustschläge wie Gerade und Seithaken (Seite 63/67) enthalten sind, dann solltest du auch diese hin und wieder ohne Handschützer üben, um dich für den Selbstschutz vorzubereiten. Möchtest du allerdings ein langes, intensives Schlagtraining mit den Fäusten gegen ein Trainingsgerät ausführen, dann nutzt du besser Boxsackhandschuhe, da das ansonsten belastend für deine Fingergelenke ist. Zudem besteht ohne Schützer eine größere Verletzungsgefahr an Finger- und Handgelenken. Die Boxsackhandschuhe ermöglichen kraftvolles und intensives Training. Du kannst diese Handschuhe in akzeptabler Qualität ab ca. 35 EUR im Fachhandel erwerben.

Box-Dummy

Als Box-Dummy wird ein höhenverstellbarer Stand-Boxsack bezeichnet, der einer männlichen Körperform nachgebildet ist. Dieser Sack ermöglicht gezielt zu üben, die verletzlichen Körperstellen zu attackieren. Techniken wie Handballenstoß von unten zum Kinn und Handkralle zu den Augen (Seite 62/64) lassen sich daran gut trainieren. Allerdings ist ein Dummy in guter Qualität sehr teuer. Er wird zwischen 300 und 500 EUR angeboten. Wenn du einen Dummy gebraucht erwerben kannst, ist das sicher sinnvoll; ansonsten ist der Erwerb wohl überzogen. In Selbstverteidigungsschulen und in einigen Kampfsport-Gyms ist der Dummy ein beliebtes Trainingsgerät.

Handpratzen (Boxpratzen)

Kleine Pratzen, oft als Boxpratzen bezeichnet, werden vom Trainer an den Händen getragen, sodass die Techniken gezielt und kraftvoll aus-

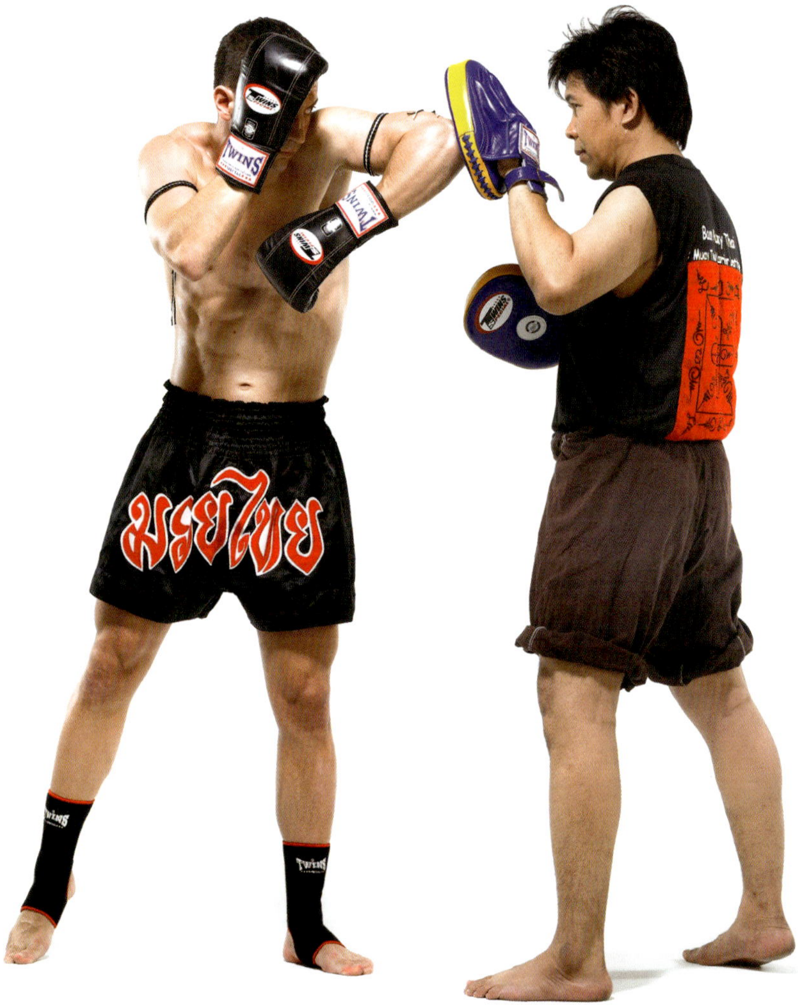

Christoph übt den kreisenden Ellbogen an den Pratzen.

geführt werden können. Sie eignen sich insbesondere für das Training von Hand- und Ellbogentechniken. Mit Vorsicht sind sie auch für das Beintraining einsetzbar; allerdings lassen sie etwas Trefferwirkung durch. Auch besteht die Gefahr, dass der Tritt oder Kniestoß an der Pratze abrutscht oder sogar ganz verfehlt und so den Halter verletzt. Du kannst eine Kunstleder-Pratze ab ca. 25 EUR und eine Leder-Pratze ab ca. 35 EUR erwerben.

Armpratzen (Kickpratzen)

Die Armpratzen, auch als Kickpratzen bezeichnet (z. B. Thai-Pads, auf der Seite 232 zu sehen), sind lange und dickgepolsterte Pratzen. Der Trainer trägt sie an den Unterarmen. Sie ermöglichen das Üben aller Körperwaffen mit Krafteinsatz. Die Pratzen in guter Qualität sind teuer; eine Pratze aus Leder mit fester Füllung wird ab ca. 60 EUR verkauft. Es gibt auch Kunststoff-Pratzen, die günstiger sind. Zudem sind luftgefüllte Pratzen günstig verfügbar, allerdings eignen sich die nur für das Einsteiger- und Kindertraining, denn an diesen erfolgt bei der tretenden Person keine Abhärtung und der Pratzen-Halter müsste bei kraftvollen Techniken zu viel Trefferwirkung aushalten.

Fuß- und Schienbeinschutz

Für das Partnertraining kannst du Fuß- und Schienbeinschoner nutzen. Dieser Schutz vermindert die Trittwirkung, was die Verletzungsgefahr für Angreifer und Verteidiger reduziert. Allerdings ist so ein Schutz im Ernstfall nicht verfügbar. Der Kauf lohnt deshalb nur, wenn du recht häufig mit Partner trainierst. Du kannst einen einfachen Fuß- und Schienbeinschutz im Handel ab ca. 20 EUR erwerben. Ein hochwertiges Modell ist jedoch erheblich teurer.

Kopfschutz

Trainierst du intensiv und kraftvoll die Kampftechniken zum Kopf und machst Sparring (freies Techniktraining gegen einen Partner mit Kontakt), dann solltest du einen Kopfschutz nutzen. Ein einfaches Modell ist ab ca. 50 EUR erhältlich. Es gibt auch Kopfschützer mit Gitter über den Augen, die sich besonders für das Selbstschutztraining eignen und auch bereits ab 50 EUR angeboten werden. Es sind außerdem hochwertige, sehr teure Kopfschützer verfügbar.

Tiefschutz

Ein Treffer im Genitalbereich kann zu ernsthaften Verletzungen führen. Deshalb empfiehlt es sich bei intensivem Selbstschutztraining mit Partner, einen Tiefschutz zu nutzen. Trainierst du jedoch selten, vorsichtig und mit geringer Intensität, dann ist der Kauf wohl übertrieben. Ein einfaches Modell ist ab ca. 15 EUR im Handel verfügbar, aufwendige Modelle kosten jedoch erheblich mehr.

TRAININGSINHALT: AUFMERKSAMKEIT

Im Konzept des Selbstschutzes ist das Verbessern der Aufmerksamkeit ein wichtiger Bestandteil. Denn nur wenn du gefährliche Situationen überhaupt erkennst, kannst du dich vor diesen schützen oder die notwendigen Maßnahmen ergreifen, um dich zu behaupten. Hier sind zwei Übungen beschrieben, die dir helfen, deine Aufmerksamkeit zu verbessern und somit deine Wahrnehmung und Einschätzungen von Menschen und Situationen. Du sollst nicht überängstlich werden, sondern instinktiv wachsam sein. Wenn du diese Übungen einige Male angewendet hast, dann wirst du instinktiv mehr auf deine Umgebung achten. Falls du das Gefühl hast, die Übungen nach einigen Trainingswochen nicht mehr zu benötigen, setze sie

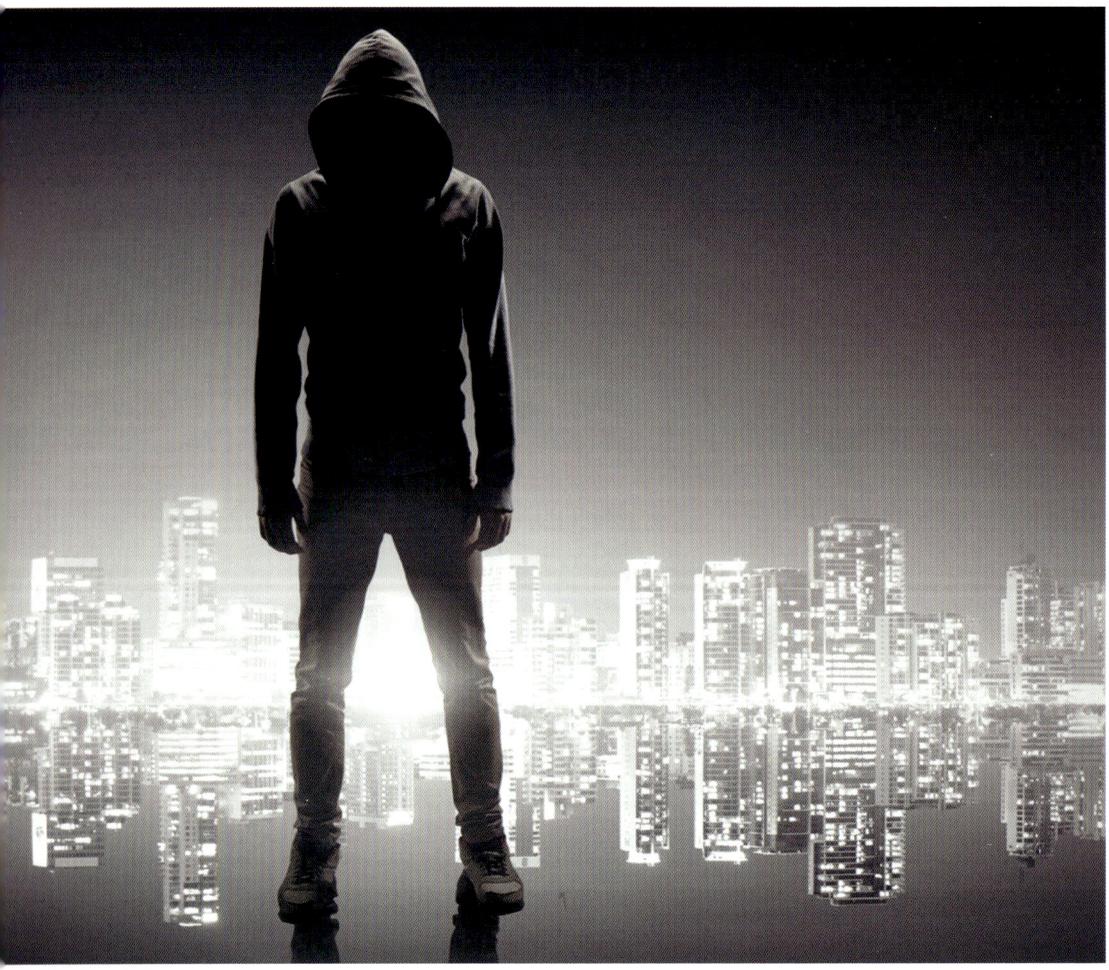

Durch Aufmerksamkeit kannst du viele gefährliche Situationen umgehen.

trotzdem hin und wieder bewusst im Alltag ein, um deine Aufmerksamkeit zu bewahren. Bei Bedarf kannst du auch langfristig, das Gefahrenstufenmodell nutzen.

Es geht darum einen Aufmerksamkeitsstatus zu entwickeln, nicht hingegen ständig im Alarmmodus zu sein. Behalte in der Öffentlichkeit den Überblick, schaue hin und wieder bewusst umher und prüfe: »Ist auf diesem Weg alles in Ordnung?« oder »Stellt diese Person oder diese Gruppe eine Gefahr dar?«. Stehst du beispielsweise vor einem Geldautomaten oder Bahnkartenautomat, dann schau dir genau die umherstehenden Leute an, bevor du deine Geldbörse herausholst. Blicke sie nicht nervös oder aggressiv an, sondern schau neutral. Zeige den Personen, dass du sie wahrgenommen hast. Ein Räuber wird nun überlegen, ob er dich als Opfer in Betracht zieht, da er nicht mehr überraschend agieren kann. In der Öffentlichkeit musst du aufmerksam sein, und deshalb sollst du nicht auf dem Smartphone tippend durch die Stadt laufen oder mit lauter Musik in den Ohren joggen gehen. Deine Wahrnehmung ist durch solche Aktivitäten zu stark eingeschränkt.

Übung 1: Gefahrenstufen-Modell

Die Übung basiert auf dem Farbmodell von Jeff Cooper und ist an die Anforderungen des Buches angepasst. Hier wird die Umgebung nach Farben beziehungsweise Gefahrenstufen eingeschätzt. Wenn du unterwegs bist, frage dich hin und wieder, in welchem Farbcode oder welcher Gefahrenstufe du dich gerade befindest. Damit schulst du deine Aufmerksamkeit und kannst Gefahren frühzeitig erkennen und vermeiden.

- **Sicherheit (Weiß/Stufe 1):** Der Farbcode »weiß«/»Stufe 1« des Gefahrenmodels umfasst Sicherheit. Du bist daheim, nichts ist ungewöhnlich. Du kennst die »Stolperstellen« in der Wohnung, dein familiäres Umfeld ist homogen. Du kannst dich entspannen.
- **Wachsamkeit (Gelb/Stufe 2):** Wenn du das sichere häusliche Umfeld verlässt, begibst du dich in die zweite Stufe des Gefahrenmodels. Du musst deine Aufmerksamkeit »anschalten«. Du kannst dir das so vorstellen, dass du »Gelb«/»Stufe 2« einnimmst. Es geht darum, dass du deine ganze Umgebung im Überblick hast. Diese Phase umfasst u. a. Situationen, in denen du auf dem Weg zur Arbeit bist, in den Supermarkt oder zum Sportverein. Schaue umher in alle Richtungen, auch nach oben, unten und zurück. Schaue dir Menschen und Umgebung an, und achte darauf, ob etwas ungewöhnlich ist. Dies verbessert deine Wahrnehmung und du kannst mögliche Gefahren z. B. verdächtige Personen frühzeitig erkennen. Sei auch in einem Gespräch aufmerksam und achte auf die Mimik, die Körperhaltung und Reaktion des Gesprächspartners. So fällt dir auf, wenn ein Gespräch eine ungewollte Wendung nimmt, und du kannst die Situation beruhigen.
- **Gefahr (Orange/Stufe 3):** Wenn du das Gefühl hast, dass etwas ungewöhnlich ist und gefährlich sein könnte, dann befindest du dich in der dritten Stufe des Models. Schalte gedanklich auf »Orange«/»Stufe 3«. Es ist erhöhte Wachsamkeit erforderlich. Verlasse dich auf deine Intuition; du darfst diese niemals ignorieren. Während du auf der Straße unterwegs bist, bemerkst du z. B. eine verdächtige Person oder Gruppe. Oder während eines Gesprächs fällt dir auf, dass sich ein Konflikt entwickelt. Ergreife Gegenmaßnahmen, um die Gefahr abzuwenden. Auf der Straße kannst du einen Fluchtweg suchen oder Menschen ansprechen, dir zu helfen. Einem aggressiven Gesprächspartner kannst du Grenzen setzen und Maßnahmen zur Konfliktlösung ergreifen.

- **Kampf (Rot/Stufe 4):** Du merkst, dass eindeutig eine Bedrohung vorliegt und du kannst nicht ausweichen. Schalte gedanklich auf »Rot«/»Stufe 4«. Du fühlst intuitiv, dass du von dem Aggressor umgehend angegriffen wirst. Deine größte Chance besteht darin, als erster zu attackieren. Schau ihn dir genau an, wo sind seine Hände und wo liegen schlecht geschützte verwundbare Körperstellen, und zwar solche, die der Bedrohung angemessen sind. Attackiere explosiv das Ziel und greife weiter an, bis er keine Gefahr mehr darstellt oder bis du in Sicherheit fliehen kannst. Falls er dich überrascht und zuerst angreift, dann versuche so schnell wie möglich selbst in den Angriff überzugehen, um das Geschehen zu übernehmen.

Übung 2: Opfer- und Tätersuche

Für diese Übung begibst du dich an einen belebten Ort, an dem du einen guten Überblick hast und ungestört deine Mitmenschen beobachten kannst. Dazu bieten sich z.B. eine Parkbank im Stadtpark an oder ein Straßencafé in der Innenstadt. In einer Diskothek oder Kneipe hingegen ist es nicht ratsam, die Übung durchzuführen, denn möglicherweise fühlt sich jemand beobachtet und wird aggressiv. Du solltest für diese Beobachtungsübung mindestens 10 Minuten Zeit verfügbar haben. Mache sie regelmäßig, um gezielt deine Wahrnehmung zu schulen und zu bewahren.

- **Teil 1:** Stelle dir vor, du wärst ein Täter und suchst ein Opfer zum Abbau von Aggressionen: Welcher Mann wirkt unsicher und erscheint wie ein leicht zu besiegendes Opfer? Oder stelle dir vor, du suchst ein Opfer, das du ausrauben würdest. Was erzeugt den Eindruck, dass der Mann ein einfaches und lohnendes Opfer darstellt? Wie stellen sich seine Körperhaltung und sein Gang dar? Wen würdest du also aufgrund welcher Gründe als Opfer auswählen? Du musst in Zukunft ein solches Opferauftreten vermeiden.
- **Teil 2:** Überlege dir nun, wen du auf keinen Fall als Opfer in Betracht ziehen würdest. Bei welchem Mann ist mit starker Gegenwehr zu rechnen, er stellt also ein »hartes Ziel« dar. Wer wirkt selbstsicher? Überlege dir, welche Verhaltensweisen diesen Mann auszeichnen. Läuft er beispielsweise mit erhobenem Kopf und kraftvoll? Versuche in Zukunft so zu erscheinen, also ein hartes Ziel zu vermitteln.
- **Teil 3:** Nun suche nach potentiellen Tätern. Nimm bewusst wahr, welche Männer auffällig sind. Wirkt der vorbeilaufende Mann aggressiv, hektisch oder entspannt? Welche Kleidung trägt er, wie ist sein Haarschnitt und welche Besonderheiten gibt es? Hat er etwas Auffälliges bei sich? Macht er einen eher harmlosen, einen verschlagenen oder sogar gefährlichen Eindruck? Starre die Leute dazu nicht an, denn das könnte als provozierend wahrgenommen werden. »Gleite« vielmehr mit dem Blick über die Umgebung. Wenn dich dabei jemand intensiv anschaut, dann schaue langsam zur Seite, jedoch nicht unterwürfig zu Boden.

Mit dieser Aufmerksamkeitsübung lernst du Erscheinen und Auftreten von Männern bewusst wahrzunehmen. Du erfährst, welche Kriterien für selbstsicheres Auftreten entscheidend sind. Nutze diese für dich, um einen solchen Eindruck zu vermitteln. Auch dann, wenn du dich in einer Situation gar nicht selbstsicher fühlst. So vermeidest du von einem potentiellen Täter als leichtes Opfer eingeschätzt zu werden und wirst somit aus seiner Opferwahl herausgenommen. Zudem lernst du potentielle Täter schnell wahrzunehmen und Gefahren frühzeitig zu erkennen, sodass du ausweichen kannst.

TRAININGSINHALT: SELBSTSICHERHEIT

Ein rational handelnder Aggressor oder Verbrecher sucht sein Opfer bewusst aus. Er schätzt ab, wie leicht oder schwer er bei der Zielperson die beabsichtigte Tat vollziehen kann. Ein Schläger beispielsweise will Aggressionen abbauen beziehungsweise vor seiner Gruppe Eindruck machen, aber nicht unterliegen. Ein Räuber will Wertgegenstände erhalten, mit möglichst wenig Risiko erwischt zu werden. Mit selbstsicherem Auftreten kannst du dich schützen. Sei zudem aufmerksam und vorbereitet, d. h. präsentiere einem Räuber keine Wertgegenstände. Generell hilft es Selbstsicherheit auszustrahlen; viele Situationen in Alltag und Beruf gestalten sich so leichter. Menschen nehmen dich anders wahr und sprechen dich anders an. Arbeitskollegen und Vorgesetzte werden dich kaum ausnutzen können; werden es gar nicht erst versuchen. Auch ein Gewalttäter wird sich genau überlegen, ob er dich als Opfer wählt, da deine Selbstsicherheit ihn erwarten lässt, mit dir Probleme zu bekommen. Du musst gar kein stark ausgeprägtes Selbstvertrauen besitzen, sondern es geht darum, diesen Eindruck durch aufrechte Haltung, klare Stimme, festen Blick und stabilen Stand zu vermitteln. Du wirst auch feststellen, dass du dich, wenn du eine solche Position regelmäßig einnimmst, automatisch selbstsicher fühlen wirst.

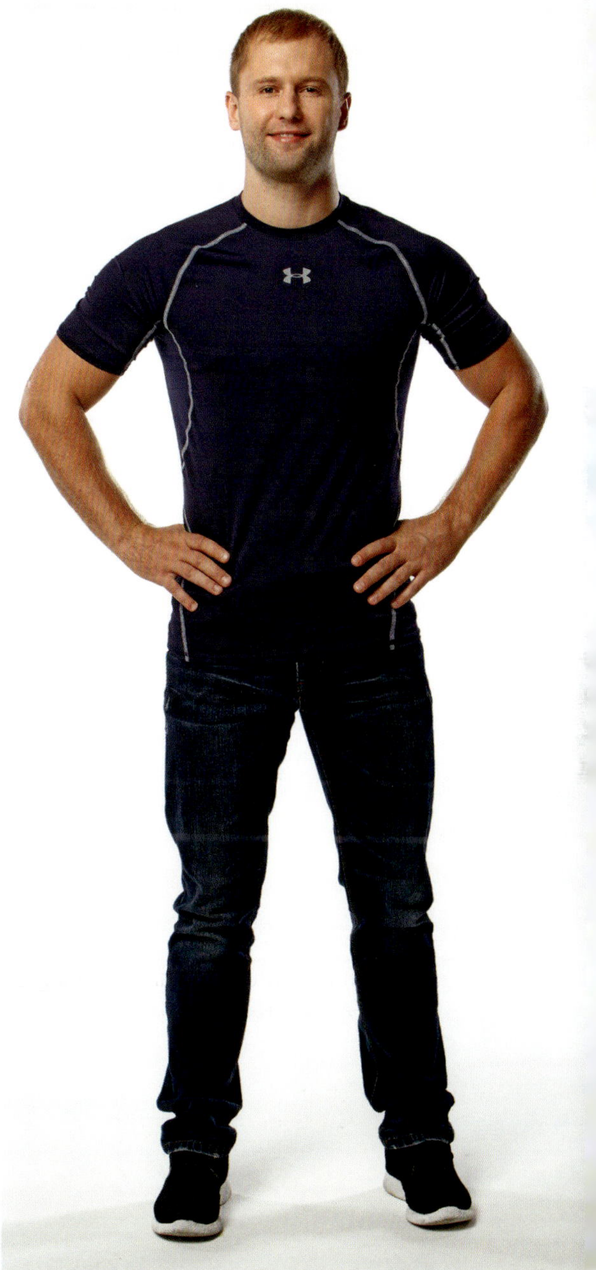

Ein stabiler aufrechter Stand vermittelt einen selbstsicheren Eindruck.

Übung 3: Selbstsicherheit ausstrahlen

Die Übung »Selbstsicherheit ausstrahlen« stellt sich so dar, dass du dir deine Haltung und dein Auftreten bewusst machst und dies dann optimierst. Atme zuerst mehrfach tief ein und aus. Erinnere dich dabei an deine Fähigkeiten und an Leistungen, auf die du stolz bist. Entwickle so dein Vertrauen in dich. Nun überprüfe deine Körperhaltung und im Gespräch dein Auftreten anhand der untenstehenden Anregungen. Mache dies mehrfach täglich und überprüfe dich auch vor einem Spiegel. Achte darauf, wie sich Kopf- und Körperhaltung sowie Gewichtsverteilung darstellen. Zudem kannst du Freunde bitten, dich in verschiedenen Situationen zu beobachten und dir mitzuteilen, was du optimieren kannst. Auch kannst du eine selbstsichere Haltung einnehmen und dich in dieser Position fotografieren beziehungsweise filmen lassen, um dir dein Erscheinen zu verdeutlichen und es optimieren zu können.

INFO Selbstsichere Körperhaltung

- Stehe aufrecht, mache dich groß und halte den Kopf hoch.
- Stehe stabil, mit dem Gewicht gleichmäßig auf beiden Füßen verteilt.
- Die Schultern hast du gerade und ziehst sie leicht nach hinten unten.
- Schaue mit neutralem Gesichtsausdruck und überblicke die Umgebung.
- Wenn du gehst, dann mit kraftvollen Schritten. Die Arme schwingen locker mit.

INFO Selbstsicherheit im Gespräch ausstrahlen

- Blicke deinem Gesprächspartner in die Augen. Ist dir das unangenehm, dann schaue auf seine Nasenspitze.
- Spreche laut und deutlich, in kurzen Sätzen. Gib klare Anweisungen.
- Wehre dich gegen Ungerechtigkeiten und mögliche Gefahren.

Übung 4: Stimmungen darstellen

Mit der Übung übst du, deine Körperhaltung zu verändern, um mehr Selbstvertrauen auszustrahlen. Stelle dich in aufrechter Position vor einen Spiegel. Schließe deine Augen und konzentriere dich; versetze dich nun in eine Situation hinein.

- **Teil 1:** Visualisiere dir zuerst eine Situation, die dich verängstigt. Dies könnte beispielsweise sein: In der Kneipe schreit dich ein gefährlicher, muskelbepackter Aggressor laut an und bedroht dich. Oder du gehst durch eine einsame Straße und eine gefährlich erscheinende Gang kommt auf dich zu. Entscheidend ist zu visualisieren, was dich persönlich stark verängstigt. Visualisiere dir diese Situation genau. Dein Körper sich verkrampft sich und du schaust hektisch nach einer Schutzmöglichkeit. Behalte diese Körperhaltung und Körperspannung bei. Nun mach die Augen auf und schau dir genau deine Haltung und deine Mimik an. Diese Körperhaltung signalisiert einem Aggressor, dass du ein Opfer bist, also ein Mann von dem wenig oder gar keine Gegenwehr zu erwarten ist. Ein solches Auftreten musst du von nun an vermeiden – übe es nicht mehr.
- **Teil 2:** Nun stellst du dir vor, wie du selbstsicher und kraftvoll dem Stressgeber gegenüber trittst. Du bist voller Energie und von deinen Fähigkeiten überzeugt. Dein Kopf ist angehoben, dein Körper aufgerichtet und deine Nackenmuskulatur ist entspannt. Du schaust ihn an, überprüfst die Umgebung und nimmst andere Personen wahr. Dann öffne deine Augen, überprüfe deine Haltung und Mimik im Spiegel und präge dir dies genau ein. Du kannst so auch andere Situationen positiv darstellen, die dich bisher verängstigt haben; so übst du, selbstsicheres

Auftreten zu zeigen. Übe dies regelmäßig, damit es dir in der Realität überzeugend gelingt.

Du kannst mit Freunden und Familie üben, das geeignete Verhalten in einer Stresssituation und Gefahrensituation darzustellen und dich dabei filmen lassen. Wertet gemeinsam aus, wie deine/eure Haltung gewirkt hat. Durch die Rückmeldung lernst du ein »hartes Ziel« besser darzustellen, auch wenn du alleine unterwegs bist.

Übung 5: Mindset und Gameplan trainieren

Mit dieser Übung trainierst du dein Mindset für den Ernstfall aufzubauen und deinen Gameplan (Seite 107–109) durchzuführen. Stelle dir eine Ernstfallsituation im Detail vor. Visualisiere dir genau, wie du von einem Aggressor attackiert wirst und wie du dich schützt und behauptest, bis du in Sicherheit bist beziehungsweise der Gegner kampfunfähig ist.

1. Stelle dir vor, wie der gefährliche Aggressor auf dich zukommt; Adrenalin fließt in deinen Körper. Mache dir bewusst, was du empfindest. Beruhige dich zuerst durch tiefes Ein- und Ausatmen. Dein Körper ist bereit: Du stehst kraftvoll auf beiden Beinen, dein Kinn ist leicht gesenkt, deine Hände sind in der angemessenen Schutzhaltung. Auch dein Mindest ist kampfbereit und wird es notwendig, dann wirst du kompromisslos kämpfen. Fühlst du dich noch unsicher, dann entwickle deine Angriffswut und deinen Siegeswillen (Seite 109–114). Du weißt, zu welchen Leistungen du fähig bist, für wen und was du kämpfst – du lässt dich von keinem Gegner einschüchtern. Spüre wie deine Wut und dein Wille wachsen, du bist bereit zu kämpfen.
2. Der imaginäre Aggressor konfrontiert dich zuerst verbal. Versuche ihn zuerst zu beschwichtigen (Seite 29–30). Er lässt sich aber nicht abbringen.
3. Aus der Fence (Schutzhaltung) heraus, versuchst du eine Grenze zu dem imaginären Aggressor zu ziehen (Seite 31–32). Mache deutlich, dass du nicht kämpfen willst. Wirke dabei bestimmt, aber nicht aggressiv, denke also an mögliche Zeugen. Doch der Aggressor lässt nicht von dir ab und du weißt nun, dass du kämpfen musst.
4. Stelle dir deinen Präventivangriff (Seite 117–128) genau vor. Wichtig ist, dass du schnell ein Angriffsvorgehen festlegst und dies gedanklich kompromisslos ausführst. Gleich ob du direkt schlägst, Finte oder Täuschungen nutzt – visualisiere, was sich für dich eignet. Stelle dir vor, wie du eine empfindliche Körperstelle attackierst, wie du beispielsweise einen Handballstoß zum Kinn machst oder das Knie in seine Genitalien rammst.
5. Attackiere den Gegner gedanklich immer weiter, bis du dein Ziel erreicht hast. Es gibt die Möglichkeit, eine kurze Attacke zu starten, um einen Fluchtweg zu schaffen und diesen wahrzunehmen. Oder du attackierst ihn, bis er kampfunfähig ist, wobei das Risiko besteht, dass er im Kampf das Geschehen übernimmt. In manchen Situationen ist eine Flucht gar nicht möglich, dann musst du ihn sowieso bis zur Kampfunfähigkeit attackieren. Agiere, wie du es für dich in deinem Gameplan geplant hast, sodass es sich in deinem Unterbewusstsein einprägt. In der Realität könnte der Gegner im optimalen Fall schnell kampfunfähig sein, das solltest du aber nicht visualisieren. Denn falls dieses Ergebnis in der Realität nicht eintritt, könntest du ansonsten in eine sogenannte Schockstarre kommen. Attackiere gedanklich immer weiter, bis du in Sicherheit bist.

Führe diese Visualisierungsübung mehrfach aus, bis du deine Angst vor dem Kämpfen im Ernstfall verlierst und deinen Gameplan gedanklich eingeprägt hast. Auch wenn du ein zurückhaltender Mann bist, kann dir dieses Training helfen, in einer realen Kampfsituation schnell und effektiv zu agieren. Diese Übung soll dich unterstützen in einem Ernstfall weniger Angst und Hemmungen zu haben, deine Körperwaffen einzusetzen und schnell in Kampfbereitschaft zu kommen und erfolgreich zu agieren, die Einhaltung der Gesetze vorausgesetzt. Nur weil du diese Übung machst, darfst du aber nicht erwarten, dass du nun für den Ernstfall völlig gewappnet bist – kein Ernstfall ist planbar.

INFO Kampfbereitschaft

Du kannst eine persönliche Geste nutzen, um dich in Kampfbereitschaft zu bringen. Es gibt beispielsweise Wettkämpfer im Kampfsport, die sich selbst schlagen oder sich einige Ohrfeigen verpassen lassen, um aggressiv und kampfbereit zu werden. Vielleicht gibt es für dich eine Geste, die dir hilft, deine Geisteshaltung schnell anzupassen. Die Geste muss unauffällig sein, denn der Gegner darf deine Absicht nicht erkennen. Eine Möglichkeit ist, dass du sofort zu schreien beginnst und losschlägst. Als Option kannst du eine Frage an den Aggressor stellen und bei einem bestimmten Wort automatisiert losschlagen. So verlierst du deine Hemmungen und verhinderst zögerliches Verhalten beim vorbeugenden Angriff.

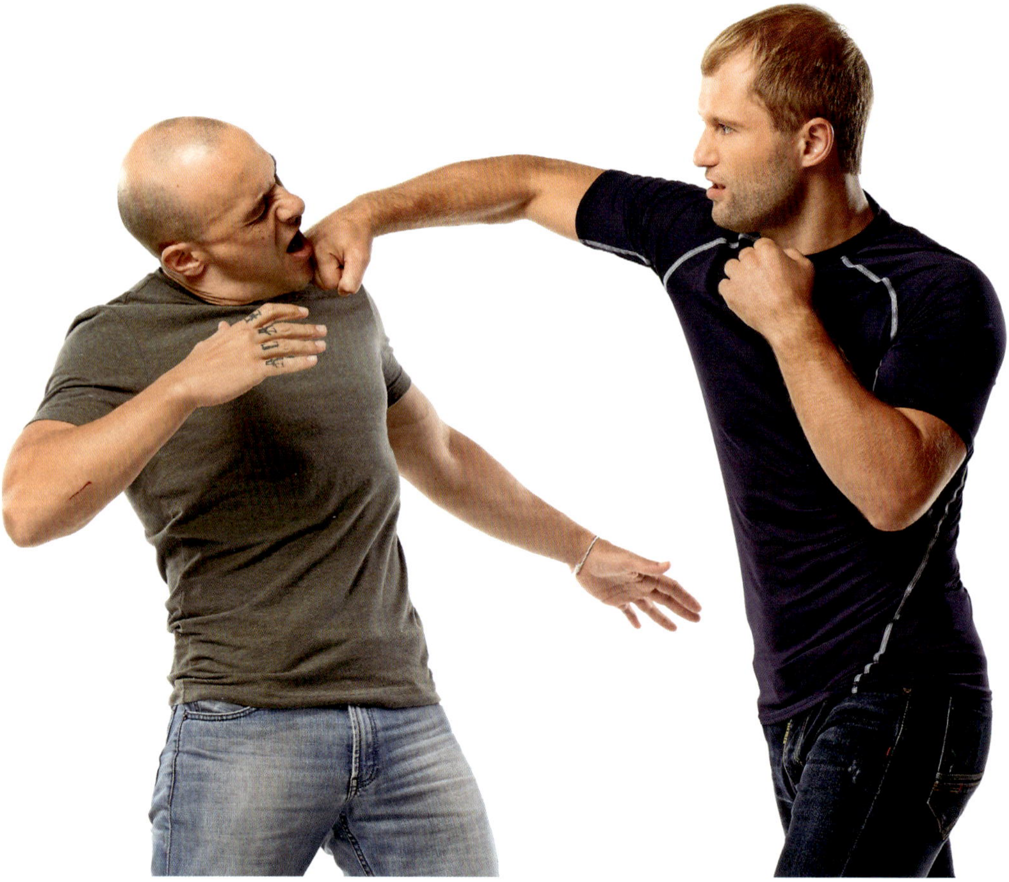

Als Präventivangriff im Erstfall kannst du eine Fangfrage stellen und dann direkt bei einem Triggerwort losschlagen.

TRAININGSINHALT: SELBSTBEHAUPTUNG

Bei der Selbstbehauptung geht es darum, dass dir dein Empfinden und deine persönlichen Grenzen bewusst sind, und du dafür sorgst, dass diese von anderen Menschen respektiert und eingehalten werden. Du behauptest dich gegen Grenzüberschreitungen, indem du laut und klar Grenzen und Bedürfnisse artikulierst. Einige Männer sind gehemmt und lassen sich von anderen bei der Arbeit und im Alltag einschüchtern. Es gilt dann, die Selbstbehauptung intensiv zu üben.

Jeder Mensch hat ein persönliches Sicherheitsempfinden, das bedeutet, wenn dir jemand zu nahe kommt und du dies nicht willst, dann fühlst du dich bedrängt und unwohl. Dieser Sicherheitsabstand ist nicht gleich, sondern von Situation und Aggressor abhängig. Fühlst du dich bedrängt, dann musst du vom Aggressor verlangen, dass er Distanz hält oder du musst selbst ausweichen. Generell kannst du nicht davon ausgehen, dass ein anderer Mensch auf deine Gefühle und Bedürfnisse Rücksicht nimmt. Du musst ihm und der Umgebung die Grenzüberschreitung deutlich machen. War es nicht seine Absicht, dann kann er sich immer noch erklären. Mache dir bewusst, dass Grenzziehen sogar Zivilcourage bedeutet, denn ist ein Aggressor erfolgreich, dann wird er wieder jemanden verbal oder körperlich belästigen.

Wenn ein Aggressor dir sehr nahe kommt, um seine Überlegenheit zu demonstrieren und dich zu provozieren, dann teile sofort mit, dass er stoppen soll. »Lassen Sie mich in Ruhe«. Sprich laut und klar, ohne »bitte« und andere Höflichkeiten; führe keine Diskussion. Du darfst ihn allerdings nicht beleidigen. Befolgt er deine Aufforderung nicht umgehend, dann wiederhole sie deutlicher. Vermeide möglichst »du« in der Ansprache, denn das kann andere Menschen vom Helfen abhalten. Sie könnten davon ausgehen, dass du mit dem Täter bekannt bist und wollen sich dann nicht einmischen.

Beachte: Bei einem Aggressor, der dich anstößt oder am Hemd greift, wie dies beispielsweise in der Kneipe passiert, besteht immer die Möglichkeit, dass er gleich überraschend angreift. Wenn eine solche Grenzüberschreitung vorliegt, dann musst du diese sofort stoppen, Distanz herstellen und eine Schutzhaltung (Seite 40–44) aufbauen. Erwartest du allerdings umgehend körperlich attackiert zu werden, dann gehe sofort zum eigenen Angriff über.

Du musst das Grenzenziehen im Alltag üben. Oftmals kommen wir in eine Situation, in der wir uns aus Höflichkeit dem Verhalten anderer Menschen unterordnen – lerne deine Grenze zu ziehen. Wenn sich beispielsweise jemand an dir vorbeidrängelt, und dich dies ärgert, dann sage »Nein«. Allerdings darfst du dich beim Grenzenziehen nicht in Gefahr bringen, z. B. bei gefährlichen Menschen. Auch im Arbeitsumfeld sowie Bekanntenkreis lass dich nicht von dominanten Menschen unterdrücken. Fühlst du dich unwohl beziehungsweise willst einfach etwas nicht, dann bringe das deutlich zum Ausdruck – lerne »Nein« zu sagen. Wenn du das zumindest hin und wieder machst, dann wird es dir auch im Ernstfall überzeugender gelingen.

Beim Grenzenziehen ist nicht entscheidend, was der Aggressor denkt, sondern was du selbst empfindest. Denke nicht darüber nach, warum der Aggressor sich so verhält. Fühlst du dich unwohl, dann ist entscheidend, dass du dies vermittelst und dein Bedürfnis durchsetzt.

Wirst du bedrängt, dann musst du klare Signale geben. So lässt sich ein Konflikt möglicherweise frühzeitig abwenden. Es ist dabei nicht nur entscheidend, was du sagst, sondern auch wie du dein Bedürfnis vermittelst. Ein Lächeln beim Grenzenziehen ist z.B. nicht angebracht, sondern es ist ein bestimmender, neutraler Gesichtsausdruck einzusetzen. Sei deutlich, laut, aber nicht hysterisch, und erzeuge Öffentlichkeit für die Geschehnisse.

Du musst auf das Geschehen aufmerksam machen und es abstoppen, oder aber die Situation verlassen. Manchmal ist bewusstes Zurückziehen die bessere Option, um deine Sicherheit zu wahren, wenn ein Aggressor gefährlich scheint. Allerdings sollst du einies nicht: den Grenzüberschritt aushalten und dich klein machen.

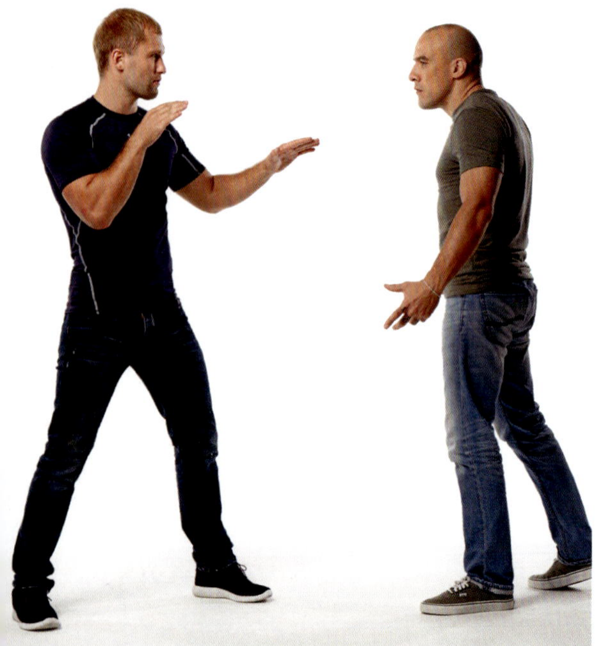

Deine Haltung muss das Grenzenziehen deutlich vermitteln.

INFO Ziehe und bewahre Grenzen gegen den Aggressor

Wenn es zum Kontakt mit einem Aggressor kommt, dann musst du auf den Abstand, sein Verhalten und die Umgebung achten, damit du nicht überrascht wirst.

- Atme tief ein und aus, konzentriere dich – du bist kampfbereit. Achte auf genügend Distanz. Halte möglichst 1,5 bis 2 Meter, mindestens aber 1 Meter Abstand.
- Du stehst aufrecht, die Füße sind leicht versetzt und gleichmäßig belastet.
- Nimm eine unauffällige Schutzhaltung ein. Dazu kannst du die Handflächen vor dich halten, eine Hand ist weiter vorne als die andere. Die Hände befinden sich etwa auf Brusthöhe des Aggressors (alternative Schutzhaltungen, Seite 44–48).
- Bewegt sich der Aggressor seitlich, dann drehe dich mit, sodass deine Fence-Haltung zwischen ihm und dir bleibt.
- Schaue dem Aggressor in die Augen oder auf die Nasenspitze. Beobachte ihn: Ist seine Sprache ungewöhnlich, sein Gesicht gerötet und/oder der Hals geschwollen. Das können Merkmale sein, dass er gleich angreifen will.
- Schaue auf seine Hände, wie er sie hält und ob er einen Gegenstand in der Hand hat, den er als Waffe nutzen kann, z. B. eine Bierflasche am Flaschenhals. Die Gefahr eines Angriffs mit Messer oder einer anderen kleinen Waffe ist groß, wenn er die Hand hinter seinem Oberschenkel versteckt hat.
- Überschaue die Umgebung nach Fluchtwegen, Alltagswaffen, Verbündeten und weiteren Aggressoren.
- Sieze einen fremden Aggressor. Sprich laut, deutlich und in kurzen Sätzen und sage klar, was du willst: »Lassen Sie mich in Ruhe. Ich will keinen Streit«. Vermeide Höflichkeit ebenso wie Beleidigungen.
- Führe keine Diskussion mit dem Aggressor. Redet er trotz deiner Ansage weiter auf dich ein, dann wiederhole sie mit noch mehr Betonung. Falls notwendig, mache deutlich, dass du die Polizei oder das Sicherheitspersonal rufen wirst.

Übung 6: Grenzenziehen bei Belästigung

Hier wird eine Partnerübung vorgestellt. Dazu sind zwei Situationsbeispiele aufgelistet, mit denen du das Grenzenziehen üben kannst. Wenn eine andere Situation für dich wichtig ist, dann übe sie nach dem hier gezeigten Prinzip. Du kannst eine solche wählen, auf die du dich vorbereiten willst oder eine vergangene Situation, die du nicht nach deinen Vorstellungen gelöst hast. Trainiere mit dem Partner so, als wäre die Situation real. Stellt sie dabei möglichst detailliert dar. Sage laut und mit fester Stimme, was du willst. Nutze seine Rückmeldung, um noch mehr Durchsetzungskraft zu entwickeln. Übe mit ihm, bis der Partner bestätigt, dass deine Stimme, Mimik und Körperhaltung überzeugend wirken und kein Missverständnis zulassen. Du kannst dich filmen lassen, um dich selbst zu überprüfen.

- **Übungsbeispiel 1:** Du wartest an einer Haltestelle. Ein Aggressor kommt auf dich zu, bedrängt dich und will Geld von dir. Versuche ihn mit einem deutlichen »Lassen Sie mich in Ruhe« zu stoppen. Bedrängt er dich weiter, dann werde noch deutlicher und lauter. Attackiert er dann immer noch, greift dir möglicherweise sogar an die Kleidung, dann gilt es, sofort Distanz zu schaffen. Springe etwas zurück, halte die Handfläche in Schutzhaltung (Seite 224) und rufe nun laut »Lassen Sie mich in Ruhe«. Wenn ein Aggressor danach noch weiter auf dich zukommt, dann würde ein Ernstfall vorliegen und du müsstest ihn unschädlich machen, wie dies im Kampftechnik-Kapitel beschrieben ist, oder aber umgehend aus der Situation fliehen.
- **Übungsbeispiel 2:** Ein Kollege macht dir den Arbeitsalltag schwer mit verbalen Provokationen sowie leichtem Anfassen. Als mögliche Konfliktlösung kannst du laut und deutlich für andere Mitarbeiter vernehmbar sagen: »Hören Sie auf, mich zu provozieren«. Wenn er dich mit Berührungen belästigt, ziehe eine klare Grenze: »Stopp! Fassen Sie mich nicht an«. Wiederholt er dieses Verhalten, dann spreche Mitarbeiter an, ob sie ähnliche Erfahrungen gemacht haben. Protokolliere seine Provokationen, sammle Beweise und informiere die Geschäftsleitung über sein Verhalten.

Ist kein Trainingspartner verfügbar, dann hast du die Möglichkeit, vor einem Spiegel das Grenzenziehen zu üben. Stelle dich frontal zum Spiegel und nimm eine selbstsichere Schutzhaltung ein. Sage laut und bestimmt eine grenzziehende Anweisung wie »Lassen Sie mich in Ruhe.«, »Halten Sie Abstand.« Oder »Fassen Sie mich nicht an.«. Unterstreiche die Anweisung mit deiner Mimik, Hand- und Körperhaltung und beobachte dich dabei genau. Führe die Übung wiederholt durch, damit dir das Vorgehen glaubwürdig gelingt.

TIPP Training mit Kindern

Das »Stopp-Sagen« zum Grenzenziehen ist auch eine gute Übung, die du mit Kindern und Jugendlichen machen kannst, damit sie lernen sich bei Provokationen auf dem Schulhof zu behaupten.

Übung 7: Mentaltraining

Auch Mentaltraining kannst du einsetzen, um deine Selbstbehauptung zu verbessern. Dies bietet sich für Situationen mit anderen Menschen an, deren Ablauf du bewusst gestalten möchtest. Generell kannst du dies für viele Situationen in deinem Leben nutzen. Auch für den Selbstschutz kann es hilfreich sein. Möglicherweise hat dich ein Aggressor belästigt, du hast dich aber aus Unsicherheit oder Angst nicht

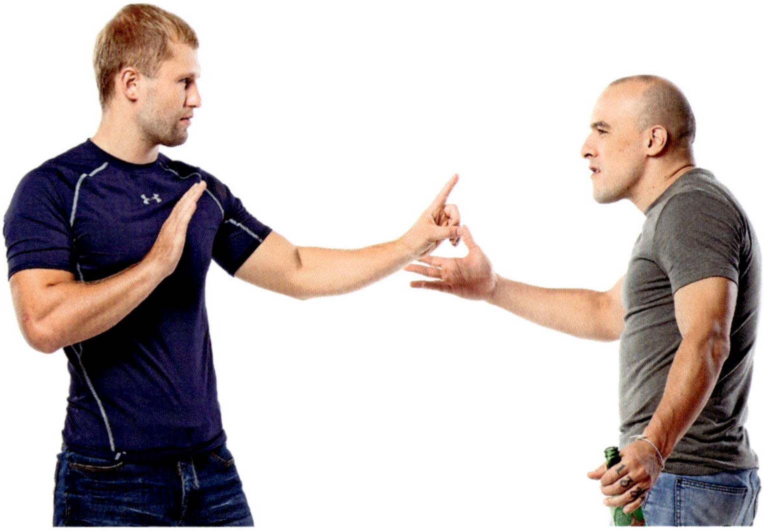

Visualisiere dir die gefährliche Situation genau und dein zukünftiges Verhalten.

gewehrt. Du kannst nun mit Mentaltraining dein Verhalten gedanklich verändern und dir dies einprägen, sodass du dich dann in einer realen Situation deinen Vorstellungen gemäß verhalten kannst. Auch wenn du generell Angst vor dem Kämpfen hast, kann dir das Mentaltraining helfen. Stelle dir eine Kampfsituation vor und wie du dich darin erfolgreich behauptest. So kannst du Angstgedanken beseitigen und deine mentale Kampfeinstellung entwickeln.

- **Teil 1: Stelle eine Diagnose.** Rufe dir zuerst die erlebte unangenehme Situation in Erinnerung. Zum Beispiel wie dich ein angetrunkener Aggressor in der Kneipe belästigt hat oder wie dich ein Mitarbeiter vor anderen Kollegen provoziert hat, du dich aber nicht getraut hast, dagegen vorzugehen. Erinnere dich genau an die Situation von Anfang bis Ende, was haben die Beteiligten gesagt und wie haben sie gehandelt. Überlege dir genau was du hättest anders machen können. Notiere dir dies alles und fertige so deine »schwarze Liste« zu dem Erlebnis an.
- **Teil 2: Visualisiere zukünftiges Handeln.** Suche dir einen ruhigen Ort und sorge dafür, dass dich nichts stören kann. Setze dich oder lege dich entspannt hin. Nun gilt es deine Verhaltensänderung zu »programmieren«. Lese die »schwarze Liste« noch einmal durch, bevor du sie weglegst. Schließe deine Augen, atme tief, entspanne dich und löse dich von den Alltagsgedanken. Fokussiere dich auf den Augenblick und mache dir bewusst, dass du stark und voller Energie bist. Rufe dir nun noch einmal die unangenehme Situation in Erinnerung. Nun veränderst du deine Handlungen und zwar führst du in deinen Gedanken alles genauso aus, wie du es möchtest. Du kannst dir beispielsweise vorstellen wie du dem Aggressor klar und ohne Aufregung dein Bedürfnis deutlich machst und dich so durchsetzt. Konzentriere dich vollkommen auf deinen Erfolg. Visualisiere dir genau, wie der Aggressor klein beigibt. Nimm wahr wie gut es sich anfühlt, erfolgreich zu sein. Jetzt öffnest du deine Augen. Vernichte deine schwarze Liste – du kannst sie zerreißen oder verbrennen. Mach was sich gut für dich anfühlt, um die negativen Gedanken und/oder Erfahrungen verschwinden zu lassen.

Zukünftig kannst du dir immer wieder die positiven Gedanken und Empfindungen in Erinnerung rufen.

FALLBEISPIELE VON GEWALT

Hier werden drei Beispielsituationen vorgestellt, in denen es zu Gewalt kommen kann. Überlege dir auch, was für dich gefährliche Situationen sein können.

Visualisiere dir eine gefährliche Situation und stelle dir genau vor, wie du dich verhalten wirst. Möchtest du z. B. ein Volksfest besuchen, dann mache dir im Vorfeld bewusst, welche Gefahren dir, deinen Freunden und/oder Partnerin dort drohen und wie du diese abwendest. Das Vorgehen hat nicht zum Ziel, übermäßige Angst zu entwickeln; die in den letzten Jahren gestiegenen Gefahren können aber nicht mehr ausgeblendet werden. Es gibt mittlerweile zu viele Gewaltverbrechen. Stelle dich auf mögliche Gefahrensituationen ein, so kannst du viele Risiken im Vorfeld abwenden und bist im Ernstfall handlungsfähig.

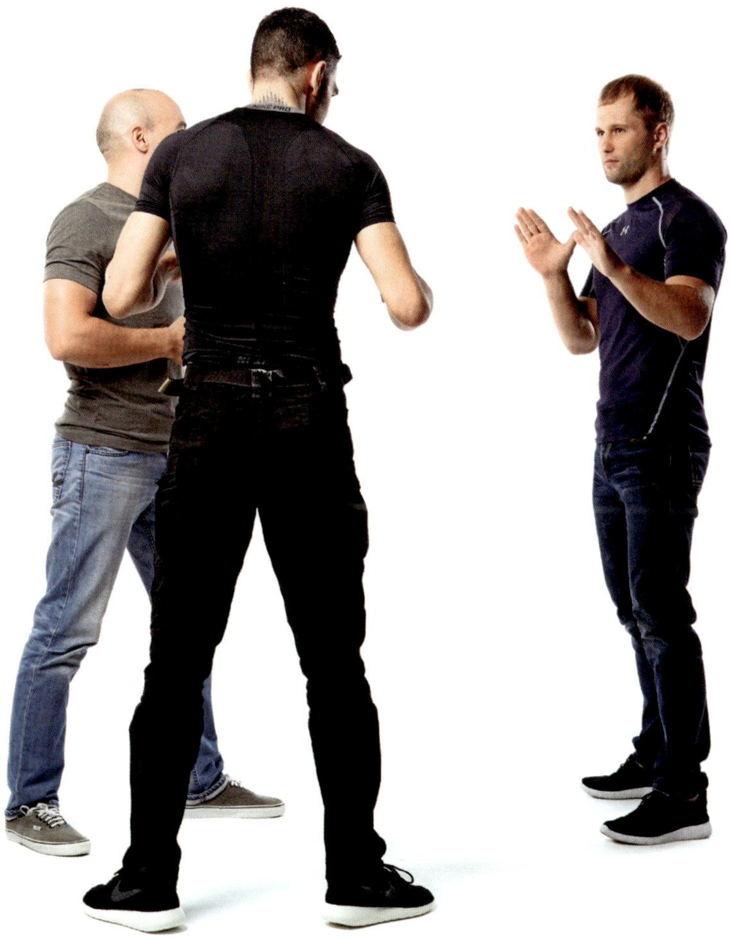

Überlege dir, wo du in gefährliche Situationen kommen kannst und versuche diese zu umgehen, oder bereite dich zumindest darauf vor.

Besprich Ernstfallverhalten auch mit Kindern, Familienmitgliedern und anderen Menschen, die dir nahe stehen. Überlegt gemeinsam, wo solche Situationen auftreten können und welche Schutzmöglichkeiten dann bestehen. Es ist notwendig, sich auf die veränderte gesellschaftliche Situation einzustellen. Man soll dabei aber nicht in Panik geraten und sich nicht aus der Öffentlichkeit zurückzuziehen; vielmehr gilt es große Gefahren und Risiken zu erkennen und diese zu umgehen.

INFO 4-Punkte-Situationstraining

Mit diesem System kannst du dich gedanklich auf eine Gefahrensituation einstellen. Überlege dir, wo du in Gefahr geraten kannst und wie sich diese darstellen kann. Bestimme dein Schutzvorgehen. Auch wenn der genaue Ablauf einer Ernstfallsituation nicht vorhersehbar ist, ermöglicht ein Gameplan schnellere Handlungsfähigkeit. Du kannst das Situationstraining schriftlich festhalten, wenn dir dies beim Üben hilft.

1. Visualisiere dir eine Gefahrensituation, die dich betreffen kann.
2. Überlege dir deine Möglichkeiten, um die Gefahr abzuwehren.
3. Lege das für dich geeignete Verhalten fest.
4. Übe dein Situationsverhalten alleine und mit Partner.

Behaupten gegen Aggressor im Lokal

Wenn das Lokal oder die Diskothek generell einen zweifelhaften Ruf hat, es dort oft zu Schlägereien kommt, dann gehe woanders hin. Es lohnt nicht, sich in eine solche unnötige Gefahr zu begeben. Ein einzelner Kampf kann dein Leben komplett zerstören: Du kannst schwer verletzt werden oder du musst ins Gefängnis.

Bemerkst du einen Aggressor, der dich mustert, dann starre nicht zurück, aber schaue auch nicht unterwürfig auf den Boden. Lasse deinen Blick zur Seite schweifen, gewinne einen Überblick über die Situation. Wer gehört zu seiner Gruppe und erscheinen mehrere Leute gewaltbereit. Schätzt du die Situation als gefährlich ein, dann höre auf deine Intuition. Gehe kein Risiko ein, insbesondere nicht wenn du angetrunken bist. Alkohol reduziert deine Kampffähigkeit um ein Vielfaches, auch wenn dir der Alkohol einen anderen Eindruck vermittelt.

Wenn es Probleme im Lokal gibt, informiere die Türsteher. Sie werden dafür bezahlt, Sicherheit zu gewährleisten. Sind Türsteher in eine Schlägerei verwickelt, dann halte Abstand, damit du nicht ins Geschehen hineingezogen wirst. Besteht die Gefahr eines Hinterhalts vor der Lokalität, dann rufe drinnen ein Taxi, das vor der Tür warten soll. Zudem kannst du dich zum Taxi begleiten lassen.

Bist du mit mehreren unterwegs, dann besprich das Vorgehen innerhalb der Gruppe. Für Frauen und Mädchen muss immer Schutz gewährleistet sein; das ist wichtiger als das eigene Ego, das dir mitteilen könnte »für klare Verhältnisse zu sorgen«.

Kommt es zum Kontakt mit dem Aggressor, dann achte darauf, dass die Distanz gewahrt bleibt. Halte diese durch eine Fence aufrecht (Seite 40–48). Bei Körperkontakt stelle sofort Distanz her und mach unmissverständlich klar, dass dies zu unterbleiben hat.

Aggression durch gewaltbereite Gruppe

Entdeckst du eine gefährliche Gruppe, z.B. beim Warten an einer Haltestelle, dann höre sofort auf deine Intuition. Begib dich umgehend in Sicherheit wie in eine nahe Gaststätte. Bist du in einer Diskothek, informiere die Türsteher, dass du in Gefahr bist. Entdeckst du auf einer Straße eine verdächtige Gruppe junger Männer auf dich zukommen, dann gehe in die andere Richtung oder suche den nächsten sicheren Ort auf. Verhalte dich auch so, wenn du verabredet bist und eigentlich nicht zu spät kommen willst; besteht Gefahr, dann gehe dort nicht entlang.

Falls du doch zwischen eine Gruppe gerätst, dann zeige dich selbstbewusst und nicht unterwürfig. Es sei denn, du versuchst vor deinem Präventivangriff durch Unterwürfigkeit zu täuschen. Mache klar, dass du das nicht willst, was hier passiert. Möglicherweise kannst du so »cool« bleiben, dass die Gruppe dich als Gleichgesinnten ansieht und das Interesse verliert, mit Gewalt ein Exempel zu statuieren. Wichtig ist generell, dass du den Überblick bewahrst und dich nicht einkreisen lässt. Versuche immer eine Position einzunehmen und beizubehalten, die dir eine Fluchtmöglichkeit ermöglicht. Nutze den Fluchtweg, wenn du das Gefühl hast, die Gefahr vergrößert sich. Wenn ein solcher Weg nicht geboten ist und du kämpfen musst, dann attackiere hart und zuerst, um dir den Fluchtweg frei zu machen und dann sofort loszurennen. Es besteht auch die Möglichkeit, dass du den Anführer schnell brutal ausschaltest. Dadurch besteht die Chance, dass die anderen Respekt vor dir bekommen und möglicherweise nicht mehr kämpfen wollen. Aber es gibt keine Garantien für den Ernstfall und im Kampf gegen eine Gruppe sind die Siegchancen sehr gering; die Folgen können schwerwiegend sein.

Um dich vor gewaltbereiten Gruppen zu schützen, verdränge nicht die Gefahren, sondern mache dir bewusst, wo und wann große Risiken bestehen, um diese zu vermeiden. Du sollst dich zwar in deinem Leben möglichst wenig einschränken lassen, aber auch keine unnötig großen Risiken eingehen. Ein Volksfest beispielsweise besuchst du besser in einer Gruppe. Überlegt euch vorher gemeinsam, wie ihr euch bei einem Ernstfall verhalten könnt. Da sich die Gefahren in Deutschland erhöhen, ist es auch grundlegend, dass für den Schutz der Frauen und Mädchen in deiner Gruppe gesorgt ist. Zudem solltest du in der Öffentlichkeit viel Alkohol vermeiden, damit du Gefahren intuitiv wahrnehmen kannst und du kampffähig bleibst. Falls du eine Gefahr bemerkst, dann achte auf Fluchtmöglichkeiten für dich und andere.

Raubüberfall

Grundsätzlich ist es sinnvoll, durch das eigene Erscheinen ein »hartes Ziel« zu vermitteln, um von potentiellen Tätern nicht in die Opferwahl einbezogen zu werden. Indem du keine Wertgegenstände und wertvollen Kleidungsstücke präsentierst, wird auch die Wahrscheinlichkeit geringer, dass dich ein Räuber attackiert. Allerdings gibt es keine Garantie – gleich wie viele Vorsichtsmaßnahmen du triffst – es kann zu einem Übergriff kommen. Zudem wirst du dich mit deinem Outfit nicht umfangreich einschränken wollen.

Ein erfahrener Räuber wird attackieren, wenn du unaufmerksam beziehungsweise in einer verletzlichen Situation bist. Möglicherweise bist du sogar mit Familienmitgliedern unterwegs und kannst deshalb nicht fliehen. Es gibt aber auch Täter, die nicht rational handeln, beispielsweise Drogenabhängige, die alles für ihren nächsten »Schuss« tun.

Wenn du alleine unterwegs bist, ist es sinnvoll, dass du deine Wertgegenstände an unterschiedlichen Körperstellen verstaust und wertvolle Gegenstände wie deine Uhr abdeckst. Zwei Geldbörsen sind auch ratsam: Eine eher dicke Börse mit geringem Geldbetrag, die du einem Räuber übergeben kannst, sowie eine kleine Börse mit wertvolleren Geldscheinen, die du am Körper versteckt trägst.

Generell solltest du in der Öffentlichkeit aufmerksam sein und auf Distanz zu Fremden achten, damit dich niemand anstoßen kann. Auch nach Uhrzeit oder Weg fragen, kann ein Ablenkungsmanöver sein, um sich für einen Übergriff zu nähern. Sage besser »nein« und halte Abstand, wenn ein Fremder Kontakt aufnimmt. Vermeide es nach übermäßigem Alkoholkonsum alleine durch die Gegend zu laufen, da Betrunkene oftmals Opfer von Räubern werden.

Wenn du von einem Räuber bedrängt wirst, atme tief und beruhige dich nach Möglichkeit. Der Räuber kann sehr hektisch agieren, sage ihm deutlich, dass du ihm die geforderte Beute aushändigst. Ein Kampf ist sehr gefährlich, da der Räuber kompromisslos agieren wird, um zu entkommen; auch Waffeneinsatz ist möglich. Gib ihm die Beute und achte beim Aushändigen auf Abstand. Wirf ihm die Beute vor die Füße oder lasse sie auf eine Mauer oder den Boden fallen. Übergib ihm die Beute hingegen nicht in die Hand, denn sonst könnte er leicht überraschend angreifen und dich überwältigen. Wenn der Räuber sich der Beute zuwendet, ist der geeignete Moment für dich zu fliehen beziehungsweise dich zurückzuziehen. Sollte allerdings die Flucht nicht möglich sein, und du ahnst, dass er dich körperlich attackieren will, dann greife überraschend und kompromisslos zuerst an.

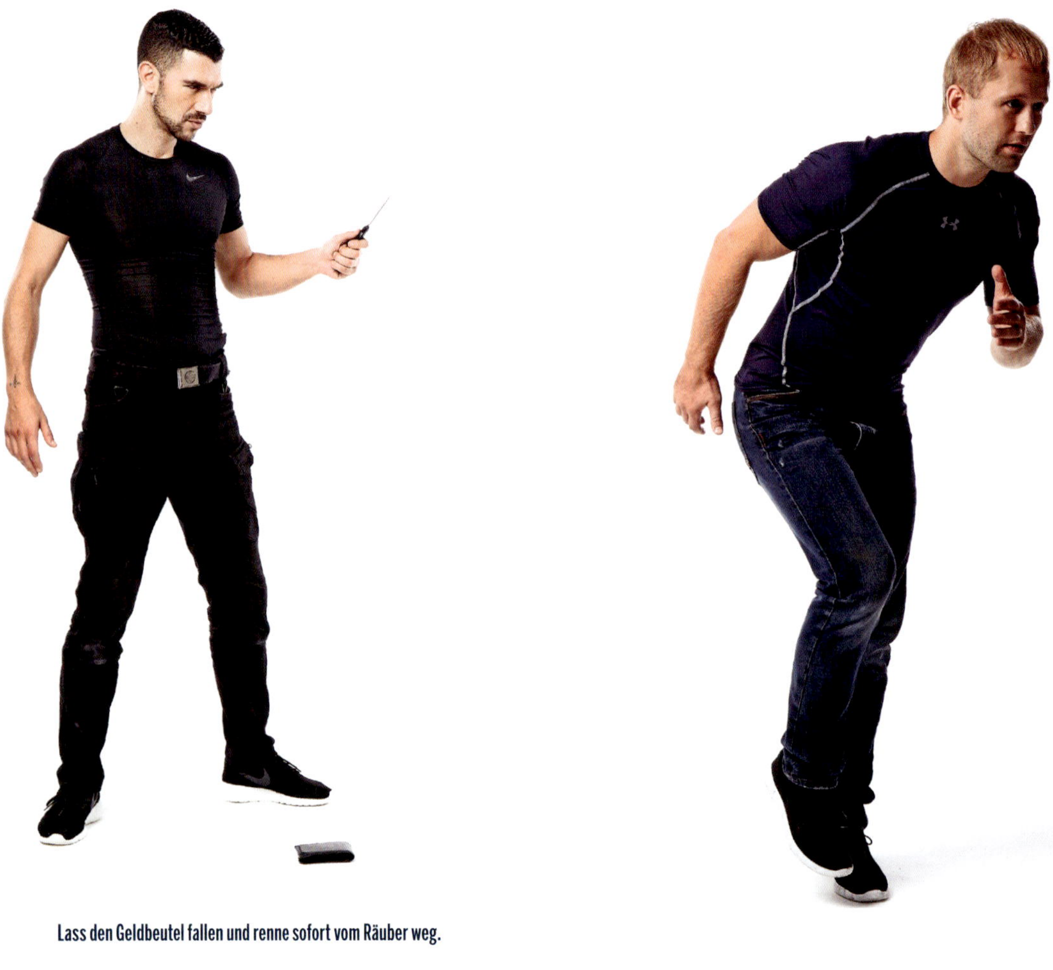

Lass den Geldbeutel fallen und renne sofort vom Räuber weg.

TRAINING DER KAMPFTECHNIKEN

Wähle für den Kampfbereich deines Selbstschutztrainings einige Techniken aus und übe diese intensiv. Du kannst einzelne Kampftechniken, Kombinationen, Präventivangriffe sowie Verteidigung und Befreiung üben. Der Ernstfall ist kurz, so müssen die eingesetzten Techniken schnell, möglichst instinktiv und mit aller Power gebracht werden.

Es gibt viele effektive Techniken, die in diesem Buch dargestellt sind. Es gibt aber keine »beste« Technik. Jede Kampfsituation in der Realität ist anders und lässt sich nicht planen. Für dein Solotraining ist es wichtig, dass du eine für dich geeignete Auswahl triffst, also solche Techniken, die dir leicht fallen. Mit fortschreitendem Training passt du dein Repertoire an deine entwickelten Fähigkeiten an.

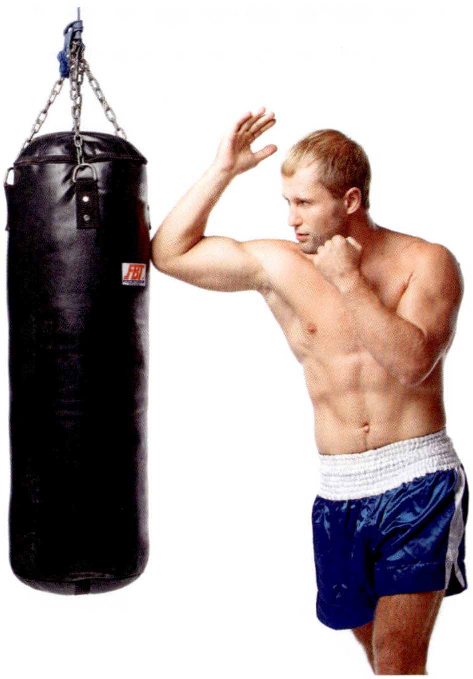

Trainiere konzentriert, explosiv und kraftvoll!

Mit Kampfbereitschaft trainieren

Wenn du kämpfst, darfst du keine Hemmschwelle haben – so musst du auch trainieren. Überlege dir, welche Technik du bereit bist, zu welcher Körperstelle einzusetzen. Solche Techniken gilt es zu üben. Du musst dies im Vorfeld geklärt haben, denn wenn du im Ernstfall erst überlegen musst, dann verlierst du wichtige Zeit und wirst wahrscheinlich verlieren. Im Ernstfall ist entscheidend, dass du sofort kompromisslos aktiv wirst. Mit brutalem und überraschendem Vorgehen, hast du gegen jeden Gegner eine gute Chance.

Zu Beginn des Trainings visualisierst du dir eine Situation, in der du attackiert wirst. Gelingt es dir noch nicht, dein Mindset auf kompromisslosen Kampf einzustellen, dann stelle dir vor, dass ein Familienmitglied attackiert wird. Mache dir bewusst, zu was du bereit bist, um diesen Menschen zu schützen. Mit diesem Mindset musst du auch für dich selbst kämpfen und dein Training entsprechend motiviert gestalten.

Angriffstechniken

Wähle einige Techniken zu Kopf, Körper und Beinen aus. Wenn du den Kopfstoß in deinen Gameplan aufnimmst, dann trainiere auch ihn zumindest mit leichtem Kontakt gegen einen Gegenstand. Übe die Techniken in die Luft und an Boxsack und/oder Maisbirne sowie nach Möglichkeit an Schlag- und Trittpratzen. Mit dem Training verbesserst du Distanzgefühl, Timing, Schnelligkeit und Kraft. Auch verringert sich die eigene Verletzungsgefahr, da du lernst, die Gelenke beim Auftreffen der Technik zu stabilisieren.

Hand: Handballenstoß (Seite 61–62), Gerade (Seite 63), Handkralle (Seite 64), Hammerfaust (Seite 65–66), Seithaken (Seite 67), Schelle (Seite 68–69), Beidseitiger Ohrenschlag (Seite 70), Schlag mit der Handaußenkante (Seite 71–73).

Ellbogen: Kreisender Ellbogen (Seite 75), Seitlicher Ellbogenstoß (Seite 76), Ellbogenstoß nach hinten (Seite 77–79), Aufwärtsellbogen (Seite 80), vorstoßender Ellbogen (Seite 81).

Knie: Gerader Kniestoß (Seite 83–85), seitlicher Kniestoß (Seite 86).

Fuß und Schienbein: Tritt von unten zwischen die Beine (Seite 88), runder Tritt zum Oberschenkel (Seite 89), stoßender Stopptritt (Seite 90), Tritt zu Knie oder Schienbein (Seite 91–92), Stampftritt (Seite 93).

Kopf: Kopfstoß nach vorn (Seite 95–96), Kopfstoß nach hinten (Seite 97).

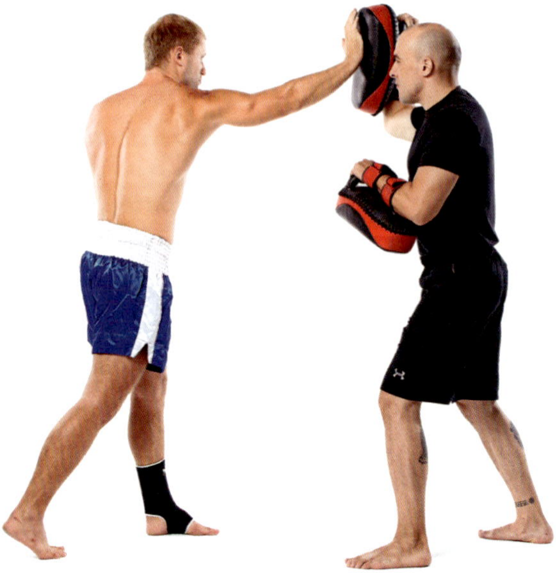

Der Handballenstoß an der großen Pratze.

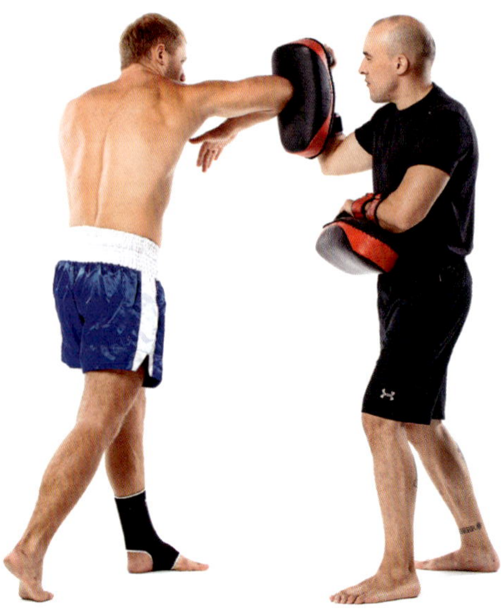

Der kreisende Ellbogen.

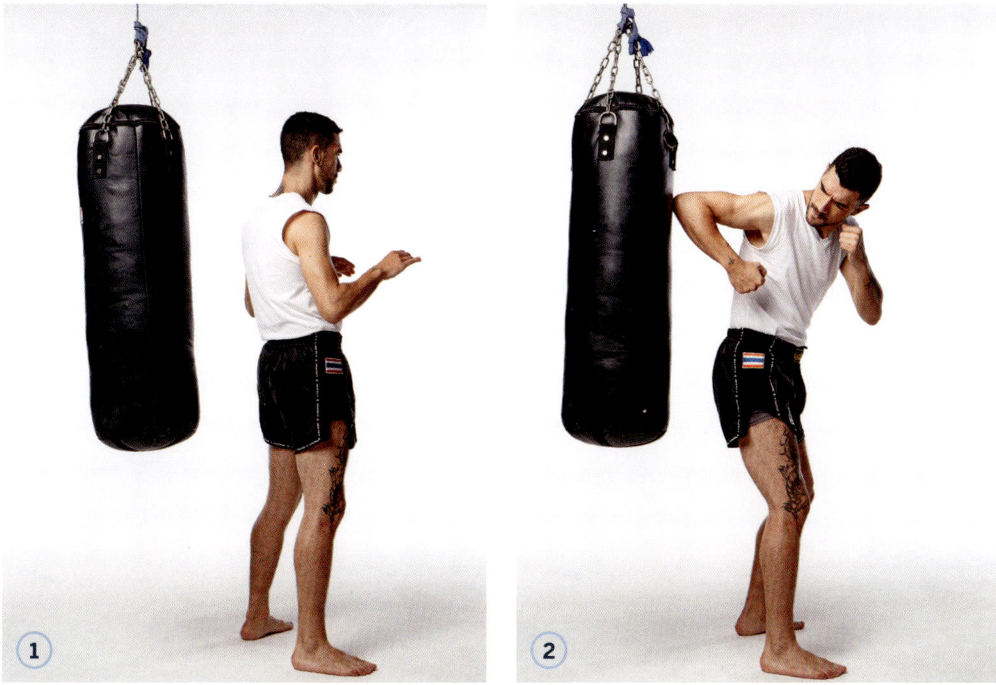

Der Rückwärtsellbogen am Boxsack.

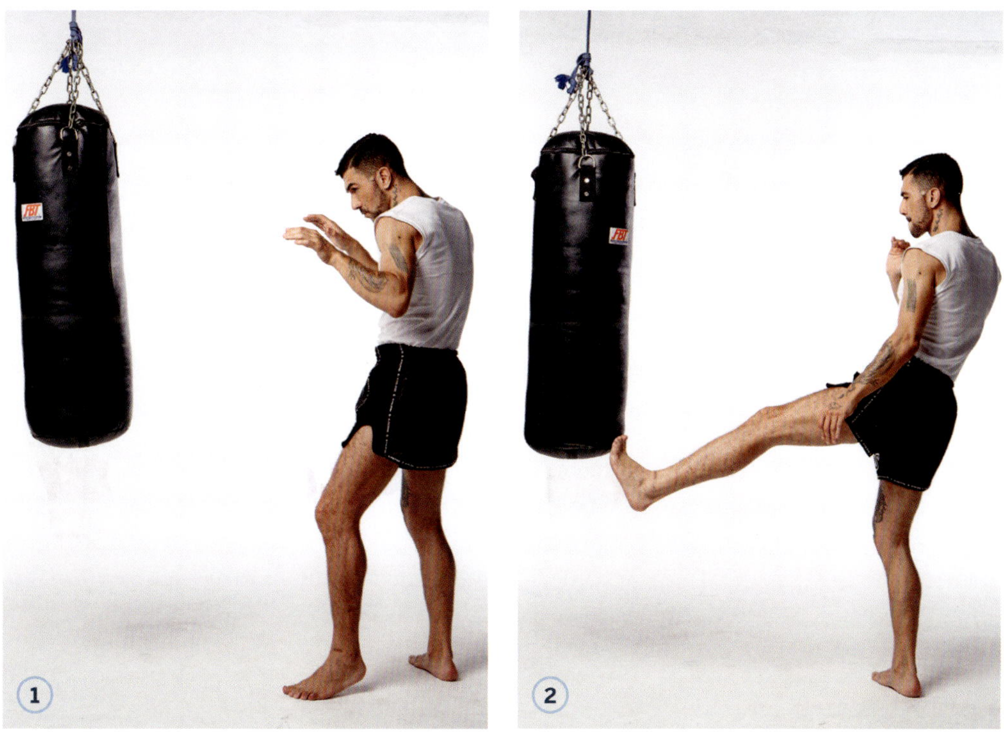

Der Tritt von unten in den Genitalbereich.

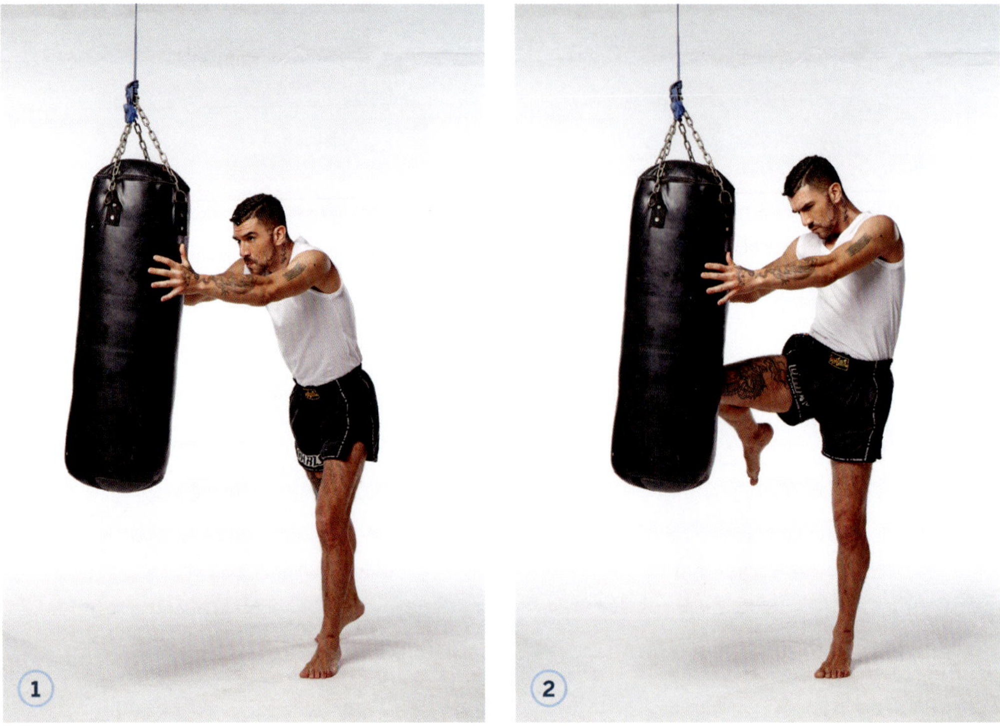

Der gerade Kniestoß mit Greifen.

Technikfolgen

Das Training von Technikfolgen dient dazu, dein intuitives Kampfverhalten zu fördern. Dies ermöglicht, dass du im Kampf effektiver agierst. Die Folgen kannst du in die Luft, an Boxsack, Maisbirne, Pratzen und am Partner üben. Wähle mindestens fünf Folgen pro Training aus. Sind Optionen angegeben, dann teste sie und wähle, was dir innerhalb der Folge gut gelingt. Mache pro Folge mindestens zehn Wiederholungen. Nach einer Wiederholung pausierst du einige Sekunden, um dann wieder explosiv und kraftvoll zu agieren.

Folge 1

1. Handballenstoß, Gerade oder Handkralle mit der vorderen Hand (Seite 61–64)
2. Hammerfaust, Seithaken, Schlag mit der Handaußenkante, kreisender Ellbogen oder Aufwärtsellbogen mit dem hinteren Arm (Seite 65/67/71–73/75/80)

Folge 2 (siehe Fotoserie)

1. Handballenstoß, Gerade, Handkralle, Seithaken oder Schelle mit der vorderen Hand (Seite 61–64/67/68)
2. Ellbogenstoß, Handballenstoß oder Gerade mit dem hinteren Arm (Seite 75/76/80/81/61–62/63)
3. Kniestoß mit dem hinteren Bein (Seite 83–85/86)

Folge 3 (siehe Fotoserie)

1. Handballenstoß, Gerade oder Handkralle mit der vorderen Hand (Seite 61/63/64)
2. Kniestoß mit dem vorderen Bein oder Tritt von unten zwischen die Beine (Seite 83/86/88)
3. Handballenstoß, Gerade, beidseitiger Ohrenschlag oder Ellbogenstoß mit dem hinteren Arm (Seite 61–62/63/70/75/80)

Folge 4

1. Handballenstoß, Gerade, Seithaken oder Schelle mit der hinteren Hand (Seite 61/63/67/68)
2. Kniestoß mit dem hinteren Bein (Seite 83/86)
3. Beidseitiger Ohrenschlag oder Ellbogenstoß mit dem vorderen Arm (Seite 70/75/76)

Folge 5

1.–2. Zwei Handballenstöße, Geraden oder Hammerfäuste von hinten (Seite 61/63/65)

3. Kniestoß mit dem hinteren Bein (Seite 83–85/86)

Folge 6

1. Aufwärtsellbogen/vorstoßender Ellbogen mit dem vorderen Ellbogen (Seite 80/81)
2. seitlicher Ellbogen mit dem hinteren Arm (Seite 75/76)
3. Kniestoß mit dem hinteren Bein (Seite 83/86)

Folge 7

1. Tritt von unten zwischen die Beine, stoßender Stopptritt oder Tritt zum Knie mit dem vorderen Bein (Seite 88/90/91)
2. Handballenstoß, Gerade, Handkralle oder Ellbogenstoß mit dem vorderen Arm (Seite 61–64/80/81)
3. Ellbogenstoß mit dem hinteren Arm (Seite 75/76)

Folge 8

1. Tritt von unten zwischen die Beine, stoßender Stopptritt oder Tritt zum Knie mit dem vorderen Bein (Seite 88/90/91)
2. Handballenstoß, Gerade, Hammerfaust, Seithaken, Schelle oder Ellbogenstoß mit dem hinteren Arm (Seite 61–62/63/65/67/68/80/81)
3. Ellbogenstoß oder Seithaken mit dem vorderen Arm (Seite 75/76/67)

Folge 9

Beginne mit dem Rücken zum Ziel.

1. Hammerfaust oder Ellbogenstoß zurück (Seite 65/77–78), dann Drehung
2. Handballenstoß, Hammerfaust oder Ellbogenstoß mit dem hinteren Arm (Seite 61–62/64/75/80)
3. Kniestoß mit dem hinteren Bein (Seite 83–85/86)

Folge 2

1. Du stehst in der Selbstschutzstellung (Seite 40–41) mit etwas Distanz zum Boxsack.
2. Stelle den vorderen Fuß vor und bringe einen vorderen Handballenstoß (Seite 61–62) an. Optional kannst du auch Gerade oder Handkralle (Seite 64/63) nutzen oder schnell von außen mit Seithaken oder Schelle (Seite 67/68) attackieren.
3. Folge mit einem kraftvollen kreisenden Ellbogen mit dem hinteren Arm (Seite 75), oder mit Handballenstoß oder Aufwärtsellbogen (Seite 61–62/80).
4. Ramme dein Knie von hinten in Höhe des Unterkörpers (Seite 83–85/86). Dazu kannst du aus der Distanz stoßen (wie in der Bildfolge) oder den Sack heranziehen. Stelle dein Stoßbein hinten ab und mache einen Schritt aus der Kampfdistanz heraus. Warte einen Moment, um Timing zu nehmen, bevor du explosiv den nächsten Durchgang ausführst.

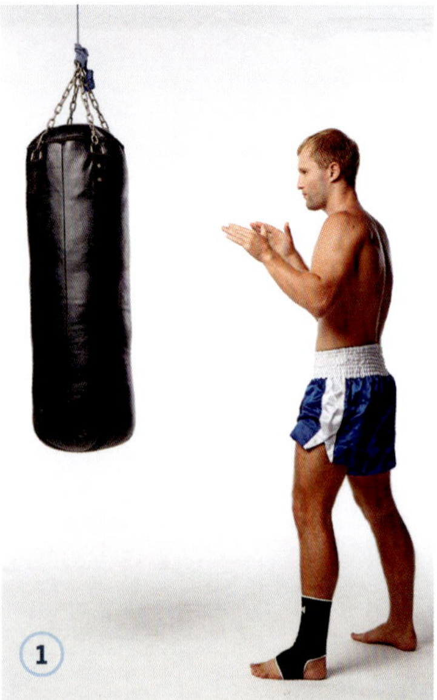

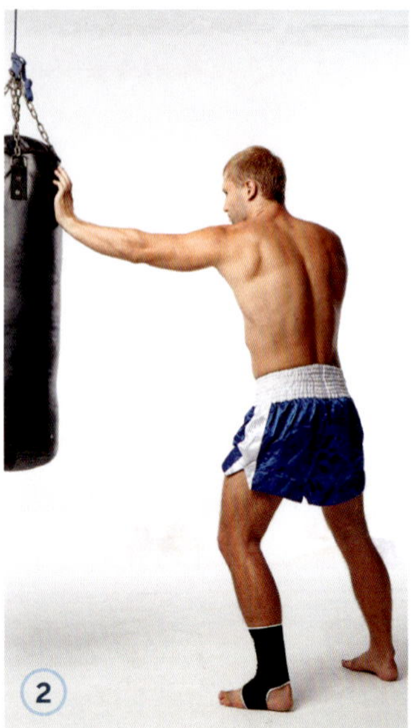

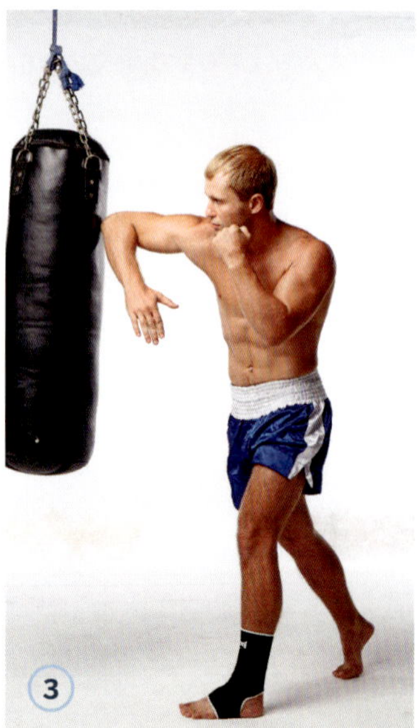

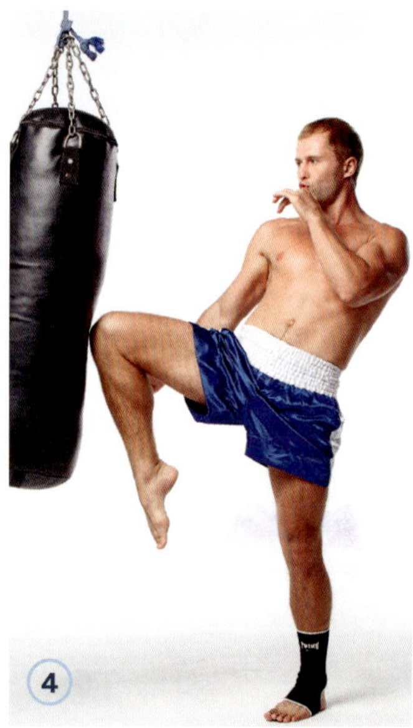

Folge 3

1. Du befindest dich in der Selbstschutzstellung (Seite 40–41) vor dem Trainer.
2. Nutze eine vordere Handkralle (Seite 64). Alternativen sind Handballenstoß oder Gerade (Seite 61–62/63).
3. Folge mit einem Tritt von unten zwischen die Beine (Seite 88) oder mit einem vorderen Kniestoß (Seite 83/86).
4. Stelle das Trittbein vorne ab und folge mit einem kraftvollen Aufwärtsellbogen oder vorstoßenden Ellbogen (Seite 80/81) mit dem hinteren Arm. Als Option kannst du Handballenstoß, Gerade, beidseitigen Ohrenschlag oder kreisenden Ellbogen nutzen (Seite 61–62/63/70/75). Bewege dich schnell in die Schutzposition zurück und mache einen Schritt aus der Kampfdistanz heraus. Warte einen Moment, bevor du mit der nächsten Folge startest.

1

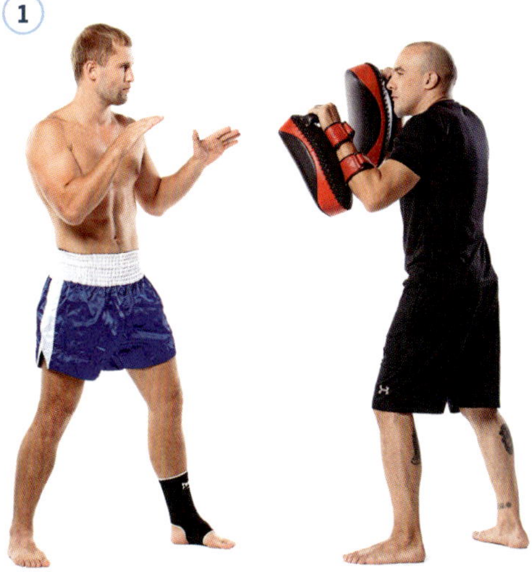

4

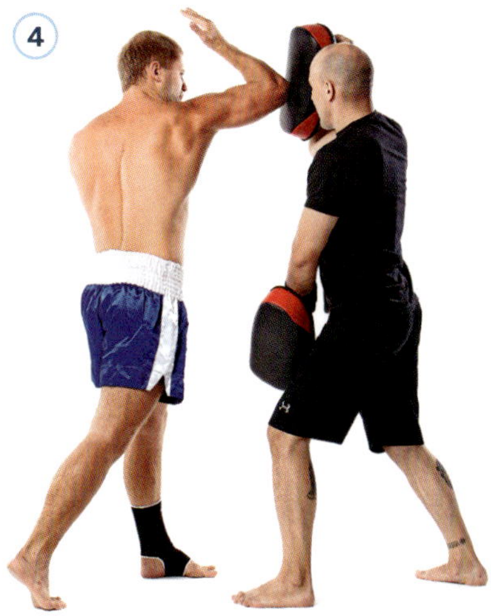

2

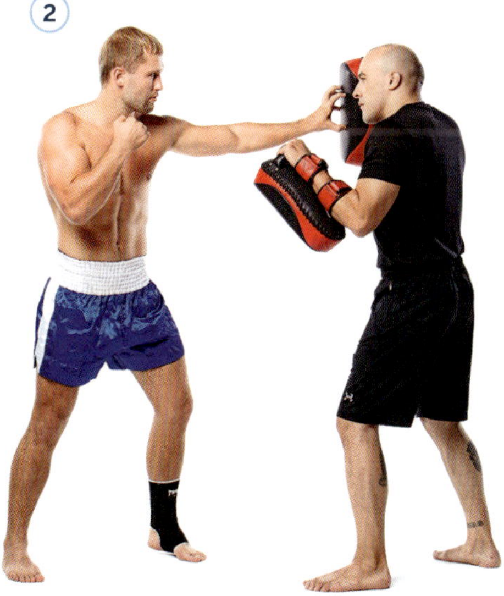

3

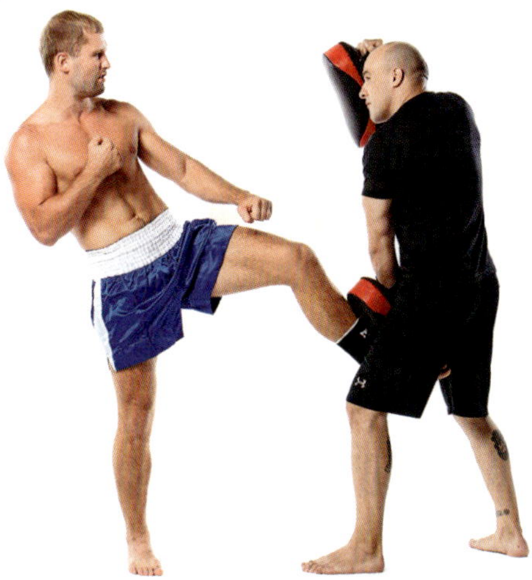

Präventivangriff

Damit der Präventivangriff im Kampf erfolgreich ist, musst du ihn vielfach üben. Beachte, dass die Voraussetzung für dieses Vorgehen sind: Du kannst die gefährliche Situation nicht verlassen, der Aggressor lässt sich nicht von seinem Vorhaben gegen dich abbringen kannst und du bist dir sicher, dass sein Angriff unmittelbar erfolgen wird (Seite 117–118). Visualisiere dir eine Situation in der die Voraussetzungen gegeben sind. Du bist beispielsweise in einer Kneipe und wirst von einem aggressiven Mann bedrängt und kannst ihm nicht ausweichen. Du hast eine Schutzhaltung aufgebaut und versuchst ihn zu beschwichtigen. Auch mit Grenzenziehen und einer deutlichen Botschaft, dass du keinen Streit willst, lässt er sich nicht von dir abbringen. Er belästigt dich weiter und du fühlst instinktiv, dass er gleich zuschlagen wird. Nun agiere präventiv mit deiner Schutzaktion.

Wähle drei präventive Kampftaktiken, die sich für dich anbieten (Seiten 118–128). Übe die Vorgehensweisen an einem Trainingsgerät explosiv und mit ganzer Kraft. Greife weiter an, und wenn das Trainingsgerät sich wegbewegt, dann nutze instinktiv Folgetechniken. Nach jedem Durchgang wartest du einige Sekunden, um dich zu konzentrieren, bevor du schließlich wieder explosiv attackierst. Auch das Partnertraining muss konzentriert durchgeführt werden, jedoch ohne Verletzungsrisiko für den Partner, so kann an den Pratzen kraftvoll geübt werden, aber am Partner vorsichtig, abhängig von der vorhandenen Schutzausrüstung.

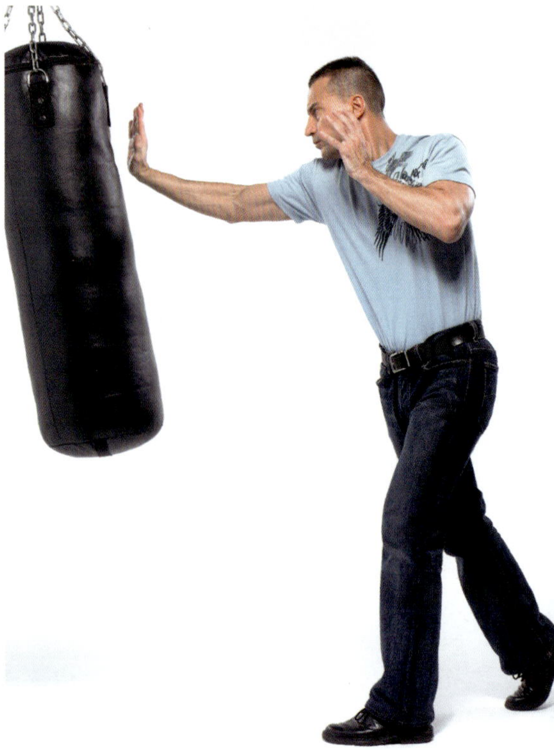

Übe deinen gewählten Präventivangriff am Boxsack explosiv und mit aller Kraft.

	Mögliches Vorgehen	Seite
M1	Direktes Attackieren	119
M2	Vorbereiten mit vorderer Hand, dann Attackieren von hinten	119
M3	Fixieren und Attackieren	119, 123, 124
M4	Angriffstechnik als Finte, dann Attackieren	120, 124
M5	Ablenkungsfrage, dann Attackieren	120, 125
M6	Täuschen, dann Attackieren	120-121, 126-128
M7	Flanking	121-122

Beispiel 1 (M 5)

1. Du visualisierst dir eine Ernstfallsituation, beispielsweise du wirst sehr aggressiv von einem Mann bedrängt. Du stehst ihm in einer wenig aggressiven Schutzhaltung (Seite 42–48) gegenüber, der Boxsack stellt den Gegner dar. Du kannst Trefferziele am Sack mit einem Tape markieren.
2. Stelle eine Ablenkungsfrage wie »Was willst du von mir?« und hebe dabei deine Hände seitlich hoch, um mit der Geste den fragenden Eindruck deutlicher zu machen und zudem deine Hände in Position zu bringen.
3. Schlage explosiv mit beiden Händen in Höhe der Ohren (Seite 70).
4. Greife weiter an. Hier werden dazu Halsgreifen und mehrere Kniestöße (Seite 84–85) genutzt. Wenn dir ein anderes Vorgehen besser gelingen sollte, dann variiere entsprechend. Danach stößt du den Sack mit den Unterarmen von dir weg und bewegst dich zurück. Konzentriere dich, bevor du den nächsten Durchgang startest.

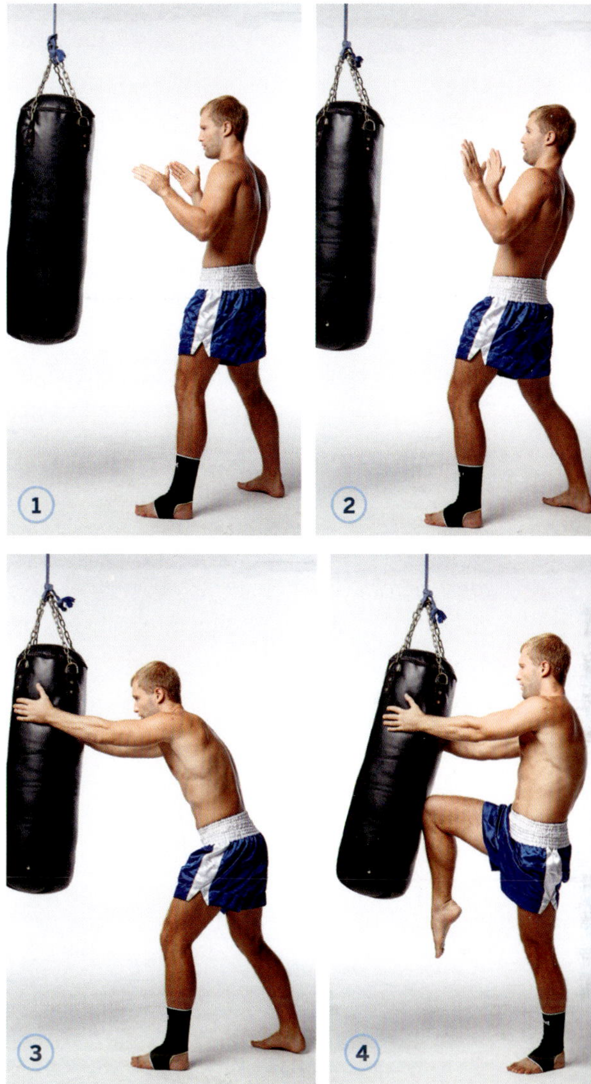

Geschütztes Vorstoßen

Das geschützte Vorstoßen ist ein sehr wichtiges Kampfprinzip (Seite 129–131), das im Ernstfall in vielen Situationen wirkungsvoll genutzt werden kann; vorausgesetzt, du hast es intensiv trainiert. Übe die drei folgenden Methoden an Boxsack und mit Partner:

1. Das präventive Vorstoßen aus der Fence heraus. Hierzu beginnst du in der Schutzhaltung, stellst explosiv den vorderen Fuß vor und stößt den vorderen Aufwärtsellbogen zum Ziel. Folge instinktiv mit weiteren Aktionen von der hinteren Körperseite. Begebe dich in die Ausgangsposition zurück, nimm einen Moment »Timing« und agiere dann wieder explosiv. Dies kannst du gegen Boxsack und Pratze üben.
2. Das Vorstoßen gegen einen seitlichen Schlagangriff. Das Vorgehen gegen den Schlag von außen kannst du mit Partner so üben, dass du in der Fence beginnst. Er schlägt schnell von außen zu, wobei er gleichzeitig eine stabile Pratze mit der anderen Hand vor sich hält,

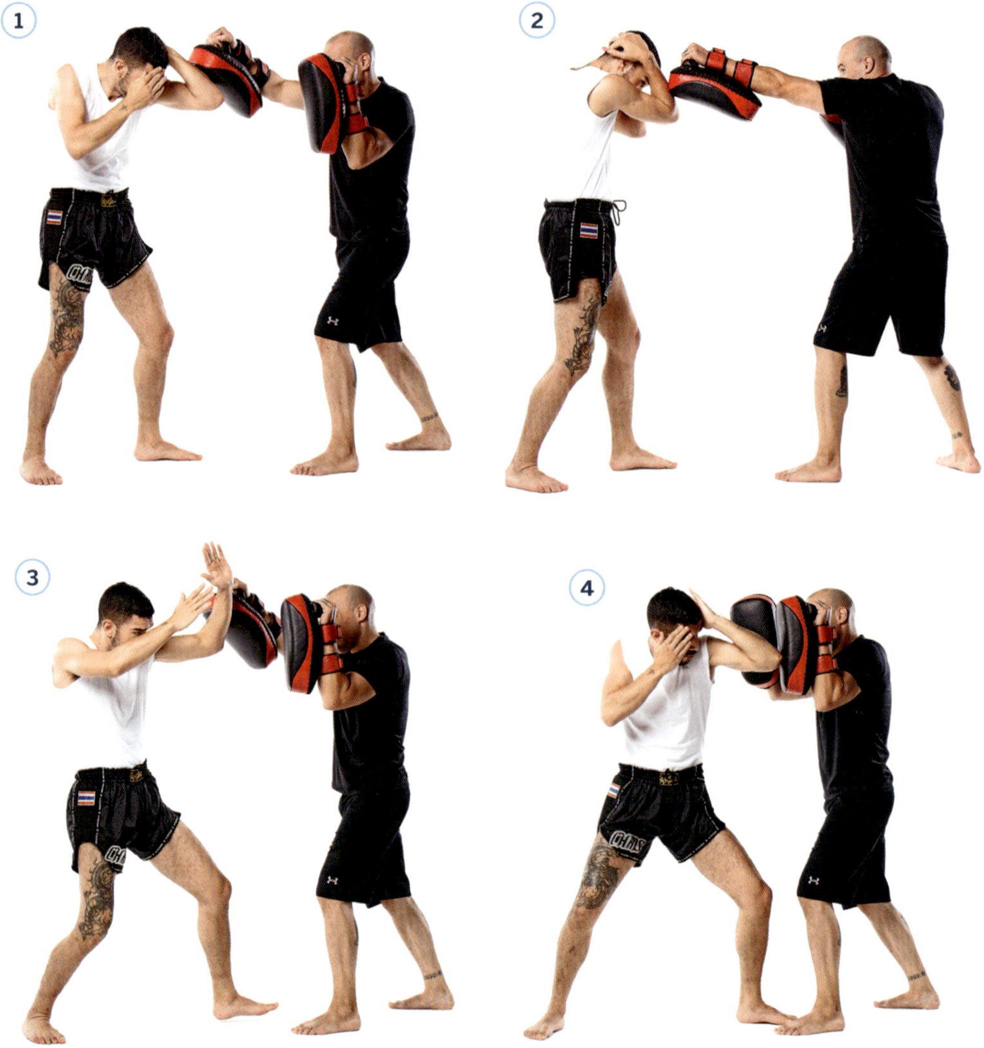

Das Verteidigen als Schutzangriff gegen plötzlichen Schlagangriff des Gegners, gefolgt vom Übergehen in den Angriff mit Schritt vor und Ellbogenstoß.

oder zumindest eine Boxhandschuh-Innenseite, wohin du dann stößt.

3. Das Vorstoßen nach Überraschungsangriff zum Kopf. Du stehst in der Ausgangssituation locker dar. Der Gegner nutzt Boxhandschuhe oder Pratzen (wie hier auf den Fotos) und schlägt überraschend zum Kopf. Du ziehst die Arme als Schutzreflex hoch. Er schlägt weiter und du musst so schnell wie möglich vorstoßen, um selbst zum Angreifer zu werden. Ziel ist so intensives Üben, dass deine natürliche Schutzreaktion zu einem Trigger wird, um von der Verteidigung in den Angriff überzugehen.

Das effektive Üben ist allerdings nicht einfach. Am besten wäre es, wenn der Gegner mit überraschenden Schlägen aus unterschiedlichen Positionen mit beiden Händen attackiert und du dann so schnell wie möglich vorstößt. Allerdings besteht dabei für ihn Verletzungsgefahr, da das Vorstoßen schwer kontrollierbar ist. Selbst wenn er einen Kopfschutz trägt und du Ellbogenschoner nutzt, bekommt er noch deutliche Wirkung ab. Als Option bietet es sich an, dass er Schläge macht und du solange verteidigst, bis er seine Handschuhinnenseite beziehungsweise Pratze hinhält und du dann dagegen stößt.

Schutzaktionen im Distanzkampf

Für deinen Selbstschutz musst du auch üben, dich zu schützen, wenn der Gegner aus der Distanz zuerst attackiert. Ziel ist, explosiv vorzugehen, um das Kampfgeschehen zu übernehmen, damit aus dem Angreifer das Opfer wird.

Überleg dir zusammen mit deinem Trainingspartner einige Ernstfallszenarien, die für euch relevant sind, z.B. ein Aggressor attackiert an der Bushaltestelle. Stellt die Situationen möglichst realitätsgetreu nach. Macht für jede Aktion jeweils mindestens zehn konzentrierte Wiederholungen. Übt konzentriert, aber nur mit geringer Härte, um Verletzungen zu vermeiden, und nutzt möglichst Schutzausrüstung. Attacken zu gefährlichen Körperstellen wie Augen, Hals, Genick und Augen werden nur angedeutet.

Wenn du alleine trainierst, kannst du dir die Situation visualisieren und dazu dein Kampfverhalten in die Luft üben. So kannst du die Abläufe in Erinnerung rufen, allerdings ist das kein Ersatz für das Training mit Partner.

	Technik	Übung	Seite
1	Verteidigung gegen geraden Schlag oder gerades Greifen	Wegleiten, dann Tritt	133
2	Verteidigung gegen Schlag von außen	Block, dann Aufwärtsellbogen	134
3	Kampfaktion gegen Kick von außen	Block, dann Gerade/Handballenstoß	135
4	Kampfaktion gegen Tritt von vorne	Wegleiten, dann Seithaken	136
5	Kampfaktion gegen Tritt von unten	Block, dann kreisender Ellbogen	137
6	Kampfaktion gegen Kniestoß aus der Distanz	Vorwärtstritt, dann kreisender Ellbogen	138
7	Kampfaktion gegen Vorspringen und Greifen	Handballenstoß, dann Kniestoß	139

Befreiungstechniken

Eine reale Situation ist dynamisch, d.h. wenn der Gegner dich greift, wird er dich nicht lange in der gleichen Position halten, sondern weiter attackieren. Demnach bedeutet Selbstschutz nicht, dass du Befreiungsaktionen auswendig lernst und die Voraussetzungen dann genau so im Kampf vorfindest. Vielmehr trainieren wir unsere Kampfinstinkte, d.h. schnell im Ernstfall aktiv zu werden, mit effektiven Aktionen.

Wähle pro Trainingseinheit etwa fünf der aufgelisteten Situationen aus und übe das Vorgehen vielfach. Trainiere mit Partner konzentriert, aber nur mit geringer Härte, um Verletzungen zu vermeiden, und nutze möglichst Schutzausrüstung. Attacken zu gefährlichen Körperstellen wie Augen, Hals, Genick und Augen werden nur angedeutet. Es ist ratsam, zusätzlich einen Selbstverteidigungskurs zu besuchen, bei dem du die Techniken im Szenario-Training mit unterschiedlichen Partnern üben kannst.

Als Ergänzung kannst du alleine üben und die Befreiungen in die Luft ausführen; dies hilft dir dabei die Techniken einzuprägen, stellt jedoch keinen Ersatz für das Üben mit Partner dar.

TEIL 8

SOLOTRAINING IM VEREIN

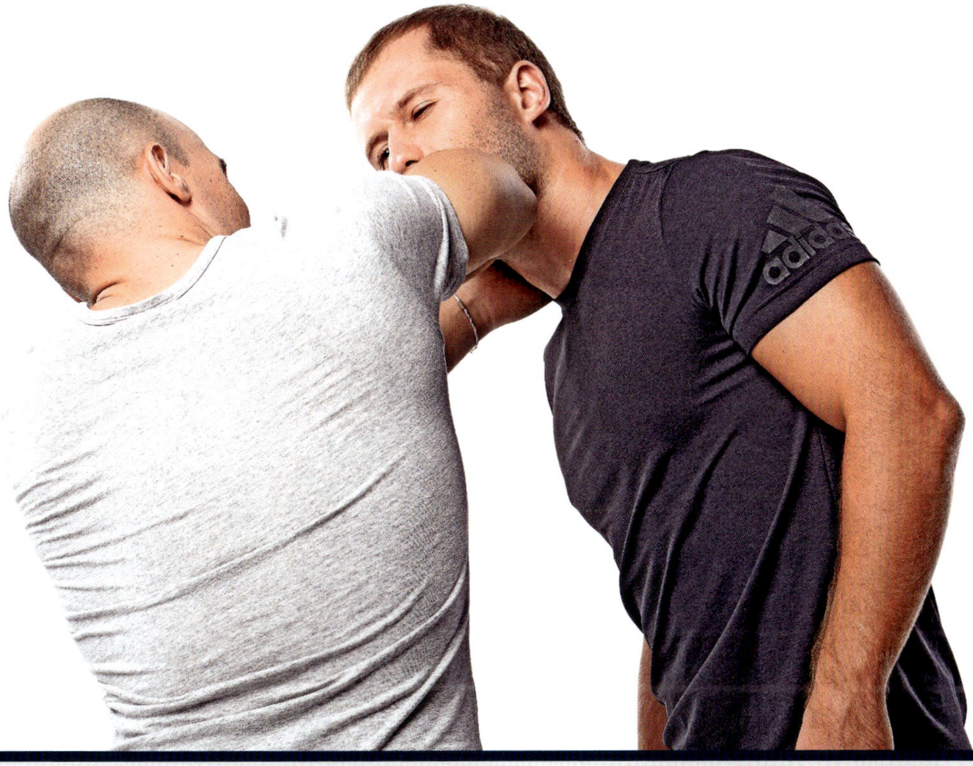

GRUNDLAGEN

In dem Buch sind die Grundlagen zum Selbstschutz beschrieben. Selbstverständlich ist es notwendig, dass du die vorgestellten Übungen und Techniken auch durchführst. Übe nicht nur allein, sondern mit unterschiedlichen Partnern. Es ist sinnvoll, dass du Selbstschutz für einige Zeit auch in einem Verein unter Aufsicht eines Trainers übst.

Training im Kampfsportverein

Das Kampfsporttraining im Verein kann dir auch beim Selbstschutz helfen. Wie groß diese Effekte für den Selbstschutz sind, ist davon abhängig wie intensiv und welche Kampfsportart du trainierst. Es muss dir bewusst sein, dass Kampfsport und Selbstschutz nicht dasselbe sind.

Im Kampfsporttraining übst du in Trainingskleidung und unter Rahmenbedingungen, welche die Verletzungsgefahr minimieren sollen wie Matten oder Schwungboden. Du wärmst dich auf, um dich auf das Training körperlich und mental vorzubereiten. Dann erfolgt das Techniktraining. Wenn du mit Partner übst, sind Techniken und Bedingungen festgelegt. All dies wirst du im Ernstfall nicht vorfinden. Außer der Aufwärmphase und dem Techniktraining werden im Kampfsport oft noch einige Fitnessübungen sowie eine Abwärmphase ausgeführt. Für das Ernstfalltraining bleibt nur wenig Zeit; in einigen Vereinen wird es gar nicht geübt.

Kampfsporttraining verbessert deine Fitness und hilft dir, dich im Ernstfall besser zu behaupten, insbesondere wenn du Vollkontakt trainierst. Das Training ist sinnvoll, wenn es dir

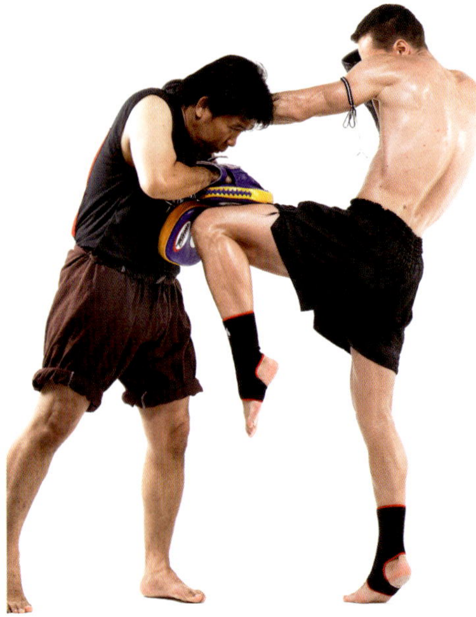

Pratzentraining ist ein wichtiger Bestandteil im Training.

Spaß bereitet. Unter dem Aspekt des Selbstschutzes darfst du allerdings nicht nur reines Sporttraining machen. Für das Ernstfalltraining sind Mindset, Techniken und Angriffsziele aus dem Kampfsport an die veränderten Begebenheiten anzupassen.

Wenn du im Kampfsportverein trainierst, und das Selbstverteidigungstraining dort nicht umfassend abgedeckt wird, dann solltest du zumindest für einige Wochen einen Selbstverteidigungskurs besuchen. Achte darauf, dass in dem Kurs das Verhalten für häufig auftretende Ernstfallszenarien geübt wird.

Hintergründe

Traditionelle Kampfkünste wurden vor Jahrhunderten entwickelt, um sich gegen einen gefährlichen Angriff oder in einer kriegerischen Auseinandersetzungen behaupten zu können, das heißt, um effektiv zu kämpfen, wenn keine Hieb- oder Stichwaffe verfügbar war beziehungsweise diese verloren ging. Die Entwicklung von Schusswaffen hat dazu geführt, dass die Kampfkünste bei der Kriegsführung nicht mehr dieselbe Bedeutung haben. Auch wurden Modifikationen vorgenommen, damit das Vergleichen in sportlichen Wettkämpfen möglich wurde. Dies ist beispielsweise im traditionellen Muay Boran hin zu Muay Thai (Thai-Boxen) als sportlichem Wettkampf erfolgt. Es wurden zudem Kampfsportarten wie das Kickboxen neu entwickelt.

Es wurden auch Selbstverteidigungssysteme wie Krav Maga und Combatives entwickelt, mit dem Ziel, ein umfassendes, auf aktuelle Anforderungen ausgerichtets Ernstfalltraining anzubieten. In diesen Systemen finden sich Techniken aus den unterschiedlichen Kampfsport- und Kampfkunststilen. In manchen Systemen wird sehr intensiv trainiert, was nicht nur von Stil sondern auch vom Trainer abhängig ist. Beabsichtigst du regelmäßig Selbstverteidigung in einem Verein zu trainieren, dann prüfe, unter welchen Voraussetzungen und für welche Zielgruppe das Kampfsystem entwickelt wurde; sowie ob Trainer und Trainingsgruppe sich für dich eignen.

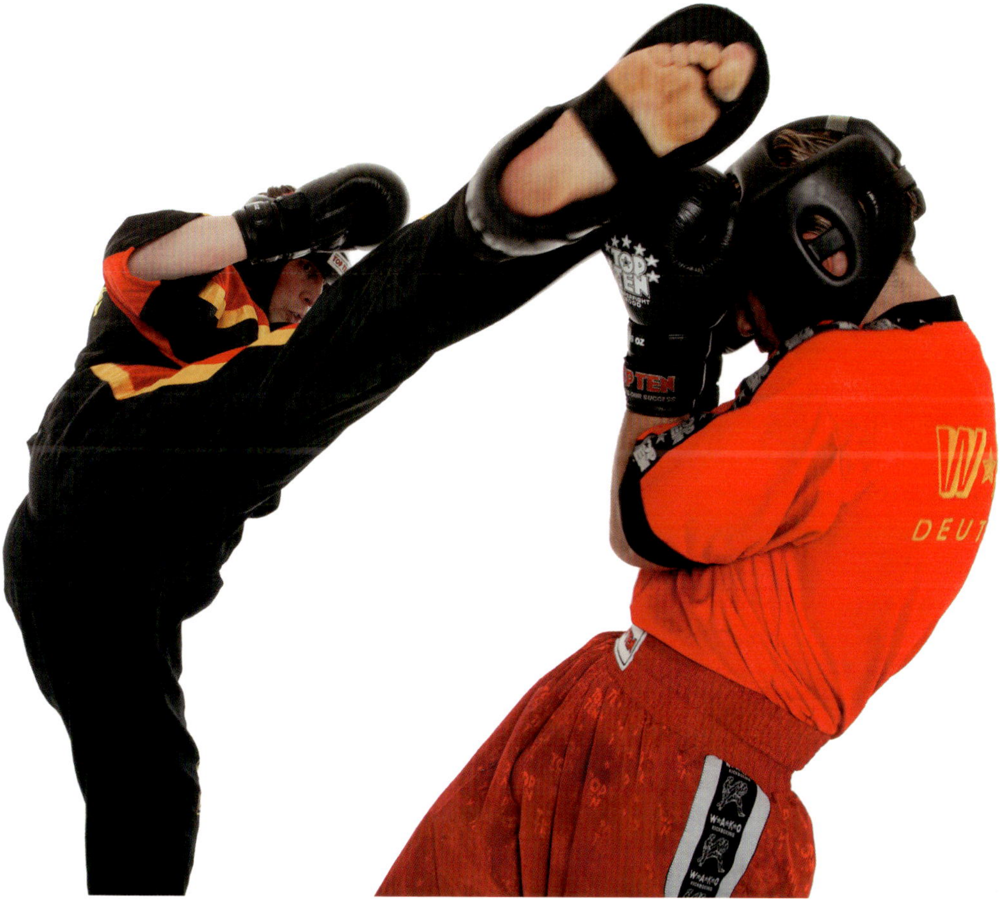

Vollkontaktsparring vermittelt Kampfinstinkte.

Techniken im Ernstfall

Im Kampfsport lernst du festgelegte Techniken kraftvoll, schnell und präzise einzusetzen sowie Verteidigungen gegen Techniken aus der trainierten Disziplin. Du entwickelst dabei auch Distanzgefühl und Timing für das reale Kämpfen. Übst du dich im Vollkontakt, dann erfährst du zudem, wie du nach Trefferwirkung schnell wieder in den eigenen Angriff übergehst. Dies kann dir im Ernstfall dabei helfen, dass du bei einem Angriff weniger oder kaum in Schockstarre gerätst und weiter kampffähig bist. Allerdings bewegst du dich beim Kampfsport innerhalb von Regeln, damit ein Kräftemessen unter sportlichen Aspekten möglich ist. Die Angriffsziele sind eingeschränkt, die Techniken sind festgelegt und in Wettkämpfen auch die Gewichtsklassen.

Ein Gegner verhält sich im Ernstfall nicht wie ein Partner im Gym. Er kann mit Techniken angreifen, die im Kampfsport als unsauber gelten und verboten sind. Er greift überraschend an, und versucht dich zu besiegen und zu verletzen; Regeln sind ihm gleichgültig. Sein Angriffsverhalten ist selten vorhersehbar – alles ist möglich und denkbar, es gibt keine Fairness im realen Kampf. Er kann z. B. deine Augen abdecken, um dann sein Knie in deine Genitalien zu rammen, oder er täuscht mit einer Finte zum Schienbein an, um dir dann kraftvoll ins Gesicht zu schlagen. Zudem kann er dir ins Gesicht spucken, um dann anzugreifen, oder er schlägt einfach direkt kraftvoll zu mit Faust, Flasche oder Glas.

Im Selbstverteidigungsverein werden zumeist realistische Techniken mit der Zielsetzung geübt, sich im Ernstfall zu behaupten. Aber auch hier gibt es Einschränkungen, denn der Partner darf schließlich nicht verletzt werden. Einige Gruppen trainieren sehr intensiv; andere hingegen trainieren eher lasch – da kann dann ein intensives Vollkontakttraining im Kampfsportverein eine bessere Ernstfallvorbereitung darstellen. Es lässt sich nicht pauschalisieren, was die beste Vorbereitung für den Ernstfall ist.

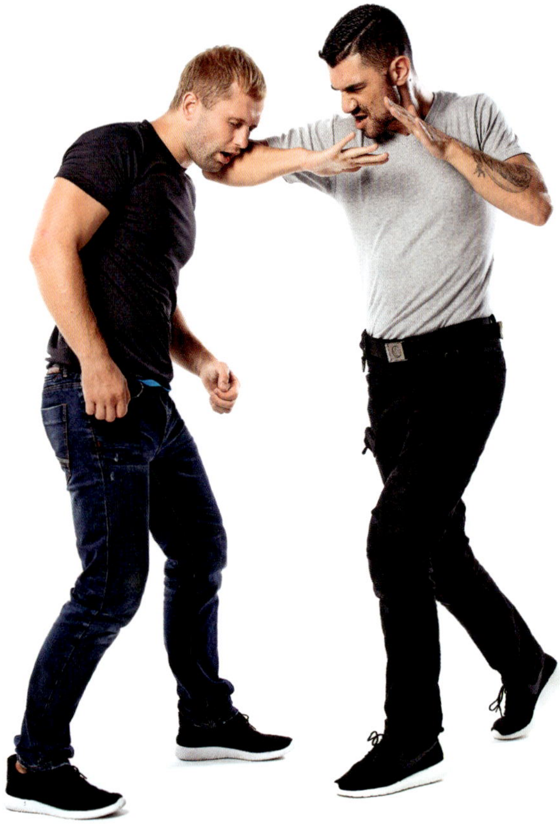

Der Ernstfall ist schnell und brutal.

KRITISCH BLEIBEN

Es gibt einige Trainer, die von sich behaupten, das effektivste Kampftraining zu unterrichten und sich auch entsprechend bewerben, um möglichst viele Mitglieder zu gewinnen. Ein System kann zwar effektive Techniken beinhalten, allerdings entscheiden viele Faktoren über den Ausgang eines Kampfes. Es ist als kritisch anzusehen, wenn Schüler vermittelt bekommen, das beste System zu beherrschen; im realen Kampf können sie eine böse Überraschung erleben. Im Ernstfall gibt es keine Garantie für einen Sieg, unabhängig davon welchen Kampfsport oder welches Kampfsystem du trainierst.

In jedem Kampfsport lassen sich Techniken finden, die auch im Ernstfall effektiv sind. Für das Selbstverteidigungstraining muss der Kampfsportler die Techniken seiner Disziplin hinterfragen und sie gemäß den Anforderungen einer Notwehrsituation anpassen. Überlege dir, wohin du die Technik einsetzen kannst und welche Technikmodifikation sinnvoll ist.

Hohe Kicks sind wichtiger Bestandteil im Kampfsport, im Ernstfall werden sie eher nicht empfohlen. Als Kicker bist du in diesem Moment anfällig für einen gefährlichen Konter; der Gegner kann gegen dein Standbein oder in deine Genitalien treten. Bist du ein guter Kicker kannst du trotzdem im Straßenkampf mit einem hohen Kick erfolgreich sein, sogar ein K.o. erzielen; jede reale Situation stellt sich anders dar.

Im Kampfsport wird Schutzkleidung verwendet, wodurch Ziele und Techniken sich etwas anders als im Ernstfall darstellen. Schlägst du im Ernstfall eine kraftvolle Gerade zum Kopf, dann könntest du dir Knöchel brechen. (Die Gefahr wird geringer, wenn du Handschuhe auf der Straße trägst.). Aufgrund dessen wird oft der Handballstoß zum Kopf für den Ernstfall empfohlen. Es gibt aber auch zahlreiche Vollkontaktsportler die im Ernstfall mit der Faust zum Kopf schlagen, da sie diesen Schlag jahrelang geübt haben, und sich dabei nicht verletzen. Triff eine Entscheidung über deine Ausführung und trainiere diese.

Mache dich mit den tatsächlichen Anforderungen eines Ernstfallkampfes vertraut und trainiere entsprechend. Behalte im Bewusstsein, dass kein Ernstfallgegner wie dein Partner im Gym angreift, sondern er will siegen und wird brutal vorgehen. Werde kein bedingungsloser Verfechter deines Kampfstils, der über Jahre hinweg immer nur das Gleiche trainiert und rede dir nicht ein, damit optimal vorbereitet zu sein. Viele Schwarzgurtträger haben im Ernstfall eine böse Überraschung erlebt.

Auch das Training in einem Selbstverteidigungsverein ist nicht identisch, mit dem was im Ernstfall auf dich zu kommen wird. Das Szenario-Training kann zwar recht realistisch gestaltet sein, und somit recht gut vorbereiten, es bietet aber keine Sicherheit. Bedenke, nur weil du ein bestimmtes System trainierst, bist du deshalb noch lange nicht unbesiegbar und selbst wenn du den Kampf gewinnst, kannst du danach noch schwerwiegende Probleme vor Gericht oder in Form einer Racheaktion bekommen. Eine definitive Sicherheit bringt nur, wenn du der Kampfsituation im Vorfeld durch Aufmerksamkeit aus dem Weg gehen kannst.

AUSWAHL EINES SELBSTVERTEIDIGUNGSKURSES

Aufgrund der vielen Gewaltberichte haben sich auch Nachfrage und Angebot von Selbstverteidigungskursen vervielfacht. Problematisch ist, dass sich jeder als Selbstverteidigungstrainer bezeichnen kann, denn es gibt keine gesetzlich vorgeschriebene Ausbildung. Falls der Trainer ein renommiertes Kampfsystem unterrichtet, dann ist seine Überprüfung innerhalb des Systems erfolgt; was eine gute Voraussetzung sein kann, aber nicht immer genügt.

Manche Trainer bewerben ihre Kurse mit dem Versprechen, dass die Schüler danach für alle Ernstfallsituationen gewappnet seien. Sogar für kurzzeitige Kurse werden solche Werbeversprechen gemacht. Zudem gibt es Trainer, die sich als große Straßenkämpfer darstellen und behaupten, zahlreiche gefährliche Gegner besiegt zu haben. Grundsätzlich lässt sich festhalten, dass je mehr ein Trainer verspricht und umso zweifelhafter seine Kampfberichte sind, desto wahrscheinlicher ist er als Trainer ungeeignet. Weiterhin lassen sich Trainer finden, die zwar kämpfen können, aber nicht auf die Bedürfnisse der Kursteilnehmer eingehen und sogar ihre Aggressionen an Schülern ablassen – manche sollten nicht unterrichten.

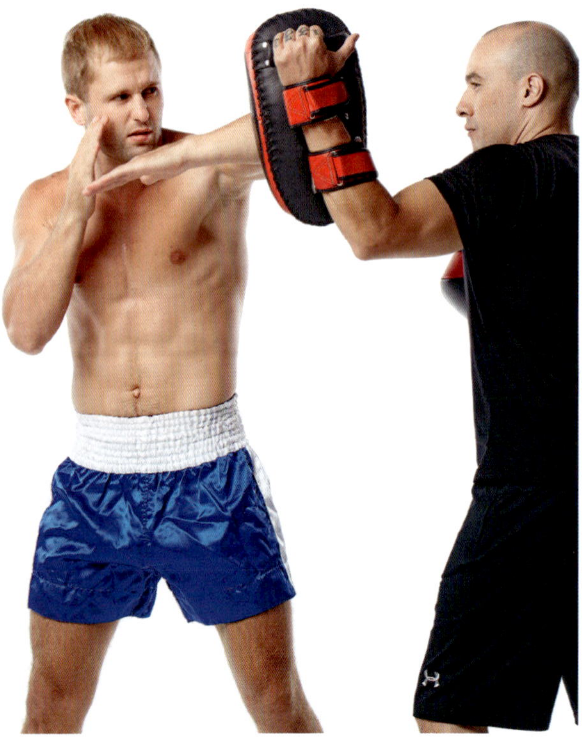

Suche nach einem motivierten und verantwortungsvollen Trainer.

Selbstverteidigungskurs

Es gibt viele sinnvolle Konzepte, sodass ich kein bestimmtes Kampfsystem empfehlen kann. Ein guter Trainer kann aus den meisten Kampfsystemen ein sinnvolles Programm zusammenstellen; es gibt aber auch genügend schlechte Kursangebote.

In einem guten Selbstschutzkurs lernst du gefährliche Situationen zu erkennen und zu vermeiden. Du übst dich im Ernstfall zu positionieren und so möglicherweise den Kampf zu vermeiden und du lernst effektiv zu kämpfen. Zudem soll im Kurs das Verhalten nach der Ernstfallsituation besprochen werden.

Der Kurs sollte sich mit für dich relevanten Ernstfallsituationen befassen. Dies kann beispielsweise eine Attacke eines angetrunkenen Aggressors auf einem Volksfest sein, in der Kneipe oder Diskothek. Weitere Trainingsszenarien könnten sein: Eine aggressive Männergruppe auf dem Nachhauseweg oder eine oder mehrere Personen, die sich nähern und dich dann bedrohen, um dich auszurauben.

Du kannst im Internet nach einem Kurs in deiner Nähe suchen oder bei der zuständigen Polizeidienststelle nachfragen. Interessiert dich ein Kurs, dann suche den Trainer für ein Vorgespräch auf, um dich über seine persönliche Qualifikation und das Kurskonzept zu erkundigen. Das Selbstschutztraining ist eine sensible Thematik und du musst Vertrauen zum Kursleiter haben, deshalb sollte ein Vorgespräch erfolgen.

Positive Kriterien für den Kurs

- Der Kurs umfasst mindestens 8-10 Trainingseinheiten; besser jedoch mehr.
- Es trainieren maximal 15 Personen.
- Der Kursraum ist vor Zuschauern geschützt und ermöglicht intensives Training.
- Unterschiedliche Kurse für Anfänger und Fortgeschrittene werden angeboten.
- Geräte wie Pratzen und Schutzausrüstung werden genutzt.
- Der Kurs umfasst Inhalte zu Aufmerksamkeit, Grenzenziehen und Kampftechniken.
- Rollenspiele mit Ernstfallsituationen werden durchgeführt.
- Es besteht kein Teilnahmezwang an intensiven Rollenspielen.

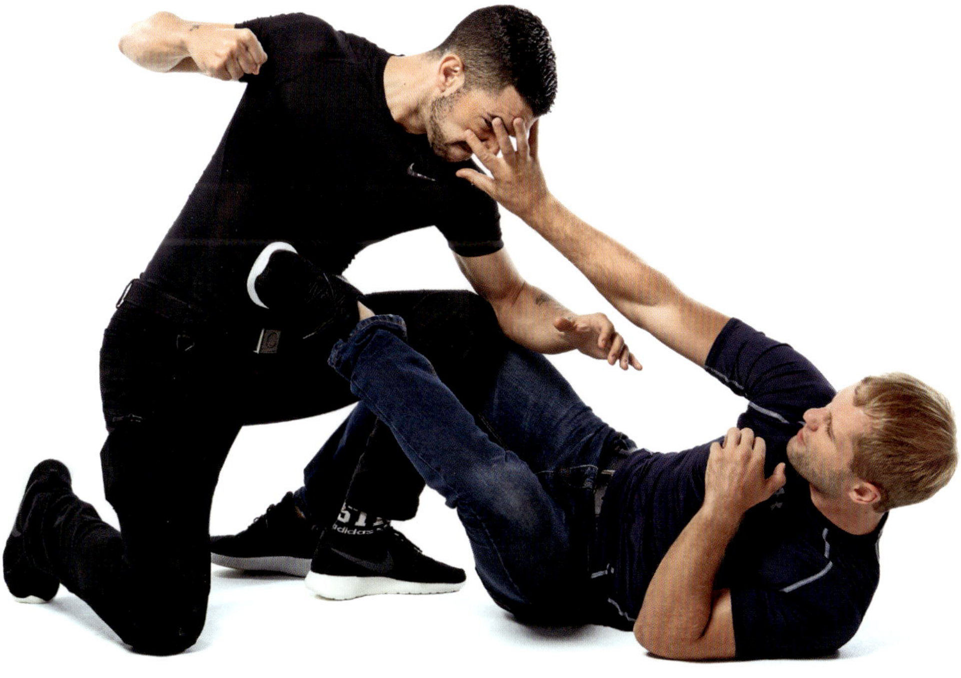

Intensives Kampftraining muss unter Aufsicht eines Trainers erfolgen und die Aktiven verantwortungsvoll miteinander umgehen.

Kursleiter

Ziel des Selbstschutztrainings ist die Kursteilnehmer vorzubereiten und ihr Selbstvertrauen zu stärken, ohne ihnen dabei falsche Sicherheit vorzutäuschen. Demnach ist ein motivierender, freundlicher Kursleiter zu empfehlen, der auf die Bedürfnisse der Kursteilnehmer Rücksicht nimmt und auch auf eventuelle negative Gewalterfahrungen eingehen kann. Jahrelange Erfahrung als Polizist und erfolgreiche Wettkampfteilnahme sind keine ausreichenden Kriterien für einen guten Trainer, auch wenn dies natürlich nicht schadet.

Eine Entwicklung im Selbstschutztraining ist, dass man immer näher an der Realität trainieren will wie z.B. beim Combatives-Training. Beim realitätsnahen Training erscheinen nun einige Personen, die sich als Trainer bezeichnen, aber ohne jegliche pädagogische Erfahrung sind. Es kann vorkommen, dass eine solche Person auf seinen Schüler hart einschlägt, um ihn angeblich auf das Kämpfen vorzubereiten. Der Selbstschutz ist ein umfassendes Konzept, wenn dir deine Intuition sagt, dass der Trainer nicht für dich geeignet ist, dann wähle einen anderen. Es gehört auch zum Selbstschutz, dass du dir unangebrachtes aggressives Vorgehen eines Trainers nicht gefallen lässt.

Der Kursleiter muss die Grenzen des Selbstschutzkurses deutlich machen. Vermeide hingegen jeden Kursleiter der offensichtlich falsche Sicherheitsversprechen macht, um für seinen Kurs zu werben.

Positive Kriterien für den Trainer

- Der Trainer nimmt sich Zeit für ein Vorgespräch.
- Er ist über aktuelle Gewaltproblematiken informiert.
- Er geht auf deine Fragen ein und du fühlst dich gut beraten.
- Er wirkt positiv motivierend.
- Er vermittelt sein Schutzkonzept überzeugend.
- Er besitzt Fachkompetenz und Trainererfahrung.
- Er kennt regionale Hilfsstellen und ist mit diesen vernetzt.

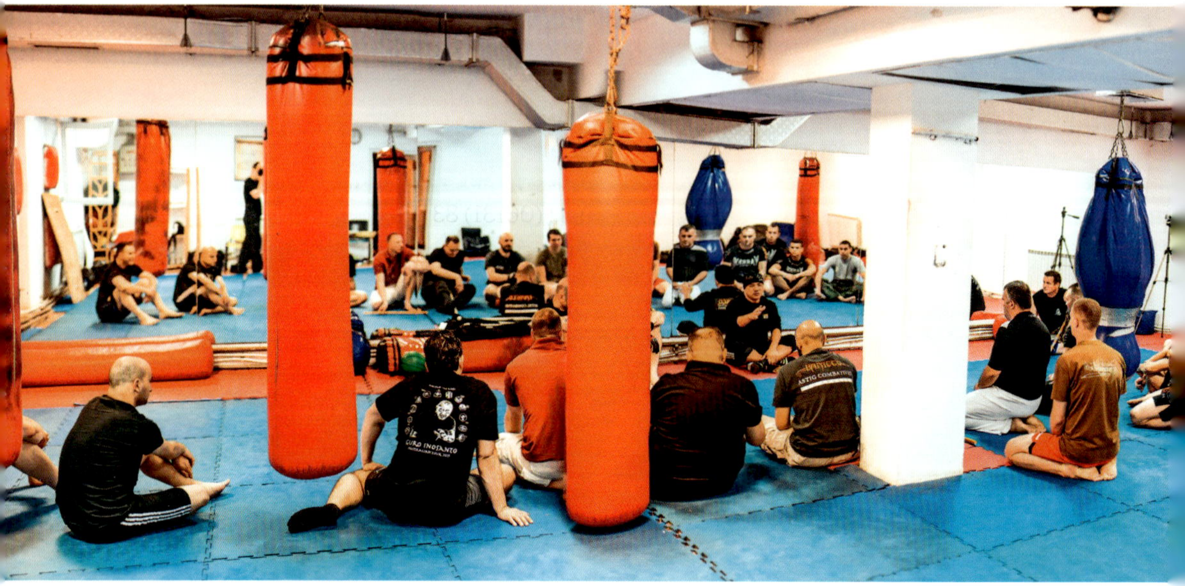

Suche nach einem für deine Ansprüche geeigneten Trainer und Kurs.

WICHTIGE HILFSSTELLEN

Wirst du Opfer einer Gewalttat, dann kann es sein, dass du Hilfe benötigst, um die Tat zu verarbeiten. Versuche die Geschehnisse nicht zu verdrängen, sondern spreche darüber mit Familie, Freunden und/oder Vertrauensperson. Dies ist insbesondere wichtig, wenn du eine solche Form von Gewalt noch nicht erlebt hast. Manche Gewaltopfer benötigen professionelle Hilfe. Hier erfährst du einige Anlaufstellen, die nach einer Gewalttat oder zur Verhinderung kontaktiert werden können. Für weiterer Möglichkeiten nahe deinem Wohnort kannst du bei der zuständigen Polizeidienstelle nachfragen und dich an »Weißer Ring e. V.« wenden.

Notruf

Wähle im Notfall die allgemeine Notrufnummer 110. Nutze diese Nummer zur Verhinderung von schweren Verbrechen gegen dich und/oder andere Menschen oder um danach Hilfe zu erhalten.

Polizei

Du kannst die nächstgelegene Polizeidienststelle kontaktieren. Dort bekommst du wichtige Informationen und auch Adressen zur Verbrechensbewältigung. Die Polizei bietet zudem online Informationen zur Verhinderung und Aufbereitung von Gewaltverbrechen an.

Polizeiliche Kriminalprävention der Länder
und des Bundes
Zentrale Geschäftsstelle
Taubenheimstraße 85, 70372 Stuttgart
Telefon (0711) 5401–2062
www.polizei-beratung.de

Weißer Ring e. V.

Der gemeinnützige Verein ist eine bundesweite Hilfsorganisation für Kriminalitätsopfer und ihre Familien. Er dient der Unterstützung von Opfern und der Vorbeugung vor Straftaten.

Weißer Ring e. V., Bundesgeschäftsstelle
Weberstraße 16, 55130 Mainz
Tel.: (06131) 83 03–0
Bundesweites Info-Telefon: 01803–343434
www.weisser-ring.de

Literatur

Albrecht, M./Rudolph, F.: Gewalt – Selbstschutz gegen Schläger, Chemnitz 2014.

Delp, C.: Kampfsport Solotraining, 2. Aufl., Stuttgart 2018.

Delp, C.: Thai-Boxen basics, 3. Aufl., Stuttgart 2018.

Delp, C.: Fit mit Faszientraining: Schmerzfrei in Sport und Alltag, Stuttgart 2017.

Delp, C.: Wehr Dich! Wie du gefährliche Situationen erkennst und abwehrst, München 2017.

Delp, C.: Funktionelles Hanteltraining, München 2016.

Delp, C.: Krafttraining für Kampfsportler, Stuttgart 2016.

Delp, C.: Muay Thai DVD – Die komplette Serie, 4. Aufl., Lampertheim 2016.

Delp, C.: Muay Thai DVD – Grundtechniken, 3. Aufl., Lampertheim 2016.

Delp, C.: Muay Thai DVD – Training und Technik, 2. Aufl., Lampertheim 2016.

Delp, C.: Power für echte Kerle, Stuttgart 2016.

Delp, C.: Medizinball-Training, München 2015.

Delp, C.: Perfektes Hanteltraining, 5. Aufl., Stuttgart 2015.

Delp, C.: Dehnen für Kampfsportler, 2. Aufl., Stuttgart 2014.

Delp, C.: Kickboxen Basics, 2. Aufl., Stuttgart 2014.

Delp, C.: Perfektes Training für Bauch und Rücken, Stuttgart 2013.

Delp, C.: Fitness für Kampfsportler, 3. Aufl. Stuttgart 2013.

Delp, C.: Thai-Boxen Training, Stuttgart 2012.

Delp, C.: Selbstverteidigung verständlich gemacht, München 2005.

Häckel, A.: Selbstverteidigung die funktioniert, Stuttgart 2004.

Konarek, L.: Selbstverteidigung im Straßenkampf, Rottenburg 2017.

McCann, K.: Combatives For Street Survival, 3. Aufl., Valencia (USA) 2013.

Miller, R.: Facing Violence: Preparing for the Unexpected, Wolfeboro (USA) 2011.

Morrison, L.: The Complete Book of Urban Combatives, Boulder (USA) 2015.

Quinn, P.: Das Straßenkampf Handbuch, Verteidigung gegen Überraschungsangriffe, Schlägertypen und Hinterhalte, Buchholz 2003.

Reinisch S./Türl P./Marek M.: Combatives – Konsequente Selbstverteidigung, Stuttgart 2016.

Ade-Or Imi/Yabilov, E.: Krav Maga. How to defend yourself against armed assault. Berkeley (USA) 2001.

Thompson, G.: Dead Or Alive, 3. Aufl., Chichester (UK) 2012.

Wiseman, J.: City Survival. Das Handbuch zur Selbstverteidigung, 3. Aufl., Stuttgart 2002.

Internetadressen

www.alle-schuetzenvereine.de/kleiner-waffenschein/ (Zugriff am 03.01.2018)

www.anwalt.de/rechtstipps/kleiner-waffenschein-voraussetzungen-und-verbote_077425.html (Zugriff am 03.01.2018).

www.krisenpakete.de (Zugriff am 03.01.2018)

www.polizei-beratung.de (Zugriff am 03.01.2018)

Darsteller

Andrei Kasushkin
Kampfsport: MMA, Boxen, Muay Thai
Kämpfer, Trainer, Stuntman

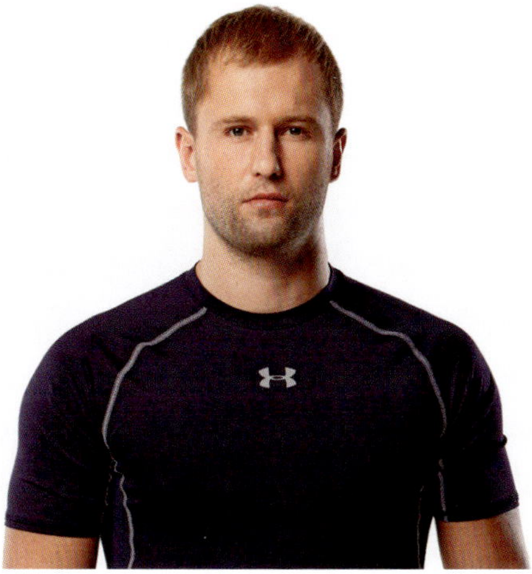

Hicham Hachem
Kampfsport: Muay Thai, Karate
85 professionelle Muay Thai Kämpfe
Security, Schauspieler, Stuntman

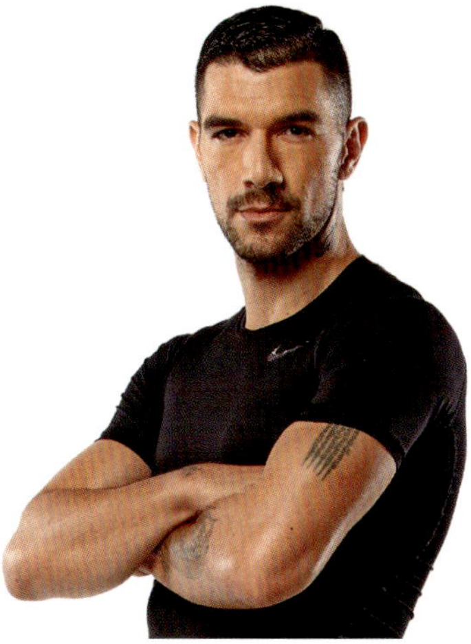

Jerome Chebrov
Kampfsport: Wrestling u.a.
Security, Stuntman, Schauspieler

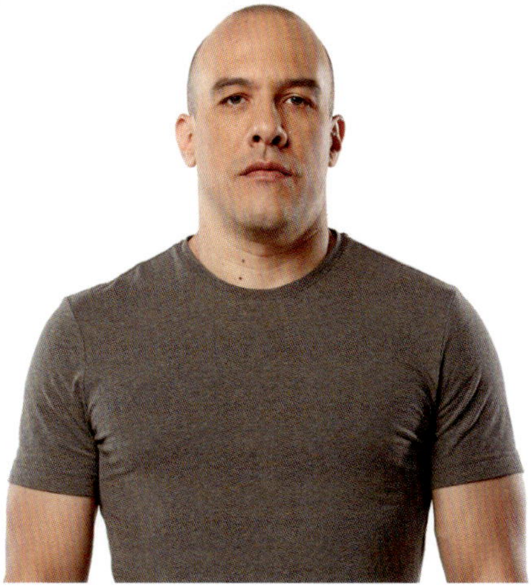

Weitere abgebildete Sportler
Giovanni Nurchi (Welt- und Europameister Kickboxen)
Christoph Delp

Nachwort

In diesem Buch findest du ein umfassendes Selbstschutzkonzept. Den besten Schutz hast du, wenn du gefährliche Situationen frühzeitig erkennst und Maßnahmen gegen die Gefahr ergreifst oder die Situation verlässt. Zu der Auswahl der Techniken gilt: Es finden sich viele Möglichkeiten in den unterschiedlichen Kampfstilen. Man kann nicht sagen, dass es die optimalen Techniken gibt beziehungsweise das beste Kampfsystem. Entscheidend ist nur, was für dich gut funktioniert. Arbeite an deinem Schutzkonzept und trainiere dieses ein. In diesem Buch findest du dazu viele Möglichkeiten und Anregungen. Ich freue mich und bin immer dankbar über Anregungen und Rückmeldungen von Lesern. Interessierst du dich für ein Training mit mir, kannst du dich über meine Homepage an mich wenden.

Ich werde gefragt, welche meiner Bücher ergänzend fürs Training genutzt werden können. Ich nenne hier einige Arbeiten und beschreibe für welche Ziele sie sich am besten eignen. Diese sind als ergänzende Optionen zu verstehen. Die Auflistung bedeutet nicht, dass du alle für dein Training brauchst und kaufen musst. Du kannst mit den Infos in diesem Buch dein Selbstschutztraining starten.

Weitere zur Selbstverteidigung einsetzbare Angriffstechniken findest du im Buch »Thai-Boxen basics« und die Thai-Box-Techniken in Bewegung in »Muay Thai DVD – Grundtechniken« (2016). Wenn du dein Kampfverhalten im Stand verbessern willst, dann kannst du die Bücher »Kampfsport Solotraining« (2018) und »Thai-Boxen Training« (2015) sowie die DVD-Serie »Muay Thai DVD – Die komplette Serie« (2016) nutzen.

Detaillierte Infos zum Kraft- und Fitnesstraining findest du in den Büchern »Power für echte Kerle« (2016), »Krafttraining für Kampfsportler« (2016) und »Fitness für Kampfsportler« (2013) an. Hast du Einschränkungen in deiner Beweglichkeit, dann können die Bücher »Best Stretching« (2017) und »Dehnen für Kampfsportler« (2015) helfen. Haben sich schmerzende Stellen an deinem Körper entwickelt, dann lohnt eine Behandlung der Faszien mit Faszienroller und -kugel. Hierzu berät das Buch »Fit mit Faszientraining« (2017). Bei Rückenschmerzen kann das Buch »Perfektes Training für Bauch und Rücken« (2013) Hilfestellung bieten.

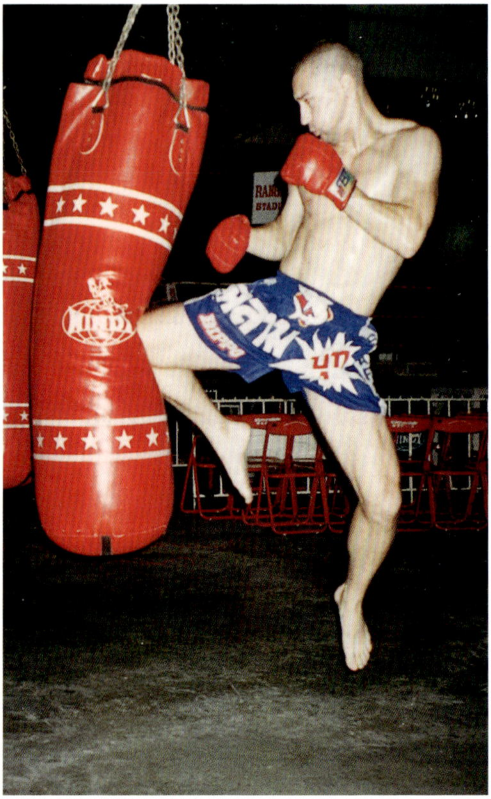

Autor

Christoph Delp, Diplom-Betriebswirt und Autor
Trainer für Selbstverteidigung, Muay Thai (Thai-Boxen) und Functional Fitness
Muay Thai-Trainerausbildung in Thailand mit Kampferfahrung.
www.muaythai-dvd.com
www.christophdelp.de
www.youtube.com/muaythaidvd

WEITERE INTERESSANTE BÜCHER ZUM THEMA

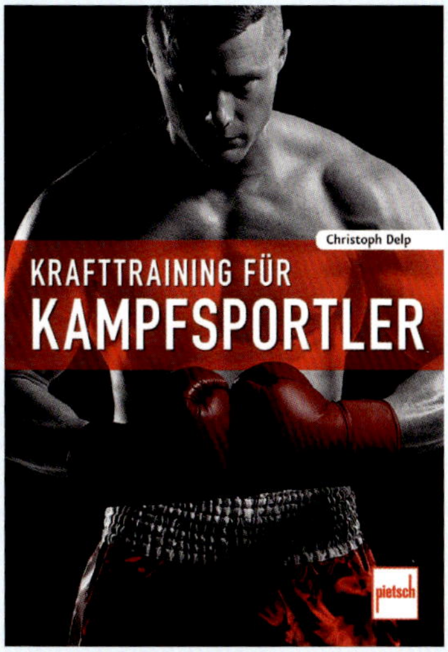

Dieser Ratgeber zeigt alles Wichtige zum Krafttraining für Kampfsportler. Gleich, ob man im Kampfsportverein aktiv ist oder sich daheim selbstständig mit Kampfsporttraining fit hält – mit diesem Ratgeber lässt sich langfristig erfolgreich trainieren.

192 Seiten, 383 Bilder, Format 170 x 240 mm
ISBN 978-3-613-50797-5
€ 19,95/€ (A) 20,60

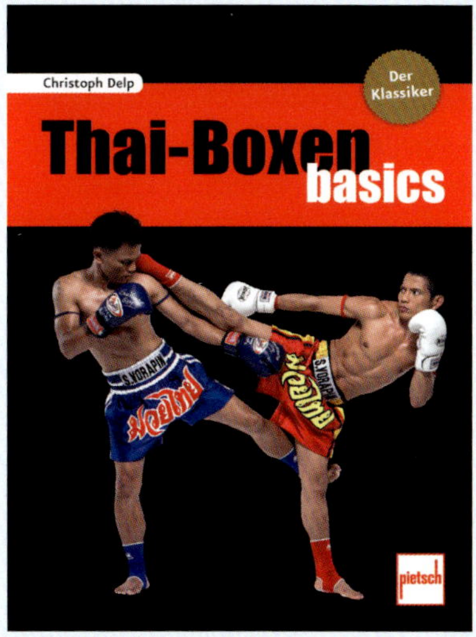

Das Buch nimmt den Leser mit auf eine Reise durch die ganze Welt des Muay Thai. Von den Hintergründen des Kampfsports über Angriffstechniken bis hin zum Training erfährt der Leser hier alles Wissenswerte.

192 Seiten, 400 Bilder, Format 170 x 240 mm
ISBN 978-3-613-50859-0
€ 24,90/€ (A) 25,60

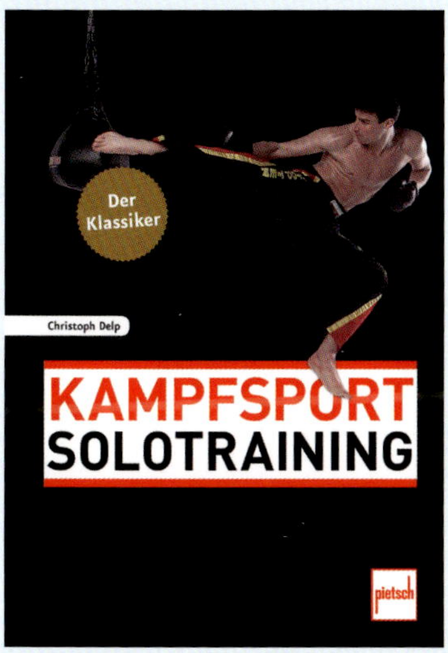

Gezieltes Solotraining lohnt sich für Kampfsportler aus unterschiedlichen Gründen: Um Kampftechniken zu üben und die Technik zu verbessern, oder um Kraft und Ausdauer durch zusätzliche Fitnesseinheiten zu verbessern.

144 Seiten, 294 Bilder, Format 170 x 240 mm
ISBN 978-3-613-50858-3
€ 19,95/€ (A) 20,60

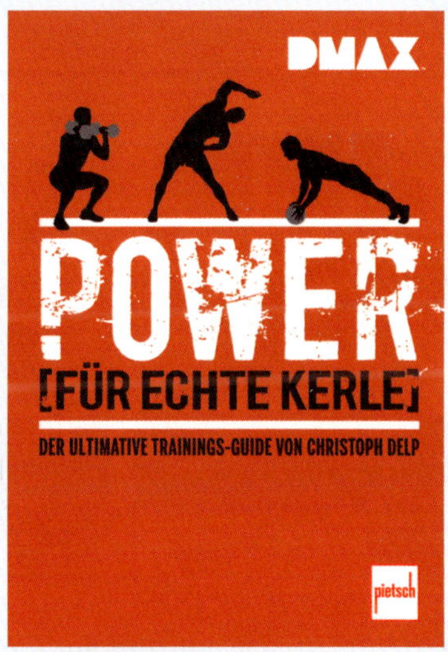

Gleich ob man sich daheim fit halten will, Outdoor-Training bevorzugt oder einen Leitfaden für das Fitnessstudio benötigt: Ein umfassendes Repertoire aus Training mit und ohne Geräte fördert Kraft, Ausdauer und Beweglichkeit. Die zahlreichen Varianten und Intensivierungen ermöglichen es Einsteigern wie auch Fortgeschrittenen, mit der jeweils geeigneten Intensität zu üben.

256 Seiten, 446 Bilder, Format 170 x 240 mm
ISBN 978-3-613-50832-3
€ 19,95/€ (A) 20,60

Überall, wo es Bücher gibt, oder unter
WWW.MOTORBUCH-VERSAND.DE
Service-Hotline: 0711/78 99 21 51

pietsch

Stand März 2018
Änderungen in Preis und Lieferfähigkeit vorbehalten.

Kontakt zum Autor

Du kannst Kampfsportartikel und die DVD-Serie über den Autor erwerben und auch bietet er Training an. Zudem sind Online-Training, DVDs und Apps zur Selbstverteidigung geplant. Für weitere Infos kannst du Kontakt zum Autor aufnehmen über www.christophdelp.de und christophdelp@hotmail.com.

Muay Thai **DVD-Serie**

Die Muay-Thai-DVD-Serie informiert ausführlich über die Techniken und das Training von Thai-Boxern. Sie ist in Zusammenarbeit mit einigen der besten thailändischen Trainer und Sportler entstanden. Die Techniken werden Schritt für Schritt von Weltmeistern und Thai-Champions gezeigt. Du erfährst, wie du ein effektives Training gestaltest, und bekommst Trainingstipps. Die Serie kannst du zum selbstständigen Training daheim ebenso nutzen wie als Ergänzung zum Training im Verein. Die Serie hat eine Gesamtlänge von etwa 445 Minuten und umfasst fünf DVDs (ISBN 978–3-933961136).

- *Muay Thai DVD – Grundtechniken*: Die erste DVD beschreibt Kampfstellung, Schritte, Faust-, Ellbogen-, Kick- und Knietechniken sowie Clinch und Verteidigung (ISBN 978–3-933961037).
- *Muay Thai DVD – Konter gegen Faust- und Beintechniken*. Die zweite DVD informiert über die Verteidigung und die Konter gegen Faust- und Beintechniken (ISBN 978–3-933961051).
- *Muay Thai DVD – Konter gegen Ellbogen-, Knie- und Clinchtechniken*. Die dritte DVD informiert über die Verteidigung und die Konter gegen Ellbogen-, Knie- und Clinchtechniken (ISBN 978–3-933961068).
- *Muay Thai DVD – Training und Technik*. Die vierte DVD stellt die Trainingsinhalte vor und bietet Kombinationen sowie Finten (ISBN 978–3-933961075).
- *Muay Thai DVD – Training mit Weltmeistern: Saiyok und Kem*. Die fünfte DVD beschreibt das Training der Weltmeister Saiyok Pumphanmuang und Kem Sitsongpeenong und zeigt ihre besten Techniken (ISBN 978–3-933961082).

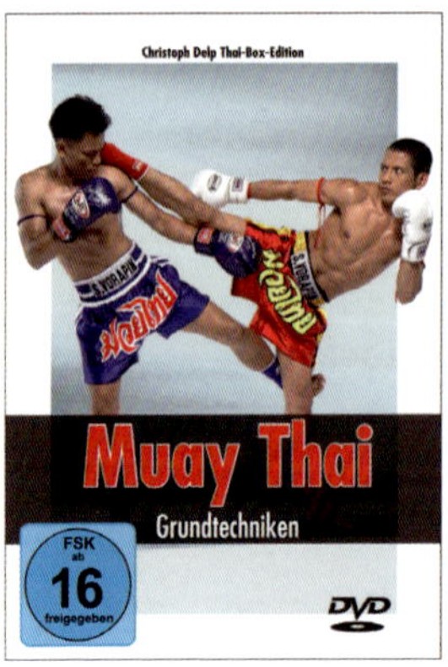

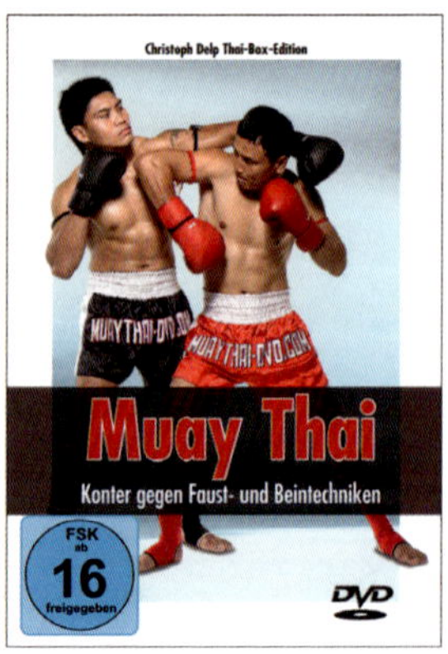

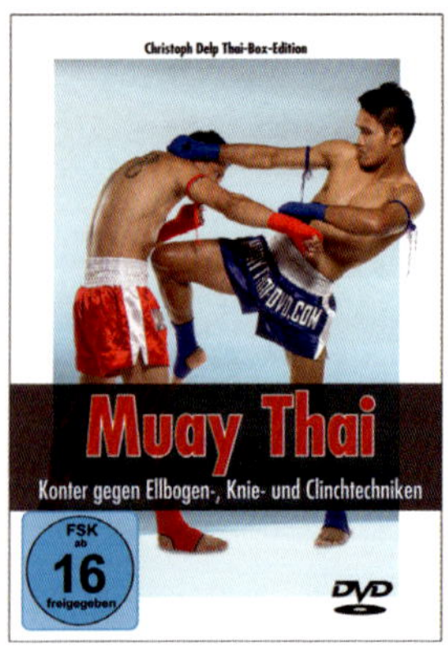

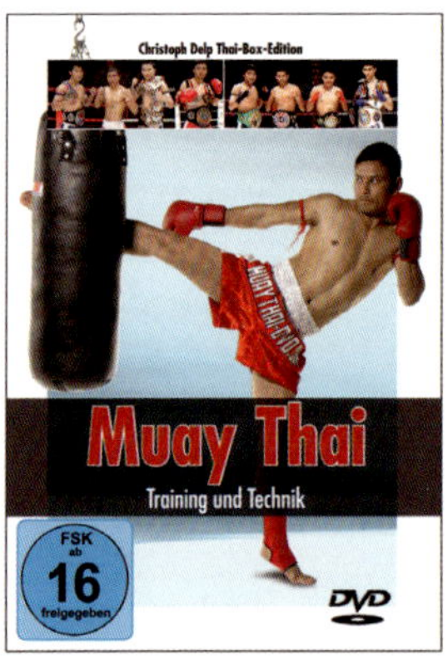

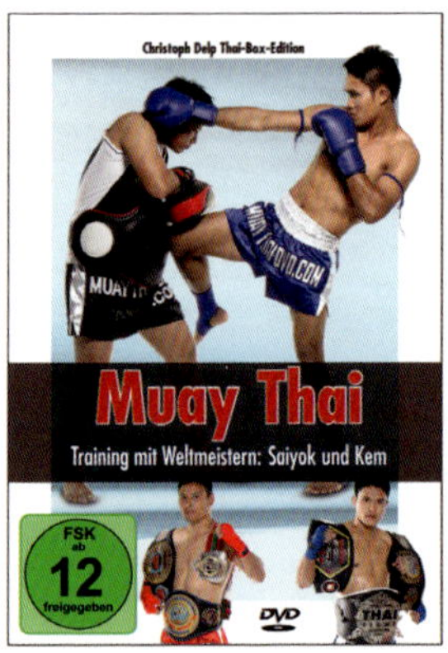